Kallen · In der Gewißheit seiner Gegenwart

Werner Kallen

# In der Gewißheit seiner Gegenwart

## Dietrich Bonhoeffer und die Spur des vermißten Gottes

Matthias-Grünewald-Verlag · Mainz

Mit Dank
an die Schwestern und Brüder
des heiligen Franziskus und der heiligen Klara
im Kapuzinerkloster Stühlingen

Mit Sympathie
für jene,
die sich das Herz
für eine fremde Freiheit
bewahren

Der Matthias-Grünewald-Verlag ist Mitglied
der Verlagsgruppe engagement

Die Deutsche Bibliothek – CIP-Einheitsaufnahme

**Kallen, Werner:**
In der Gewissheit seiner Gegenwart : Dietrich Bonhoeffer und die Spur des vermissten Gottes / Werner Kallen. – Mainz : Matthias-Grünewald-Verl., 1997
Zugl.: Bamberg, Univ., Diss., 1996
ISBN 3-7867-2026-6



Umschlag: Kirsch & Buckel Grafik-Design GmbH, Wiesbaden
Satz/DTP: Manfred Werkmeister, Mainz
Druck und Bindung: WS-Druckerei, Bodenheim
ISBN 3-7867-2026-6

# Inhalt

## Zweiter Teil
## Vor und mit Gott leben wir ohne Gott



## Dritter Teil
## In der vollen Diesseitigkeit des Lebens glauben lernen

## Ausblick
## In der Gewißheit seiner Gegenwart

## Vorwort

Entstehung, Wachstum und Fertigstellung der vorliegenden Arbeit kommen immer noch einem schönen, kleinen Wunder gleich. Im Juli 1996 wurde sie von der Katholisch-Theologischen Fakultät der Universität Bamberg als Dissertation angenommen. Begegnungen mit den Bonhoeffer-Schülern Otto Dudzus, Altbischof Albrecht Schönherr und besonders Eberhard Bethge, dem Freund und Biographen Dietrich Bonhoeffers, waren mir eine lebendige Brücke zu Bonhoeffer selbst. Das erfüllt mich mit Freude und Dankbarkeit. Dr. Ferdinand Schlingensiepen hat mich immer wieder ermuntert, der Gottesspur im Leben und im Werk Dietrich Bonhoeffers nachzugehen und auf ihre mystische Dimension zu achten.

Bleibende Impulse und Beunruhigungen in der Gottesfrage verdanke ich seit der Zeit meines Theologiestudiums vor allem Prof. DDr. Johann Baptist Metz.

Die Kolleginnen und Kollegen des Doktorandenkolloquiums schufen den Raum für kreative Auseinandersetzungen und weiterführende Klärungen bei der Entwicklung des Blickwinkels dieser Arbeit. Ein besonderer Dank gilt hier Prof. Dr. Ottmar Fuchs, dem ersten Gutachter der Arbeit, für die Bestärkung, dem einmal Entdeckten konsequent zu folgen. Ebenso danke ich Prof. Dr. Georg Kraus, dem zweiten Gutachter.

So mancher hat mir durch Gespräch, Hinweise und schließlich durch Korrekturen geholfen. Hier danke ich ganz besonders Frau Dr. Ilse Tödt, der Mitherausgeberin der „Dietrich Bonhoeffer Werke“, und Prof. Dr. Christian Gremmels, dem Vorsitzenden der Internationalen Bonhoeffer-Gesellschaft; schließlich Dr. Bruno Kern, dem Lektor des Verlages, für die Endredaktion bei der Drucklegung des Buches. Den Mitarbeiterinnen und Mitarbeitern in der Evangelischen und Katholischen Student-inn-engemeinde danke ich für Hilfe und Rücksichtnahme, Helga Korte und Erwin Schmutzer für die oft so zeitintensive Arbeit am Computer.

Für das Entgegenkommen während des Entstehens der Arbeit bin ich dem Bistum Aachen dankbar.

In einer Zeit allgemeinen Sparens freue ich mich um so mehr über größere, kleinere und auch unverhoffte Druckkostenzuschüsse bei der Erstellung des Manuskriptes und für die Drucklegung des Buches: Ich danke der Internationalen Bonhoeffer-Gesellschaft, dem Bistum Aachen, der Evangelischen Kirche im Rheinland, dem Erzbistum Bamberg, der Adolf-Loges-Stiftung, dem Bistum Erfurt, der Vereinigten Evangelisch-Lutherischen Kirche Deutschlands, der Rheinisch-Westfälischen Kapuzinerprovinz, dem Karmel „Regina Martyrum“ in Berlin, der Abtei St. Scholastika in Dinklage, der Abtei St. Otmarsberg in Uznach/Schweiz, der Abtei Königsmünster in Meschede, der Abtei Ettal, dem Karmel „St. Teresa“ in Birkenwerder; ebenso freue ich mich über die privaten Spenden.

Für die gewährte Gastfreundschaft und die Unterstützung an Leib und Seele in der Schlußphase der Arbeit danke ich dem Konvent im Kapuzinerkloster Stühlingen sehr, vor allem Sr. Mirjam Engst.

An entscheidenden Stellen während des Schreibens war ich immer wieder auf Dialog und Klarheit angewiesen. Für die hier erfahrene Stärkung danke ich sehr herzlich Annette Schleinzer, Heinz Herpers, Andrea Born-Mordenti und Jürgen Heinen für so manche, beinahe beiläufige Tiefensicht und Ermutigung.

*Mönchengladbach, 9. April 1997* *Werner Kallen*
*52. Todestag von Dietrich Bonhoeffer*

# Hinführung

## Ausgangspunkt und Anlage der Arbeit

„Es gibt kein allgemeines blindes Drauflossuchen nach Gott“[1], stellt Dietrich Bonhoeffer in seiner Christologievorlesung von 1933 fest. Eine solche Suche ist für ihn an Voraussetzungen gebunden. Im Falle der Christologie sieht er die Glaubensgemeinschaft der Kirche als die notwendige innere Voraussetzung für die Frage: Wer ist Jesus Christus? Denn hier, im lebendigen und bezeugten Glauben, wird bereits ahnungsvoll etwas gewußt von dem, der in der christologischen Frage gemeint ist. Diese Vorahnung ist bedeutsam, weil sie die Frage erst wirklich stellen läßt. Deswegen gilt für Bonhoeffer: „Gott suchen kann nur, wer ihn schon kennt.“[2] Das gilt auch für das mögliche Entdecken der Gottesspur in Dietrich Bonhoeffers Leben selbst.

Je länger ich mich mit Bonhoeffer beschäftigte, desto deutlicher wurde mir zum einen: Die Spur Gottes war für ihn ein Lebensthema und doch stand sie nicht einfach zu seiner Verfügung. Zum anderen wurde in der Entdeckung dieser Spur bei Dietrich Bonhoeffer immer mehr auch meine eigene Frage mitberührt und so auch zur Antriebskraft für das Unternehmen dieser Arbeit: die Frage und die Suche nach der Spur des *vermißten* Gottes. Am Anfang dieser Beschäftigung standen Gedichte von Dietrich Bonhoeffer – geschrieben während der Haft in Berlin-Tegel. Es folgten Begegnungen mit Eberhard Bethge, Otto

*Lesehinweis:*

Die Schriften Dietrich Bonhoeffers sind nach der seit 1986ff. neu erscheinenden kritischen Gesamtausgabe „*Dietrich Bonhoeffer Werke*“ (DBW) zitiert. Die Herausgabe war bei der Drucklegung dieser Arbeit noch nicht abgeschlossen; die bis einschließlich 1996 erschienenen Bände sind berücksichtigt. Bei den bis dahin noch nicht veröffentlichten Bänden (DBW 8; 12; 15) steht der bisherige Fundort jeweils in Klammern hinter dem entsprechenden Band (vgl. hierzu auch das Literaturverzeichnis).

1 DBW 12 (GS III, S. 171).

2 So in der „Nachfolge“ von 1937. In: DBW 4 (N), S. 182. Er nimmt damit einen Gedanken von Blaise Pascal (1623–1662) auf: „Du würdest mich nicht suchen, wenn du mich nicht schon gefunden hättest.“ (Über die Religion und über einige andere Gegenstände, S. 244 [Fragment 553]). Dieser Gedanke geht seinerseits zurück auf Bernhard von Clairvaux (1090–1153): „Das Wundervolle aber ist, daß dich niemand suchen kann, der dich nicht schon vorher gefunden hat. Du läßt dich suchen, um gefunden zu werden, und du läßt dich finden, um gesucht zu werden.“ (Über die Gottesliebe [De diligendo Deo], c. VII; zitiert nach Bernhard von Clairvaux/Hg. v. B. Schellenberger, S. 196). In einer Predigt zu Hld 3,1 „Auf meinem Lager in den Nächten suche ich, den meine Seele liebt“ sagt er über den Grund des Suchens der „Seele“ (so die Sprache der Mystik): „Nur soll sie [die Seele; W. K.] immer daran denken, daß sie bereits vorher gesucht worden ist, wie sie auch im voraus geliebt worden ist; und daß dies die Ursache dafür ist, daß sie sucht und daß sie liebt“. (Aus der 84. Predigt über das Hohe Lied [Sermones super Cantica Canticorum]. Zitiert nach: A.a.O., S. 215).

Dudzus und Albrecht Schönherr – alle Zeitgenossen und Schüler Dietrich Bonhoeffers. Ihre Wachheit und lebendige Ausstrahlung, die sie selbst auch mit der Prägung durch die Person und Theologie ihres Lehrers und Freundes in Verbindung brachten, hat mich beeindruckt und mein Interesse an Bonhoeffers Leben weiter verstärkt. Woher kommt solche Lebendigkeit – bei den Schülern und bei Bonhoeffer selbst?

„Aus des Herzens Überschwall redet der Mund“ (Mt 12,34)[3]. Etwas von zeitüberdauernder Tiefe und von einer Kraft, die aus des „*Herzens* Überschwall“ kommt, glaube ich in Bonhoeffers Leben und Theologie zu entdecken; gerade in der ihn immer wieder beschäftigenden Gottesfrage: „Wie sprechen (oder vielleicht kann man eben nicht einmal mehr davon ‚sprechen‘ wie bisher) wir ‚weltlich‘ von ‚Gott‘, wie sind wir ‚religionslos-weltlich‘ Christen, wie sind wir ἐκ-κλησία, Herausgerufene, ohne uns religiös als Bevorzugte zu verstehen, sondern vielmehr als ganz zur Welt Gehörige?“[4]

Mein Zugang zu Dietrich Bonhoeffer vermittelte mir auch eine grundsätzliche Einsicht, die sich bildlich so formulieren läßt: Nur wer selbst *im* Fluß steht oder in ihn hineinsteigt, bekommt etwas von seiner Kraft und seiner Strömung zu spüren. Vom gesicherten Ufer her bleibt nur die Sicht des distanzierten Beobachters: Er sieht Richtiges und Wichtiges; aber das wirkliche Gefühl für den Strom bekommt er gerade nicht mit. Ohne direkte eigene Beteiligung, ohne sich tatsächlich einzulassen, bleibt das Wesentliche verschlossen. Und selbst *mit* der Bereitschaft, sich einzulassen und sich gleichsam mitnehmen zu lassen vom thematischen Strom, bleibt die Frage, wie denn von dem auch entzogenen Gott überhaupt zu sprechen ist; so zu sprechen ist, daß man seiner nicht einfach verfügend habhaft wird.

Wie spricht Dietrich Bonhoeffer von Gott?

Wie spricht *heute* die Kirche, die Theologie von Gott? Routiniert? Verfügend und alles wissend?

Wortreich, aber ohne Gewicht? Stockend, aber echt?

Wie spreche denn schließlich „ich“ von Gott?

Noch ist die Sprache erst zu finden, die in sich die Spannung austrägt von der umspannenden und alles Leben tragenden *Wirklichkeit* Gottes und seiner bleibenden Entzogenheit im *Geheimnis*. Der Theologe und Schriftsteller Kurt Marti hat einmal die Hoffnung geäußert: „Vielleicht hält Gott sich einige Dichter (ich sage mit Bedacht: Dichter!), damit das Reden von ihm jene heilige Unberechenbarkeit bewahre, die den Priestern und Theologen abhanden gekommen ist.“[5] Beides – die Ahnung von der Gottesspur im Leben Dietrich Bonhoeffers und eine dieser unverfügbaren Spur angemessene Näherungsweise – bestimmt die Anlage dieser Arbeit:

[3] In der Übersetzung von F. Stier.
[4] In einem Brief an E. Bethge v. 30.4.1944. In: DBW 8 (WE[15], S. 140).
[5] Kurt Marti: Zärtlichkeit und Schmerz, S. 16.

## 1. Vom vermißten Gott: Schwierigkeiten eines Themas

„Einen Gott, den ‚es gibt', gibt es nicht."[6] Bereits in seiner Habilitationsschrift von 1930 wendet sich Bonhoeffer mit dieser paradoxen Formulierung gegen ein statisches Gottesverständnis; demgegenüber betont er das lebendige und begegnungswillige Personsein Gottes. Es läßt sich somit auch nicht einfach vom „Vorhandensein" Gottes in der Welt und im Leben Dietrich Bonhoeffers sprechen, will man nicht genau jener verfügenden Verdinglichung Gottes erliegen, gegen die er sich selbst gewandt hat. Wenn hingegen für die Wirklichkeit Gottes gilt, daß sie sich ebenso in der Anwesenheit wie auch in der Entzogenheit äußert und daß das eine nicht allein wahr und das andere nicht allein falsch ist; wenn weiterhin gilt, daß das Aufspüren dieser Spannung nur erfolgen kann, indem man sich selbst in diese Spannung hineinbegibt, dann geht es in einer entsprechenden Theologie – wie Karl Rahner formuliert – grundsätzlich darum, „den Menschen aus der übersichtlichen Helle seines Daseins hinauszuzwingen in das Geheimnis Gottes hinein, wo er nicht mehr begreift, sondern ergriffen wird, wo er nicht mehr räsoniert, sondern anbetet, wo er nicht überwältigt, sondern selber überwältigt wird. Nur dort, wo die Theologie der begreifenden Begriffe sich selbst aufhebt in die Theologie der ergreifenden Unbegreiflichkeit, ist sie Theologie. Sonst ist sie im Grunde doch nur menschliches Geschwätz, mag sie noch so richtig sein."[7]

Geht es aber um das *Geheimnis* Gottes, seine uns „ergreifende Unbegreiflichkeit", dann ist auch die Spur Gottes im Leben Bonhoeffers nicht mit letzter untrüglicher und unangefochtener Sicherheit auszumachen; ebensowenig ist eine solche möglicherweise entdeckte Spur anderen einfach, direkt und ohne jedes Zögern zu vermitteln. Das hat seinen Grund in der Spur selbst. Denn es geht darin um den Gott, „der in unzugänglichem Licht wohnt, den kein Mensch gesehen hat noch je zu sehen vermag" (1 Tim 6,16). Diese Unzugänglichkeit zielt nicht auf die Unwirklichkeit Gottes, sondern auf seine Unfaßbarkeit.

In einer Predigt aus dem Jahre 1934 formuliert Dietrich Bonhoeffer: „Gott lebt im Geheimnis. ... Alle Gedanken, die wir von Gott denken, dürfen nie dazu dienen, dies Geheimnis aufzuheben, Gott zu etwas allgemein Begreiflichem, Geheimnislosem zu machen, sondern vielmehr muß alles Denken über Gott nur dazu dienen, sein uns gänzlich überlegenes *Geheimnis* sichtbar zu machen..."[8] Damit werden aber auch die Schwierigkeiten überdeutlich: Läßt sich überhaupt von einer auffindbaren Spur Gottes bei Dietrich Bonhoeffer sprechen, wenn Gott wesentlich im Geheimnis, in der Unbegreiflichkeit lebt? Erliege ich nicht doch der Gefahr – nun am Beispiel Bonhoeffers –, über das Gottesthema zu verfügen, es einzuordnen und plausibel zu machen, und sei es als Geheimnis? Die Gefahr besteht; trotzdem ist ein theologisches Verstummen

[6] DBW 2 (AS), S. 112; die Druckfassung von „Akt und Sein" erschien 1931.

[7] K. Rahner: Glaube, der die Erde liebt, S. 153.

[8] In der Predigt zu 1. Kor 2,7–10 v. 27.5.1934 in London. In: DBW 13, S. 361. Hervorhebung von D. B.

allein keine angemessene Lösung, denn: „Wir können nämlich nicht von dem nicht reden, was wir gesehen und gehört" (Apg 4,20).[9] Das trifft für Bonhoeffer selbst zu, der nicht einfachhin stumm war in bezug auf das Gottesthema; und es gilt für meine eigenen Entdeckungen, die ich bei ihm gemacht habe und von denen ich nicht einfach „nicht reden" möchte.

Eine dieser entscheidenden Entdeckungen ist Bonhoeffers Predigt zu Jer 20,7 aus dem Jahre 1934. Sie wurde mir zu einer Art Kompaß, mit dem ich der Gottesspur folgte; verschafft sich doch gerade in ihr eine „ergreifende Unbegreiflichkeit" Ausdruck: „Gott, *du* hast es mit mir angefangen. ... Herr, *du* hast mich überredet und ich habe mich überreden lassen. ... Wie einen Ahnungslosen hast *du* mich gefaßt – und nun kann ich nicht mehr von dir los."[10] Und je mehr ich mich auf *diese* Fährte eingelassen habe, desto mehr staunte ich über aufregende und klare Zusammenhänge mit anderen Äußerungen Bonhoeffers. Trotzdem dürfte für das Wahrnehmen und das Vermitteln einer solchen Spur über das eingangs Gesagte hinaus gelten, was Meister Eckhart (1260–1328) einmal grundsätzlich über das Verstehenkönnen seiner mystischen Predigten gesagt hat: „Nun bitte ich euch, daß ihr so seid, daß ihr diese Rede versteht. Denn ich sage euch in der ewigen Wahrheit: Wenn ihr nicht dieser Wahrheit gleich seid, von der wir jetzt sprechen wollen, so könnt ihr mich nicht verstehen."[11] In ganz ähnlicher Weise hebt das auch bereits der griechische Kirchenvater Origines (ca. 185–254) hervor, wenn er in seiner mystischen Auslegung des Hohenliedes betont, daß sich diese Dimension nur dem erschließt, der sie auch selbst erfährt: „Wer es nicht selbst erfährt, der kann es nicht verstehen".[12] Man kann von einer *mystischen Hermeneutik* sprechen: Man versteht nur, was man *ist*. Es gibt Dimensionen der Wirklichkeit und des Lebens, die nicht mehr nur rein argumentativ vermittelbar sind. Hier ist dann eine Grenze allgemeiner Verständlichkeit erreicht. Davon ist auch ein Entdecken der Spur des *vermißten* Gottes im Leben Dietrich Bonhoeffers berührt.

Tiefenschichten der Wirklichkeit lassen sich zwar auch als Information zur Kenntnis nehmen und als Wissenszuwachs verbuchen; sie können in einem aber auch – höchst unterschiedliche – nicht hintergehbare Spuren hinterlassen, so daß sie das eigene Leben zu prägen oder auch radikal zu ändern vermögen; sie bekommen auf diese Weise eine andere Qualität, weil man „ihrer Selbstevidenz, ihrer unabwehrbaren konkreten Wahrheit nicht mehr entrinnen kann."[13]

[9] In der Übersetzung von F. Stier.

[10] In einer Predigt zu Jer 20,7 v. 21.1.1934 in London. In: DBW 13, S. 348f. Hervorh. von mir.

[11] In der Predigt „Beati pauperes spiritu". Zitiert nach: Meister Eckhart: alles lassen – einswerden, S. 140.

[12] Er betont dies in einer von zwei überlieferten Homilien: „... quod, nisi quis ipse patiatur, non potest intelligere." Zitiert nach U. Köpf: Hoheliedauslegung als Quelle einer Theologie der Mystik, S. 61; vgl. ebd. Anm. 40. 41. Zu beachten ist auch das passive Moment „erleiden/geschehen lassen", das in „patiatur" steckt.

[13] O. Fuchs: Ursprungscharisma im Kontext der Zeit, S. 256. Was O. Fuchs hier am Beispiel eines radikalen Bruches im Leben des heiligen Johannes von Gott (1495–1550), Gründer des Ordens der „Barmherzigen Brüder", erläutert, hat grundsätzliche Bedeutung.

Eine Verständigung über diese letztgenannten Erfahrungen kann nur gelingen, wenn die Beteiligten von der gleichen sie selbst angehenden Tiefe sprechen. Das gilt gerade für das Geheimnis des göttlichen Du, das sich – ahnungsweise – auch nur dann erschließt, wenn aus dem eigenen Begreifen-wollen ein Ergriffen-werden wird. Das wäre auch der Kernpunkt einer „mystischen Hermeneutik" in bezug auf die Gottesspur bei Dietrich Bonhoeffer. Hier *ver*-schließt oder *er*-schließt sich der Zugang. Doch ist es auch denkbar, daß in der eigenen Beschäftigung mit Bonhoeffer erst deutlich wird, „welche Bedeutung die Erkenntnis der fremden Persönlichkeit für unsere ‚Selbsterkenntnis' hat. Sie ... bringt als Einfühlung in ‚verwandte Naturen', d.h. Personen unseres Typs, zur Entfaltung, was in uns ‚schlummert', und klärt uns als Einfühlung in anders geartete Personalstrukturen über das auf, was wir nicht, was wir mehr oder weniger sind als andere."[14] Eine solche „Tiefenhermeneutik" und ein entsprechendes „Empathievermögen" eröffnen erst eine neue Dimension[15] und lassen ins eigene Bewußtsein rücken, was bisher noch „schlummert".
Ist es aber zuletzt nicht weit angemessener, statt vom Geheimnis Gottes begrifflich zu reden, von ihm unbegriffen – zu schweigen? Denn auch die Theologie hat noch nicht „gesehen". Das weiß bereits das Erste bzw. Alte Testament.[16] Als Mose den Wunsch äußert, Gott von Angesicht zu Angesicht zu sehen, lautet die Antwort Jahwes: „Du kannst mein Angesicht nicht sehen; denn kein Mensch kann mich sehen und am Leben bleiben ... Du wirst meinen Rükken sehen. Mein Angesicht aber kann niemand sehen." (Ex 33,20.23). Und für Augustinus (354–430) gilt: „Si comprehendis, non est Deus" („Wenn du begriffen hast, dann ist das, was du begriffen hast, nicht Gott").[17] Das Schweigen ist selbst ein inneres Moment der Rede von Gott. So geht es hier auch darum, eine Art und Weise der Wahrnehmung der Gottesspur bei Dietrich Bonhoeffer zu suchen, in der zugleich die Unbegreiflichkeit Gottes respektiert bleibt.

## 2. Annäherung: Eine methodische Herausforderung

Der tschechische Lyriker Jan Skácel hat über seine eigenen Gedichte einmal geschrieben: „Ich möchte, daß auch für mich, den Autor dieser Verse, manches Geheimnis Geheimnis bleibt. Es gibt Schleier, die wir nicht ungestraft berühren."[18] Entsprechend dieser poetischen Selbstbescheidung geht es auch um eine

[14] E. Stein: Zum Problem der Einfühlung, S. 130.
[15] Vgl. hierzu am Beispiel der Predigt O. Fuchs: Die lebendige Predigt, S. 139–147, hier S. 144. 145.
[16] Ich folge in dieser Arbeit in der Regel dem Vorschlag von E. Zenger, vom „Ersten" und vom „Zweiten" Testament zu sprechen. Vgl. E. Zenger: Das Erste Testament: Die jüdische Bibel und die Christen, bes. S. 152–154.
[17] Sermo 52, c. 6, n. 16. Hier zitiert nach E. Johnson: Ich bin, die ich bin: Wenn Frauen Gott sagen, S. 147 (dort im Zusammenhang des Abschnitts „Die göttliche Unbegreiflichkeit", S. 146–157).
[18] J. Skácel: wundklee: gedichte, S. 121 (Hier im Nachwort von R. Kunze zitiert).

theologische Selbstbescheidung in der Rede von Gott, die sich um Geheimnis*wahrung* bemüht. So möchte ich mich der Spur Gottes bei Dietrich Bonhoeffer *annähern*; und zwar so, daß *in* der Nähe auch Diskretion und Distanz gewahrt bleiben und daß *im* Umkreisen der mehr erahnten als gewußten Gottesspur ich mich ihrer doch nicht bemächtige.

Es geht in dieser Arbeit um eine „Annäherung" in dreifacher Hinsicht: *Zuallererst* kommt Bonhoeffer selbst ausführlich zu Wort. Dabei sind Predigten und Gedichte ebenso erhellend wie Briefe und Tagebuchaufzeichnungen, Aufsätze und schriftliche Fragmente ebenso wie ausgesprochen theologische Bücher. Damit soll seine Selbstauslegung respektiert werden und ihm nicht etwas angesonnen werden, wovon er selbst möglicherweise nie gesprochen hat.

*Zum zweiten* ist das Thema der Gottesspur bei Dietrich Bonhoeffer kein Sonderthema, sondern selbst eingebettet in eine lange Tradition, die gerade von der Erfahrung und auch der Nichterfahrung solcher Gottesspuren im eigenen Leben genährt und bestimmt wird: Es ist die Tradition der christlichen Mystik. In der jüdisch–christlichen Glaubensgeschichte wird von Anfang an mit der Möglichkeit einer konkreten und das eigene Leben prägenden Gottesspur gerechnet – in höchst unterschiedlichen Ausgestaltungen. Erwähnt seien etwa: Jakobs Kampf mit dem Unbekannten am Jabbok (Gen 32,23–33); die ausdrückliche Berufung von Prophetinnen und Propheten im Ersten Testament; weit über ihren Tod hinaus wirksame Gestalten des Glaubens wie beispielsweise Augustinus (354–430), Bernhard von Clairvaux (1090–1153), Meister Eckhart (1260–1328), Teresa von Avila (1515–1582), Johannes vom Kreuz (1542–1591), und aus dem 20. Jahrhundert etwa: Edith Stein (1891–1942), Madeleine Delbrêl (1904–1964), Dag Hammarskjöld (1905–1961) und Simone Weil (1909–1943), um nur einige zu nennen. Wie bei allen diesen Personen, so geht es auch bei der Gottesspur im Leben Dietrich Bonhoeffers um die geheimnisvolle Grunddimension der Wirklichkeit, die sich für ihn auf ganz spezifische Weise – und darin einmalig – aktualisiert und konkretisiert. Entsprechend kommen im Verlaufe der Arbeit auch Personen aus dieser mystischen Tradition zur Sprache; denn sie können dazu beitragen, eben jene Spur bei Bonhoeffer klarer zu sehen, auf die hin sie selbst ihr Leben gewagt haben. Für dieses Hinzuziehen kann ebenso eine erahnte verwandte Tiefe, eine vergleichbare innere bzw. äußere Situation oder auch ein ähnliches sprachliches Zeugnis ausschlaggebend sein.

*Schließlich* möchte ich die poetisch-literarische Tradition hier und da zu Hilfe nehmen. Denn sie weiß noch von der Notwendigkeit sprachlicher Bescheidung und hält das Bewußtsein eines letzten Nichtwissens wach, weil Literatur „‚ärmer' ist, das Unsagbare als Unsagbares bestätigt."[19] Gerade die Poesie mit ihrem Gespür für die bleibende Bedrohtheit der Sprache[20] will der Wortinflation wehren; und poetische Texte können womöglich verhaltener und genauer

[19] E. Ribbat: Aussagen des Unsagbaren in der Literatur, S. 207.

[20] Zum Verhältnis von Theologie und Literatur vgl. beispielsweise K.-J. Kuschel: „Vielleicht hält Gott sich einige Dichter…", bes. S. 15–30. 366–396.

das ins Wort bringen, was sich als Geheimnis der Systematik einer wissenschaftlichen Begrifflichkeit – auch – entzieht. Sowohl Texte und Gedichte von Bonhoeffer wie auch solche von anderen Schriftstellerinnen und Schriftstellern werden berücksichtigt, wo sie – sei es auch als fremde Perspektive – zu einer angemessenen Annäherung an die Spur des vermißten Gottes beitragen: „Es giebt Gedanken, die beynahe nicht anders als poetisch ausgedrückt werden können, oder vielmehr, es ist der Natur gewisser Gegenstände so gemäß, sie poetisch zu denken, und zu sagen, daß sie zuviel verlieren würden, wenn es auf eine andere Art geschähe. Betrachtungen über die Allgegenwart Gottes gehören, wie mich deucht, vornämlich hierher."[21]

In dieser so beschriebenen „Annäherung" liegt mein Zugang zu Dietrich Bonhoeffer; darin ist er auch subjektiv eingefärbt, aber doch nicht subjektiv–willkürlich. Hier tut sich eine Nähe zum Essayistischen auf. Was für den „Essay"[22] als Gattung und Kunstwerk im Bereich der Literatur und der Philosophie gilt, mag entsprechend auch in dieser theologischen „Annäherung" zur Geltung kommen: „Wie jedes Kunstwerk gewinnt auch der Essay seinen Wert dadurch, daß er versucht, Wahrheit aufleuchten zu lassen und ihr nahe zu kommen, sei es auch nur im spielerischen Umkreisen oder im Bewußtsein, Wahrheit oder Wirklichkeit nie endgültig erfassen zu können, jedoch im Glauben, daß es eine solche dennoch gibt."[23] In solch umkreisender Unabgeschlossenheit liegt der Versuch dieser Arbeit, die Unverfügbarkeit der Spur Gottes auch methodisch zu respektieren. Das Thema und die von ihm inspirierte Form der Annäherung legen diese Ähnlichkeit zum Essayistischen nahe: „Jede wirklich gute Forschung, d.h. eine, die sich Lebendigkeit, Spontaneität und Interesse bewahrt, hat etwas Essayistisches bzw. ist im Ergebnis ein systematischer und gründlich recherchierter Essay. Jede lebendige Forschung hat etwas von den klassischen Reiseberichten. Über die Ungewißheit und Unkalkulierbarkeit solche Reisen täuscht sie sich nicht hinweg."[24]

Auch das Nachgehen der Gottesspur bei Dietrich Bonhoeffer hat etwas von der Unkalkulierbarkeit einer Entdeckungsreise: Überraschendes, vorher nicht Gewußtes tut sich auf – aber erst, wenn man selbst die Reise wagt. Dann er-

[21] F. G. Klopstock (1724–1803). Zitiert nach: D. Sölle: Realisation, S. 13 (Vorwort).

[22] Vgl. hierzu F. Link: Der Essay als Denkversuch von Montaigne bis zur Postmoderne. Link sieht den „Essay" als bewußten Denk-*versuch*, der auf letzte Gewißheit und Systemfähigkeit verzichtet, in dessen offener Form als eigenes Kunstwerk aber Wahrheit erscheint (ebd., S. 59–64. 73f.).

[23] Ebd, S. 74. Link spricht hier auch – mit Max Müller – vom „frommen Denken".

[24] D. Prokop: Kriterien der Kritik und der Analyse von Medienprodukten: Die Ansätze, deren Verselbständigungen und der Versuch einer Antwort auf die Frage, was Kritik ist, S. 173. Vgl. hierzu auch A. Wellmer: Zur Dialektik von Moderne und Postmoderne, S. 9–47; der Philosoph A. Wellmer betont im Anschluß an Th. W. Adorno, daß es etwa auch im Bereich der Kunst ein „Wahrheitspotential" (ebd., S. 35) gibt, das nicht allein auf eingrenzende Argumentation festzulegen ist; denn „im Kunstwerk *sagt* der Künstler nicht (buchstäblich) etwas", sondern die Echtheit und Glaubwürdigkeit „*zeigt* sich vielmehr an der Authentizität des Gebildes" (ebd., S. 36. Hervorhebungen von A. W.).

schließt sich die Gottesspur als Hauptmelodie in seinem Leben, als bestimmender „cantus firmus“[25], wie Bonhoeffer die Liebe zu Gott in der „Polyphonie des Lebens“[26] einmal genannt hat. Damit ist dann auch die Sprache herausgefordert: Zu suchen ist eine eigene, solcher Annäherung angemessene Weise des Sprechens.

## 3. Meine eigene Sprache wagen

Der bereits erwähnte Kurt Marti schreibt in einem Gedicht:[27]

> die passion des wortes GOTT
>
> das blutet aus allen wunden
> das wird vergewaltigt noch und noch
> das ist verraten zertrampelt zerschossen geköpft
>     gerädert gevierteilt gezehnteilt
> verlorene glieder wurden durch monströse prothesen ersetzt
> das ist sich selber und uns und allem entfremdet
> ist schizo und neuro und psycho
> zerstochen über und über von nadeln mit denen
>     fremde substanzen injiziert worden sind
> das agonisiert ohne ende
> ist vielleicht schon tot oder noch nicht oder
>     das consilium der ärzte diskutiert noch zur zeit
> und ALSO wurde das wort GOTT
>     zum letzten der wörter
>     zum ausgebeutetsten aller begriffe
>     zur geräumten metapher
>     zum proleten der sprache

Ist dies das durchgängige und unabwendbare Schicksal der Rede von Gott, daß sie das Wort Gott „zum ausgebeutetsten aller begriffe“ macht? Sind die Verfügungswünsche auch hier so übermächtig, daß Gott immer für die eigenen – und seien es die vermeintlich besten – Zwecke gebraucht und *miß*braucht wird?

In der eingangs erwähnten Frage Bonhoeffers, wie denn „weltlich“ von Gott zu reden sei, fügt er ahnungsvoll die Einschränkung hinzu: „Oder vielleicht kann man eben nicht einmal mehr davon ‚sprechen‘ wie bisher“. Ist also *nicht* mehr von Gott zu sprechen? Jedenfalls nicht mehr völlig unberührt von den konkreten Situationen, Zusammenhängen und den eigenen Legitimationsversuchungen; jede Rede von Gott hat hier ihre ganz eigenen Mängel und blinden Flek-

[25] DBW 8 (WE[15], S. 158).
[26] DBW 8 (WE[15], S. 157).
[27] K. Marti: abendland: gedichte, S. 11.

ken, ihre offenen und verdeckten Absichten.[28] Zu suchen ist eine Sprache, in der die Spannung an der Grenze des Sagbaren wenigstens aufblitzt. Es geht um eine Sprechweise, der man die Entzogenheit dessen, wovon die Rede ist, noch anmerkt. „Man *muß* es theologischem Sprechen anmerken: daß es dieses Du nicht ‚hat', daß es nicht hat, wovon es spricht und woraufhin es die Menschen in Bewegung glaubt. Die Sprache der Theologie muß eine Sprache der Sehnsucht sein – eine Sprache, der man ihr Bedrohtsein anspürt, der man anspürt, daß sie nicht schon ‚angekommen' ist, – eine karge Sprache."[29]
Es wird eine Sprache sein, für die eine gewohnte, überraschungsfreie Begrifflichkeit der theologischen bzw. kirchlichen Tradition allein nicht ausreicht. Es geht um eine theo-poetische Sprache, in der die „heilige Unberechenbarkeit" (K. Marti) wieder neu ihren Ausdruck findet. „Durchzittert" von einer „letzten kreatürlichen Bescheidenheit"[30]: Aus dieser Grundhaltung wäre eine vom Geheimnis Gottes erfüllte und beunruhigte Sprache zu entwickeln; eine *eigene*, dem Gottesthema angemessene Sprache. Das ist eine die Theologie insgesamt betreffende Herausforderung. Eine solche Sprache ist noch erst zu suchen, die tief genug gründet, um aus dieser Tiefe ihr Gewicht zu erhalten. Schon Dietrich Bonhoeffer sieht: „Das Wort, das aus einem langen Schweigen heraus ans Licht tritt, wiegt schwerer, als dasselbe Wort im Munde des Geschwätzigen. ... Das [der tägliche persönliche Umgang mit dem gekreuzigten Jesus Christus] ist die Tiefe, aus der ein Wort kommen muß, wenn es wiegen will."[31] In dieser Sprache müßten die Spannungsmomente von Wort und Geheimnis, von Reden und Schweigen noch auszumachen sein, jedenfalls in Anklängen: „In die Mulde meiner Stummheit leg ein Wort."[32]
Auch meine eigenen lyrischen Sprechversuche verstehe ich als Beteiligung an der skizzierten theo-poetischen Suchbewegung. In Gedichten möchte ich eine eigene Sprache finden, die berührt und beunruhigt ist von der Suche nach dem *vermißten* Gott:

ANSAGE

ich schweige von dir
gott
verschwiegener
im lärmfeld der worte

[28] Dies zeigt etwa am Beispiel einer fast ausschließlich männlichen Redeweise von Gott E. Johnson. Vgl. E. Johnson: Ich bin, die ich bin: Wenn Frauen Gott sagen, S. 56–66. Ist es Zufall oder symptomatisch, wenn in der deutschen Übersetzung des amerikanischen Untertitels „The Mystery of God in Feminist Theological Discourse" das „Geheimnis Gottes" (The Mystery of God) verschwindet?

[29] H.-G. Schwandt: „... nur lallen und lallen...": Kriterien theologischen Sprechens anhand Paul Celans Suche nach dem ‚erschwiegenen Wort', S. 49f. Hervorhebung von H.-G. S.

[30] K. Rahner: Erfahrungen eines katholischen Theologen, S. 107.

[31] Aus dem Brief an Ruth Roberta Stahlberg, wohl v. 23. 3. 1940. In: DBW 16, S. 23.25.

[32] Aus dem Gedicht „Psalm" von I. Bachmann. In: Dies.: Sämtliche Gedichte, S. 64f., hier S. 65.

ich berge dich
gott
verborgener
aus dem schrein der gewißheit

ich sage dich an
gott
unsagbarer
zwischen den meineiden der sprache

*Werner Kallen*

Diese Gedichte sind selbst ein *Teil* des suchenden Bemühens insgesamt um eine angemessene Sprache. Sie werden im Verlauf dieser Arbeit hier und da ihren Platz bekommen.
So berühren sich mein *poetisches* Mühen und die nachspürende *theologische* Annäherung an die Spur des vermißten Gottes bei Dietrich Bonhoeffer da, wo es darum geht, von dieser Spur so zu sprechen, daß das Geheimnis, um das es dabei geht, auch gewahrt bleibt. Doch in diesem gesamten Prozeß geht es – und das bleibt festzuhalten – wesentlich darum, daß man „die analoge Schwebe zwischen Ja und Nein über dem Abgrund der Unbegreiflichkeit Gottes erschreckt und selig zugleich *erfährt* und *bezeugt*."[33] Um ein solches Zeugnis geht es auch bei Dietrich Bonhoeffer.

## 4. Zum Aufbau der Arbeit

Das Anliegen dieser Arbeit legt auch ihren Aufbau nahe. Er erfolgt entlang der Lebensgeschichte Dietrich Bonhoeffers. Was grundsätzlich gilt, ist gerade bei Bonhoeffer[34] von besonderer und offensichtlicher Bedeutung: Theologie und Biographie sind nicht streng voneinander zu trennen, sondern sind miteinander verwoben. Was er theologisch sagte, hat er in lebendiger Nachfolge bezeugt; und sein Handeln hat er immer wieder theologisch bedacht und verantwortet: „Das bedeutet, daß eine Erkenntnis nicht getrennt werden kann von der Existenz, in der sie gewonnen ist."[35]
So sind bei Dietrich Bonhoeffer immer wieder Kontexte zu berücksichtigen: persönliche, politische oder kirchliche; ebenso verschiedene Texte aus unterschiedlichen Phasen seines Lebens, die an einem bestimmten lebensgeschichtlichen Brennpunkt als Kon-Texte zur Erhellung oder Vertiefung beitra-

[33] K. Rahner: Erfahrungen eines katholischen Theologen, S. 108. Hervorhebungen von mir.
[34] Vgl. hierzu etwa: H.-J. Abromeit: Das Geheimnis Christi: Dietrich Bonhoeffers erfahrungsbezogene Christologie, S. 12–23; Ch. Gremmels/H. Pfeifer: Theologie und Biographie: Zum Beispiel Dietrich Bonhoeffer; T. R. Peters: Die Präsenz des Politischen in der Theologie Dietrich Bonhoeffers, S. 13–17.
[35] D. Bonhoeffer. In: DBW 4 (N), S. 38.

gen.[36] Auch Texte aus der mystisch-theologischen und aus der poetisch-literarischen Tradition haben hier ihren Platz als mitlaufende Perspektive.
Die Entfaltung des Themas erfolgt durch gezieltes Interesse ebenso wie durch behutsames „Innehalten"; ebenso durch erinnernden Rückblick wie durch erhellende Vorausschau; durch spiralförmiges Umkreisen der entdeckten Spur ebenso wie durch neugierig-waches Weiterverfolgen dieser Spur. Wichtig sind dabei vor allem Dietrich Bonhoeffers Selbstzeugnisse. Ich möchte sie entsprechend der hier gewählten Perspektive[37] berücksichtigen und nehme dazu vor allem die Zeit von Bonhoeffers öffentlichem Wirken, d.h. die Zeit ab 1931, in den Blick. Aber auch Zeitgenossen, andere Zeugen und Texte kommen zu Wort. Manch Überraschendes aus seiner Lebensgeschichte tritt so zutage, und erst im Zusammenhang von „äußerer Biographie" und „innerer Biographie" leuchtet eine innere Logik[38] auf, von der her verschiedene Texte Bonhoeffers auch einen neuen Klang oder eine andere Gewichtung erhalten.
In einem *ersten Teil* der Arbeit geht es um Dietrich Bonhoeffers Ringen um den ihm gemäßen und ihm zugemuteten Ort seines Lebens und seiner Christusnachfolge.
Der *zweite Teil* nähert sich einer durchgängigen Spannung in Bonhoeffers Leben und Denken: Bonhoeffer diagnostiziert, daß die Menschen ihr Leben „ohne Gott" gestalten und sieht die Welt doch insgesamt ebenso wie sein eigenes Leben bleibend „vor und mit Gott".[39]
Im *dritten Teil* kommen aus der Vielschichtigkeit von Bonhoeffers Leben einige entscheidende Dimensionen zur Sprache; sie werden in den umfassenden Zusammenhang der Gottesspur gestellt, wie sie seinem Leben aufleuchtet.
Alle drei Teile stehen innerlich in Beziehung zueinander und sind durchlässig

[36] Da auch die jeweilige Zeit einen wichtigen Kontext darstellt, werden Schriften Bonhoeffers in aller Regel mit dem genauen Datum (in den Anmerkungen) zitiert. Auch die Gattung (Brief, Aufsatz, Predigt, Tagebuch usw.) ist meist vermerkt, da auch sie dem Geschriebenen bzw. Gesagten eine Akzentuierung gibt.

[37] In Amerika entstand nach umfangreichen, jahrelangen Vorarbeiten und nach vielen Besuchen von Zeitgenossen Bonhoeffers auch ein Roman, in dem sein Leben beschrieben wird: M. Glazener: Der Kelch des Zorns: Ein Roman über Dietrich Bonhoeffer.

[38] Vgl. zu einer solchen Logik – natürlich in ganz anderem geschichtlichen Zusammenhang – die Darstellung des Bruder Klaus von Flüe (1417–1487) bei R. Gröbli: Die Sehnsucht nach dem „einig Wesen": Leben und Lehre des Bruder Klaus von Flüe. Gröbli wählt als Zugang neben der „äußeren Biographie" (S. 123–164) bewußt auch sein Interesse an der „inneren Biographie" (S. 165–225) des Bruder Klaus. Neben authentischen Briefen und Aufzeichnungen von Zeitgenossen läßt er auch ganz andere Zeugnisse zu Wort kommen: „Die innere Biographie ergänze ich mit Zitaten aus Werken ihm im Denken und Fühlen verwandter Menschen. Ich tue dies nicht, um Bruder Klaus von Flüe in den Bann des einen oder anderen Mystikers zu stellen, sondern um uns sein Denken und Fühlen verständlicher und greifbarer werden zu lassen". (ebd., S. 165). Entsprechendes soll in bezug auf Bonhoeffer gelten.

[39] DBW 8 (WE[15], S. 191). Die Auflösung dieser spannungsvollen Einheit ist eine Quelle von Fehldeutungen. Ein dadurch halbierter Bonhoeffer wird dann schnell für eine eigene theologische Konzeption benutzt, ohne ihn selbst und ohne ihn ganz zu hören.

zueinander; so bleiben auch verschiedene zeitliche Phasen in Bonhoeffers Leben und die jeweiligen inhaltlichen Schwerpunkte nicht ausschließlich auf jeweils den ersten, zweiten oder dritten Teil beschränkt. Zwischen den einzelnen Teilen möchte ich mit eigenen lyrischen Sprechversuchen auch „innehalten" – auf der Suche nach einer theo-poetischen Sprache.

Der abschließende *Ausblick* stellt Dietrich Bonhoeffer als eine exemplarische Biographie im 20. Jahrhundert vor, die „mystisch" genannt werden kann: Über ihn selbst hinausgehend werden Kennzeichen einer gewagten Nachfolge deutlich – als Ermutigung für die Gegenwart und für die Zukunft. Das Schlußwort hat ein „fremder" poetischer Text.

Auf diese Weise wird *eine*, allerdings zentrale, Dimension [40] im Leben Dietrich Bonhoeffers deutlich, an der die Begegnung mit ihm auch Anteil zu geben vermag: die das eigene Leben prägende Spur des vermißten Gottes.

[40] Damit möchte ich auch dazu beitragen, daß D. Bonhoeffer im katholischen Raum mehr Beachtung geschenkt wird. Vgl. hierzu G. Ruppert: Kaum beachtet: Zur katholischen Rezeption Dietrich Bonhoeffers.
Noch in der Mitte der achtziger Jahre muß Ruppert feststellen: „Bonhoeffer wurde von der katholischen Theologie nur in geringem Umfang rezipiert …" (ebd., S. 49) und ermuntert zu einer stärkeren ökumenischen Beschäftigung mit Bonhoeffer: „Bonhoeffer genauer zu lesen, ihm mehr Beachtung zu schenken, seine Anregungen ernsthafter zu bedenken, könnte nicht nur der evangelischen Kirche dienlich sein, sondern auch einer Einigung der Kirche." (ebd., S. 58).

## AKTUELLER MUT

gottlos
lebe ich
ohne metaphysischen trumpf

gottlos
liebe ich
ohne präventive gewißheit

gottlos
leide ich
ohne narkotischen trost

schreiend
bete ich
ohne adresse

in geflüchteten worten

*Werner Kallen*

# ERSTER TEIL
# Der Unbekannte tritt auch heute Menschen in den Weg

## Dietrich Bonhoeffers Ringen um den „gegebenen Ort"

Ein Überblick über Bonhoeffers erste Lebensstationen[1] liest sich wie der Beginn einer akademischen Bilderbuchkarriere: Er wird am 4. Februar 1906 als sechstes Kind der Eltern Paula und Karl Bonhoeffer in Breslau geboren. 1912 erfolgt der Umzug der Familie nach Berlin, wo Karl Bonhoeffer den Lehrstuhl für Psychiatrie und Neurologie übernimmt. Nach der Brückenallee (1912–1916) und der Wangenheimstraße (1916–1935) wird schließlich die Marienburger Allee Nr. 43 (ab Oktober 1935) zum Domizil der Familie Bonhoeffer. Das Mansardenzimmer im Haus Nr. 43 bleibt bis zum Schluß Dietrich Bonhoeffers (Studier-) Zimmer, wo er auch wohnt, wenn er immer wieder einmal in Berlin ist. Seit 1987[2] ist das Bonhoeffer-Haus als Erinnerungs- und Begegnungsstätte für die interessierte Öffentlichkeit zugänglich. Mit siebzehn Jahren beginnt Bonhoeffer sein Theologiestudium 1923 in Tübingen und setzt es nach einem Studiensemester in Rom 1924 in Berlin fort. Bereits 1925 fängt er mit seiner Doktorarbeit „Sanctorum Communio" an, die im Jahr 1927 von der theologischen Fakultät angenommen wird. Mit der Promotion im Dezember 1927 schließt die Berliner Studienzeit ab.

Das Vikariatsjahr verbringt Dietrich Bonhoeffer 1928 in Barcelona. Anschließend wird er Assistent an der theologischen Fakultät Berlin, fertigt dort seine Habilitationsschrift „Akt und Sein" an und hält am 31. Juli 1930 mit vierundzwanzig Jahren seine Antrittsvorlesung als Privatdozent. Nach einem sich anschließenden Studienjahr am „Union Theological Seminary" in New York beginnt er ab dem Wintersemester 1931/32 als Privatdozent mit seinen Vorlesungen und Seminaren an der theologischen Fakultät der Berliner Universität. Am 15. November 1931 wird Bonhoeffer ordiniert. Neben seiner Dozententätigkeit wird er Studentenpfarrer an der Technischen Hochschule in Charlottenburg. Zusätzlich wächst ihm eine ökumenische Aufgabe zu, als er im September 1931 zum Jugendsekretär beim Weltbund für Freundschaftsarbeit der Kirchen[3] gewählt wird. Mit allen diesen lohnenden Tätigkeiten scheint Bonhoeffer be-

[1] Zu den ersten Lebensstationen wie zur Biographie insgesamt s.: E. Bethge: Dietrich Bonhoeffer: Theologe – Christ – Zeitgenosse, bes. S. 23–304.

[2] Vgl. die Einweihungsansprache „Haus, Familie und Gäste in der Marienburger Allee 43" von E. Bethge. In: Ders: Erstes Gebot und Zeitgeschichte: Aufsätze und Reden 1980–1990, S. 154–160.

[3] Dieser war 1914 gegründet worden und ist ein Vorläufer des 1948 gegründeten Ökumenischen Rates der Kirchen.

reits mit fünfundzwanzig Jahren an einem Ziel zu sein, von dem viele – zumal in diesem Alter – nur träumen können. Und doch scheint der so „gegebene Ort“ [4] den jungen Dietrich Bonhoeffer noch nicht innerlich mit der Gewißheit zu erfüllen, auch am richtigen Ort zu sein.

Schon während der Fertigstellung der Habilitation schreibt er 1930 in einem Brief: „Bald werde ich auch meine Gemeinde in Barcelona noch auf 14 Tage besuchen gehen, an der ich doch sehr hänge, wie ich überhaupt merke, daß es mich nicht sehr lange bei der Wissenschaft halten wird.“ [5] Vier Jahre später – da ist Bonhoeffer bereits Pfarrer in London – formuliert er mit ähnlichem Tenor gegenüber einem Studienfreund: „An die Universität glaube ich nicht mehr, habe ja eigentlich nie daran geglaubt – zu Ihrem Ärger. Die gesamte Ausbildung des Theologennachwuchses gehört heute in kirchlich-klösterliche Schulen, in denen die reine Lehre, die Bergpredigt und der Kultus ernstgenommen wird – was gerade alles drei auf der Universität nicht der Fall ist und unter gegenwärtigen Umständen unmöglich ist.“ [6] Dabei ist es keineswegs die Geringschätzung von wissenschaftlicher Arbeit, die ihn zu solchen Äußerungen veranlaßt. Vom Studenten der Theologie erwartet er, „daß er wirklich bereit sei, ernst zu arbeiten und zu lernen und zu denken. Nicht ein Berufungserlebnis, sondern Bereitschaft zu nüchterner, ernster, verantwortlicher theologischer Arbeit steht am Eingang des theologischen Studiums.“ [7] Und doch empfindet Bonhoeffer einen tiefen Mangel, plagt sich mit grundsätzlichen Fragen und schreibt als Studentenpfarrer: „Ob unsere Zeit vorüber ist und das Evangelium einem anderen Volk gegeben ist, vielleicht gepredigt mit *ganz* anderen Worten und Taten? ... Ich bin jetzt Studentenpfarrer an der Technischen Hochschule, wie soll man diesen Menschen solche Dinge predigen? Wer glaubt denn das noch? Die Unsichtbarkeit macht uns kaputt. Wenn wir's nicht in unserem persönlichen Leben sehen können, daß Christus da war, dann wollen wir's wenigstens in Indien sehen, aber dies wahnwitzige, dauernde Zurückgeworfenwerden auf den unsichtbaren Gott selbst – das kann doch kein Mensch mehr aushalten.“[8]

[4] Vom „gegebenen Ort“ spricht Bonhoeffer später selbst in einem seiner Ethik-Manuskripte, das theologisch vor allem von der Inkarnation her entwickelt ist. In: DBW 6 (E), S. 267; vgl. S. 224).

[5] In einem Brief v. 23.2.1930 an Oberkirchenrat H. Rößler. In: DBW 10, S. 169.

[6] In einem Brief v. 11.9.1934 an den Studienfreund E. Sutz. In: DBW 13, S. 204.

[7] So in den Überlegungen „Was soll der Student der Theologie heute tun?“ v. 1933. In: DBW 12 (GS III, S. 243).

[8] In einem Brief v. 18.10.1931 an Oberkirchenrat H. Rößler. In: DBW 11, S. 33. Hervorhebung von D.B. Der in die Zeit von Barcelona (1928) zurückreichende Plan einer Indienreise hat sich nie verwirklichen lassen. Er taucht mehrfach bei Bonhoeffer auf. Vermittelt durch Bischof Bell aus Chicester in England erhielt er sogar einen Einladung Gandhis vom 1.11.1934. Vgl. DBW 13, S. 213f.

## 1. Dieses wahnwitzige Zurückgeworfenwerden auf den unsichtbaren Gott selbst

Die Frage nach der Gegenwart Gottes in der konkreten Zeitgeschichte und im persönlichen Leben, auch in seinem eigenem Leben, bleibt für Bonhoeffer keine beiläufige Thematik. Daß aber Gott nicht einfachhin zur Verfügung steht – auch nicht für die Kirche und Theologie, die sich in besonderer Weise zuständig fühlen mögen –, das ist eine frühe Einsicht und Erfahrung Bonhoeffers. Noch in Barcelona[9] formuliert er während seiner Vikariatszeit bezüglich der Herausforderungen an die Kirche und an das christliche Europa nach dem Ersten Weltkrieg recht allgemein: „... – wir stecken noch mitten drin in der Not, im Suchen, in der Ratlosigkeit. ... wer wollte sagen, er habe *den* Weg, den einen und alleinigen gefunden?“[10] Wenige Jahre später sagt er im Zusammenhang der Vater-unser-Bitte „Dein Reich komme!“[11] sehr konkret: „Ja, gerade dies ist der eigentliche Fluch, der auf dem Acker der Erde lastet, nicht, daß er Disteln und Dornen trägt, sondern daß er Gottes Angesicht verbirgt, daß auch die tiefsten Furchen der Erde uns den verborgenen Gott nicht enthüllen.“[12] Die Frage nach der Gegenwart Gottes spielt für Bonhoeffer auch in seiner Zeit als Privatdozent in Berlin eine wichtige Rolle. In seiner Christologievorlesung[13] sagt er bereits zu Beginn – bei der Entfaltung der christologischen Frage: „Der Unbekannte tritt auch heute Menschen in den Weg, so daß nur noch die Frage bleibt: Wer bist Du?, wie oft sie auch abgebogen wird. ... Von der Auseinandersetzung mit Christus hängen aber Leben und Tod, Heil und Verdammnis ab.“[14] Doch die mögliche Antwort auf die „Wer bist Du?“– Frage bleibt für Bonhoeffer von Anfang an von einer anderen Grundeinsicht bestimmt: „Das Geheimnis des Wer bleibt verhüllt.“[15]

Bonhoeffer spricht nicht nur akademisch, sonst wäre seine aufschreiartige Formulierung „Die Unsichtbarkeit macht uns kaputt. ... Dies wahnwitzige ... Zurückgeworfenwerden auf den unsichtbaren Gott selbst – das kann doch kein Mensch mehr aushalten.“[16] gar nicht angemessen zu verstehen. Er schreibt hier

[9] In dem Gemeindevortrag „Not und Hoffnung in der religiösen Lage der Gegenwart. Die Tragödie des Prophetentums und ihr bleibender Sinn“ v. 13.11.1928. In: DBW 10, S. 285–302.

[10] Ebd., S. 286. Hervorhebung von D. B.

[11] In dem gleichnamigen öffentlichen Vortrag v. 19.11.1932 in Potsdam-Hermannswerder. In: DBW 12 (GS III, S. 270–285).

[12] Ebd., GS III, S. 274.

[13] Bonhoeffer hält sie im Sommersemester 1933. In: DBW 12 (GS III, S. 166–242). Zu Bonhoeffers Christologie vgl. vor allem H.-J. Abromeit: Das Geheimnis Christi: Dietrich Bonhoeffers erfahrungsbezogene Christologie; auch R. Mayer: Christuswirklichkeit: Grundlagen, Entwicklungen und Konsequenzen der Theologie Dietrich Bonhoeffers.

[14] GS III, S. 173. Selbst wenn hier mit dem Unbekannten konkret Christus gemeint ist, so stellt Bonhoeffer in der gesamten Vorlesung heraus, daß es bei der Christologie um das „Wort vom Wort Gottes“ geht. Vgl. ebd., S. 167. 171. 177 u.ö..

[15] Ebd., S. 171.

[16] DBW 11, S. 33.

aus eigener Not und aus eigenem Vermissen.[17] Diese Not selbst steht in einer Spannung: Auf der einen Seite steht die – später in der Gefängnisbriefen pointiert formulierte – Erkenntnis: „Gott als moralische, politische, naturwissenschaftliche Arbeitshypothese ist abgeschafft, überwunden; ebenso aber als philosophische und religiöse Arbeitshypothese."[18] Andererseits bemerkt ein Zeitgenosse Bonhoeffers und späterer Finkenwalder Schüler bei ihm während seiner Berliner Dozententätigkeit: „An der Art der Darbietung [des Vorlesungsstoffes; W.K.] wird ein wesentlicher Zug Bonhoeffers deutlich: ... Es gibt unaufhebbare, unkritisierbare und nicht zerstörbare Realitäten, Gottes Gegenwart in der Kirche, und damit auch Gottes Herrschaft über die Welt. ... Er ließ Gott als Realität und Christus als seinen Mittler niemals in Frage stellen."[19] Und selbst in der Nichterfahrung der Realität Gottes gilt für Bonhoeffer: „... wo wir uns Gott so fern fühlen, wie irgend je im Leben, da gerade ist Gott uns so nah wie nie zuvor, da will er in unser Leben einbrechen ..."[20]
Bereits zur Zeit des Studiums läßt sich Bonhoeffers Unruhe spüren angesichts der ganz neu zu stellenden Christus- bzw. Gottesfrage, welche eben nicht allein akademisch zu lösen ist, sondern nur so, daß „wir's ... in unserem persönlichen Leben sehen können, daß Christus da war ..."[21] In einer Predigt formuliert er schon als Neunzehnjähriger spannungsvoll: „Ein voreiliges, selbstsicheres und allzu gemütlich von Gott denkendes Pharisäertum hat sein bestimmtes Ja zu diesen Fragen gesprochen und spricht es noch heute. ... Aus dieser pharisäischen Selbstsicherheit aufzurütteln, dazu kam Christus ..."[22] Hier sind grundsätzliche Fragen berührt, die auf den innersten Kern des Glaubens zielen und Bonhoeffer ein Leben lang beschäftigen werden.

## *1.1. Erste praktische Tätigkeiten*

Während seines Studiums in Berlin betätigt sich Bonhoeffer in einer Kindergottesdienstgruppe mit Gottesdienstvorbereitungen, Kinderkatechesen, dem Erzählen biblischer Geschichten, mit Spielen und Ausflügen; später entsteht

[17] Vgl. hierzu etwa E. Feil: Widerstand und Ergebung: Zum politischen Engagement aus christlichem Glauben nach Dietrich Bonhoeffer, S. 174f.

[18] Brief an E. Bethge v. 16.7.1944. In: DBW 8 (WE[15], S. 191).

[19] So W.-D. Zimmermann über seine Erfahrungen mit dem Lehrer Bonhoeffer 1932. In: W.-D. Zimmermann: Wir nannten ihn Bruder Bonhoeffer, S. 23. 24. Daß damit das Ringen um die Gottesfrage nicht endet, sondern gerade erst beginnt, vermerkt in anderem Zusammenhang der Alttestamentler F. Stier in einer Tagebuchnotiz v. 11.3.1973: „Mein Problem ist nicht, ob Gott ist oder nicht, das meine beginnt damit, daß Er ist ...!" Zitiert nach E. Beck (Hg.in)/G. Miller (Hg.in): Wenn aber Gott ist ...: Ein Fridolin-Stier-Lesebuch, S. 5.

[20] So in der Predigt zu Lk 1,46–55 v. 17.12.1933 (3. Advent) in London. In: DBW 13, S. 340.

[21] So in dem bereits erwähnten Brief v. 18.10.1931, DBW 11, S. 33.

[22] In der Predigt zu Lk 17,7–10 v. 18.10.1925. In: DBW 9, S. 486. Bei allen sprachlichen Mängeln in dieser Predigt klingt hier doch – wie sich an Bonhoeffers weiterem persönlichem Werdegang zeigt – ein Lebensthema an. Vgl. hierzu auch: W. Grünberg: Wider die Art, „gemütlich von Gott zu reden und zu denken"! Zur Neuausgabe von Dietrich Bonhoeffer: Predigten – Auslegungen – Meditationen 1925–1945.

daraus ein Jugendkreis. Diese konkrete, lebendige Praxis in einer Gemeinde macht ihm auch den Abschied 1928 nach der ersten theologischen Prüfung schwer. So vermerkt er in seinem Tagebuch: „Ein Abschiedsfest nach dem anderen kam und ging. Am nächsten ging mir wohl der Abschied aus der kirchlichen Arbeit. ... Pfarrer Meumann nahm mich in sein allgemeines Gebet auf und – ist mir schon lange das Gemeindegebet eine Sache, die mich's oft kalt überlaufen läßt, so unvergleichlich mehr als die Schar der Kinder, unter denen [ich] zwei Jahre gewesen war, für mich eintrat."[23] Es folgt – ab Februar 1928 – die Zeit des Vikariates in Barcelona. Neben seiner Tätigkeit in der Gemeinde wird Bonhoeffer auch mit der Erfahrung des Stierkampfes, ja mit der „Verzauberung durch den Stierkampf" (E. Bethge) konfrontiert. Die beim Stierkampf erlebbare wilde Kraft und Leidenschaft fasziniert Bonhoeffer sehr. In einem Brief schreibt er: „Es ist doch eine große Sache, wilde ungehemmte Kraft und blinde Wut gegen disziplinierte Courage, Geistesgegenwart und Geschicklichkeit ankämpfen und unterliegen zu sehen ... In dem Ganzen tobt sich ein gewaltiges Stück Leidenschaft bei den Leuten aus, in die man selbst mit hineingezogen wir. ... Hier ist der Rest uneingeschränkten, leidenschaftlichen Lebens und vielleicht ist es der Stierkampf, der ... eine im übrigen Leben relativ hochstehende Sittlichkeit ermöglicht, weil die Leidenschaft mit dem Stierkampf abgetötet wird, – so daß die sonntägliche Corrida [Stierkampf; W.K.] das notwendige Pendant zur sonntäglichen Messe wäre."[24]
Neben anderen gemeindlichen Tätigkeiten (Jugendarbeit, Vortragsreihe) bildet die Predigt für Bonhoeffer ein wichtiges Erfahrungsfeld in Barcelona. Schnell wird deutlich, daß Bonhoeffer gerne und leidenschaftlich predigt. „Er wollte etwas und glaubte auch, daß es etwas Wichtiges zu sagen gebe. Dafür sollte man die Leute bedrängen und aufregen, erschüttern und gewinnen."[25] Schon früh blitzt das Ringen um die „Nachfolge"[26] auf: So zitiert er sowohl bei der Antrittspredigt wie bei der Abschiedspredigt das berühmte Augustinus-Wort vom „unruhigen Herzen":[27]

[23] Im Barcelona-Tagebuch. In: DBW 10, S. 19–28, hier S. 20.21.

[24] In einem Brief an die Eltern v. 11.4.1928. In: DBW 10, S. 48. Es wäre höchst lohnenswert, diese „weltliche" Erfahrung beim Stierkampf (1928) in Beziehung zu sehen und zu setzen mit den „theologischen" Überlegungen Bonhoeffers im Gefängnis von Tegel (1944), wo er etwa schreibt: „... Ich möchte von Gott nicht an den Grenzen, sondern in der Mitte, nicht in den Schwächen, sondern in der Kraft ... des Menschen sprechen." (v. 30.4.1944; in: DBW 8 (WE[15], S. 141). Oder: „... Und auch in der Bibel steht ja das Hohe Lied und es ist wirklich keine heißere, sinnlichere, glühendere Liebe denkbar als die, von der dort gesprochen wird (cf. 7,6!); es ist wirklich gut, daß es in der Bibel steht, all denen gegenüber, die das Christliche in der Temperierung der Leidenschaften sehen (wo gibt es solche Temperierung überhaupt im Alten Testament?)." v. 20.5.1944; in: DBW 8 (WE[15], S. 158). – Im April 1930 wird sich Bonhoeffer – vor dem Studienjahr in Amerika – nochmals einen Stierkampf ansehen. Vgl. E. Bethge: Dietrich Bonhoeffer, S. 158.

[25] So E. Bethge über Bonhoeffer in Barcelona. In: E. Bethge: Dietrich Bonhoeffer, S. 145.

[26] Das gleichnamige Buch wird er 1937 veröffentlichen.

[27] Es findet sich ganz zu Beginn im ersten Buch der „Confessiones" des heiligen Augustinus: I.1.

„Du hast uns zu dir hin geschaffen, und *unruhig* ist unser Herz in uns, bis es Ruhe findet in dir. ... Für Unruhe können wir auch sagen Grauen, Angst, Sehnsucht, Liebe."[28] Bei seinem Abschied ein Jahr später formuliert er so: „Wir spüren den Riß zwischen uns und dem Unendlichen und wissen, daß dieser Riß, das heißt unsere Gottlosigkeit und -verlassenheit der Grund für unsere Schwäche, unsere Friedlosigkeit, unsere Unruhe ist. ... Gott hat uns auf ihn hin gerichtet, mit den alten Worten des Kirchenvaters: Gott, du hast uns zu dir hin geschaffen, und unser Herz ist unruhig in uns, bis es Ruhe findet in dir."[29]
In einem Gemeindevortrag beschäftigt er sich mit der religiösen Lage der Gegenwart angesichts der unklaren politischen, ethischen und religiösen Situation. Er nimmt dazu das Prophetentum des Ersten Testamentes[30] zu Hilfe. Einen Propheten stellt er vor als einen von Gott berufenen Mann, für den diese Berufung zum Wendepunkt des Lebens wird.[31] Im weiteren Fortgang des Vortrags geht Bonhoeffer auch besonders auf den Propheten Jeremia[32] ein, dem er sich zeitlebens besonders nahe wußte. Seinen letzten – den dritten – Vortrag dieser Reihe hält Bonhoeffer im Februar 1929, am Ende des Vikariats. Das Angebot des Presbyteriums, in Barcelona zu bleiben, schlägt er nach kurzem Zögern aus. „Dies konnte für ihn noch nicht das kirchliche Engagement sein, das ihm vorschwebte."[33] Noch will er sich eine kirchliche oder akademische Berufsperspektive offenhalten. Er verläßt Barcelona „mit einem weinenden und einem lachenden Auge."[34]
Es folgt eine Tätigkeit als Assistent an der theologischen Fakultät in Berlin, die er mit der Habilitation „Akt und Sein" abschließt. Ab September 1930 ist Bonhoeffer zu einem Studienjahr am Union Theological Seminary in New York. Aus dieser Zeit rühren viele Freunde, die für sein späteres Leben wichtig bleiben. Es sind der Schweizer Erwin Sutz, der Franzose Jean Lasserre, der Schwarzamerikaner Frank Fisher[35] und der Amerikaner Paul Lehmann (mit seiner Frau Marion). Die über Frank Fisher ermöglichte Erfahrung des schwarzen Amerika in Harlem beschreibt er beeindruckt so: „Zunächst, ich habe in den Negerkirchen das Evangelium predigen hören."[36] Ansonsten fällt sein Ur-

[28] In der Predigt zu Röm 11,6 v. 11.3.1928. In: DBW 10, S. 456. Hervorhebung von D. B.

[29] In der Predigt zu Phil 4,7 v. 3.2.1929. In: DBW 10, S. 535.

[30] Zur Bezeichnung „Erstes" und „Zweites" Testament vgl. E. Zenger: Das Erste Testament: Die jüdische Bibel und die Christen, bes. S. 144–154. Vgl. in der „Hinführung", Anm. 16.

[31] In dem Gemeindevortrag „Die Tragödie des Prophetentums". In: DBW 10, S. 288.

[32] DBW 10, S. 292f. Die inhaltlichen Entsprechungen dieses Vortrags – bis hinein in wortwörtliche Übereinstimmungen – zu der späteren Jer 20,7-Predigt sind augenfällig. Vgl. in dieser Arbeit weiter unten unter 3.1., S. 64–69.

[33] E. Bethge: Dietrich Bonhoeffer, S. 155.

[34] So in einem Brief an die Großmutter vom Februar 1929. In: DBW 10, S. 132.

[35] Gerade ihm verdankt Bonhoeffer den Zugang zur – wie er sich ausdrückte – „Negerkirche" in Amerika, welche er konkret in Harlem/New York erlebte. Er schreibt darüber später: „Dieser persönliche Umgang mit den Negern war für mich eines der entscheidensten und erfreulichsten Ereignisse in meinem amerikanischen Aufenthalt." (In einem Bericht über diesen Studienaufenthalt v. 1931. In: DBW 10, S. 274).

[36] DBW 10, S. 274.

teil über Kirche und Predigt in Amerika vernichtend aus: „... man kann sich des Eindrucks nicht erwehren, daß man hier wie dort vergessen hat, worum es sich eigentlich handelt." Bonhoeffer stellt fest, „daß die Lahmheit des inneren Lebens durch ein Vielerlei kleiner Attraktionen ersetzt werden muß."[37] Nach der Rückkehr in Deutschland kommt es im Juli 1931 zu einer ersten, persönlichen Begegnung zwischen Bonhoeffer und Barth in Bonn. Das Verhältnis beider ist geprägt von „theologischer Distanz" und „engster kirchenpolitischer Bundesgenossenschaft"[38].

Mit dem Wintersemester 1931/32 wird Bonhoeffer Privatdozent in Berlin. Gleichzeitig übernimmt er das neu geschaffene Studentenpfarramt an der Technischen Hochschule in Charlottenburg. In einer Vorlesung spricht er in ungewohnter Direktheit vom Anspruch und von der Konkretheit Gottes: „‚Wir brauchen Kirche'? Zweifel an [dem] Wort ‚brauchen'. [Ist] das *Brauchen* entscheidend, wo Gott einfach da ist als Herr, wo er uns will, wo wir für ihn da sind? ... Kirche ist [der] *Ort, an dem Gott redet; ist!!!* ... Man kann nicht an Gott vorübergehen. ‚Brauche ich?' darf es in [der] Theologie einfach nicht geben. Er [sc. Gott] ist einfach da!"[39] Parallel zur Dozentur und zum Studentenpfarramt übernimmt er eine Konfirmandenklasse im Wedding; eine Erfahrung, die ihn tief beeindruckt: „Das ist so ungefähr die tollste Gegend von Berlin; mit den schwierigsten sozialen und politischen Verhältnissen."[40] Die Hausbesuche, die er in diesem (proletarischen) Milieu macht, lassen bei ihm aber auch Fragen und Herausforderungen zurück, weil ihm oft die richtigen Worte fehlen und kein wirkliches Gespräch zustande kommt: „Vielleicht ist es aber auch wirklich das Ende unserer Christlichkeit, daß wir hier versagen."[41] Zu seiner Dozententätigkeit merkt Bonhoeffer an: „Man hat dauernd etwas zu tun und immer kommt es einem überflüssig vor."[42]

So sieht Dietrich Bonhoeffer von Anfang an sich selbst und die Kirche insgesamt vor sehr grundsätzliche Herausforderungen gestellt und versteht die „tiefste Kenntnis der Welt"[43] als Voraussetzung dafür, diese Herausforderungen zu bestehen.

[37] Beide Zitate DBW 10, S. 273.

[38] So E. Bethge: Dietrich Bonhoeffer, S. 219. Weiter führt er aus: „[Bonhoeffer] selbst hat jedenfalls seine kritischen Anmerkungen ... als eine Bewegung innerhalb und nicht außerhalb der von Barth bezeichneten Sache verstehen wollen." (ebd., S. 219) Trotzdem zeigt Bonhoeffers Vorwurf des „Offenbarungspositivismus" an Karl Barth (so in DBW 8 [WE[15], S. 140.143. 173]. zumindest sein Suchen nach einer eigenen theologischen und persönlichen Position. Ob der damit angedeutete Unterschied nicht doch fundamentaler ist, kann hier nicht weiter untersucht werden.

[39] In der Vorlesung „Das Wesen der Kirche" vom Sommersemester 1932. In: DBW 11, S. 242.243. Hervorhebungen in der Hörermitschrift.

[40] In einem Brief an E. Sutz v. 25.12.1931. In: DBW 11, S. 50.

[41] In einem Brief an E. Sutz v. 28.2.1932. In: DBW 11, S. 65.

[42] DBW 11, S. 50.

[43] In dem Vortrag „Zur theologischen Begründung der Weltbundarbeit" v. 26.7.1932. In: DBW 11, S. 332. Vgl. K.-P. Jörns: Der Gang in die Wüste als Weg zur Predigt: Über die Schwierigkeit, zur „tiefsten Kenntnis der Welt" (Bonhoeffer) und unserer selbst zu kommen.

### 1.2. *In der Religion, in der Moral steckt der Keim des Hochmuts*

Wenn Dietrich Bonhoeffer schon früh seine Abneigung gegenüber der „Religion“ und gegenüber dem „Religiösen“ formuliert, dann definiert er diese Begriffe in *seinem* Sprachgebrauch nicht systematisch. Er benutzt „Religion“ im Sinne einer ganz bestimmten geschichtlichen Erscheinungsform des christlichen Glaubens. In dieser „vergeschichtlichten“ (E. Bethge) Sicht lassen sich vor allem folgende Merkmale von „Religion“ bei Bonhoeffer ausmachen: metaphysische Redeweise (Denken in zwei Räumen); individualistischer Ansatzpunkt (Seelenheil); Partialität (Gott in einem abgesonderten Lebensbereich); deus ex machina (Lückenbüßergott; christliche Religion als „geistliche Apotheke“); Religion als Privileg (für religiös Bevorzugte; führt zu Pharisäismus); Religion als Vormundschaft (Schaffung von Abhängigkeit und Entmündigung); Entbehrlichkeit von Religion („Religion“ geht vorüber).[44] Religion und Glaube sind für ihn aber gerade nicht deckungsgleich. Im allgemeinen Sprachgebrauch ist dies meist anders. Bedenkt man also den Bonhoefferschen Sprachgebrauch im Unterschied zum Alltagssprachgebrauch nicht mit, dann kommt es zu ganz falschen Sichtweisen seiner Theologie und seines Lebens.

Bereits in einem Gemeindevortrag in Barcelona „Jesus Christus und vom Wesen des Christentums“[45] äußert er: „Gott kommt zu denen, die keine Ansprüche machen. ... In der Religion, in der Moral steckt der Keim der Hybris, ... d.h. des Stolzes, des Hochmutes. ... So kann Religion und Moral der gefährlichste Feind des Kommens Gottes zu den Menschen ... werden; und so ist die christliche Botschaft grundsätzlich amoralisch und areligiös, so paradox das klingen mag.“[46]

Sowohl Religion in einem allgemeinen Sinn als auch „christliche“ Religion steht für ihn in der ständigen Gefahr eitler Selbstbestätigung, manchmal offen, manchmal verdeckt. In solcher Selbstbestätigung will man Gott leicht immer für sich beanspruchen: zur Legitimation der eigenen Situation, der eigenen Haltung oder Handlung. Was anders ist (und erst recht „die anderen“) hat in dieser Mentalität keinen Raum, gilt als gottlos. Das sieht und empfindet Bonhoeffer früh. Auf dem Weg nach Barcelona im Februar 1928 vermerkt er über einen Zwischenaufenthalt in Paris: „Sonntagnachmittag war ich bei einem sehr festlichen Hochamt in Sacré Coeur. Fast ausschließlich Montmartreleute in der Kirche, Dirnen und die dazugehörigen Männer gingen zur Messe, beugten sich allen Zeremonien; es war das ein ungeheuer eindrucksvolles Bild und man sah wieder einmal ganz deutlich, wie nah im Grunde grade diese durch Schicksal und Schuld am schwersten Belasteten der Sache des Evangeliums stehen. ... Ich kann mir einen betenden Mörder, eine betende Dirne viel eher vorstellen

[44] Vgl. hierzu: E. Bethge: Dietrich Bonhoffer, S.979–985. Auch: E. Feil: Die Theologie Dietrich Bonhoeffers, S.324–354; H.-J. Kraus: Theologische Religionskritik, S.4–112. Wie sich Barths systematischer und Bonhoeffers vergeschichtlichter Religionsbegriff zueinander verhalten, braucht in diesem Zusammenhang nicht ausgeführt zu werden.

[45] Gemeindevortrag v. 11.12.1928. In: DBW 10, S. 302–322.

[46] DBW 10, S. 315.

als einen eitlen Menschen im Gebet. Nichts ist dem Gebet so zuwider wie die Eitelkeit."[47]

Diese Gefahr, auf die Dietrich Bonhoeffer hier stößt, ist grundsätzlicher Art. Sie schleicht sich leicht überall dort ein, wo man sich selbst im Besitz einer Besonderheit glaubt, besonders im „religiösen" Besitz Gottes. Solche „religiöse" Gefahr formuliert die jüdische Dichterin Gertrud Kolmar (1894–1943) einmal so:

> „Gott ist nicht brauchbar. Gott bringt keinen Nutzen,
> Schafft nicht mit eurem Hausgesind.
>
> Ihr aber formtet ihn nach eurem Bilde,
> Habt eure Liebe ihm gegönnt.
> Den reinen Quell der Wahrheit und die Milde
> Und was ihr sonst noch missen könnt,
>
> Und ginget hin, durchtorkelnd eure Feste,
> Und ludet ihn bisweilen ein
> Und schenktet ihm am Sabbath Alltagsreste:
> Er mag zufrieden sein."[48]

Im Vikariat in Barcelona hat Bonhoeffer es auch mit einfachen Menschen in ihren alltäglichen Nöten und Hoffnungen zu tun. Die Erfahrungen in Barcelona schließen nahtlos an das an, was Bonhoeffer in Sacré Coeur nicht nur äußerlich gesehen hatte, sondern immer tiefer zu verstehen beginnt: „... man begegnet hier den Menschen wie sie sind, fern von der Maskerade der ‚christlichen Welt'; Leute mit Leidenschaften, Verbrechertypen, kleine Leute mit kleinen Zielen, kleinen Trieben und kleinen Verbrechen – alles in allem Leute, die sich heimatlos fühlen in beiderlei Sinn, die auftauen, wenn man freundlich mit ihnen redet, – wirkliche Menschen; ich kann nur sagen, daß ich den Eindruck habe, daß gerade diese viel eher unter der Gnade als unter Zorn, daß aber gerade die christliche Welt viel eher unter dem Zorn als unter der Gnade steht."[49]

Im religiösen Hochmut steckt die Versuchung, Gott für sich zu vereinnahmen und damit als eigenständiges, freies Gegenüber bedeutungslos zu machen. Das sieht Bonhoeffer auch einige Jahre später, als die christlich-konservative Regierung Papen 1932 in Deutschland an die Macht kommt und entsprechende „christliche" Parolen verkündet, auf die Bonhoeffer in einer Berliner Predigt anspielt: „Nicht das ist unser Ungehorsam, daß wir so wenig religiös sind, sondern das, daß wir eigentlich ganz gerne religiös wären, es sehr erbaulich finden, wenn irgendwo einer sagt und schreibt: ‚Im Namen Gottes, Amen', sehr beruhigt sind darüber, wenn irgendeine Regierung die christliche Weltanschauung proklamiert. ... Das ist unser Ungehorsam, das ist unsere Flucht,

[47] So im Barcelona-Tagebuch. In: DBW 10, S. 22.

[48] Aus ihrem Gedicht „Gott". In: G. Kolmar: Weibliches Bildnis: Sämtliche Gedichte, S. 348f.

[49] In einem Brief an H. Rößler v. 7.8.1928. In: DBW 10, S. 90f.

das ist unser unheilvoller Abfall – daß wir, je frömmer wir sind, nur um so weniger es uns sagen lassen, daß Gott gefährlich ist, daß Gott seiner nicht spotten läßt ... ."[50]

Doch die Freiheit, die Gottes und die des Menschen, steht für Bonhoeffer im Zentrum des Glaubens und des Handelns; und sie steht gegen „religiös" sich gebende subtile Abhängigkeitsverhältnisse und Verfügungsansprüche. „Indem Jesus den Menschen unmittelbar Gott unterstellt, in jedem Augenblick neu und anders, gibt er der Menschheit das gewaltigste Geschenk wieder, das sie verloren hatte, die Freiheit. Das christlich ethische Handeln ist ein Handeln aus Freiheit, aus der Freiheit eines Menschen, der nichts an sich selbst und alles an seinem Gott hat ..."[51]

Die Frage nach einer freien, echten – und nicht formelhaft erlernten, bekenntnishaft erzwungenen oder in eigenen Notsituationen erpreßten – Annahme Gottes als des befreienden Grundes und erhofften Zieles des menschlichen Lebens, diese Frage hat Bonhoeffer ein Leben lang beschäftigt. Auch in einem Brief aus dem Tegeler Gefängnis stellt Bonhoeffer sich dieser Frage – verbunden mit einer nüchternen Analyse der gegenwärtigen Zeit und Menschen: „Was mich unablässig bewegt, ist die Frage, was das Christentum oder auch wer Christus heute für uns eigentlich ist. Die Zeit, in der man das den Menschen durch Worte – seien es theologische oder fromme Worte – sagen könnte, ist vorüber, ebenso die Zeit der Innerlichkeit und des Gewissens, und das heißt eben die Zeit der Religion überhaupt. Wir gehen einer völlig religionslosen Zeit entgegen; die Menschen können einfach, so wie sie nun einmal sind, nicht mehr religiös sein."[52]

Schon viele Jahre vorher – in seiner Tätigkeit als Studentenpfarrer an der Technischen Hochschule in Berlin – machte Bonhoeffer die konkrete Erfahrung, daß die zentralen Anliegen des Glaubens und des Evangeliums kaum oder gar nicht zu vermitteln sind: „... wie soll man diesen Menschen solche Dinge predigen? Wer glaubt denn das noch?"[53] Während Bonhoeffer hier die Frage noch vor allem im Blick auf die Studenten und hinsichtlich der Möglichkeit der Vermittlung stellt, wird sie ihm mehr und mehr zu einer eigenen Frage. Oft fühlt die Kirche sich selbstgewiß im Besitz der Glaubenswahrheiten. Damit macht sie sich zum Selbstzweck und wird unfähig für das befreiende Wort an die Menschen, wie sie nun einmal sind. Ein Wirklichkeitsverlust stellt sich ein, der sich lange ankündigte und bis in die aktuelle Zeit reicht: „Man hat vor-formuliert und auswendig lernen lassen; aber man hat wenig dazu angeregt, die eige-

[50] In der Predigt zu Kol 3,1–4 v. 12.6.1932. In: DBW 11, S. 441.

[51] In dem Gemeindevortrag „Grundfragen einer christlichen Ethik" v. 8.2.1929 in Barcelona: DBW 10, S. 330. Allerdings enthält dieser Vortrag auch höchst problematische, nämlich deutschnational anmutende Passagen (bes. S. 336–340). Eine ausdrückliche, spätere „theologia crucis" wird jedoch Bonhoeffers (frühere) Sichtweise und den Tonfall sehr verändern.

[52] Im Brief v. 30.4.1944. In: DBW 18 (WE[15], S. 138f).

[53] In dem bereits erwähnten Brief an H. Rößler v. 18.10.1931. In: DBW 11, S. 33.

nen Erfahrungen mit dem Glauben und dem Leben zu reflektieren und ins Wort zu bringen. Man begnügt sich weitgehend mit jenem Einbahnverkehr, in dem von der einen Seite her nur gelehrt und auf der anderen Seite nur gelernt wird. Dann aber erstarrt das Zeugnis des Glaubens zu Formeln und Floskeln und verliert seine Lebendigkeit."[54]
Bonhoeffer selbst spitzt die Frage später zu: „Was glauben wir wirklich?, d.h. so, daß wir mit unserem Leben daran hängen?"[55] Es geht ihm hier um Tiefenbohrungen nach den lebendigen Quellen des Glaubens. Ein Zeitgenosse Bonhoeffers und Mitstreiter in der Bekennenden Kirche beschreibt ihn so: „Dennoch sollte man seine gelegentlich befremdlichen Formulierungen aufmerksam lesen. Sie sind ja einem wachen Geist entsprungen, der in die Tiefe bohrte und aus der Tiefe immer Neues hervorholte. An dem Dreieinigen Gott hat Dietrich Bonhoeffer niemals gezweifelt. ... Aber welches der Wille Gottes hic et nunc sei, das trieb ihn um."[56] Und Dietrich Bonhoeffer weiß um „die furchtbare Gefahr der geistlichen Geschwätzigkeit"[57], der es entgegenzutreten gilt. Die Kraftlosigkeit des kirchlichen Wortes hängt für Bonhoeffer nicht nur mit der äußeren historischen und politischen Situation zusammen, in die hinein ein solches Wort zu sagen ist. Sie hängt auch – und wohl wesentlich – damit zusammen, daß in der Kirche selbst zu wenige wirklich „mit dem Leben daran hängen", was als Glaube anderen verkündet wird.
Als die politische Lage in Deutschland sich nach der Machtergreifung Hitlers verschärft, schreibt er: „Es muß auch endlich mit der theologisch begründeten Zurückhaltung gegenüber dem Tun des Staates gebrochen werden – es ist ja doch alles nur Angst. ‚Tu den Mund auf für die Stummen' [Spr 31,8] – wer weiß denn das noch in der Kirche, daß dies die mindeste Forderung der Bibel in solchen Zeiten ist?"[58] Im tiefen Ernstnehmen der biblischen Botschaft – im jeweiligen Kontext der eigenen Zeit und am damit „gegebenen Ort"[59] – sieht Bonhoeffer die Möglichkeit der konkreten Bewährung der Kirche. Sonst trägt ihr eigenes Versagen dazu bei, daß die Leit- und Verheißungsworte der biblischen Botschaft kraftlos werden und die Menschen nicht mehr erreichen.

### *1.3. Ein theologisch Obdachloser: Leidenschaftliches Warten auf Gott*

Im ersten Gemeindevortrag 1928 während seines Vikariates in Barcelona charakterisiert Bonhoeffer die Propheten auch dadurch, daß „sie spüren, wie ein Brennen und Sengen durch ihre Glieder geht, vor Durst nach der Begegnung

[54] So A. Exeler in dem Kapitel „Vom sprachmächtigen Glauben zur ‚Theologie des Volkes'". In: Ders./N. Mette (Hg.): Theologie des Volkes, S. 13–40, hier S. 15f.
[55] Im zweiten Kapitel im „Entwurf für eine Arbeit" v. 1944. In: DBW 8 (WE[15], S. 206).
[56] G. Jacobi, 1933–39 Präses der Bekennenden Kirche in Berlin. In: W.-D. Zimmermann (Hg.): Begegnungen mit Dietrich Bonhoeffer, S. 65.
[57] Ebd., S. 43.
[58] In einem Brief an E. Sutz v. 11.9.1934. In: DBW 13, S. 204f.
[59] Vgl. DBW 6 (E), S. 224.
[60] DBW 10, S. 291 (Vortrag v. 13.11.1928).

mit Gott."[60] Drei Jahre später sagt er in einer Adventspredigt in Berlin: „Auf Gott kann man doch nicht so resigniert, so maßvoll, so vernünftig warten wie auf eine Gehaltserhöhung. Nein, es ist ein unvernünftiges, maßloses Warten, wenn ein Mensch wirklich Gott meint; wenn er ... sich sehnt, ausstreckt, hofft, bis es endlich Gott selbst ist, der kommt, der hilft, der tröstet. ... Er kann nichts als warten, wachend warten, das heißt leidenschaftlich, ganz hingenommen; ... Es geht ihm ja nur um eines: Gott will er sehen. Gott will er hören. Gott will [er] empfangen. Gott will er erkennen. Gott will [er] dienen. Er will unbegreiflicherweise sonst nichts, jedenfalls nichts so, wie er Gott will. ... Der wartende Mensch erwartet alles, alles von Gott."[61] Diese ruhelos–wartende Zentrierung auf Gott erinnert an die Schlußzeile eines Gedichtes von Teresa von Avila: „sólo Dios basta" („Gott nur genügt").[62]

Solche Zentrierung führt aber nicht zu einer Weltflucht des Glaubens, zumal bei Dietrich Bonhoeffer nicht. Das bezeugen sowohl sein späterer Lebensweg wie auch sein theologisches Denken. Im Warten-können, im Ausgespanntsein auf größere Ziele und tiefere Wünsche, die nicht unmittelbar zu erfüllen sind, liegt auch ein sehr gesellschaftskritisches Moment. Bonhoeffer sieht bestimmte Entwicklungen in der christlich-abendländischen Geschichte am Abgrund des Nichts: „Jeder innere Aufbau, jeder Prozeß langsamen Reifens auf persönlichem und beruflichem Gebiet wird jäh abgebrochen. ... Ernsthafte Spannungen, innerlich notwendige Wartezeiten, werden nicht ertragen. ... Das Stille, Beständige, Wesentliche wird als wertlos übergangen. An die Stelle der ‚großen Überzeugungen' und des Suchens des eigenen Weges tritt das leichtfertige Segeln mit dem Wind."[63] Solches Warten ist ebenso aktiv wie passiv. Es ist ebenso wach bei den gestellten Aufgaben wie erwartungsvoll ausgerichtet auf eine größere Zukunft. Darin liegt auch eine zuweilen zermürbende Zumutung. Im Gefängnis, wo ihm alle unmittelbaren Handlungsmöglichkeiten genommen sind, vermerkt Bonhoeffer auf einem Zettel: „ich warte u. immer Enttäuschung /ich warte auf Gott."[64]

In den Meditationen zu seinem Lieblingspsalm 119, die sich als die „Innenseite zur Ethik" (O. Dudzus) charakterisieren lassen, schreibt Bonhoeffer zu Vers 20 („Meine Seele ist zermalmt vor Verlangen nach deinen Forderungen allezeit."): „Das Verlangen nach Gott, das die Seele zermalmt, währt ‚allezeit'. Das kann nicht anders sein, wenn es von Gott selbst über uns kommt. Es muß unvergänglich sein. ... An dem ‚allezeit' entscheidet es sich. Nicht die Hitze der Frömmigkeit, sondern das Ausharren am Wort bis ans Ende kennzeichnet

[61] In der Predigt zu Lk 12,35–40 v. 29.11.1931. In: DBW 11, S. 391.392.393.

[62] Bei Teresa von Avila (1515–1582) handelt es sich um ein dreistrophiges Gedicht. Das „soló/nur" in der letzten Zeile ist adverbial (und nicht adjektivisch) zu verstehen. Zum Ganzen dieses Gedichtes anhand des spanischen Originals vgl. E. Lorenz: Gott nur genügt: eine Gedichtinterpretation. In: Dies.: Teresa von Avila: Licht und Schatten, S. 81–102. Zum Leben der Teresa von Avila und ihrer wachsenden, personalen Gotteszentrierung vgl. etwa W. Herbstrith: Teresa von Avila: Lebensweg und Botschaft.

[63] DBW 6 (E), S. 120.121.

[64] Notizen v. Juli 1944; DBW 8 (WEN, S. 376).

das Verlangen nach Gottes Wort."[65] Bonhoeffer sieht in dieser Auslegung, daß das „Verlangen nach Gott" und das „Ausharren bis ans Ende" zum Kennzeichen und zur Grundlage gläubiger Existenz werden kann und nicht lediglich einen behebbaren Mangel darstellt.
In der mönchisch-eremitischen Tradition wird das „Verlangen" und „Ausharren" zum bestimmenden Lebensinhalt: „Das Warten ist die tiefste und die kontemplativste Haltung, die wir unserem Gott gegenüber einnehmen können. ... Dieses Warten erscheint mir manchmal als die fundamentalste Prüfung unseres Lebens. ... Gott ist nicht, kann nicht und will auch nicht reine und leichte Freude in diesem Leben sein! ... Im Glauben macht man daher die Erfahrung Gottes ebenso gut, wenn das Leiden uns anfällt, wie wenn die Freude uns überströmt; ebenso gut, wenn ER ferne zu sein und zu schweigen scheint, wie wenn ER seine Gegenwart fühlen läßt. ... In dem Maße, als alles unsicherer und bewegter zu werden scheint, ist Gott da wie der einzige stabile und feste Punkt inmitten einer immensen Wanderdüne; wie eine letzte starke Präsenz, von der ich nichts zu fürchten habe, weil sie über allem steht. Gott ist die einzige Gewißheit, die Sicherheit meines Lebens."[66]
Wie sehr Bonhoeffer um diese dem Warten innewohnende Sehnsucht, die auf bleibende Erfüllung hofft, weiß, zeigt eine Predigt zu Psalm 42: „Nach dem lebendigen Gott, dem Gott und Ursprung alles wahren Lebens, dürstet unsere Seele. ... Vater, wenn du mich in die Fremde schickst, dann erhalte mir die heilsame Sehnsucht nach meiner geistlichen Heimat, und richte meine Gedanken auf die ewige Heimat, in der du uns trösten wirst."[67] Das treue Aushalten im Wartestand und das unbeirrbare Festhalten am Ziel dieses Wartens bleibt für Bonhoeffer kein abstrakter Trost; im Gefängnis von Tegel erfährt er eine – schmerzhafte – Erdung des Wartenmüssens, ohne es aufzugeben. Vielmehr beginnt er es so aufzufassen, daß „das Warten meine einzige Aufgabe geworden ist."[68] Insbesondere die mit der Verhaftung gegebene Trennung von seiner Braut Maria muß Bonhoeffer im Gefängnis – wartend und voller Sehnsucht[69] – durchleiden.
Wie das Warten auf den – vermißten – geliebten Menschen die Gemeinschaft mit ihm gerade zu bewahren vermag (wenn auch schmerzhaft), so eröffnet für Bonhoeffer auch die Sehnsucht nach dem lebendigen Gott selbst eine Zukunft, und er kann adventlich formulieren: „... wenn da eine ganz unstillbare Sehnsucht ist, die dort, wo alles in Erfüllung geht, nicht schweigt oder dort, wo

[65] Bonhoeffer entdeckte den Psalm 119 für sich bei seinem Aufenthalt im März 1935 in Kloster Mirfield in England. Vgl. E. Bethge: Dietrich Bonhoeffer, S. 474f. Seine Auslegungen dazu entstehen 1939/40, allerdings nur bis V. 21. In: DBW 15 (PAM II, S. 398–436, hier S. 434).

[66] Aus dem Brief eines unbekannten französischen Kartäusers. In: G. Greshake (Hg.)/J. Weismayer (Hg.): Quellen geistlichen Lebens. Bd. 4: Die Gegenwart, S. 321–325, passim.

[67] In der Predigt zu Ps 42 v. 2.6.1935. In: DBW 14, S. 853.856.

[68] In einem Brief an E. Bethge v. 16.5.1944. In: DBW 8 (WEN, S. 319).

[69] Zu „Warten" und „Sehnsucht" bei D. Bonhoeffer vgl. auch J. Seim: Über die Sehnsucht: Ein Kapitel Seelsorge nach D. Bonhoeffers Widerstand und Ergebung, S. 433–441.

alles scheitert, nur um so stärker aufbegehrt; wenn da ein Warten in uns ist, das sich auf nichts anderes und nichts Geringeres richtet als darauf, daß der Welt ganz und gar geholfen werde, nicht mit diesem und jenem Mittel, sondern ganz, wie sie ist; d.h., wenn etwas in uns wartet auf das Undenkbarste selbst, nämlich daß Gott selbst zu uns komme, dann freilich könnte es anfangen, bei uns Advent zu werden."[70]

Im Blick auf die Theologie und das Leben Karl Rahners (1904–1984), aber in dieser Hinsicht durchaus Bonhoeffer vergleichbar, hat Johann Baptist Metz einmal formuliert: „Immer blieb Heimatlosigkeit, quer zu allem blieb eine Sehnsucht, die ich nie als sentimental empfand, nie auch als pausbäckig-optimistisch, nie als himmelsstürmend, sondern eher wie einen lautlosen Seufzer der Kreatur, wie einen wortlosen Schrei nach Licht vor dem verhüllten Antlitz Gottes. ... Ja, diese bleierne Sehnsucht, diese wehrlose Heimatlosigkeit! ... Weil ein schleichendes Gefühl der Überflüssigkeit die ganze Schwere dieser Gottessehnsucht offenbaren kann ...".[71]

In der Tradition christlicher Mystik, vor allem etwa bei Gestalten der spanischen Mystik wie Johannes vom Kreuz oder Teresa von Avila, wird solche Sehnsucht zur Wunde der Liebe schlechthin, was bedeutet: „Einverstanden sein mit der Situation eines liebeswund Wartenden, bereit sein, den gelegentlich bis zum Zerbersten von Seele und Geist anwachsenden Sehnsuchtsschmerz auszuhalten, auf die endgültige Begegnung mit Ihm und mit der Welt und den Menschen in ihm zu warten wie auf die Morgenröte ...".[72]

Bei solchen Äußerungen handelt es sich um die spannungsvolle Dynamik selbst, die im durchgehaltenen Warten auf den größeren Gott liegt. Ein Zeitgenosse und Schüler Bonhoeffers bestätigt: „Für Bonhoeffer war Gott größer, lebendiger, ungreifbarer, aber auch barmherziger, als uns die Schul-Theologie lehren will."[73]

Die im Warten durchlebte Offenheit ist so ausgerichtet, daß die Erfüllung tatsächlich von Gott selbst erhofft wird – aber wiederum so, daß auch Gott dabei nicht für die eigene Erwartungshaltung einkalkuliert wird, sondern frei bleibt. Gott läßt sich nicht wissen, auch von der Theologie nicht. „Wenn Gott Gott ist, so muß er die Freiheit haben zu völlig überraschendem, unberechenbarem Geschehen – gleichgültig, in welchen Begriff die Menschen diesen Einbruch fassen; ..."[74] Mit der Ausrichtung auf den erhofften Gott selbst kann auch ein

[70] Bonhoeffer in der Predigt v. 29.11.1931. In: DBW 11, S. 390. Zu dieser „adventlichen" Struktur des Wartens bei D. Bonhoeffer vgl. A. Altenähr: Dietrich Bonhoeffer – Lehrer des Gebets, S. 160–169.

[71] Zitiert nach J.B. Metz/T.R. Peters: Gottespassion: Zur Ordensexistenz heute, S. 35f.

[72] So R. Körner: Mein sind die Himmel und mein ist die Erde: Geistliches Leben nach Johannes vom Kreuz, S. 48. Aufschlußreich sind auch Anklänge bzw. Entsprechungen zwischen Dietrich Bonhoeffer und Ignatius von Loyola. Vgl. Ch. Zimmermann-Wolf: Dietrich Bonhoeffer und Ignatius von Loyola, S. 286–305.

[73] W.-D. Zimmermann: Gehorsam des Glaubens: Erinnerungen an Dietrich Bonhoeffer, S. 83.

[74] Zitat von H. Vorgrimler im Resümee der Rundfunkreihe „Wer ist das eigentlich – Gott?". In: H. J. Schultz (Hg.): Wer ist das eigentlich – Gott?, S. 277–285, hier S. 285.

Moment von tief empfundener Heimatlosigkeit einhergehen. Der eigenen Groß-Familie fühlte sich Bonhoeffer zwar wie selbstverständlich zugehörig. Hier empfing er auch wichtige Impulse für sein eigenes theologisches Denken. In allen Phasen seines Lebens blieb die Familie ein wichtiger Zufluchtsort. Er hatte immer sein Zimmer im Haus der Eltern.[75] Bestimmten philosophischen, theologischen und anderen Denktraditionen verdankt er bleibende Anregungen und Impulse – sei es in der Annahme, sei es in der Abgrenzung, sei es in der Modifizierung.[76] Und doch läßt sich Bonhoeffer nicht einfachhin als Schüler einer bestimmten Richtung bezeichnen oder in einer vorhandenen Tradition beheimaten. Es bleibt auch hier ein Moment des Umgetriebenseins. In einem Brief aus Bonn, als er dort Seminare und Vorlesungen bei Karl Barth besucht, spricht er von seiner eigenen „theologischen *Bastard-Herkunft*."[77] Zurück in Berlin schreibt er dann: „Wenn ich einmal in meinem Leben hätte mit einem älteren Mann zusammentreffen können zu gemeinsamer Arbeit, der mir wirklich Lehrer geworden wäre – ich weiß nicht, warum mir das nie gegeben wurde. Ob ich es nicht ausgehalten hätte?"[78]

Das tiefe Empfinden einer solchen letzten *Nicht*zugehörigkeit bringt auch ein unentrinnbares Moment von Einsamkeit[79] und latenter Infragestellung mit sich. Schon während seiner beruflichen Tätigkeiten in Berlin als Dozent und Studentenpfarrer ist Bonhoeffer die eigene Zuordnung, der eigene Ort durchaus unklar. Einen Aufenthalt bei dem Studienfreund Erwin Sutz in dieser Zeit nennt er „das *Asyl* für einen theologisch Obdachlosen".[80] Und fast nebenbei vermerkt er im selben Brief wenig später: „Ich denke manchmal mit Schrekken, daß wir uns vielleicht darin finden, daß wir beide Existenzen irgendwie am Rande unserer Kirche ... sind."[81] Solche Äußerungen mit den vorsichtig darin zum Ausdruck kommenden Zweifeln tauchen immer wieder einmal auf – in ganz unterschiedlichen lebensgeschichtlichen Zusammenhängen: An den

75 Zu diesem Familienhintergrund vgl. R. Bethge: Bonhoeffers Familie und ihre Bedeutung für seine Theologie, bes. S. 2–23. R. Bethge, geb. Schleicher, ist eine Nichte Bonhoeffers; sie ist verheiratet mit E. Bethge.

76 T.R. Peters nennt u.a. Luther, Nietzsche, W. James, Tillich, Barth, Bultmann, aber auch mehrfach Kierkegaard. In: Ders.: Die Präsenz des Politischen in der Theologie Dietrich Bonhoeffers, S. 91–176. Für die theologische Tradition bes. S. 165–176. Vgl. auch E. Feil: Die Theologie Dietrich Bonhoeffers, passim.

77 In einem Brief an E. Sutz v. 24.7.1931. In: DBW 11, S. 18. Hervorhebung von D. B.

78 In einem Brief an E. Sutz v. 8.10.1931. In: DBW 11, S. 28.

79 So hat etwa K. Rahner einmal von sich gesagt: „Ich fühle mich wie ein Eskimo unter lauter Mitteleuropäern." Zitiert nach J.B. Metz: Karl Rahner – ein theologisches Leben, S. 315.

80 Brief v. 27.10.1932. In: DBW 11, S. 117. Hervorhebung von D. B. Zu dieser „theologischen Obdachlosigkeit" vgl. auch F. Schlingensiepen: Der Tod des Lehrers, S. 223–230.234f.

81 DBW 11, S. 118 (bei D. B. in Klammern). Daß sich Bonhoeffer quer zu allen Einordungsversuchen verhält – während seines Lebens *und* in der Rezeption –, zeigt auch seine vielfältige Aufnahme bei Christen und in der Theologie in Lateinamerika. Vgl. P.G. Schoenborn: Bonhoeffer in Lateinamerika: Beziehungen zwischen Dietrich Bonhoeffer und Christen und Theologie in Lateinamerika – ein Werkstattbericht.

Lehrer Detlef Albers der deutschen evangelischen Schule in Barcelona schreibt Bonhoeffer kurz nach dem Vikariat: „δὸσ μοὶ ποῦ στῷ …[a] Wir alle suchen ja danach; aber wo wir es auch suchen, … eines bleibt doch klar oder doch wenigstens geahnt, daß der Zweifel und die Anfechtung über die Sinnhaftigkeit des Hin- und Hergeworfenwerdens, des Ausgeliefertseins an die Dinge solange nicht aufhört, als wir bei uns selbst bleiben, als nicht in irgendeiner Form ‚der Andere' in unser Leben tritt. Dann gibt es erst im πάντα ῥεῖ[b] den Halt, der seine Möglichkeit und seine Kraft von woandersher bekommt. Ich habe immer in der Freundschaft ein Durchgreifen in das, was über dem Lauf der Dinge steht, gesehen; und so ist wohl jede Gemeinschaft irgendwie gleich der Bitte an den anderen: δὸσ μοὶ ποῦ στῷ."[82] Knapp 15 Jahre später – im Gefängnis von Tegel – erhält die gleiche Frage nach dem archimedischen Punkt für Bonhoeffer eine ganz andere Antwort: „Nicht von der ars moriendi, sondern von der Auferstehung Christi her kann ein neuer reinigender Wind in die gegenwärtige Welt wehen. *Hier* ist die Antwort auf das: δὸσ μοὶ ποῦ στῷ καὶ κινήσω τὴν γῆν."[83]

Von unterschiedlichen Ausgangspunkten und Fragen aus geht es jeweils in spiralförmiger Bewegung um die Suche nach dem archimedischen Punkt. Dieser „Punkt, wo ich stehen und die Erde bewegen kann" ist für Bonhoeffer keine statische, einmal gegebene und nie veränderbare Wirklichkeit. Gilt in einer bestimmten Zeit, in einer bestimmten Situation die Freundschaft bzw. Gemeinschaft als mögliche Antwort, so ist es in ganz anderer Zeit mit ganz anderen Voraussetzungen die Auferstehung Christi. Der Augenblick bekommt eine bestimmende Bedeutung.[84] Die Vielfalt der gegebenen Antworten erwächst für Bonhoeffer nicht aus Willkür, sondern aus der je möglichen „tiefsten Kenntnis der Welt",[85] in der das Leben und die Wirklichkeit selbst „polyphon" und „mehrdimensional"[86] sind. Auch das Verständnis von Gott ist davon berührt: Weil Gott sich – in der Menschwerdung – auf *diese* polyphone und sich verändernde Wirklichkeit eingelassen hat, ist auch seine „heute"[87] gegebene Weise seiner Gegenwart jeweils *neu* zu entdecken, ohne ihn als Geheimnis enträtseln zu wollen.

[82] Brief an D. Albers v. 30.8.1929. In: DBW 10, S. 152. [a] Vollständig lautet der dem Archimedes zugeschriebene Ausspruch: „Gib mir einen Punkt, wo ich stehen/hintreten kann, und ich bewege die Erde". [b] Der dem Heraklit zugeschriebene Ausspruch heißt: „Alles fließt".

[83] Brief an E. Bethge v. 27.3.1944. In: DBW 8 (WE[15], S. 132). Hervorhebung von D. B.

[84] Vgl. hierzu F. Schlingensiepen: Im Augenblick der Wahrheit, S. 37.

[85] In dem Vortrag „Zur theologischen Begründung der Weltbundarbeit" v. 26.7.1932. In: DBW 11, S. 332.

[86] Zur Polyphonie und Mehrdimensionalität des Lebens vgl. vor allem DBW 8 (WE[15], S. 157f. 161f).

[87] Vgl. hierzu den genannten Vortrag „Zur theologischen Begründung der Weltbundarbeit", DBW 11, S. 332.

## 2. Die Wurzel alles Begreiflichen: Das Geheimnis

„Gott läßt sich nicht einfach fassen, wo wir ihn grade fassen wollen...“[88] Damit umschreibt Dietrich Bonhoeffer ein „Leitmotiv“ (E. Feil)[89] seiner Theologie. „Theologie soll an das göttliche Geheimnis als die sich entziehende Mitte der Wirklichkeit heranführen, ohne seine ewig gegebene Wahrheit logifizierend auszuplaudern ...“[90] Eine solche geheimniswahrende Theologie trifft sich in ihrem Anliegen mit dem, was Karl Rahner als die Aufgabe einer heute geforderten „Mystagogie“ sieht: „Die Mystagogie setzt am Geheimnis an, das der Mensch ist, an seinen transzendentalen Erfahrungen, und will zum letzten Geheimnis unseres Daseins, Gott genannt, führen.“[91]

Bonhoeffer nähert sich dem Geheimnis auf höchst unterschiedlichen Ebenen und spricht von ihm auch in ganz verschiedenen literarischen Gattungen und theologischen Zusammenhängen: Er spricht von der „Enthüllung aller Geheimnisse, der Geheimnisse Gottes und des Menschen“[92] am Ende der Zeiten; von der Berührung durch den Tod eines nahen Menschen: „... wie unendlich nichtig uns in solchen Stunden unser eigenes Leben erschien, wie unser Blick wie im Bann gerichtet war auf diesen rätselhaften, stummen, lieben Menschen, der von dem Geheimnis, das er jetzt gesehen hat, nur noch schweigen konnte.“[93] Er spricht vom Geheimnis der Schwäche: „Hast du jemals ein größeres Geheimnis gesehen in dieser Welt als arme Leute, Kranke, geistig Behinderte – Menschen, die sich selbst nicht helfen können, sondern von anderen abhängig sind, von anderer Hilfe, Liebe und Sorge?“[94]; vom Geheimnis der Rechtfertigung des Sünders: „Teuer war die Gnade, weil sie nicht dispensierte vom Werk, sondern den Ruf in die Nachfolge unendlich verschärfte. Aber gerade worin sie teuer war, darin war sie Gnade, und worin sie Gnade war, darin war sie teuer. Das war das Geheimnis des reformatorischen Evangeliums, das Ge-

[88] So formuliert Bonhoeffer in einer Predigt v. 27.5.1934 zum Sonntag Trinitatis. In: DBW 13, S. 361.

[89] Vgl. dazu näher E. Feil: Die Theologie Dietrich Bonhoeffers, S. 28–52; H.-J. Abromeit: Das Geheimnis Christi: Dietrich Bonhoeffers erfahrungsbezogene Christologie, S. 38–63.

[90] So H.-R. Reuter über das theologische Anliegen Bonhoeffers im Nachwort zu dessen neu herausgegebenen Habilitationsschrift „Akt und Sein“ = DBW 2, S. 184.

[91] So faßt R. Bleistein das Mystagogie-Verständnis Rahners zusammen. Zitiert nach: U.Th. Manshausen: Die Biographie der Edith Stein: Beispiel einer Mystagogie, S. 11f. Vgl. hierzu ausführlich K.P. Fischer: Gotteserfahrung: Mystagogie in der Theologie Karl Rahners und in der Theologie der Befreiung.

[92] In der Predigt zu 2. Kor 5,10 v. 19.11.1933. In: DBW 13, S.322.

[93] In der Predigt zu Weish 3,3 v. 26.11.1933. In: DBW 13, S. 326. Im Hintergrund dieser Predigt vom Totensonntag steht auch Bonhoeffers Schmerz über seinen mangelnden Mut v. April 1933, den jüdischen Vater seines Schwagers Gerhard Leibholz (christlich) zu beerdigen, obwohl dieser darum gebeten hatte. Vgl. E. Bethge: Dietrich Bonhoeffer, S. 325f.; O. Dudzus, PAM I, S. 39.

[94] In der Predigt zu 2 Kor 12,9 v. 1934 (?; undatiert). In: DBW 13, S. 409 (englisch); S. 516 (dt. Übersetzung).

heimnis der Rechtfertigung des Sünders."[95] Schließlich spricht er vom Ebenbild-Charakter des Menschen: „So ist es das unauflösliche Geheimnis des Menschen vom Anfang her, daß er Geschöpf ist und doch dem Schöpfer gleich sein soll. ... Nun soll er sein Geheimnis, Geschöpf und doch gottgleich zu sein, dankbar und gehorsam tragen."[96]

In den Manuskripten der Ethik versteht Bonhoeffer die Weltwirklichkeit als immer schon getragen von der Wirklichkeit Gottes, worin „das Geheimnis der Offenbarung Gottes in dem Menschen Jesus Christus"[97] besteht. In Jesus Christus wird die Unbegreiflichkeit Gottes anschaulich: „Ecce homo – seht den menschgewordenen Gott, das unergründliche Geheimnis der Liebe Gottes zur Welt. Gott liebt den Menschen. Gott liebt die Welt."[98] Erst am Gottmenschen Jesus Christus wird sichtbar, was Menschwerdung – auch die eigene – bedeutet. Ein wirklicher Mensch wird man, wenn man mit *dem* Menschgewordenen gleichgestaltet wird; dies ist ein passiver Vorgang, der sich als Gleichgestaltet-*werden* mit dem Menschgewordenen, dem Gekreuzigten und schließlich Auferstandenen vollzieht: „Gleichgestaltet mit dem Auferstandenen – das heißt vor Gott ein neuer Mensch sein. Er lebt mitten im Tode, er ist gerecht mitten in der Sünde, er ist neu mitten im Alten. Sein Geheimnis bleibt der Welt verborgen."[99] Diese Passivität betrifft für Bonhoeffer auch den Glauben insgesamt: „Glauben ist ein Geschehenlassen und erst in ihm ein Tun, und doch reichen beide Worte nicht hin, um das hier enthaltene Geheimnis auszusprechen."[100]

Schließlich ist der Mensch selbst in seinem Wesenskern ein Geheimnis, das sich ihm selbst und auch anderen nie völlig erschließt. In dem in Tegel entstandenen Dramenfragment – es enthält nur drei Szenen – läßt Dietrich Bonhoeffer „Renate" in einem Dialog mit „Ulrich" sagen: „– und doch darf man keinem Menschen sein Geheimnis rauben, ohne ihn zugrundezurichten. Hast du nie gespürt, daß gerade die ganz guten Menschen, die wir kennen, ein Geheimnis in sich tragen, das sich uns nie enthüllt und das sie selbst nicht zu berühren wagen? ... Das letzte Geheimnis jedes Menschen heißt – Gott; das sollen wir ihm lassen."[101]

Ein möglicher Zugang zum Geheimnischarakter des Menschen, der Welt und Gottes setzt auch eine „Geheimnisfähigkeit" (U.Th. Manshausen) auf seiten des Menschen voraus. Das stellt gerade die wissenschaftliche Theologie vor

95 DBW 4 (N), S. 35.

96 Ebd., S. 297.

97 DBW 6 (E), S. 40.

98 Ebd., S. 70. Vgl. ebd., S. 78.

99 Ebd., S. 82.

100 Ebd., S. 138f. Vgl. auch ebd., S. 225.

101 DBW 7 (FT), S. 47. Dieser Respekt vor dem Geheimnis des andern wird an anderer Stelle des Dramenfragments auch von der Figur des „Christoph" formuliert: „Die Menschen sind nicht dazu da, sich gegenseitig in den Abgrund ihres Herzens zu sehen – sie können es doch nicht – sondern sie sollen einander begegnen und hinnehmen, wie sie sind ..." (ebd., S. 66f.) Und im Romanfragment: „Es muß doch einen Sinn haben ..., daß uns von Natur das Innere des anderen Menschen nicht zugänglich ist und daß niemand uns in unser Inneres hineinsehen kann." (ebd., S. 133).

eine neue, nicht zuletzt sprachliche Herausforderung: „Aber wer nur die Sprache der Wissenschaft beherrscht, bleibt in wesentlichen Lebensbezügen stumm.“[102] In einer Londoner Predigt äußert sich Bonhoeffer dazu ausführlich: „Die Geheimnislosigkeit unseres modernen Lebens ist unser Verfall und unsere Armut. … Geheimnislos leben heißt, von dem Geheimnis in unserem eigenen Leben, von dem Geheimnis des anderen Menschen, von dem Geheimnis der Welt nichts wissen … heißt, an der Oberfläche bleiben, heißt, die Welt nur so weit ernstnehmen, als sie *verrechnet* und *ausgenutzt* werden kann, hinter die Welt des Rechnens und des Nutzens nicht zurückgehen. Geheimnislos leben heißt, die entscheidenden Vorgänge des Lebens gar nicht sehen oder sogar ableugnen.“[103] Wenig später konkretisiert er: „Es ist die letzte Tiefe alles Geheimnisvollen, wenn zwei Menschen einander so nahe kommen, daß sie einander *lieben*. Nirgends in der Welt spürt der Mensch die Macht des Geheimnisses und seine Herrlichkeit so stark wie hier. … *Daß* der andere mir so nahe ist, das ist das größte Geheimnis.“[104]

Das unverfügbare In-der-Liebe-Sein zwischen zwei Menschen macht das Geheimnis ihrer Begegnung aus. Und die Tiefe solcher Liebe geschieht, ohne daß sie einfachhin zu machen oder zu haben ist. Martin Buber formuliert sehr eindrücklich, daß, wer nicht „mit dem Wesen“ die innerste Wirklichkeit des Geheimnisses der Liebe „weiß“, an der Oberfläche bleibt, die Liebe gar nicht kennt: „Gefühle werden ‚gehabt‘; die Liebe geschieht. Gefühle wohnen im Menschen; aber der Mensch wohnt in seiner Liebe. Das ist keine Metapher, sondern die Wirklichkeit: die Liebe haftet dem Ich nicht an, so daß sie das Du nur zum ‚Inhalt‘, zum Gegenstand hätte; sie ist *zwischen* Ich und Du. Wer dies nicht weiß, mit dem Wesen weiß, kennt die Liebe nicht, ob er auch die Gefühle, die er erlebt, erfährt, genießt und äußert, ihr zurechnen mag.“[105] Fehlende Liebesahnung und fehlende Geheimnisahnung entsprechen so einander: Sie bekommen die entscheidenden Vorgänge des Lebens gar nicht mit, mögen da noch so viele Gefühle oder Gedanken sein. Diese Sicht trifft sich mit dem Anliegen einer „mystisch“ zu nennenden Hermeneutik.

In seiner Predigt leitet Bonhoeffer dann über vom Geheimnis der menschlichen Liebe zum Geheimnis des dreifaltigen Gottes. Ohne diesen Begriff des Geheimnisses gibt es für ihn keinen Zugang zum dreieinigen Gott, dessen Wirklichkeit er aber auch konkret, d. h. christologisch, ortet: „Das also ist das unerkannte Geheimnis Gottes in dieser Welt: Jesus Christus.“[106] Doch gerade im Wissen um den Ort des Geheimnisses und den Ort Gottes ist die Rede davon in besonderer Weise herausgefordert, an der Entzogenheit dieser Wirklichkeit – ihrer anwesenden Abwesenheit – festzuhalten.

102 D. Sölle in dem Aufsatz „Das Eis der Seele spalten: Theologie und Literatur auf der Suche nach einer neuen Sprache.“ In: Dies: Mutanfälle: Texte zum Nachdenken, S. 194.

103 Predigt zu 1 Kor 2,7–10 v. 27.5.1934. In: DBW 13, S. 359.360. Hervorhebungen von D. B.

104 DBW 13, S. 360f. Hervorhebungen von D. B.

105 M. Buber: Ich und Du, S. 22. Hervorhebung von M. B.

106 DBW 13, S. 362.

## *2.1. Theologie: Das unergründliche Geheimnis bewahren*

Bonhoeffer hat zwar ein durchaus konkretes Verständnis von der Aufgabe der Theologie: Theologie ist „ein Hilfsmittel, ein Kampfmittel, nicht Selbstzweck."[107] Damit ist ihr auch eine vermeintliche Neutralität oder Unschuld genommen.[108] Und doch bleibt der Theologie – auch als „Kampfmittel" – eine dienende Grundaufgabe, die sie jeweils zu erfüllen hat: „Theologie herrscht nicht in der Gemeinde, sondern *dient*. Das Wort Gottes *herrscht*."[109] Die von der Theologie zur Sprache gebrachte Wirklichkeit ist für Bonhoeffer nicht einfach handhabbar und verfügbar: „*Daß das Geheimnis die Wurzel alles Begreiflichen und Klaren und Offenbaren ist,* das wollen wir nicht hören … . Das Geheimnis bleibt Geheimnis. Es entzieht sich unserem Zugriff."[110]
Die Folge für die Theologie ist nicht ein einfaches, sprachloses Verstummen. Sie begibt sich vielmehr in das Spannungsfeld von Anziehungskraft und Erschauern – von „fascinosum et tremendum" – angesichts der unfaßbaren Wirklichkeit Gottes: „Gott schauen, das heißt sein Licht, seine Klarheit in sich hineintrinken, wie lebendiges Wasser, … es heißt, ihn erkennen in seinem eigenen Leben, ihn erkennen in der Welt … und von einer Tiefe zur anderen hinabsteigen in den Geist der Gottheit; es heißt staunend die Geheimnisse Gottes offenbar werden sehen in kindlichem Schauer."[111] Diese Tiefe zu bestaunen und zu schützen – das ist eine entscheidende Aufgabe der Theologie. „Welcher Unverstand, als sei es die Aufgabe der Theologie, Gottes Geheimnis zu enträtseln …! Während doch allein dies ihr Amt ist, Gottes Wunder als Wunder zu bewahren, Gottes Geheimnis gerade als Geheimnis zu begreifen, zu verteidigen, zu verherrlichen."[112] Gerade diese Aufgabe der Theologie – das Geheimnis zu wahren – wird für Bonhoeffer weder auf den Lehrstühlen noch auf der Kanzel angemessen erfüllt, wie er klagend feststellt: „Aber freilich, wo wurde uns auf den theologischen Lehrstühlen das Geheimnis Gottes im Fleisch, der Geburt Jesu Christi, des Gottmenschen und Heilandes, als das unergründliche Geheimnis Gottes gezeigt und gelehrt? Wo hören wir es gepredigt?"[113]

[107] In dem Entwurf „Theologie und Gemeinde" v. 1940 (?). In: DBW 16, S. 496.

[108] Zum für die Theologie notwendigen Abschied von ihrer vermeintlichen gesellschaftlichen, geschichtlichen und ethnisch-kulturellen Unschuld vgl. das Vorwort von J.B. Metz zur 10., neu bearbeiteten Auflage von G. Gutiérrez: Theologie der Befreiung, S. 11–16.

[109] D. Bonhoeffer. In: DBW 16, S. 497. Hervorhebungen von D. B. Einen ausgesprochen kritischen Standpunkt zu Bonhoeffers Theologie vertritt der Philosoph K.-M. Kodalle: Dietrich Bonhoeffer: Zur Kritik seiner Theologie.

[110] In der Predigt vom 27.5.1934. In: DBW 13, S. 360. Hervorhebung von D. B.

[111] So Bonhoeffer in der Predigt zu Mt 5,8 „Selig sind, die reinen Herzens sind; denn sie werden Gott schauen." v. 12.8.1928 während des Vikariates in Barcelona. In: DBW 10, S. 498. Diese Predigt war für ihn offensichtlich auch sehr wichtig, wie einem Brief an Oberkirchenrat H. Rößler v. 7.8.1928 zu entnehmen ist: „Am Sonntag will ich nun über Matth. 5,8 sprechen, ich bin noch nie an eine Predigt mit solchem Herzklopfen herangegangen." (DBW 10, S. 92).

[112] In dem theologischen Brief zu Weihnachten 1939. In: DBW 15 (PAM II, S. 344).

[113] DBW 15 (PAM II, S. 344).

Dieser Kerngedanke, daß Gott im Geheimnis wohnt und als dieses Geheimnis auch vor dem theologischen Zugriff zu schützen ist, findet sich gerade in der mystischen Tradition – etwa bei Johannes vom Kreuz: „Der Mensch gelangt mehr durch Nicht-Begreifen als durch Begreifen zu Gott."[114] Sowohl Bonhoeffer wie Johannes vom Kreuz geht es nicht um die Alternative von Glaube oder Verstand, sondern um die Befreiung von einer auch noch so subtilen Festlegung Gottes. „... Er [Joh. v. Kreuz; W.K.] warnt vor einem ‚Wissen' und ‚Begreifen', das das Geheimnis des Lebens verletzt und die Wirklichkeit eingrenzt auf Gewußtes und Bekanntes."[115]

Martin Buber formuliert die unverfügbare Dimension des Geheimnisses des Lebens so: „Das, wovon wir leben, das, worin wir leben, woraus und worein wir leben, das Geheimnis: es ist geblieben, was es war. Es ist uns gegenwärtig geworden und hat sich mit seiner Gegenwart uns kundgetan als das Heil, wir haben es ‚erkannt', aber wir haben keine Erkenntnis von ihm, die uns seine Geheimnishaftigkeit minderte – milderte. Wir sind Gott nahe gekommen, aber einer Enträtselung, Entschleierung des Seins nicht näher."[116] Das hat auch Folgen für die Freiheit Gottes: „Ich glaube nicht an eine Selbstbenennung Gottes, nicht an eine Selbstbestimmung Gottes vor den Menschen. Das Wort der Offenbarung ist: Ich bin da als der ich da bin."[117]

Diese letztgenannte Selbstoffenbarungsformel Gottes aus Ex 3,14, die die Souveränität und Freiheit Gottes unmißverständlich in Erinnerung ruft, sperrt sich gegen jede verfügbare Handhabe Gottes durch (christliche) Theologie. Aber auch das „Gott ist anders" oder „Gott ist unverfügbar" kommt zuweilen in einem Sprachgebaren oder in einer Argumentationssicherheit daher, daß man diesem Sprechen die Ungesichertheit und die Zumutung einer offenen, ringenden, zuweilen auch von Anfechtungen geplagten *Such*bewegung nach Gott nicht recht abnehmen will.

Das bedenkenlose Hantieren mit Gott wird Bonhoeffer zunehmend fragwürdig. So vermag er sich im Tegeler Gefängnis nach der Anweisung Luthers zwar „mit dem Kreuz zu segnen"[118], aber als Gebetshilfe und nicht als Form religiöser Verfügung. „... Mein Mißtrauen und meine Angst vor der Religiosität sind hier noch größer geworden als je. Daß die Israeliten den Namen Gottes *nie* aussprachen, gibt mir immer wieder zu denken und ich verstehe es immer besser."[119] Für Bonhoeffer ist eine solche Sprachscheu gegenüber dem Namen Gottes nicht nur von innerkirchlicher oder innertheologischer Bedeutung; sie hat für ihn auch Konsequenzen im Hinblick auf die damalige Gesellschaft und Politik und ihre vermeintlich christlichen Parolen – hier bezogen auf die christ-

[114] In seinem Werk „Lebendige Liebesflamme" (span.: Llama de amor viva) Kap. 3, Nr. 48. Zitiert nach R. Körner: Johannes vom Kreuz: Gestalt – Begegnung – Gebet, S. 69.

[115] Th. Röhr ebd., S. 70. Vgl. hierzu auch R. Körner: Mystik – Quell der Vernunft: Die Ratio auf dem Weg der Vereinigung mit Gott bei Johannes vom Kreuz.

[116] M. Buber: Ich und Du, S. 131.

[117] Ebd., S. 132.

[118] Brief v. 21.11.1943; DBW 8 (WEN, S. 154).

[119] DBW 8 (WEN, S. 154). Hervorhebung von D. B.

lich–konservative Regierung Papen des Jahres 1932: „Oder versteckt sich nicht auch uns gerade hinter unseren religiösen Tendenzen unser unbändiger Drang nach Freiheit und Willkür – im Namen Gottes das zu tun, was *uns* gefällt, im Namen der Christlichen Weltanschauung das eine Volkstum gegen das andere auszuspielen und aufzuhetzen?“[120]

Das Geheimnis ist bei Bonhoeffer von elementarer Bedeutung. Das betrifft auch sein Gott-Denken: „Theologisches Denken ist ... [eine] Konstruktion ... a posteriori ... Das bedeutet, daß es keine einzige theologische Aussage gibt, die es wagen könnte, ‚Wahrheit‘ auszusprechen, ohne auf die Wirklichkeit Gottes und die Unmöglichkeit der Erfassung dieser Wirklichkeit in theologischen Urteilen zu verweisen.“[121] Im Geheimnis selbst liegt das Moment seiner Unverfügbarkeit. Wo man trotzdem mit ihm in Berührung kommt – nicht enträtselnd, sondern geheimnisbewahrend –, da hat diese Berührung den Charakter des nicht Herstellbaren.

Die Unverfügbarkeit Gottes hat auch Bedeutung für das Selbstverständnis der Kirche: „Was ist der eigentliche Ort der Kirche? [Er] ist nicht konkret anzugeben. [Es ist der] Ort des gegenwärtigen Christus in der Welt. Gottes eigener Wille ist [es], der seinen Ort erwählt. [Also der] *Ort Gottes selbst;* darum kann es nie [ein] von Menschen angenommener Ort sein. Er muß qualifiziert sein durch Gottes gnädige Gegenwart.“[122] Diese Unverfügbarkeit will Bonhoeffer bewahren oder erst wieder ganz neu entdecken. Noch in der Gefängniszelle von Tegel beschäftigt sich Bonhoeffer mit den Gefahren der Gottesverfügung: „Es ist Mißbrauch, wenn wir von Gott reden als hätten wir ihn jederzeit zu unsrer Verfügung und als hätten wir in seinem Rat gesessen.“[123] Auch deshalb hatte sich Bonhoeffer bereits früher gegen eine gedankenlose Ineinssetzung von göttlichem Wort und dessen Verkünder oder Vermittler verwahrt. Die Nicht-Identität unseres Subjektes mit dem eigentlichen Subjekt des Wortes soll in Liturgie und Predigt zum Ausdruck kommen: „Beim Sprechen des Wortes Gottes liegt gerade alles daran, daß die *Distanz* sichtbar wird.“[124] Darin ist das Bewußtsein eingeschlossen, daß der Rede *von* Gott die Rede *zu* Gott vorauszugehen hat. Dies ist umso wichtiger, wenn die Glaubwürdigkeit derer, die von ihm sprechen, fundamental in Zweifel gezogen ist. Entsprechend formuliert etwa Johann Baptist Metz: „Woher stammt eigentlich die Theologie, die ja, will sie

[120] In der Predigt zu Kol 3,1–4 v. 12. 6.1932. In: DBW 11, S. 411. Hervorhebung von D. B.

[121] In dem Artikel „Concerning the Christian Idea of God“ („Über die christliche Gottesvorstellung“), gedruckt 1932 in New York. In: DBW 10, S. 426 (englisch); S. 676f (dt. Übersetzung). Die Wahrung des Geheimnisses (Gottes) gehört für Bonhoeffer ins Zentrum seines theologischen Denkens. Vgl. H.-J. Abromeit: Das Geheimnis Christi: Dietrich Bonhoeffers erfahrungsbezogene Christologie, S. 37.

[122] In der Vorlesung „Das Wesen der Kirche“ v. Sommersemester 1932 (Mitschrift). In: DBW 11, S. 247f. Hervorhebung ebd.

[123] In den Auslegungen zu 2. Mose 20,1–11 (erste Tafel der zehn Gebote) v. Juni/Juli 1944. In: DBW 16, S. 668.

[124] In der Finkenwalder Homiletik zwischen 1935 und 1939. In: DBW 14, S. 497. Hervorhebung ebd.

nicht sich und nicht andere betrügen, immer versuchen muß, dies zu sein – Rede von Gott, Rede von Gott in dieser Zeit, in der Zeit der *Gotteskrise?* … Die Rede von Gott stammt allemal aus der Rede zu Gott, die Theologie aus der Sprache der Gebete."[125]

Und Dietrich Bonhoeffer formuliert in seiner Finkenwalder Homiletikvorlesung: „Der Pfarrer begegnet der Bibel in dreifachem Gebrauch: sie liegt auf der Kanzel, auf dem Studiertisch und auf dem Betpult. Er muß lernen, sie an allen Orten recht zu gebrauchen."[126]

Die Theologie besitzt ihr eigentliches Subjekt nie. Vielmehr hat sie ganz dem lebendigen und freien Gott Raum zu geben: „[Die] Gottesfrage ist je und je [eine] für den Menschen offene Frage. Der Raum, der für Gott offen bleibt, bleibt offen bis in die letzte Zeit. … Die Theologie hat nicht mehr ihre Wahrheit zu begründen, sondern von der Selbstbegründung auszugehen, sie ist voraussetzungsvoll … Am Anfang steht ein Akt der Anerkenntnis."[127] Wenn es in einer entsprechenden Rede von Gott – auch – um einen offen gehaltenen Raum geht, den *allein* Gott beanspruchen kann, dann muß dieser Tatbestand der *Sprechweise* auch noch anzumerken sein.

Nach einer Begegnung mit Nelly Sachs im Jahre 1960 in Zürich schreibt der Dichter Paul Celan in einem Gedicht:

ZÜRICH, ZUM STORCHEN

Vom Zuviel war die Rede, vom
Zuwenig. Von Du
und Aber-Du, von
der Trübung durch Helles, von
Jüdischem, von
deinem Gott.

Da-
von.
Am Tag einer Himmelfahrt, das
Münster stand drüben, es kam
mit einigem Gold übers Wasser.

Von deinem Gott war die Rede, ich sprach
gegen ihn, ich
ließ das Herz, das ich hatte,
hoffen:
auf
sein höchstes, umröcheltes, sein
haderndes Wort –

125 J.B. Metz: Gotteskrise, S. 79. Hervorhebung von J.B. M.

126 DBW 14, S. 510.

127 So Bonhoeffer in der Vorlesung „Die Geschichte der systematischen Theologie des 20. Jahrhunderts" v. Wintersemester 1931/32. In: DBW 11, S. 198.199f.

Dein Aug sah mir zu, sah hinweg,
dein Mund
sprach sich dem Aug zu, ich hörte:

Wir
wissen ja nicht, weißt du,
wir
wissen ja nicht,
was
gilt.[128]

Diese letzte Sprachunsicherheit von „Zuviel" und „Zuwenig", vom Nichtwissen dessen, was gilt, hat Karl Rahner in bezug auf die Rede von Gott einmal als die seltsame und „unheimliche Schwebe zwischen Ja und Nein"[129] bezeichnet.

Für Dietrich Bonhoeffer gilt deswegen: „Selbst ein Satz wie ‚Gott ist Liebe' ist letzten Endes nicht die Wahrheit über Gott ... Im Gegenteil, Gott ist Zorn genausogut wie Liebe, und dies sollten wir auch wissen. Daher muß jede das Wesen Gottes betreffende Feststellung diese beiden gegensätzlichen Aspekte enthalten, um der Wirklichkeit Gottes Raum zu geben."[130] Doch selbst solcher „paradoxalen Theologie"[131] bleibt der systematische Zugriff auf Gott verwehrt: „Wir dürfen nie einlinig von Gott reden, sondern [stets nur] in Rede und Gegenrede. Also durch diese Erfindung [sc. der Dialektik ist] Gott nicht nun doch wieder einzufangen. ... die Wahrheit [bleibt] jenseits in der unanschaulichen Mitte. Auch über die Dialektik bleibt Gott frei."[132] Die „unanschauliche Mitte": Dietrich Bonhoeffer weiß um die Freiheit eines Gottes, der doch gerade die Mitte des Menschen und des Lebens sein will. „Gott ist mitten in unserm Leben jenseitig."[133] Diese Spannung von der Entzogenheit Gottes *und* seinem An-spruch in der Mitte des Lebens und des Menschen, von der Nähe in seinem Wort *und* der Unzulänglichkeit begrifflicher Festlegung, von der Wirklichkeit Gottes *und* seinem nicht entzifferbaren Geheimnis bleibt für Dietrich Bonhoeffer während seines ganzen Lebens theologisch und persönlich bestimmend.

Bonhoeffer hat sehr gerne gepredigt. Angesichts des nahenden Todes einer Verwandten fragt er sich in einem Brief: „Was würde ich tun, wenn ich wüßte, in 4–6 Monaten wäre es zu Ende? ... Ich glaube, ich würde noch versuchen, Theologie zu unterrichten wie einst und oft zu predigen."[134] Aber diese Freude

[128] Zitiert nach P. Celan: Die Niemandsrose. Sprachgitter, S. 16.

[129] In einem Beitrag zu seinem 80. Geburtstag: K. Rahner: Erfahrungen eines katholischen Theologen, S. 106.

[130] In dem Aufsatz „Über die christliche Gottesvorstellung", gedruckt 1932 in New York. In: DBW 10 S. 426 (englisch); S. 677 (dt. Übersetzung).

[131] Vgl. hierzu E. Feil: Die Theologie Dietrich Bonhoeffers, S. 116–120.

[132] So Bonhoeffer als Dozent im Wintersemester 1931/32 in der Auseinandersetzung mit der dialektischen Theologie Karl Barths. In: DBW 11, S. 202 (Mitschrift).

[133] In einem Brief aus dem Gefängnis v. 30.4.1944 an E. Bethge. In: DBW 8 (WE[15], S. 141).

[134] In einem Brief an E. Bethge v. 19.2.1941. In: DBW 16, S. 153.

an der Predigt steht für ihn immer unter der Herrschaft des Wortes Gottes, das es zu bezeugen gilt. „Es ist eben eine große Sache, von Gott reden zu sollen und doch zu wissen, daß man mit menschlichen Worten höchstens den Saum seines heiligen Gewandes berühren kann."[135] Bleibt Gott in dieser letzten Konsequenz „unanschaulich" und ist so der menschlichen Verfügung entzogen, dann hat das für Bonhoeffer auch konkrete Konsequenzen für religiöses Reden und besonders für die Rede von Gott.

Eine besondere Herausforderung für die Rede von Gott stellt der Tod dar, besonders der jähe Tod. In einem Rundbrief an die Mitbrüder berichtet Bonhoeffer ihnen von den mittlerweile Gefallenen und schreibt: „Von Gott gerufen freilich werdet Ihr und werden wir allein zu der Stunde, die Gott ersehen hat. ... Wer begreift die Auswahl derer, die Gott früh zu sich nimmt? ... Aber Gott macht keine Fehler. ... Wir können angesichts des Todes nicht in fatalistischer Weise sprechen: ‚Gott will es', wir müssen das andere hinzusetzen: ‚Gott will es nicht'. ... Christus allein ist die Überwindung des Todes . ... Gott willigt ein in das, was Gott nicht will, und von nun an muß der Tod dennoch Gott dienen. Von nun an umfaßt das ‚Gott will es' auch das ‚Gott will es nicht'. ... Es gibt Zeiten, in denen uns alles Wirkliche so rätselhaft ist und so bedrängt, daß uns jedes direkte Wort das Geheimnis Gottes zu zerstören scheint, daß wir nur noch andeutend von letzten Dingen sprechen und sprechen hören wollen. ... alles Ausgesprochene ist wie im Nu verweht, alles Formulierte trifft das Wirkliche nicht mehr."[136]

Manches an dieser Passage ist befremdlich, wenn nicht gar verdächtig: Soll der, der im – von Menschen angezettelten – Krieg umkommt, von Gott „gerufen" sein? Dagegen sträubt sich manches. Und der Satz „Gott macht keine Fehler" kann – isoliert – zur Legitimation und geistlichen Überhöhung menschlicher Unglücksgeschichte benutzt werden. Doch Bonhoeffer geht es darin ja gerade um die fast unaushaltbare Spannung von „Gott will es" und „Gott will es nicht". Damit wendet er sich gegen *jedes* einlinige und vereinfachende Gottesverständnis.[137] Weil auch die Theologie nicht alles weiß, muß sie

[135] In der Abschiedspredigt in Barcelona zu Phil 4,7 v. 3.2.1929. In: DBW 10, S. 539.

[136] In einem Rundbrief an die (Mit-)Brüder v. 15.8.1941. In: DBW 16, S. 193.194f.

[137] Vgl. hierzu etwa W. Groß/K.-J. Kuschel: „Ich schaffe Finsternis und Unheil!": Ist Gott verantwortlich für das Übel?, die ausdrücklich an das gleichlautende Jesaja-Wort (Jes 45,7) anknüpfen. Ausgehend von drei ersttestamentlichen Texten (Jes 6,1–11; Jer 45,7; Ps 88) halten sie schließlich für die biblisch-theologische Perspektive fest: „Es kann also keine Rede davon sein, daß durch die Verantwortung Gottes für das Übel das Gottesbild gleichsam dämonisiert würde. Im Gegenteil: Indem Gott die Verantwortung für das Übel zugesprochen wird, ja, indem Gott sich selbst die Verantwortung für das Übel zuspricht, wird gleichzeitig an seine Macht appelliert, für die Beseitigung des Übels Sorge zu tragen. ... und keiner Theologie ... ist es erlaubt, die Rede von Gott mit dialektischen Kunstgriffen durch die Rede von Gottes *Ohnmacht* zu verwässern. Biblisch ist es unmöglich, von Gott in der Kategorie Ohnmacht zu sprechen." (S. 217; Hervorhebung von W. Groß/K.-J. Kuschel). Die ausführliche Gegenüberstellung dieser Position mit Bonhoeffers Sichtweise kann hier nicht eigens erfolgen. So schreibt Bonhoeffer etwa im Brief v. 16.7.1944 an E. Bethge: „Die Bibel weist den Menschen an die Ohnmacht und das Leiden Gottes; nur der

auch der Versuchung widerstehen, auf alle Fragen eine Antwort haben zu müssen. Diese Sprechhemmung bewahrt sie vor Gottesgeschwätzigkeit.
Es geht um die doppelte Herausforderung des wirklich eigenen Ergriffen-Seins und dessen lebendiger sprachlicher Vermittlung aus einer Tiefe, die man nicht einfach hat; zu entwickeln ist „eine Sprache freilich, und hier sitzt der kritische Punkt!, die es vermöchte, aus den in antiken Begriffen gedachten und formulierten Glaubenssätzen das Gemeinte und urspünglich wohl auch Vermittelte hervorzuholen, um es dieser unserer Welt neu zu Gehör zu bringen. Wer den Nußkern will, muß die Schale knacken . ... Um aber den Kern nicht zu schädigen, müßten der Kirche Theologen erstehen, die, mit dem doppelten Charisma ungewöhnlicher Denk- und Ausdruckskunst (!) begnadet, Denker wären und Dichter zugleich ...“[138]
Bonhoeffer ist sich selbst der Sprachnot bewußt, weiß aber auch, daß eine Art Moratorium in der Rede von Gott kaum weiterhilft: „Aber wir wissen doch, daß wir reden müssen und oftmals nicht schweigen dürfen, wo wir es gern täten. ... Mit einer Radikalkur etwa der Streichung der Worte Kreuz, Sünde, Gnade usw. aus unserem Vokabular, ist ja nicht geholfen. ... Ich glaube, man soll überhaupt nicht irgendeinen Sprechstil suchen ... Diese schlichte Schrift der Bibel soll, meine ich, ruhig stehen bleiben ... Aber es kommt eben darauf an, aus welcher Tiefe sie [die Worte] kommen ...“[139] Aber auch diese Tiefe ist nochmals bedroht.[140] „Theologie spricht; Theologie ist nicht stumm. Aber: Theologie hat ihren geschichtlichen Ort. Sie kann nicht unberührt sein von der Situation, in der sie spricht. Sie muß hinein in die Nacht, in der die Menschen stecken, denen sie von Gott spricht. Nein, anders: Sie *ist*, ja, sie muß sein das Sprechen eben *dieser* Menschen, dieser in der Nacht steckenden Menschen. Sie muß sein ein Sprechen, das der Vergeblichkeit, der Todverfallenheit sich erst abtrotzt; die anderen Erfahrungen, Glück und Gelingen, sie halten nicht stand; sie sind, wie wichtig und authentisch sie auch immer seien, jetzt noch ‚zu leicht‘, denn sie sind noch todbedroht – bedroht durch *den* Tod, der

leidende Gott kann helfen. Insofern kann man sagen, daß die beschriebene Entwicklung zur Mündigkeit der Welt ... den Blick freimacht für den Gott der Bibel, der durch seine Ohnmacht in der Welt Macht und Raum gewinnt.“ (DBW 8 [WE[15], S. 192]). Um allerdings nicht vorschnell Unvereinbarkeiten auszumachen, ist zu beachten, daß Bonhoeffer sich in diesem Brief bei der Rede von der Ohnmacht Gottes auf zwei neutestamentliche Stellen bezieht: Mk 15,34; Mt 8,17. Zur Frage der (Ohn-)Macht Gottes und zur Unterscheidung vom „leidenden Gott“ (D. Bonhoeffer) und vom „Leiden an Gott“ (J. B. Metz) vgl. T. R. Peters: Mystik – Mythos – Metaphysik, S. 101–118 (Über die Gegenwart des kommenden Gottes. Mit Dietrich Bonhoeffer und Johann Baptist Metz im Gespräch).

138 So der Alttestamentler F. Stier (1902–1981) in einer Tagebuchnotiz v. 3.12.1973. In: E. Beck (Hg.in)/G. Miller (Hg.in): Wenn aber Gott ist: Ein Fridolin-Stier-Lesebuch, S. 100. Ausrufungszeichen von F. St.

139 Im Brief an Ruth Roberta Stahlberg v. 1940. In: DBW 16, S. 24.

140 Vgl. dazu die beachtenswerten Überlegungen von H.-G. Schwandt, „... nur lallen und lallen ...“: Kriterien theologischen Sprechens anhand Paul Celans Suche nach dem „erschwiegenen Wort“.

uns alle haben wird, und durch den ungezählten Tod, den Menschen schon gestorben sind."[141]

Theologie, die sich berühren läßt von der Situation der Menschen, von denen und zu denen sie spricht, hat sich beständig der „unheimlichen Schwebe zwischen Ja und Nein" (K. Rahner) zu stellen, und zwar dergestalt, daß in ihrem Sprechen die „unanschauliche Mitte" (D. Bonhoeffer) so zur Sprache kommt, daß diese als ein Du vernehmbar wird, welches gleichzeitig aber nicht zur Verfügung steht für die, die davon sprechen, ja sogar sprechen müssen. Die von Bonhoeffer angestoßenen Überlegungen zur „weltlichen Interpretation der biblischen Begriffe"[142] reichen dabei tiefer als das Bemühen um sprachliche Neuinterpretation. Nicht zufällig stellt Bonhoeffer gegenüber allzu zeitnahen Konkretisierungsbemühungen etwa in der Predigt fest: „Konkret ist eine Predigt dort, wo wirklich *Gott* in ihr das Wort hat. ... Nachfolgender Gehorsam gegen das Gebot Christi, das ist das Maximum der Konkretion. ... konkret in der Predigt ist und bleibt Gott selbst und Gott allein."[143] Die Nachfolge-Gestalt der Kirche und des Glaubens steht insgesamt auf dem Spiel. „Nichtreligiös Interpretieren ist deshalb bei Bonhoeffer mehr eine ethische als eine hermeneutische Kategorie und sogleich ein Bußruf an die Kirche und ihre Gestalt – wenn man so will: um der Verkündigung, um der Sprache willen."[144] Eine solche Wandlung wird allerdings nur aus eben der Tiefe – die erst noch zu suchen ist – erfolgen können, aus der Dietrich Bonhoeffer selbst spricht.

In den Fragmenten der Ethik fragt sich Bonhoeffer, wo sich das Geheimnis Gottes und das Geheimnis der Welt – sollen sie nicht völlig unvermittelbar nebeneinander existieren – treffen oder berühren. Und er formuliert als Grundfigur seiner Theologie: „In Christus begegnet uns das Angebot, an der Gotteswirklichkeit und an der Weltwirklichkeit zugleich teil zu bekommen, eines nicht ohne das andere. Die Wirklichkeit Gottes erschließt sich nicht anders, als indem sie mich ganz in die Weltwirklichkeit hineinstellt, die Weltwirklichkeit aber finde ich immer schon getragen, angenommen, versöhnt in der Wirklichkeit Gottes vor. Das ist das Geheimnis der Offenbarung Gottes in dem Menschen Jesus Christus."[145] Dieses Geheimnis ist aber nicht einfach vermittelbar als theologische Satzwahrheit. „Es ist ein Geheimnis, dessen Wahrheit nur der erfährt, der sich darauf einläßt."[146] In dieser Sicht von Wirklichkeit sind Welt, Gott und Jesus Christus nicht mehr unabhängig voneinander zu betrachten.

[141] Ebd., S. 49. Hervorhebungen von H.-G. S.

[142] Z.B. DBW 8 (WE[15], S. 186).

[143] In der Finkenwalder Homiletikvorlesung. In: DBW 14, S. 483 (Hervorhebung ebd.). S. 484.

[144] E. Bethge: Dietrich Bonhoeffer, S. 987.

[145] DBW 6 (E), S. 40. Zu diesem „Schlüsselsatz" (H.E. Tödt) in Bonhoeffers Theologie vgl. auch H.-J. Abromeit: Das Geheimnis Christi, S. 122–124, der vier Stationen im Verhältnis von Weltlichkeit und Gotteswirklichkeit bei Bonhoeffer ausmacht: 1. Selbsterschließung Gottes; 2. Veränderung des Menschen; 3. Weltverantwortung; 4. Welterschließung. Diese gehören zusammen und sind in ihrer Reihenfolge nicht beliebig!

[146] H.-J. Abromeit: Das Geheimnis Christi, S. 123.

Auch Theologie und Christologie sind nicht mehr voneinander zu trennen. „Es geht also darum, *an der Wirklichkeit Gottes und der Welt in Jesus Christus heute teilzuhaben* und das so, daß ich die Wirklichkeit Gottes nie ohne die Wirklichkeit der Welt und die Wirklichkeit der Welt nie ohne die Wirklichkeit Gottes erfahre."[147]

Die theologische Einsicht ist bei Bonhoeffer mit theologischer Demut verbunden. Entsprechend beginnt er auch seine Christologievorlesung: „Lehre von Christus beginnt im Schweigen. ... Im demütigen Schweigen der anbetenden Sakramentsgemeinde treiben wir hier Christologie. Beten ist Schweigen und Schreien zugleich, vor Gott im Angesicht seines Wortes."[148] Der Fähigkeit, schweigen zu können, mißt Bonhoeffer große Bedeutung bei. Sie ist eine wichtige Voraussetzung, das Wort Gottes überhaupt recht hören zu können: „Das Wort kommt nicht zu den Lärmenden, sondern zu den Schweigenden. ... Das Schweigen ... [ist] ... das schlichte Stillwerden des Einzelnen unter dem Worte Gottes."[149] Dieses Schweigen ist für ihn kein Selbstzweck, keine isolierte Übung, sondern ausgerichtet auf das angemessene Reden von Gott. Dazu zieht er auch Thomas von Kempen zu Rate: „Keiner redet sicherer als wer gerne schweigt."[150] Diese konzentrierende Kraft der Stille, auf die es Bonhoeffer ankommt, „hat nichts mit mystagogischem Schweigen zu tun, welches in seiner Stummheit heimliche Geschwätzigkeit der Seele mit sich selbst ist. Das Schweigen der Kirche ist Schweigen vor dem Wort."[151] Das Schweigen will einen Zugang zu der Tiefe eröffnen, aus der das Wort erst kommen muß, wenn es überhaupt Gewicht haben will. Vor das Eine Wort gehört das Schweigen – wie der Trappist Thomas Merton formuliert: „Das Christentum ist eine Religion des Wortes. Das Wort ist Liebe. Aber zuweilen vergessen wir, daß das Wort ursprünglich aus dem Schweigen auftaucht. Wenn kein Schweigen ist, kann man das Eine Wort, das Gott spricht, nicht wirklich als Liebe hören. Dann hört man nur ‚Wörter'. ‚Wörter' sind nicht Liebe, denn sie sind viele, wogegen die Liebe eines ist. ... Das Eine Wort, das Gott spricht, ist Er selbst."[152]

### 2.2. *Inkognito-Existenz: Einwilligung in die Zweideutigkeit*

An mehreren Stellen seiner Christologievorlesung betont Dietrich Bonhoeffer ausdrücklich, daß auch in der Person Jesu Gott der Entzogene, der Unanschauliche bleibt. Dafür steht das Wort vom „Inkognito der Fleischwer-

[147] D. Bonhoeffer, DBW 6 (E), S. 40f. Hervorhebung von D. B.

[148] In der Christologievorlesung vom Sommersemester 1933. In: DBW 12 (GS III, S. 167).

[149] So in den rückblickenden Aufzeichnungen über die Erfahrungen des Bruderhauses in Finkenwalde, 1939 erschienen als „Gemeinsames Leben." Hier zitiert nach: DBW 5 (GL), S. 67.

[150] Aus der Imitatio Christi I, 20,11. Zitiert nach: DBW 5 (GL), S. 68.

[151] DBW 12 (GS III, S. 167). Daß es der Mystagogie allerdings nicht um die „Geschwätzigkeit der Seele mit sich selbst" geht, sei hier nur erwähnt. Zum Gebrauch der Begriffe „mystisch/Mystik" bei Bonhoeffer siehe weiter unten unter 5., S. 88–99. Zum Verständnis von „Mystagogie" vgl. etwa K. Rahner: Frömmigkeit früher und heute, S. 18–24.

[152] Th. Merton: Zeiten der Stille, S. 96f.

dung".[153] Selbst wenn Jesus Christus der Zugang zur Wirklichkeit Gottes und der Welt ist, woran Bonhoeffer keinen Zweifel läßt, so ist doch „Christi Werk ... nicht eindeutig. ... Es gibt keinen Punkt im Leben Jesu, auf den man hinweisen könnte, um eindeutig zu sagen, hier ist Jesus unzweifelhaft der Sohn Gottes ... . Er tut sein Werk vielmehr im Inkognito der Geschichte, im Fleisch."[154] Dieses Inkognito ist auch für den Glauben ein Moment beständiger Irritation und steht gegen einen selbstsicheren Heilstriumphalismus.

In der Existenzweise der Erniedrigung geht Christus, und damit Gott, so in die Welt ein, „daß er sich in ihr verbirgt in Schwachheit und nicht als Gott–Mensch kenntlich ist ... Er geht im Inkognito als Bettler unter die Bettler, als Ausgestoßener unter die Ausgestoßenen, als Verzweifelnder unter die Verzweifelnden, als Sterbender unter die Sterbenden. ... Es ist wirklich die menschliche Sarx, die er trägt – aber da ER sie trägt, ist dieser Sarx ihr Recht genommen. ... Er ist ganz Mensch und gibt dem Gesetz sein Recht und wird gerichtet *und* er nimmt der Sünde die Kraft. ... Seine Taten sind ... zweideutig. Auch die Sündlosigkeit Jesu ist im Inkognito."[155] Und je unausweichlicher sich die Christusfrage („Wer bist du?") stellt, um so offensichtlicher wird das Ärgernis des Inkognito, in dem der Glaube angefochten bleibt. Jesus bleibt ganz und gar Mensch. „Darum muß die Verhüllung um so dichter werden, je näher die Offenbarung ist; das Inkognito um so undurchdringlicher, je dringlicher die Christusfrage. Das besagt, daß die Gestalt der Ärgerlichkeit diejenige ist, in der Christus Glauben ermöglicht. ... Glaube ist, wo auf den Versuch verzichtet ist, ihn durch Sichtbares zu sichern. ... Das Ärgernis am Inkognito und der zweideutigen Gestalt des Christus pro nobis ist zugleich die immerwährende Anfechtung des Glaubens."[156] Dieses bleibende Inkognito des in der Menschwerdung Erniedrigten ist auch das Inkognito der Kirche. „Der Erniedrigte ist uns gegenwärtig nur als der Auferstandene und Erhöhte. ... Auch die Auferstehung ist nicht die Durchbrechung des Inkognito. Auch die Auferstehung ist zweideutig. ... Auch als Auferstandener bricht er sein Inkognito nicht. Er bricht es erst, wenn er in Herrlichkeit wiederkommt. ... Mit diesem Erniedrigten geht die Kirche ihren eigenen Weg der Erniedrigung. *Sie* kann keine sichtbare Beglaubigung ihres Weges erstreben, während *er* in allen Stadien auf sie verzichtet."[157]

Diese christologischen Überlegungen erhalten ihr volles Gewicht erst, wenn man in ihnen Bonhoeffers späteren Lebensweg mitliest: Nach dem kurzen Aufenthalt 1939 in Amerika verläßt er den Weg einer eindeutigen, christlichen Sonderexistenz und wählt – als Folge seiner entschlossenen Teilnahme an der Konspiration – für den Rest seines Lebens das Inkognito und die Zweideutigkeit: „Nur Christ sein zu wollen, zeitlos nachfolgender Jünger – das wurde

[153] DBW 12 (GS III, S. 177).
[154] DBW 12 (GS III, S. 177).
[155] DBW 12 (GS III, S. 236.237.238, Hervorhebung dort).
[156] DBW 12 (ebd., S. 238f).
[157] DBW 12 (ebd., S. 240.241). Hervorhebungen von mir.

jetzt zum fatalen Privileg. Das soviel Mißverständlichere und Glanzlosere und Engere: Zeitgenosse an seinem Ort zu werden – das allein hieß nun Christ *bleiben*."[158] Bonhoeffers Verzicht auf eine triumphale „religiöse" Sprache (ohne zentrale biblische Begriffe einfach zu vermeiden) bekommt im Verzicht auf sein persönliches und kirchliches Ansehen seine eigentliche Tiefe und lebensgeschichtliche Zuspitzung – als Existenzform der Christusnachfolge. Von daher – und nicht isoliert für sich – sind auch die theologischen Überlegungen der Gefängnisbriefe (mit den berühmt gewordenen Stichworten: „nichtreligiöse Interpretation", „mündig gewordene Welt", „Jesus – der Mensch für andere", „Kirche für andere", „Arkandisziplin") in den Blick zu nehmen. „Es geht ... darum, wie Bonhoeffer mit diesem letzten theologischen Entwurf seinen eigenen Weg – vielleicht ohne es für sich so zu beanspruchen – gedeutet hat: als Preisgabe christlicher Sonderexistenz und als Einwilligung in das nicht mehr aufzuhebende Inkognito ..."[159] Christusnachfolge und Widerstandsweg sind in diesem Inkognito Bonhoeffers einbeschlossen – mit allen Konsequenzen. Nach dem Kriege wurde in der Kirche von Flossenbürg eine Erinnerungstafel angebracht, um des gewaltsamen Todes von Dietrich Bonhoeffer am 9.4.1945 im KZ Flossenbürg zu gedenken. Der lutherische Landesbischof von München, Hans Meiser, lehnte die Einweihung dieser Tafel ab; mit der Begründung, bei Bonhoeffer handele es sich um einen politischen Fall, nicht aber um einen christlichen Märtyrer.[160]

In welche Doppeldeutigkeit Dietrich Bonhoeffer sich durch die Entscheidung, das Inkognito der Konspiration als seinen unaufgebbaren Weg der Nachfolge zu wählen, begibt, deutet er selbst nur an: „... Wir sind mit vielen Wassern gewaschen, wir haben die Künste der Verstellung und der mehrdeutigen Rede gelernt, wir sind durch Erfahrung mißtrauisch gegen die Menschen geworden und mußten ihnen die Wahrheit und das freie Wort oft schuldig bleiben ..."[161]

Den Weg der Nachfolge ins Inkognito eines nicht-kirchlichen Milieus haben zu gleicher Zeit – unter ganz anderen Bedingungen – in Frankreich etwa auch Simone Weil und Henri Perrin gewählt. Simone Weil (1909–1943) hat als Philosophin, Fabrikarbeiterin und Mystikerin ihre Bestimmung darin gesehen, „daß meine Berufung die einer Christin außerhalb der Kirche ist."[162] Sie bleibt – als Ungetaufte – diesem Weg treu trotz aller sich auftuenden Fragen: „ ... So habe ich doch niemals auch nur ein einziges Mal, und sei es nur eine Sekunde lang, das Gefühl gehabt, daß Gott mich *in* der Kirche will."[163] Der Arbeiterpriester Henri Perrin (1914–1954) hat seine Aufzeichnungen 1943/44 in deutschen Ar-

[158] E. Bethge: Dietrich Bonhoeffer, S. 762. Hervorhebung von mir.
[159] Ebd., S. 994.
[160] Vgl. W.-D. Zimmermann: Wir nannten ihn Bruder Bonhoeffer, S. 133.
[161] So in dem Rechenschaftsbericht „Nach zehn Jahren", den er Weihnachten 1942 an H. v. Dohnanyi, H. Oster (beide auch in der Konspiration tätig) und den Freund E. Bethge weitergibt. In: DBW 8 (WE[15], S. 25).
[162] S. Weil: Entscheidung zur Distanz, S. 8.
[163] S. Weil: Aufmerksamkeit für das Alltägliche, S. 129. Hervorhebung im Text.

beitslagern und Gefängnissen verfaßt.[164] In der deutschen Ausgabe heißt es: „Aber wie absichtslos diese Notizen auch niedergeschrieben sind, so deutlich zeigt sich in ihnen, daß manche soziologisch bedingte Formen des kirchlichen Lebens weite Teile einer veränderten Welt nicht mehr zu fassen vermögen. Perrin und seine Freunde wußten sich gerade in diese entglittene Welt hineingestellt ... Das Tagebuch Perrins könnte ein Denkmal werden für eine neue Begegnung zwischen Kirche und Welt."[165] Schließlich sei auf Madeleine Delbrêl (1904–1964) hingewiesen, die ihr Lebens- und Glaubenszeugnis mit einer kleinen Equipe in der kommunistischen Arbeiterstadt Ivry (bei Paris) verwirklichte.[166] In allen Beispielen kündigt sich exemplarisch – auf je verschiedene Weise – eine zukünftige Gestalt des Christentums an. Sie zeigt sich weniger in einer kirchlichen Sonderform, sondern gerade im weltlichen Leben – ohne darin glaubensärmer oder unkirchlich zu sein. Hier ist die spannungsreiche Grundfrage nach einer neuen Existenzform der Kirche berührt.

In der Geheimhaltung, im Zwielicht der Verschwörung, vollzieht sich für Bonhoeffer jener Schritt der Nachfolge, den er in vager Ahnung als Möglichkeit auf die *Kirche* zukommen sah, nun aber persönlich und im Grunde ohne seine Kirche, d.h. einsam, zu gehen hat: „Daran entscheidet sich heute Gewaltiges, ob wir Christen Kraft genug haben, der Welt zu bezeugen, daß wir keine Träumer und Wolkenwandler sind. ... Daß unser Glaube wirklich nicht das Opium ist, das uns zufrieden sein läßt inmitten einer ungerechten Welt. Sondern daß wir, gerade weil wir trachten nach dem, was droben ist, nur umso hartnäckiger und zielbewußter protestieren auf dieser Erde. ... Muß es denn so sein, ... daß die Kirche immer erst zwanzig Jahre hinterher einsieht, was eigentlich geschehen ist? Muß dem wirklich so sein, dann müssen wir uns nicht wundern, wenn auch für unsere Kirche wieder Zeiten kommen werden, wo Märtyrerblut gefordert werden wird. Aber dieses Blut, wenn wir denn wirklich noch den Mut und die Ehre und die Treue haben, es zu vergießen, wird nicht so unschuldig und leuchtend sein wie jenes der ersten Zeugen. Auf unserem Blute läge große eigene Schuld: Die Schuld des unnützen Knechtes, der hinausgeworfen wird in die Finsternis."[167] Dieses Blut wird Bonhoeffers eigenes Märtyrerblut sein. Das Inkognito wird zur Form und zum Ort dieser Zeugenschaft.

### 2.3. *Vom Ort Gottes: Meinem Wesen nicht entsprechend*

Gott ist nicht fügsam. Gott läßt sich nicht einbauen in die Entwürfe unserer Vorstellungen, seien sie nun von philosophischer, psychologischer oder theologischer Art. Diese Einsicht und Erfahrung durchlebt und durchleidet Dietrich

[164] H. Perrin: Tagebuch eines Arbeiterpriesters.

[165] Ebd., S. 7f. (Vorbemerkung).

[166] Vgl. A. Schleinzer: Die Liebe ist unsere einzige Aufgabe: Das Lebenszeugnis von Madeleine Delbrêl.

[167] In der Predigt zu Kol 3,1–4 v. 19.6.1932. In: DBW 11, S. 446. Liest man diese Sätze vom Ende, d.h. von Bonhoeffers Tod her, dann wird die bestürzende Klarheit seines Weitblicks um so deutlicher.

Bonhoeffer, wenn er sich im Gefängnis mit der Losung Num 11,23 fragt: „Ist denn die Hand des Herrn verkürzt?“ Und zu den hinter dieser Frage auftauchenden und unerfüllt gebliebenen Hoffnungen schreibt er dann: „... nicht alle unsere Wünsche, aber alle seine Verheißungen erfüllt Gott, d.h. er bleibt der Herr der Erde ...“[168] Leicht gerät die Vorstellung von Gott zum Anspruch eigener Wünsche. Und schnell wird die „unanschauliche Mitte“ (D. Bonhoeffer) zu einer sehr ansehnlichen Projektionsfläche, oft mit sehr einleuchtenden und kraftvollen Bildern. Trotzdem bleibt das Bilderverbot (vgl. Ex 20,4; Dtn 5,8) eine wirkliche Gegen-Instanz zu allen – auch gutgemeinten – *Vor*-stellungen von Gott, die immer auch ein Moment der *Ver*-stellung in sich haben. Die Bilder, die den Blick auf Gott hin zu öffnen vermögen, vermögen ihn auch gleichzeitig zu verzerren.
Von dieser durchgängigen Gefährdung schreibt die Schriftstellerin Marie Luise Kaschnitz in einem Gedicht:

> „Mit denen, die Dich auf die alte Weise
> Erkennen wollen, gehst Du unsanft um.
> Vor Deinen Altären läßt Du ihr Herz veröden,
> In Deinen schönen Tälern schlägst Du sie
> Mit Blindheit. Denen, die Dich zu loben versuchen,
> Spülst Du vor die Füße den aufgetriebenen Leichnam.
> Denen, die anheben von Deiner Liebe zu reden,
> Kehrst Du das Wort im Mund um, läßt sie heulen
> Wie Hunde in der Nacht.“[169]

Bonhoeffer weiß um die Versuchung religiöser Selbstbestätigung und sieht im aufmerksamen, intensiven und ernsthaften Umgang mit der Bibel eine Möglichkeit, dieser Versuchung entgegenzutreten. „Die Bibel kann man nicht einfach *lesen* wie andere Bücher. Man muß bereit sein, sie wirklich zu fragen. ... Das liegt eben daran, daß in der Bibel Gott zu uns redet. Und über Gott kann man eben nicht so einfach von sich aus nachdenken, sondern man muß ihn fragen. Nur wenn wir ihn suchen, antwortet er.“[170] Mit dieser Voraussetzung des ernsthaften Suchens und wirklichen Fragens bekommt die Bibel für Bonhoeffer einen einzigartigen Charakter. Von hier aus ist auch sein Umgang mit den jährlichen biblischen Losungen zu betrachten. Sie sind dann nicht mehr beliebige, zufällige, ersetzbare Wörter, sondern stehen wirklich im Dialog mit ihm, innerhalb dessen sie ihm auch eigenständig etwas zu sagen haben. Das schließt

[168] In einem Brief an E. Bethge v. 14.8.1944, also nach dem gescheiterten Attentat auf Hitler. Damit bestand auch für Bonhoeffer kaum mehr die Hoffnung auf Entlassung. In: DBW 8 (WE[15] S. 209).

[169] So die dritte von vier Strophen in dem Gedicht von M.L. Kaschnitz „Die Sprache, die einmal aufschwang, Dich zu loben“. Zitiert nach P. Fietzek (Hg.in): Dich kennen, Unbekannter?, S. 105.

[170] In einem Brief an seinen Schwager R. Schleicher v. 8.4.1936. In: DBW 14, S. 145. Hervorhebung von D. B. Dieser Brief ist insgesamt sehr aufschlußreich, weil er viel von Bonhoeffers Gottesverständnis aufscheinen läßt (DBW 14, S. 144–148).

bei Bonhoeffer allerdings ein, daß dieser Umgang mit der Bibel souverän und mündig ist: „Es gibt manchmal Wochen, in denen ich sehr wenig in der Bibel lese. Irgendetwas hindert mich daran. Dann greife ich eines Tages wieder dazu und auf einmal ist alles so viel stärker und man kommt gar nicht davon los."[171] Und noch deutlicher: „Ich wundere mich, daß ich tagelang ohne die Bibel lebe und leben kann – ich würde es dann nicht als Gehorsam, sondern als Autosuggestion empfinden, wenn ich mich dazu zwingen würde."[172] Jeder fundamentalistische Umgang mit der Bibel liegt Bonhoeffer fern: „Unsere tägliche Sünde gegen die Bibel ist groß genug. Mündig werden im Umgang!"[173] In einem solchermaßen praktizierten Umgang kann die Bibel sich in ungeahnter Weise erschließen: „Nur wenn wir es einmal wagen, uns so auf die Bibel einzulassen, als redete hier wirklich der Gott zu uns, der uns liebt und uns mit unsern Fragen nicht allein lassen will, werden wir an der Bibel froh. ... Nun weiß ich von dem Gott, den ich suche, entweder aus mir selbst, aus meinen Erfahrungen und Einsichten, aus der von mir so oder so gedeuteten Geschichte oder Natur, d.h. eben aus mir selbst – oder aber ich weiß von ihm auf Grund seiner Offenbarung seines eigenen Wortes."[174]

Es spielt für Dietrich Bonhoeffer eine ganz entscheidende Rolle, sich immer wieder neu herausfordern lassen zu können. Das gilt sowohl für seine theologischen Bemühungen wie für die Beurteilung der konkreten kirchlichen und politischen Situation. Besondere Bedeutung bekommt dies bei der Frage nach dem Ort Gottes: „Entweder ich bestimme den Ort, an dem ich Gott finden will, oder ich lasse Gott den Ort bestimmen, an dem er gefunden sein will. Bin ich es, der sagt, wo Gott sein soll, so werde ich dort immer einen Gott finden, der mir irgendwie entspricht, gefällig ist, der meinem Wesen zugehörig ist. Ist es aber Gott, der sagt, wo er sein will, dann wird das wohl ein Ort sein, der meinem Wesen zunächst gar nicht entsprechend ist, der mir gar nicht gefällig ist. Dieser Ort aber ist das Kreuz Christi. ... Jeder andere Ort außer der Bibel ist mir zu ungewiß geworden. Ich fürchte dort nur auf einen göttlichen Doppelgänger von mir selbst zu stoßen."[175] Mit gleichem Tenor hatte sich Bonhoeffer bereits zuvor bei einer Ansprache 1932 im Rahmen einer ökumenischen Konferenz in Gland am Genfer See geäußert: „Wir haben unsere eigenen Gedanken lieber als die Gedanken der Bibel. Wir lesen die Bibel nicht mehr ernst, wir lesen sie nicht mehr gegen uns, sondern nur noch für uns."[176]

An der Fremdheit Gottes, die zuweilen den Charakter eines Gegen-Gesichtes zum eigenen Wollen und Entwerfen annehmen kann, hält Bonhoeffer fest – *ohne* damit dessen Gegenwart und Nähe aufzuheben. Er widersetzt sich zeit seines Lebens allen eigenen und fremden Versuchen, die Realität Gottes – sei

[171] In einem Brief an E. Bethge v. 31.1.1941. In: DBW 16, S. 122.
[172] In einem Brief an E. Bethge v. 25.6.1942. In: DBW 16, S. 325.
[173] In der Finkenwalder Homiletikvorlesung. In: DBW 14, S. 510.
[174] In dem genannten Brief an R. Schleicher v. 8.4.1936. In: DBW 14, S. 145f.
[175] DBW 14, S. 146.147.
[176] Am 29.8.1932. In: DBW 11, S.353.

sie auch noch so rätselhaft oder entzogen – in Frage zu stellen. Auch dem theologischen Denken steht nicht alles zur eigenen Verfügung. „Gerade weil er so klug war, hat er die ‚Grenzen des Denkens' strikt eingehalten, strikter als andere. Er wollte Gott nicht ins Handwerk pfuschen, Gott nicht destabilisieren, Gott nicht dem menschlichen Denken ‚unterordnen'. Er ließ Gottes Wort ‚unangetastet', – seine Bibel-Arbeiten zeigen das ganz deutlich. Sie sind – das wußte er – unwissenschaftlich, aber glaubensvoll. Wenn alles zerbricht, muß eines fest bleiben: Gottes Wort. Man muß auf es hören, es aber nicht – wissenschaftlich oder historisch-kritisch – korrigieren."[177]
Wenn Gott in einem letzten radikalen Sinn zur Debatte gestellt wird, dann hat das nach Bonhoeffer nicht nur Folgen für die Christen und die Kirchen, sondern für die (abendländische) Zivilisation insgesamt, weil der verwaiste Platz Gottes nicht einfach unbesetzt bleibt, sondern der sich allmächtig wähnende Mensch selbst auf diesen Platz rückt: „Die Vergötterung des Menschen aber ist – recht verstanden – die Proklamation des Nihilismus. Mit der Zertrümmerung des biblischen Gottesglaubens und aller göttlichen Gebote und Ordnungen zerstört der Mensch sich selbst. Es entsteht ein hemmungsloser Vitalismus, der die Auflösung aller Werte in sich einschließt und erst in der schließlichen Selbstzerstörung, im Nichts, Ruhe findet."[178]
Welch subtile Folgen die ungehemmten Bemächtigungsansprüche des Menschen auf den Platz Gottes haben, zeigt für die gegenwärtige Zeit eindrücklich der Psychoanalytiker Horst-Eberhard Richter: „Wir erzeugen sie [die Gefahren kollektiver Vernichtung; W.K.] aus einem zügellosen Bemächtigungsdrang, der uns beherrscht, seitdem wir dereinst unsere Sicherheit in Gott verloren haben. ... Das Entsetzen vor einer unerträglichen Verlorenheit und Ohnmacht in der Welt ist somit die eigentliche Antriebsenergie, die sich hinter dem Drang nach technischer Allmacht verbirgt. Auf diese Weise haben wir den Sinn für unsere Grenzen verloren."[179] Der Allmachts- oder Gotteskomplex zeigt sich besonders in dem Bemühen, Leiden und Leidende auszulöschen, weil Schwäche und Zerbrechlichkeit der anvisierten Omnipotenz im Wege stehen. Dies geschieht vor allem durch Leidensvernichtung, Leidensflucht und Leidensverachtung.[180]
Zu den Folgen der Vergötterung des Menschen nochmals Dietrich Bonhoeffer:

[177] So der Zeitgenosse und Bonhoeffer-Schüler W.-D. Zimmermann. In: Ders.: Gehorsam des Glaubens, S. 79. Als Beispiel für eine – wissenschaftlich – höchst strittige Bibelarbeit und problematische Exegese vgl. Bonhoeffers „Der Wiederaufbau Jerusalems nach Esra und Nehemia" v. 21.4.1936. In: DBW 14, S. 930–945. Gerade sie ist aber auch ein Beispiel, wie sehr Bonhoeffer „den gegebenen Ort" (den Kirchenkampf und die Auseinandersetzung um die Bekennende Kirche) kämpferisch miteinbezieht. Dies ist auch bei einer Beurteilung aus heutiger Sicht unbedingt zu beachten. Vgl. dazu T.R. Peters: Die Präsenz des Politischen in der Theologie Dietrich Bonhoeffers, S. 53–56.

[178] DBW 6 (E), S. 114f. Der „Vitalismus" glaubt Gesetze auszumachen, die dem Leben selbst innewohnen und denen man dann folgt. Dazu gehörte zur NS-Zeit der Rassegedanke. Vgl. ebd., S. 114, Anm. 90.

[179] H.-E. Richter: Der Gotteskomplex, S. 5 (Vorwort zur Taschenbuch-Ausgabe).

[180] Vgl. ebd., S. 129–165.

„Es gibt keine Zukunft und keine Vergangenheit. Es gibt nur noch den aus dem Nichts geretteten Augenblick und das Erhaschenwollen des nächsten Augenblicks. Schon das Gestrige verfällt der Vergessenheit und das Morgige ist zu fern, um heute zu verpflichten. … Der Wert des Leidens als Gestaltung des Lebens durch die Todesbedrohung wird verkannt, ja verächtlich gemacht.“[181]
Bonhoeffer hält unbeirrbar an Gott und an der Fremdheit Gottes fest. Das betont er auch im Rahmen der Predigt: „[Das] Wort nimmt seinen eigenen Lauf, [es will] nur unsere Begleitung. [… Ein] frommer Prediger soll das beachten.“[182] Zur Zumutung wird die Fremdheit Gottes angesichts des Zweiten Weltkriegs und des damit verbundenen vielfachen, gewaltsamen Todes. In einem Rundbrief schreibt Dietrich Bonhoeffer: „Gott bestätigt nicht menschliches Tun, sondern er durchkreuzt es … Ich weiß nicht, ob wir auch diesmal wieder das Aufbrechen der Theodizee-Frage so quälend erleben werden wie im vorigen Krieg. … Wir werden wie der Dichter des 42. Psalms noch oft hören müssen: ‚Wo ist nun dein Gott?‘. Ist es wahr, daß Gott schweigt?“[183] Und er antwortet darauf ausdrücklich mit dem Ersten Testament: „‚Wer darf denn sagen, daß solches geschähe ohne des Herrn Befehl und daß nicht Böses *und* Gutes aus dem Munde des Allerhöchsten komme?‘ (Klagelieder 3,37ff). ‚Ich bin der Herr und keiner mehr, der ich das Licht mache *und* schaffe die Finsternis, der ich Frieden gebe *und* schaffe das Übel‘ (Jes 45,7). ‚Ist auch ein Unglück in der Stadt, das der *Herr* nicht tue?‘ (Amos 3,6).“[184] Durch dieses „und“ erhält auch eine Theodizee erst ihre ganze und ungeteilte Wucht mit allen ihren Ausweglosigkeiten.[185]
Gott die Fremdheit belassen und ihm trotzdem vertrauensvoll nachfolgen: Beides gehört bei Bonhoeffer spannungsvoll zusammen. In den Meditationen zu Psalm 119 schreibt er: „Gottes Wege sind die Wege, die er selbst gegangen ist und die wir nun mit ihm gehen sollen. Keinen Weg läßt er uns gehen, den er nicht selbst gegangen wäre und auf dem er uns nicht voranginge. … Mit Gott tritt man nicht auf der Stelle, sondern man beschreitet einen Weg. Es geht voran oder man ist nicht mit Gott. Gott kennt den ganzen Weg. Wir wissen nur den nächsten Schritt und das letzte Ziel. … Wer seinen Fuß auf diesen Weg gesetzt hat, dessen Leben ist eine Wanderschaft geworden.“[186]

[181] DBW 6 (E), S. 119f.121.

[182] Finkenwalder Homiletik, n. d. Mitschrift von W.-D. Zimmermann. Vgl. DBW 14, S. 1018.

[183] Im ersten Rundbrief im Krieg v. 20.9.1939. In: DBW 15 (GS II, S. 556).

[184] DBW 15 (GS II, S. 556f). Hervorhebungen von mir.

[185] Vgl. hierzu vor allem J.B. Metz: Theologie als Theodizee? Die Antwort, die Bonhoeffer seinerseits dann noch eigens versucht, bleibt meines Erachtens – da sie eine Deutung versucht – an dieser Stelle jedoch höchst mißverständlich: „Schweigt Gott? Nein er redet die stumme Sprache seiner furchtbaren Macht und Herrlichkeit, damit wir klein und demütig werden und ihn allein anbeten.“ (In dem genannten Rundbrief, DBW 15 [GS II, S. 557]).

[186] In den (fragmentarischen) Meditationen über Psalm 119 v. 1939/40. In: DBW 15 (PAM II, S. 407f) in der Betrachtung über V. 3: „Denn welche auf seinen Wegen wandeln, die tun kein Übles.“ Diese ganz persönlichen Auslegungen Bonhoeffers lassen sich in ihrer Tiefe und Konsequenz erst adäquat verstehen, wenn man sie im Zusammenhang mit seinem Weg in den Widerstand begreift.

### 2.4. *Die Geheimnisse des christlichen Glaubens vor Profanierung hüten: Anstöße für eine Arkandisziplin*

Als Bonhoeffer im Gefängnis von Tegel inhaftiert ist, schreibt er einmal angesichts der bevorstehenden Adventszeit an Eberhard Bethge: „So eine Gefängniszelle ist übrigens ein ganz guter Vergleich für die Adventssituation; ... die Tür ist verschlossen und kann nur *von außen* geöffnet werden.“[187] Und er fährt dann fort – halb zögerlich, halb mitteilungsbedürftig: „,... Glaube nicht, daß einem hier viel an Symbolen gelegen ist! Zweierlei aber muß ich Dir doch noch sagen, was Dir vielleicht verwunderlich vorkommt: 1. ich entbehre sehr die Tischgemeinschaft ...“[188] Und als er dann zum zweiten kommt, hört sich das – gegenüber dem Freund – sogar etwas verschämt an: „2. Ich habe die Anweisung Luther's, sich ‚mit dem Kreuz zu segnen', bei Morgen- und Abendgebet ganz von selbst als eine Hilfe empfunden. ... Erschrick nicht! Ich komme bestimmt nicht als ‚homo religiosus' von hier heraus! Ganz im Gegenteil, mein Mißtrauen und meine Angst vor der ‚Religiosität' sind hier noch größer geworden als je.“[189] Als wollte Bonhoeffer sich hier selbst gegenüber dem Freund vor einem „religiösen“ Mißverständnis schützen. Und doch ist ihm das Segnen mit dem Kreuz eine Hilfe und etwas „Objektives, nach dem man hier besonderes Verlangen hat.“[190]

In seiner Zurückhaltung selbst gegenüber dem Freund Eberhard Bethge praktiziert Dietrich Bonhoeffer hier persönlich – beinahe beiläufig – eine Form von Arkandisziplin. Mit der Praxis der später so genannten „Arkandisziplin“ wurde in der alten Kirche über gewisse Vorgänge in der Kirche – besonders aus dem Bereich der Sakramente – gegenüber „Draußenstehenden“, d.h. Ungetauften (die mit der Glaubenssymbolik nicht vertraut waren), Schweigen bewahrt. Ihren Höhepunkt erreichte diese Praxis im 4. und 5. Jahrhundert.[191] Bonhoeffer teilt eine solche Scheu, tiefe und persönliche Dinge des Glaubens nach außen zu zeigen bzw. von ihnen zu sprechen – auch gegenüber seinem Freund Eberhard Bethge. Er glaubt, daß solche Zurückhaltung auch kirchlich wieder geübt werden muß.[192]

[187] Brief an E. Bethge v. 21.11.1943. In: DBW 8 (WEN, S. 154). Hervorhebung von D. B.

[188] DBW 8 (WEN, S. 154).

[189] Ebd.

[190] Ebd.

[191] Zur Begriffsgeschichte vgl. A. Pangritz: Dietrich Bonhoeffers Forderung einer Arkandisziplin – eine unerledigte Anfrage an Kirche und Theologie, bes. S. 315–336.

[192] Vgl. im Brief v. 5.5.1944. In: DBW 8 (WE[15], S. 143). Daß das Verständnis von „Arkandisziplin“ (sie ist ja bei Bonhoeffer keineswegs ausgearbeitet, sondern nur angedeutet) auch herangezogen werden kann für das Bilden einer „Gegenöffentlichkeit, von der aus die autoritär strukturierte bürgerliche Öffentlichkeit unterlaufen und aufgebrochen werden könnte“ (A. Pangritz: Dietrich Bonhoeffers Forderung einer Arkandisziplin – eine unerledigte Anfrage an Kirche und Theologie, S. XI), bleibt allerdings schwer nachzuvollziehen. Zum Vorkommen und zum Kontext des Begriffs „Arkandisziplin“ bei D. Bonhoeffer vgl. vor allem: H.-J. Abromeit: Das Geheimnis Christi: Dietrich Bonhoeffers erfahrungsbezogene Christologie, S. 150–172; hier auch, S. 150f, der wichtige Hinweis auf den Zusammenhang

Bei Dietrich Bonhoeffer findet sich der altkirchliche Begriff „Arkandisziplin" an verschiedenen Stellen und in unterschiedlichen Zusammenhängen, ohne daß er ihn systematisch definiert: In der Finkenwalder Katechetikvorlesung gebraucht er „Arkandisziplin" in einem dreifachen Sinn: Als Bewahrung des der Kirche anvertrauten Geheimnisses; als Recht der Kirche auf verschiedene „Stufen", die sich auf die Teilnahme am Gottesdienst beziehen; und schließlich als das Bestehen darauf, daß auf jeder Stufe die Katechumenen ihr Begehren frei äußern müssen.[193] Damit bleibt die grundsätzliche Unterscheidung von Kirche und Welt erhalten. „Das Arkanum ist ja der Teil der der Kirche geschenkten Einsicht, der sich der Welt nicht vermitteln läßt. So ist es unredlich, zu tun, als sei alles, was der Glaube erkennt, der Welt mitteilbar. ... Die pädagogische Notwendigkeit der Wahrung des Geheimnisses durch die Arkandisziplin ist also begründet in einem spezifisch christlichen Verständnis von Wirklichkeit und Wahrheit."[194]
In den Tegeler Gefängnisbriefen findet sich der Begriff im Zusammenhang mit den Fragen nach einem „religionslos-weltlichen" Christsein und einer „weltlichen" Interpretation religiöser bzw. biblischer Begriffe: „Was bedeutet in der Religionslosigkeit der Kultus und das Gebet? Bekommt hier die Arkandisziplin, bzw. die Unterscheidung (die Du ja bei mir schon kennst) von Vorletztem und Letztem neue Wichtigkeit?"[195] Und schließlich heißt es in einem späteren Brief: „Es gibt Stufen der Erkenntnis und Stufen der Bedeutsamkeit; d.h. es muß eine Arkandisziplin wiederhergestellt werden, durch die die *Geheimnisse* des christlichen Glaubens vor Profanierung behütet werden."[196]

von Schweigen und Arkandisziplin bei Bonhoeffer; A. Pangritz, a.a.O., S. 137–231. 399–464; E.G. Wendel: Studien zur Homiletik Dietrich Bonhoeffers, S. 180–188; der dortige Vorschlag, wegen der unklaren Definitionslage „auf den Begriff Arkandisziplin zu verzichten, ohne jedoch die in ihm liegende sachliche Intention aufzugeben" (S. 188), ist allerdings auch keine Lösung.

193 In der Finkenwalder Katechetikvorlesung zwischen 1935 und 1939. Vgl. DBW 14, S. 549–551, ebd. auch das Sachregister. Mitschriften von E. Bethge und J. Kanitz vom Sommersemester 1935 liegen mir vor: NL Fiche-Nr. B 12,1 (E. Bethge); NL Fiche-Nr. B 10a/3–3 (J. Kanitz). Vgl. hierzu H.-J. Abromeit: Das Geheimnis Christi, S. 160f., Anm. 123.

194 H.-J. Abromeit: Das Geheimnis Christi, S. 162f.

195 Brief v. 30.4.1944. In: DBW 8 (WE[15], S. 140).

196 Brief v. 5.5.1944. In: DBW 8 (WE[15], S. 143). Hervorhebung von D. B. – Daneben findet sich die Rede von einer „Arkandisziplin" noch an folgenden Stellen: In der Vorlesungsnachschrift „Das Wesen der Kirche" vom Sommersemester 1932: DBW 11, S. 285. (Hier ist allerdings nur vom „Arcanum" die Rede.). – In der Hörernachschrift der Vorlesung „Jüngste Theologie" vom Wintersemester 1932/33 findet sich bei den Ausführungen, daß das Bekenntnis nur *in* der Gemeinde erfolgen soll, in Klammern der Verweis „(s. Arkandisziplin)": DBW 12 (GS V, S. 339). Dieser Verweis fehlt jedoch bei den im Bundesarchiv in Koblenz archivierten Nachschriften. Vgl. hierzu H.-J. Abromeit, a.a.O., S. 153, Anm. 77. – In der Finkenwalder Homiletikvorlesung zwischen 1935 und 1939: DBW 14, S. 526). (Hier mit Bezugnahme auf Origines zum Schutz von Sakrament, Glaubensbekenntnis und Vaterunser, d.h. als „Arkandisziplin wegen des Spottes der Welt"). – Vgl. auch insgesamt: G. Meuß: Arkandisziplin und Weltlichkeit bei Dietrich Bonhoeffer.

Diese Verschwiegenheit entspringt nicht der Gleichgültigkeit gegenüber den Tiefen und den Geheimnissen des Glaubens, sondern sie ist die angemessene Ausdrucksform gegenüber diesem Geheimnischarakter – zumal in einer Welt und Umgebung, in der die scheinbar selbstverständliche Kenntnis der zentralen Wahrheiten des Glaubens nicht mehr gegeben ist. Das hat, will man nicht billig daherreden, auch Folgen für den Umgang mit den großen Worten überhaupt, sind sie erst einmal ausgeleert oder mißbraucht. Als Bonhoeffer sich während der Haftzeit auch an einem Drama versucht, schreibt er in der zweiten Szene, wo der Freund „Ulrich" aus dem Tagebuch von „Christoph" liest: „Ich spreche zu euch, um die großen Worte, die den Menschen gegeben sind, vor dem Mißbrauch zu schützen. Sie gehören nicht in den Mund der Masse und in die Überschriften der Zeitungen, sondern in die Herzen der Wenigen, die sie mit ihrem Leben hüten und schützen. ... Laßt uns die höchsten Güter eine Zeitlang durch Schweigen ehren, laßt uns lernen, eine Zeitlang ohne Worte das Rechte zu tun. ... Es gibt einen untrüglichen Maßstab für das Große und das Geringe, für das Gültige und das Belanglose, für das Echte und das Gefälschte, für das Wort, das Gewicht hat, und für das leichte Geschwätz – das ist der Tod. Wer sich dem Tod nahe weiß, der ist entschieden, aber er ist auch schweigsam."[197] Es geht Dietrich Bonhoeffer um den Raum, um die Quelle, von der her sich sein eigenes Handeln und das der Kirche letztlich nährt. Dieser zu schützende Raum bleibt aber in unaufhebbarer Spannung zur Welt, zum Außen. Um diese Quelle geht es Bonhoeffer auch, als er 1935 einen Antrag stellt für die Einrichtung eines Bruderhauses (einer Kommunität) im Predigerseminar Finkenwalde. Nicht um Abschottung geht es hierbei, sondern um „innerste Konzentration für den Dienst nach außen ..."[198]. Ohne diese Quelle und ohne deren Schutz wird der gelebte Glaube hohl und kraftlos. „Der vereinzelt im Amt stehende Pfarrer braucht immer wieder ein geistliches Refugium, in dem er sich in strenger, christlicher Lebensführung in Gebet, Meditation, Schriftstudium und brüderlicher Aussprache für sein Amt stärkt."[199]

Weltliche Interpretation und Arkandisziplin, das verantwortete Sich-Hinauswagen in die Welt (für andere) und das achtsame Hüten der bestimmenden Glaubensvorgänge stehen für Bonhoeffer nicht gegeneinander, sondern gehören zusammen. „Die *disziplina* in Gebet, Meditation, Gottesdienst und Versammlung (im ‚echten Kultus') ist für Bonhoeffer so unaufgebbar – wenngleich natürlich reformierbar – wie tägliches Essen und Trinken. Aber sie ist auch ebenso *arcanum*, wie zentrale Lebensvorgänge zu keiner missionarischen Demonstration taugen. Inwiefern und von welchem Zentrum her die nichtreligiös Interpretierenden gehalten, getrieben und ‚geistlich ernährt' sind, das ist nicht nach au-

[197] In dem Dramenfragment v. 1943. In: DBW 7 (FT), S. 48–50 passim. Vgl. auch dort die Anm. 34: „Hier im Drama wird die politische Dimension der Schweige-Disziplin deutlich." (S. 49).

[198] So Bonhoeffer in seinem Antrag vom 6.9.1935. In: DBW 14, S. 77.

[199] DBW 14, S. 77. Was Bonhoeffer hier gezielt auf die (protestantische) Pfarrerschaft hin sagt, gilt meines Erachtens für die gegenwärtigen Kirchen insgesamt: Wo die tiefste Quellkraft verlorengeht, da breiten sich Resignation, Isolierung und leerer Aktivismus aus.

ßen zu propagieren oder zu demonstrieren. Erst recht nicht, wenn sich Umstände entwickelt haben, die die verständliche Beziehung der Namen für diese Lebensvorgänge zur Welt der Umstehenden ausgelöscht haben."[200] Die Kirche soll dabei keineswegs ihre eigene Herkunft und ihren Auftrag verleugnen. Doch wenn ihr Zeugnis von sich aus nicht mehr sprechend ist, „dann soll sie so lange schweigen, bis sie wieder darnach gefragt und der kostbare Inhalt ihrer Worte zwingend wird. ... Aufdringlichkeit ist der Tod der Eindringlichkeit."[201] Es ist nicht Sache der Kirche, den Zeitpunkt zu bestimmen, an dem ihr Wort, ihr Zeugnis und ihr Handeln wieder sprechen und verstehbar sind. Vielmehr sind ihr Warten-Können und Schweigen-Können zugemutet. Diese Kunst des Wartens ist – nach Bonhoeffer – aber auch nicht jedem gegeben: „Warten ist eine Kunst, die unsere ungeduldige Zeit vergessen hat. ... Freilich, warten kann nicht jeder: Nicht der Gesättigte, Zufriedene und nicht der Respektlose."[202]

Eine ganz persönliche Gestalt bekommt das Arcanum bei Bonhoeffer, als er seinen Weg in den Widerstand gegen Hitler wählt und die fragmentarischen Meditationen zu Psalm 119[203], den Bonhoeffer seit seinem Besuch des Klosters von Mirfield 1935 in besonderer Weise schätzte, entstehen. Diese Auslegung (VV. 1–21) umkreist auf ebenso behutsame wie eindrückliche Weise „das" oder besser „den", von dem sich Bonhoeffer in seinem Leben und Handeln bestimmt wußte: „Sie gehört ganz in das ihm so wichtige Gebiet des Arcanum, jenes Leben vor dem Angesicht Gottes, das jeglicher Abzweckung nach außen entbehrt und das ihm umso dringlicher erschien, je fragwürdiger das nach außen gerichtete, auf Selbstbestätigung und Selbstpropagierung berechnete Reden und Handeln von Religion und Kirche wurde."[204]

Bei Bonhoeffer geht die radikale Inkognito-Existenz nach außen einher mit einer Radikalität nach innen. Gleichwohl gehören für ihn beide Dimensionen zusammen. Dem Wagnis äußerster Weltlichkeit in Form der Beteiligung an der Verschwörung entspricht die riskierte Gewißheit, dieses Wagnis „vor dem Angesicht Gottes" einzugehen: „Der Christ kann von etwas her leben, das demjenigen, der sein Mitkämpfer ... ist, nicht vermittelt zu werden braucht, was vielleicht auch nicht vermittelbar ist. ... Er kann mit anderen reden, ohne eine religiöse Vokabel zu verwenden; aber in seinem Leben ist alles vorhanden, was Religion ausmacht: die innere Schau, das Gebet, das Geheimnis des Glaubens.

200 E. Bethge: Dietrich Bonhoeffer, S. 989f. Hervorhebungen von E. B. Wird vor allem der letztgenannte Umstand (die aus welchen Gründen auch immer gegebene Unverständlichkeit der zentralen christlichen Worte) von der Kirche nicht vorurteilsfrei als Realität zur Kenntnis genommen, dann schlägt ihre Verkündigung leicht um in simples Moralisieren, Rigorismus und in schulmeisterliche Bevormundung; dann kaschieren starke Worte den Verlust der eigenen Überzeugungs- und Quellkraft.

201 E. Bethge: Dietrich Bonhoeffer, S. 990.

202 In der Predigt zu Offb. 3,20 v. 2.12.1928 (1. Advent). In: DBW 10, S. 529.

203 Entstanden 1939/40. In: DBW 15 (PAM II, S. 398–436). Die Auslegung dieses Psalms war auch Teil des theologischen Lehrstoffs in den Sammelvikariaten.

204 O. Dudzus: Weltfrömmigkeit Dietrich Bonhoeffers, S. 220.

Die Mystik nennt das unaussprechliche Geheimnis, das das Leben des Mystikers in jedem Augenblick bestimmt, das Arkanum. Sollte Bonhoeffer einen so zentralen, aber der Terminologie seiner Kirche völlig fremden Begriff unbedacht gewählt haben?"[205]

## 3. Du hast mich verlockt und betört

Im Jahre 1933 spitzen sich in Deutschland die politischen Verhältnisse zu. Nachdem Hitler am 30. Januar an die Macht gekommen war, ruft die NSDAP für den 1. April die Bevölkerung zum Boykott jüdischer Geschäfte auf. Am 7. April erscheint im „Gesetz zur Wiederherstellung des Berufsbeamtentums" der sog. Arierparagraph. Er macht die arische Abstammung zur Voraussetzung für eine Tätigkeit im Bereich der Gemeinden und öffentlich-rechtlichen Körperschaften. Damit wurden Juden von diesen Tätigkeiten ausgeschlossen. Zur gleichen Zeit arbeitet Bonhoeffer an seinem Aufsatz „Die Kirche vor der Judenfrage"[206]. Er schließt das Manuskript am 15. April ab. Darin formuliert er eine dreifache Aufgabe kirchlicher Verantwortung gegenüber dem Staat: 1. Die Kirche hat den Staat in bezug auf die Judenfrage „in aller Deutlichkeit"[207] zu fragen, ob sein Handeln legitim sei. 2. Die Kirche hat sich um die Opfer staatlichen Handelns zu kümmern: „Die Kirche ist den Opfern jeder Gesellschaftsordnung in unbedingter Weise verpflichtet, auch wenn sie nicht der christlichen Gemeinde zugehören."[208] 3. Wenn die beiden ersten Möglichkeiten nicht ausreichen, dann kann die Kirche in die Lage kommen, „nicht nur die Opfer unter dem Rad zu verbinden, sondern dem Rad selbst in die Speichen zu fallen."[209] Erst im Juni wird der Aufsatz gedruckt, dessen Thesen er zuvor im April einem Berliner Pfarrerkreis vorgetragen hatte. Bonhoeffer bleibt ein einsamer Rufer in der Wüste. Bedrohung und Verfolgung der Juden bestimmen mehr und mehr seinen Blickwinkel und sein Handeln. Am 11. April 1933 stirbt der (jüdische) Vater seines Schwagers Gerhard Leibholz. Der zuständige Generalsuperintendent rät ihm ab, jetzt einen Juden zu beerdigen, was Bonhoeffer auch unterläßt.

[205] F. Schlingensiepen: Im Augenblick der Wahrheit, S. 41f. Inwieweit das substantivische „arcanum" („Geheimnis") als Begriff eine zentrale Rolle in der christlichen Mystikgeschichte spielt, wäre eigens zu untersuchen. Die damit gemeinte (*personale*) Wirklichkeit des unaussprechlichen Geheimnisses ist jedenfalls für die christliche Mystik konstitutiv – als unaussprechlich und wirklich zugleich. Vgl. weiter unten unter 5., S. 88–99.

[206] Vom April 1933. In: DBW 12 (GS II, S. 44–53). Leider übernimmt Bonhoeffer hier den durch den nationalsozialistischen Sprachgebrauch negativ besetzten und tendenziös gemeinten Begriff „Judenfrage", obwohl er natürlich eine inhaltlich völlig andere Position vertritt. Vgl. dazu K.-H. Brackmann; R. Birkenhauer: NS-Deutsch, S. 104f. (zum Begriff „Judenfrage").

[207] DBW 12 (GS II, S. 46). Zu diesem ganzen thematischen Komplex vgl. auch E. Bethge: Dietrich Bonhoeffer und die Juden.

[208] DBW 12 (GS II, S. 48).

[209] Ebd.

Im Rückblick schreibt er an seinen Schwager und seine Schwester Sabine: „Es quält mich jetzt immer wieder mal, daß ich damals nicht ganz selbstverständlich Deiner Bitte gefolgt bin. Ich verstehe mich offen gestanden selbst gar nicht mehr. Wie konnte ich damals nur so grauenhaft ängstlich sein? ... Also ich muß Euch nun heute einfach bitten, mir diese Schwäche damals zu verzeihen. Ich weiß heute sicher, ich hätte es anders machen sollen."[210]
Auch die (evangelische) Kirche muß sich zum Arierparagraphen verhalten. Vor dem Zusammentreten der altpreußischen Generalsynode in Berlin am 5. und 6. September 1933 entwirft Bonhoeffer ein Flugblatt „Der Arierparagraph in der Kirche"[211]. Während der Wittenberger Synode im September 1933 nageln er und andere mangels anderer Eingabemöglichkeiten ein entsprechendes Flugblatt in Wittenberg an die Bäume „An die Nationalsynode der Deutschen Evangelischen Kirche zu Wittenberg"[212]. Die Bemühungen, das Schlimmste zu verhindern, haben keinen Erfolg. In Berlin wird beschlossen, daß der Arierparagraph zwar nicht rückwirkend, aber zukünftig gelten soll. Die Zurückweisung dieses Beschlusses wird zur Geburtsstunde des (oppositionellen) Pfarrernotbundes; bis zum Jahresende 1933 hat er rund 6000 Mitglieder. Die Reichsbekenntnissynode vom 29.–31. Mai 1934 in Barmen beschließt eine theologische Erklärung, die zur Grundlage der Bekennenden Kirche wird. Auf der Dahlemer Synode vom 19. und 20. Oktober 1934 werden schließlich eigene kirchliche Notorgane (Bruderräte) gebildet. Ihre Arbeit wird durch Spenden und freiwillige Gaben ermöglicht. Der altpreußische Bruderrat richtet fünf (illegale) Predigerseminare ein. Die Leitung des pommerschen Seminars in Zingst/Finkenwalde wird Dietrich Bonhoeffer ab April bzw. Juni 1935 übernehmen.
In Wittenberg wird Ludwig Müller, ein Vertrauensmann Hilters, am 27.9.1933 zum Reichsbischof gewählt, womit die Deutschen Christen[213] ihren großen Erfolg hatten. Ein Ergebnis, das Bonhoeffer für katastrophal hält. Er und Franz Hildebrandt, ein Freund, der selbst jüdischer Herkunft ist, überlegen, den Weg in die Freikirche zu wählen. Doch zunächst steht Bonhoeffer mit vielen Einsichten, Stellungnahmen und Vorschlägen alleine da – zumal in der Frage nach dem konkreten Verhalten und Verhältnis gegenüber den zunehmend bedrohten Juden. Diese Frage hat er bereits 1933 als die alles entscheidende Frage betrachtet. „Es entsprach seiner Person und seiner Theologie, daß Bonhoeffers allererste Äußerung im Kirchenkampf gerade durch den Komplex [Verhalten zu den Juden; W.K.] provoziert worden ist, den seine Kirchenoberen und auch seine Freunde noch als ein Randproblem ansehen und behandeln wollten."[214]
In dieser kirchenpolitischen Situation geht Dietrich Bonhoeffer im Oktober 1933 nach England und wird in London Pfarrer von zwei der dortigen sechs

[210] In einem Brief an G. und S. Leibholz v. 23.11.1933. In: DBW 13, S. 34f.
[211] Vgl. DBW 12 (GS II, S. 62–69).
[212] DBW 12 (GS II, S. 74–76).
[213] Die „Deutschen Christen" waren eine Glaubensbewegung innerhalb der deutschen evangelischen Kirche, die unter starkem Einfluß des nationalsozialistischen Gedankengutes stand.
[214] E. Bethge: Dietrich Bonhoeffer, S. 326.

deutschen Gemeinden. Diese Tätigkeit wird er allerdings nicht lange ausüben. „Freunde, die Bonhoeffer im Spätsommer 1933 nahestanden, erinnern sich an das zuweilen quälende Hin und Her im Blick auf die eigene nächste Wegstrekke, das, selbst als die Entscheidung für London gefallen war, nicht ganz zur Ruhe kam.“[215] Auch Bonhoeffer schreibt bereits am 24.10.1933 an Karl Barth, dem er erklärt, warum er ihn nicht vorher um Rat gefragt hat. Zum einen hält er Barth für sehr beschäftigt und fährt dann fort: „Zweitens aber glaube ich zu wissen, daß ein Stück Angst mit im Spiel war; ich wußte, daß ich doch hätte tun müssen, was Sie mir gesagt hätten und ich wollte frei bleiben; darum entzog ich mich wohl einfach. Ich weiß heute, daß das falsch war … . Ich hoffe, daß ich nicht nur aus Verdruß über unsere kirchlichen Zustände und auch über die Haltung gerade unserer Gruppe gegangen bin. … so war, glaub ich, einer der stärksten [Gründe; W. K.], daß ich mich den Fragen und Ansprüchen, die an mich herantraten, einfach äußerlich nicht mehr gewachsen fühlte. Ich fühlte, daß ich mich unbegreiflicherweise gegen alle meine Freunde in einer radikalen Opposition befände … und so dachte ich, es wäre wohl Zeit, für eine Weile in die Wüste zu gehen und einfach Pfarrarbeit zu tun …“[216]
Karl Barths Antwort ist eindeutig: „… daß ich gar nicht daran denke, Ihren Abmarsch nach England anders denn als ein vielleicht persönlich notwendiges Zwischenspiel zu betrachten . … Und da Sie mich … anreden, kann ich Ihnen wahrlich nichts anderes zurufen als: Schleunigst zurück auf Ihren Berliner Posten! Was heißt ‚Abseitsgehen‘ …, wo Sie in Deutschland einfach gefordert sind? Sie, der Sie so genau wissen wie ich, … daß man jetzt unter keinen Umständen weder Elia unter dem Wacholder noch Jona unter dem Kürbis spielen darf, sondern aus allen Rohren schießen muß! … Merken Sie noch nicht, daß jetzt eine Zeit gänzlich undialektischer Theologie angebrochen ist … Sie müßten jetzt … nur das Eine bedenken, daß Sie ein Deutscher sind, daß das Haus Ihrer Kirche brennt … und daß Sie im Grunde mit dem nächsten Schiff auf Ihren Posten zurückkehren müßten! Nun, sagen wir: mit dem übernächsten!“[217]

### *3.1. Die Predigt zu Jer 20,7*

Während seiner Tätigkeit in London steht Bonhoeffer ständig in Kontakt mit Deutschland, vor allem mit Berlin. So auch in den Januartagen des Jahres 1934. Für den 25. Januar ist – nach mehrfachem Aufschub – ein Empfang der (evangelischen) Kirchenführer einschließlich Reichsbischof Ludwig Müller bei Hitler vorgesehen. Zwei Tage danach geben die Kirchenführer eine Erklärung ab, in der es heißt: „,… Die versammelten Kirchenführer stellen sich ge-

[215] Ebd., S. 380.
[216] Am 17.10.1933 tritt Bonhoeffer das Pfarramt in London an und schreibt schon am 24.10. diesen Brief. In: DBW 13, S. 11–15, hier S. 12.13. R. Grunow, Mitglied des Bruderhauses von Finkenwalde, bezeichnet Bonhoeffers Schritt nach London als „die erste Flucht in seinem Leben“. (In der Einführung seiner „Bonhoeffer-Auswahl“, S. 19).
[217] Antwortbrief v. 20.11.1933. In: DBW 13, S. 31–34, hier S. 31.32.33.

schlossen hinter den Reichsbischof und sind gewillt, seine Maßnahmen und Verordnungen in dem von ihm gewünschten Sinne durchzuführen, die kirchenpolitische Opposition gegen sie zu verhindern und mit allen ihnen verfassungsmäßig zustehenden Mitteln die Autorität des Reichsbischofs zu festigen ..."[218] Dietrich Bonhoeffer schreibt nach diesem Empfang, den er als schweren Rückschlag empfindet, an Theódore de Félice, einen französischen Ökumeniker: „Herzlichen Gruß und auf gute Arbeit in diesem katastrophalen Augenblick!"[219]

Im Vorfeld dieses Zusammentreffens der Kirchenführer mit Hitler hält Bonhoeffer eine bemerkenswerte Predigt zu dem von ihm selbst gewählten Bibelvers Jer 20,7.[220] Eine Vorliebe für Jeremia hatte Bonhoeffer bereits seit seinem Vikariat. Sein Interesse und seine Leidenschaft gelten besonders dem „,Berufenen', der leidet, weil er im Bunde mit Gott ist."[221] In den Briefen aus dem Tegeler Gefängnis ist Jeremia der am häufigsten zitierte Prophet. Bei der Darstellung des Prophetentums in seinem Gemeindevortrag in Barcelona[222] stellt Bonhoeffer einen Propheten so vor: „Ein Prophet ist ein Mann, der sich von Gott in einem bestimmten, erschütternden Augenblick seines Lebens angefaßt und berufen weiß und nun nicht mehr anders kann, als hintreten unter die Menschen und den Willen Gottes verkündigen. Die Berufung ist der Wendepunkt seines Lebens geworden, und es gibt für ihn nur noch eines: dieser Berufung folgen, mag sie ihn ins Unglück, in den Tod führen."[223] Und als Kernpunkt prophetischer Existenz formuliert er: „Der Zentralpunkt, von dem aus das Verständnis der prophetischen Seele gewonnen wird, ist die Tatsache, daß der Prophet sich im Bunde mit Gott weiß, und dieser Bund macht ihm sein Leben zur Tragödie ... Daß der Prophet mit Gott im Bunde steht, ... das hebt ihn über all das hinaus, was menschlich-psychologisch verständlich ist, entzieht ihn dem Verständnis des Psychiaters und Psychologen."[224] Schließlich zitiert Bonhoeffer Jer 20,7–10 und geht dann näher auf den Propheten Jeremia ein: „Die Seele des Jeremias liegt hier offen vor uns. ... Es hat ihn etwas verlockt, geblendet, verführt, er konnte nicht anders, er ließ sich ziehen, stürmte blindlings hinein – ins göttliche Verderben, und nun ist die Not da, er kann nicht mehr von Gott los ..., darüber zerreißt ihm die Seele; aber Gott ist zu stark gewesen, er hat gewonnen."[225]

218 Aus der Erklärung vom 27.1.1934. Zitiert nach E. Bethge: Dietrich Bonhoeffer, S. 401.

219 Ebd., S. 402. Vgl. DBW 13, S. 84.

220 In: DBW 13, S. 347–351. Zur Predigttextauswahl bei Dietrich Bonhoeffer vgl. W. Grünberg: Wider die Art, „gemütlich von Gott zu reden und zu denken"!, S. 466: „Die Wahl des Textes selbst *ist* der entscheidende Situationsbezug." Hervorhebung von W. G.

221 E. Bethge: Dietrich Bonhoeffer, S. 149.

222 Vortrag v. 13.11.1928. In: DBW 10, S. 285–302.

223 DBW 10, S. 288.

224 DBW 10, S. 292.

225 DBW 10, S. 293. Zu diesen Äußerungen Bonhoeffers in Barcelona über die Propheten und speziell über Jeremia vermerkt E. Bethge: Dietrich Bonhoeffer, S. 149: „Weil man es hier mit Gott zu tun bekommen sollte, wollte er diese ‚Berufenen' der psychologischen Interpretation entzogen wissen und verfuhr doch selber noch reichlich psychologisierend." Daß

Der von Bonhoeffer für den 21.1.1934 ausgewählte Predigttext Jer 20,7 lautet: „Herr, du hast mich überredet und ich habe mich überreden lassen." Liest man nun einzelne Passagen dieser Predigt in Kenntnis des Vortrags von Barcelona, im Wissen um Bonhoeffers Vorliebe gerade für diesen Propheten und in Kenntnis von Bonhoeffers prophetischem Weg in die Verschwörung und in den Tod, dann wird mehr und mehr deutlich, daß in der Figur des Propheten Jeremia Bonhoeffer hier tief und entscheidend von sich spricht: „Jeremia hat sich nicht dazu gedrängt, Prophet Gottes zu werden. ... er hat sich gewehrt, er wollte ausweichen[a] ... aber auf der Flucht packt ihn, ergreift ihn das Wort, der Ruf, er kann sich nicht mehr entziehen ... das Wort, das den Menschen stellt, packt, gefangen nimmt, bindet, kommt nicht aus den Tiefen unserer Seele, sondern es ist das fremde, unbekannte, unerwartete, gewalttätige, überwältigende Wort des Herrn, der in seinen Dienst ruft, wen und wann er will. ... Der Weg ist vorgeschrieben. Es ist der Weg des Menschen, den Gott nicht mehr losläßt, der Gott nicht mehr loswird.[b] ... Phantast, Sturkopf, Friedensstörer, Volksfeind hat man ihn gescholten, hat man zu allen Zeiten bis heute die gescholten, die von Gott besessen und gefaßt waren, denen Gott zu stark geworden war. ... es war, als säße ihm einer im Nacken ... Er war nicht mehr sein eigener Herr, er war seiner selbst nicht mehr mächtig, ein anderer war seiner mächtig geworden."[226]

Solches In-Anspruch-genommen-Werden läßt zurückschrecken, damals wie heute; es ist auch nicht imitierbar. Was für Bonhoeffers Predigten insgesamt gilt, das gilt speziell für diese Predigt zu Jer 20,7: „Predigen ist in Bonhoeffers Lebenswerk kein Nebenschauplatz. ...Predigen führt mitten in das Herz dieser Existenz hinein. Hier spricht Bonhoeffer sich aus wie kaum irgendwo sonst."[227] Die Gestalt des Jeremia und die Person Dietrich Bonhoeffer verschwimmen ineinander. „Jeremia war eine Ausnahme. Und Bonhoeffer mit seinem Hören und Gehorchen sollte ... gleichfalls eine Ausnahme werden."[228] Hier bekommt auch Bonhoeffers zunächst sehr allgemein klingender späterer Satz *„Nur der Glaubende ist gehorsam*, und *nur der Gehorsame glaubt"*[229] ein aus der eigenen Erfahrung und Zumutung erwachsendes Gewicht. Die Wortwahl, die spürbare, hohe innere Beteiligung Dietrich Bonhoeffers, der fast ebenso unwillkürlich wie unausweichlich erscheinende Wechsel vom beobach-

Bonhoeffer hier vor allem „reichlich psychologisierend" verfährt, vermag ich so nicht zu teilen. Siehe die weiteren Ausführungen. E. Bethge verweist in GS V, S. 125, Anm. 6 auf Bonhoeffers Predigt zu Jer 20,7 v. 21.1.1934 und erwähnt sie auch mit einem längeren Zitat in der Biographie (Dietrich Bonhoeffer, S. 402.) als „autobiographisches Bekenntnis" (ebd.).

226 DBW 13, S. 347.348. [a] Vgl. hierzu Bonhoeffers „Fluchtversuch" von Berlin nach London im Oktober 1933 und die Reaktion von K. Barth (siehe oben). [b] Hierzu sei angemerkt, daß Bonhoeffer seinen weiteren Weg in den Widerstand – auch mit der Konsequenz der Verhaftung – als „mein Auftrag" (DBW 8 [WEN, S. 147]) verstanden hat.

227 D. Dudzus. In: PAM I, S. 11.

228 O. Dudzus, ebd. S. 44.

229 DBW 4 (N), S. 52. Hervorhebung von D. B.

teten „er" zum förmlich mit hineingerissenen „ich" im Mittelteil dieser Predigt („Confessio"[230]) und vor allem die mehrfach wiederkehrende Betonung der Unentrinnbarkeit in der Begegnung mit dem lebendigen Gott verleihen dieser Predigt ihren herausragenden Stellenwert: „... Das Gewicht dieser Predigt liegt ... ganz in der inneren Geschichte dieses von Gott in seinen Dienst genommenen jungen Propheten; in seinem Widerstand; in dem Sieg und der Gewalt Gottes über ihn; in der Gestalt, die sein Leben unter dieser Inanspruchnahme annimmt; in seinem Leiden und durch das alles hindurch in seinem Gehorsam."[231]

Auf den ersten Blick ist die Sprache erschreckend gewalttätig. Formulierungen wie: „Dem Menschen ist ein Lasso über den Kopf geworfen und nun kommt er nicht mehr los. ... Er ist Gefangener, er muß folgen."[232], „... er bleibt sein Opfer, in seinen Händen."[233], „Daß er [Gott; W. K.] uns endlich an seinen Siegeswagen bände, daß wir doch, wenn auch gebunden und geschunden, an seinem Siege teilhätten!"[234] wirken – isoliert gelesen – fremd, sogar abstoßend und letztlich unvereinbar mit einem bestimmten Gottesverständnis. Benutzt man solche Formulierungen zeitlos, kontextlos und in letztlich indoktrinärer, allgemeiner Absicht, dann sind sie in der Tat gefährlich und können zur „Gottesvergiftung"[235] führen. Die mögliche Mißbräuchlichkeit ist jedoch kein ausreichender Grund, die erfahrbare Dramatik des Überwältigtwerdens, des Gepacktwerdens, des tatsächlich gewaltigen Einbruchs sprachlich völlig auszublenden oder so zu glätten, daß daraus fälschlicherweise nur noch etwas Einvernehmliches und Verständliches wird.

Die Sprache in der Jer 20,7-Predigt ist also nur dann angemessen zu verstehen, wenn man einen solchen „Einbruch" gelten läßt und ebenso die damit verbundene Unentrinnbarkeit einschließlich der entsprechenden lebensgeschichtlichen Konsequenzen (bei Jeremia wie bei Bonhoeffer).[236] Zum Moment des „Einbruchs" in den eigenen Lebenszusammenhang gehört auch der jeweilige Kontext: Da ist zum einen der vergangene historische Kontext zur Zeit der Propheten Jeremia an der Wende vom 7. zum 6. Jahrhundert; Jer 20,7 ff spiegelt die drohende Verzweiflung Jeremias an seinem Auftrag wider. Da nimmt Bonhoeffer die Gestalt und die Sprache des Jeremia als Rahmen für die eigene Existenz, die eigene Herausforderung und das eigene Überwältigtwerden: „Du hast ... mich verlockt und betört, hast dir mein Herz gefügig und willig gemacht."[237] Und da ist der zeitgeschichtliche Zusammenhang des Jahres 1933/34 zwischen der braunen Synode vom September 1933 mit der Einführung des

230 Siehe dazu den nächsten Abschnitt 3.2.
231 O. Dudzus. In: PAM I, S. 42f.
232 DBW 13, S. 347f.
233 DBW 13, S. 350.
234 Ebd., S. 351.
235 Vgl. T. Moser: Gottesvergiftung.
236 Vgl. zum Moment eines solchen „Einbruchs" und seiner „Selbstevidenz" O. Fuchs: Ursprungscharisma im Kontext der Zeit, bes. S. 256–258.
237 So in der „Confessio". In: DBW 13, S. 348f.

Arierparagraphen in die Kirche, Bonhoeffers „Flucht" nach London und dem anstehenden Empfang der Kirchenführer bei Hitler. Hier eröffnet sich auch die folgenreiche Tiefe eines Satzes, den Bonhoeffer später in der „Nachfolge" formuliert: „Das bedeutet, daß eine Erkenntnis nicht getrennt werden kann von der Existenz, in der sie gewonnen ist."[238]
Am Ende der „Confessio" formuliert Dietrich Bonhoeffer das entscheidende Fazit, dessen weitreichende konkrete Bedeutung sich erst in Kenntnis seines Lebensweges erschließt: „... da war die Entscheidung über mein Leben gefallen. Nicht ich habe entschieden, du hast entschieden."[239] Hier geht es nicht um pietistische Direktheit gegenüber dem entzogenen Geheimnis, sondern darum, daß er von diesem Geheimnis nicht mehr loskommt. Solche Gottesbestimmtheit – von einem „Du" her und auf ein „Du" hin – findet sich bei Bonhoeffer vor allem auch christologisch vermittelt: „Was mich unablässig bewegt, ist die Frage, was das Christentum oder auch wer Christus heute für uns eigentlich ist."[240] Das „Wer" und das darin gesetzte und gesuchte „Du" sind entscheidend. Für Bonhoeffer gilt, „daß *die Wirklichkeit* zuerst und zuletzt nicht ein Neutrum, sondern *der Wirkliche*, nämlich der menschgewordene Gott ist."[241] Von diesem wirklichen, menschgewordenen Gott kommt er nicht mehr los. Die Frage nach der Wirklichkeit und nach dem Wirklichen ist somit für Bonhoeffer immer auch eine ihn ganz persönlich betreffende Frage, der er sich mit seinem ganzen Leben stellt. Und „die Antwort wird um heute theologisch so verpönte Begriffe wie ‚Erfahrung' oder gar ‚Erlebnis' nicht herumkommen. Es ist nun einmal so: Jesus Christus ist ihm begegnet, er weiß sich von Jesus Christus gerufen und in Anspruch genommen, er hat sich mit hineinreißen lassen in den Weg Jesu Christi, Jesus Christus ist ihm als der Herr gewiß geworden."[242]
Der heute teilweise inflationäre Gebrauch von „Erfahrung" und „Erlebnis" schmälert diese Außenwahrnehmung nicht. Der konkrete Vollzug solcher Erfahrung kündigt sich auch bei Dietrich Bonhoeffer an: „Dietrich geht es um diese Ganzheit, die Ablehnung halber Entscheidungen, falscher Rücksichten und fauler Kompromisse. ... Es scheint, als habe Dietrich seine Zeit in London dazu genutzt, innerlich den Schritt hinter die Grenze bürgerlichen Lebens zu vollziehen. Insofern wird er wirklich ein ‚Heiliger', einer der sich außerhalb der Gesellschaft und Kirche zu stellen bereit ist, wenn es die Sache Gottes verlangt."[243]

[238] DBW 4 (N), S. 38. Vgl. hierzu oben in der Hinführung, S. 18.

[239] DBW 13, S. 349.

[240] Brief aus dem Gefängnis v. 30.4.1944. In: DBW 8 (WE[15], S. 138).

[241] DBW 6 (E), S. 261. Hervorhebung von D. B. Vgl. auch Bonhoeffers „Wer bist Du?" – Frage in der Christologievorlesung von 1933. (DBW 12 [GS II, S. 173]). Vgl. auch die wichtige Anmerkung bei E. Bethge: Dietrich Bonhoeffer, S. 971 (Anm. 170), daß es im „Entwurf einer Arbeit eindeutig heißt: „Wer" ist Gott, und nicht „Was" ist Gott.

[242] So G. Ebeling, ehemaliger Finkenwalder, in einem Aufsatz von 1956. In: Die „nicht-religiöse Interpretation biblischer Begriffe", S. 22.

[243] R. Wind: Dem Rad in die Speichen fallen, S. 86f.

In seiner Predigt zu Jer 20,7 formuliert Bonhoeffer die Erschütterung, die auch sein Leben nachhaltig zu prägen beginnt: „Von Gott nicht mehr loskommen können, das ist die dauernde Beunruhigung jedes christlichen Lebens. Wer sich einmal auf ihn einließ, wer sich einmal von ihm überreden ließ, der kommt nicht mehr los."[244]

### *3.2. Zur „Confessio" in der Jer 20,7-Predigt*

Den mittleren Teil von Bonhoeffers Predigt zu Jer 20,7 bildet eine „Confessio"[245], ein Bekenntnis sehr persönlicher Art, das sich so an keiner anderen Stelle wiederfindet. Der unvermutete Subjektwechsel markiert auch formal den Bruch hin zu diesem „Herzstück"[246] der Predigt. Die ganze „Confessio" lautet:

> „Gott, du hast es mit mir angefangen.
> Du hast mir nachgestellt, hast mich nicht loslassen wollen,
> bist mir immer wieder hier oder dort
> plötzlich in den Weg getreten,
> hast mich verlockt und betört,
> hast dir mein Herz gefügig und willig gemacht;
> hast zu mir geredet von deiner Sehnsucht und ewigen Liebe,
> von deiner Treue und Stärke;
> als ich Kraft suchte, stärktest du mich,
> als ich Halt suchte, hieltest du mich,
> als ich Vergebung suchte, vergabst du mir die Schuld.
> Ich hatte nicht gewollt,
> aber du überwandest meinen Willen, meinen Widerstand, mein Herz,
> Gott,
> du verführtest mich unwiderstehlich, daß ich mich dir hingab.
> Herr,
> du hast mich überredet und ich habe mich überreden lassen.
> Wie einen Ahnungslosen hast du mich gefaßt –
> und nun kann ich nicht mehr von dir los,
> nun schleppst du mich davon als deine Beute,
> bindest uns an deinen Siegeswagen und schleifst uns
> hinter dir her, daß wir geschunden und zermartert
> an deinem Triumphzug teilnehmen.
> Konnten wir es wissen, daß deine Liebe so weh tut,
> daß deine Gnade so hart ist?
> Du bist mir zu stark geworden und hast gewonnen.
> Als der Gedanke an dich in mir stark wurde,
> da wurde ich schwach.

[244] DBW 13, S. 350.
[245] Vgl. hierzu O. Dudzus. In: PAM I, S. 42–44.
[246] Ebd., S. 43.

Als du über mich gewannst, da war ich verloren;
da war mein Wille gebrochen,
da war meine Kraft zu gering,
da mußte ich den Weg des Leidens gehen,
da konnte ich dir nicht mehr widerstreben,
da konnte ich nicht mehr zurück,
da war die Entscheidung über mein Leben gefallen.
Nicht ich habe entschieden,
du hast entschieden.
Du hast mich an dich gebunden auf Gedeih und Verderb.
Gott, warum bist du uns so furchtbar nahe?"[247]

Während Bonhoeffer anhand der Person des Jeremia von „ihm" und „er" spricht – interessiert, aber doch auch Distanz wahrend –, schlägt diese Distanz mit Beginn der „Confessio" in unmittelbare, eigene Beteiligung und Du-Anrede um: „Gott, du hast es mit mir angefangen."[248] Fast atemlos gedrängt sprudeln die Sätze unaufhaltsam aus Bonhoeffer heraus, als ob er für einen Augenblick zumindest die sprachliche Kontrolle verlöre. Denn nun wechselt er auch innerhalb der „Confessio" im selben Satz von „mich" zu „uns": „... nun schleppst du *mich* davon als deine Beute, bindest *uns* an deinen Siegeswagen ..."[249] Kurz darauf wechselt Bonhoeffer – ohne besonderen Grund – das Subjekt erneut: „Konnten *wir* es wissen, daß deine Liebe so weh tut...? ... Du bist *mir* zu stark geworden und hast gewonnen."[250] Und nochmals – ganz am Ende der „Confessio" – findet sich ein plötzlicher Subjektwechsel: „...du hast entschieden. Du hast *mich* an dich gebunden auf Gedeih und Verderb. Gott, warum bist du *uns* so furchtbar nahe?"[251] Diese abrupten Wechsel sind kaum mit sprachlicher Ungenauigkeit oder gar Willkür zu erklären. Denn in der Finkenwalder Homiletik-Vorlesung wird Bonhoeffer wenig später empfehlen: „Wenigstens zwölf Stunden"[252] sei ein gutes Maß.
Der Grund ist eher im Moment des Außersichgeratens und Überwältigtseins zu suchen, welches Bonhoeffer die Fassung verlieren läßt; als könne er für einen Augenblick die Unterscheidung zwischen dem von Gott überwältigten Jeremia und sich selbst nicht mehr aufrechterhalten: „Das Innerste eines Menschenlebens kommt hier an den Tag, nicht durch den dunklen Drang zur Selbstdarstellung, sondern durch die Begegnung mit einem übermächtigen Gegenüber, mit dem Gott, der es auf den Menschen abgesehen hat und einen zähen Kampf um ihn führt, mit der ganzen Erschütterung, die das dem Menschen einträgt, mit dem Glück, mehr aber noch mit dem Schmerz der Berufung ..."[253]

[247] DBW 13, S. 348f.
[248] DBW 13, S. 348.
[249] DBW 13, S. 349. Hervorhebungen von mir.
[250] Ebd. Hervorhebungen von mir.
[251] Ebd. Hervorhebungen von mir.
[252] Finkenwalder Homiletik-Vorlesung 1935–1939. In: DBW 14, S. 478–530, hier S. 488.
[253] O. Dudzus. In: PAM I, S. 43.

Bis hinein in die Wortwahl mutet die „Confessio“ fremd und gewaltig, ja sogar gewaltsam an. In ihrem Ringen und zähen Kampf erinnert sie – auch – an den biblischen Kampf am Jabbok in Gen 32,23–33, der Jakob nicht unverwundet aus dieser Begegnung hervorgehen läßt. Für den Getroffenen, den Verwundeten, bekommt die erfahrene Überwältigung eine geradezu unentrinnbare Plausibilität – nicht unlogisch, aber doch nicht logisch zu fassen; und in ihrer bestimmenden Kraft erschließt sich eine solche Erfahrung wohl auch *nur* für den Getroffenen selbst. In der „Confessio“ versucht Dietrich Bonhoeffer eine derartige, lebensprägende Gravur sprachlich zu vermitteln. Solches „Gezeichnetwerden“[254] durch prägende, lebensentscheidende Begegnungen hat immer auch ein Moment von Einsamkeit. Was für den Getroffenen zur verbindlichen Plausibilität wird, der er in Treue folgt, ist anderen nur schwer und selten ohne sprachliche Ohnmacht zu vermitteln. „Selbstevidenz“[255] behält etwas Hermetisches, Unverständliches, in Worten nicht angemessen Mitteilbares.
Teilweise wortwörtlich sind die Übereinstimmungen dieser „Confessio“ Bonhoeffers mit seinen früheren Ausführungen zu Jeremia während des Vikariates in Barcelona[256] – mit zwei gravierenden Unterschieden: Aus dem „er“ des Jeremia in der dritten Person wird das „ich“ Bonhoeffers in der ersten Person; aus dem „er“ des verlockenden Gottes wird die „Du“-Anrede in einem dramatischen, ebenso ringenden wie einwilligenden Bekenntnis. Hieß es damals auf Jeremia bezogen: „Es hat *ihn* etwas verlockt ...“, so sagt jetzt Bonhoeffer von sich selbst: „Du hast ... *mich* verlockt ...“ Hieß es in Barcelona noch: „... *er* kann nicht mehr von *Gott* los ...“, so formuliert Bonhoeffer in London: „... und nun kann *ich* nicht mehr von *dir* los.“ Damals hieß es: „... aber *Gott* ist zu stark gewesen, *er* hat gewonnen“; und nun in der „Confessio“: „*Du* bist *mir* zu stark geworden und hast gewonnen.“[257] Was damals, wenngleich leidenschaftlich, vor allem Sachinformation war, wird nun hineingenommen in das ansprechbare Gegenüber eines Du. Das Überwältigende, nicht Zurückzuhaltende in dieser „Confessio“ wird noch unterstrichen durch den häufigen und nicht ohne weiteres einsichtigen Tempuswechsel: Bonhoeffer redet in dieser Predigtpassage im Perfekt, im Imperfekt, im Präsens und im Plusquamperfekt. Als könne er zu keiner Zeit entkommen, als bekäme etwas für ihn durch Vergangenheit und Gegenwart hindurch bis hinein in die noch unwägbare Zukunft Gültigkeit: „Da war die Entscheidung über mein Leben gefallen.“[258] In dem ohnehin schon vehementen Grundton der Predigt wird die „Confessio“ zu einer unbeabsichtigten, persönlichen Eruption, in der blitzartig, auf das äußerste zusammengedrängt, das Ringen eines Menschen und die zutiefst erahnte Konsequenz aufleuchten.
Erstaunlicherweise findet diese Predigt, besonders die „Confessio“, in der

[254] Vgl. hierzu auch O. Fuchs: Stigmatisierung: Kennzeichen Christi und christlichen Lebens.
[255] Zur „Selbstevidenz“ eines solchen Einbruchs im eigenen Leben vgl. O. Fuchs: Urspungscharisma im Kontext der Zeit, S. 256 (am Beispiel des heiligen Johannes von Gott).
[256] Gemeindevortrag am 13.11.1928. In: DBW 10, S. 285–302; vgl. ebd., S. 293.
[257] Hervorhebungen in dieser Gegenüberstellung alle von mir.
[258] DBW 13, S. 348f.

Bonhoeffer-Literatur kaum eine entsprechende Würdigung. Selbst wo es um den erklärten Zusammenhang von Theologie und Biographie[259] oder um den Versuch einer „lebensgeschichtlich"-politischen Interpretation Dietrich Bonhoeffers geht[260], bleibt dieser sehr persönliche und entscheidende Text merkwürdig unbeachtet. Dabei offenbart gerade diese Predigt etwas von Bonhoeffers innerstem Beweggrund seines Lebens: „Man muß diese Predigt von Bonhoeffers Ende her lesen, mit der vollen Kenntnis der sein Leben bestimmenden Motive und Tendenzen. Dann muß man den Eindruck bekommen, er selber habe hier vorweggenommen, was einmal im Rückblick auf ein Leben zu sagen sein wird, vorausgesetzt, dieser Rückblick dringt durch alles Vordergründige hindurch zum Wesentlichen."[261]

Von dieser Predigt her, von seiner frühen kirchlichen wie politischen Weitsichtigkeit her (1933), von seinem entschlossenen Weg in den Widerstand (nach der Rückkehr aus Amerika 1939) und vom Zeugnis seines Todes her (1945) erschließt sich Dietrich Bonhoeffer als jemand, „der noch um eine andere Welt, eine andere Instanz wußte und bis zum Schluß gebetet hatte, wie Zeugen berichten. ... Er muß seinen Tod als die ihm zugewiesene* Form der Buße für die von Deutschen begangene Schuld verstanden haben; zugleich als eine letzte solidarische Tat des Mitleidens, Teilnahme am messianischen Geschick, an der Seite der Opfer."[262] Erst später – nach seinem gewaltsamen Tod – wird Dietrich Bonhoeffers *ganze* Fülle an Lebenshoffnung, Gottvertrauen und Hingabekraft deutlich. Aus Anlaß des ersten Todestages[263] hält der Finkenwalder Winfried Maechler eine Ansprache zu Joh 21,15 „Ja, Herr, Du weißt, daß ich Dich lieb habe." Er bezieht dieses Wort auch auf Bonhoeffer und führt aus, daß „der Glanz, mit dem Dietrich Bonhoeffer uns das Bild Gottes in besonders reichen und leuchtenden Farben gemalt hat, auch ihn selber wohl schließlich mehr versengt und verbrannt [hat] als uns."[264]

Bonhoeffers Predigt zu Jer 20,7, insbesondere die „Confessio", ist in ihrem biographischen und zeitgeschichtlichen Kontext zu sehen: mit dem „Davor" (z.B. die Vorliebe für Jeremia, der Vortrag zu den Propheten in Barcelona, Bonhoeffers frühe Stellungnahmen im Jahre 1933); mit dem „Jetzt" (die „Flucht" nach London, Bonhoeffers Informationen über die weitere Entwicklung in Deutschland); und mit dem noch nicht gewußten „Kommenden". Und gerade im Blick auf diese Zukunft ahnt Bonhoeffer die möglicherweise ihm zugemuteten Schritte und Konsequenzen sehr klar, wenn auch die Entscheidung über deren Konkretion noch nicht gefallen ist. Wenige Wochen nach dieser Predigt

259 Vgl. etwa Ch. Gremmels/H. Pfeifer: Theologie und Biographie: Zum Beispiel Dietrich Bonhoeffer.

260 Vgl. T.R. Peters: Die Präsenz des Politischen in der Theologie Dietrich Bonhoeffers, S. 17.

261 O. Dudzus. In: PAM I, S. 44.

262 So aus Anlaß des 50. Todestages von D. Bonhoeffer formuliert von T.R. Peters: Was „immer" wahr ist, ist gerade „heute" nicht wahr, S. 92. * Dieses passive Moment bleibt zu beachten, wählt man eine solche Art des Zeugnisses doch nicht von sich aus.

263 Am Dienstag, 9.4.1946, in Berlin-Dahlem.

264 Ansprache in: E. Bethge (Hg.): Bonhoeffer-Gedenkheft, S. 25–30, hier S. 25.

schreibt er an den Studienfreund Erwin Sutz: „Und obwohl ich mit vollen Kräften in der kirchlichen Opposition mitarbeite, ist es mir doch ganz klar, daß *diese* Opposition nur ein ganz vorläufiges Durchgangsstadium zu einer ganz anderen Opposition ist, und daß die Männer dieses ersten Vorgeplänkels zum geringsten Teil die Männer jenes zweiten Kampfes sind. ... Einfach erleiden – darum wird es dann gehen – ..., der eigentliche Kampf ... muß einfach ein glaubendes Erleiden sein und dann, dann vielleicht wird sich Gott wieder zu seiner Kirche mit seinem Wort bekennen, aber bis dahin muß viel geglaubt, viel gebetet, viel gelitten werden. ... *Nachfolge* Christi – was das ist, möchte ich wissen, – es ist nicht erschöpft in unserem Begriff des Glaubens."[265] Solche Sätze sind von Bonhoeffers Lebensende her und in Kenntnis seines weiteren Werdegangs zu lesen: Was er hier in deutlicher Ahnung voraussieht, wird einmal ganz sein *eigener* Weg werden. Das Moment der so erfahrenen Gottesüberwältigung, wie es Bonhoeffer in seiner „Confessio" annähernd sprachlich zu fassen sucht, findet sich – ebenfalls in dieser Gewaltigkeit und Gewaltsamkeit – auch anderweitig in der Kirchengeschichte, in verschiedener Sprache und mit unterschiedlichen Lebenskonsequenzen:

Aus diesem Jahrhundert stammt ein Zeugnis des ehemaligen UN-Generalsekretärs Dag Hammarskjöld (1905–1961), der sein Leben ganz von Christus her bestimmt wußte. Dag Hammarskjöld notiert in seinen Aufzeichnungen: „Einmal packtest du mich, Schleuderer, *jetzt* in deinem Sturm. *Jetzt* gegen dein Ziel."[266]

In der Sprache der spanischen Liebesmystik schreibt Johannes vom Kreuz (1542–1591) in seinem Gedicht „Der geistliche Gesang" (9. Strophe):

> „Warum, da du es doch verwundet hast,
> dieses Herz, heilst du es nicht?
> Und, da du es mir geraubt hast,
> warum ließest du es so zurück
> und nimmst die Beute nicht, die du raubtest?"[267]

Aus dem gleichen Jahrhundert stammt das Zeugnis von Teresa von Avila (1515–1582). In einer Vision beschreibt sie das Moment einer prägenden Verwundung: „Es kam mir vor, als durchbohre er [ein Engel; W.K.] mit dem Pfeile einigemal mein Herz bis auf Innerste, und wenn er ihn wieder herauszog,

[265] In einem Brief an E. Sutz v. 28.4.1934, von London aus. In: DBW 13, S. 128.129. Hervorhebungen von D. B.

[266] Tagebucheintragung vom 26.9.1957. Hervorhebungen von D. H. In: D. Hammarskjöld: Zeichen am Weg, S. 86. An anderer Stelle – im Jahre 1954 – notiert er: „Das ‚Unerhörte' – in Gottes Hand zu sein. Wieder ein Mahnen an dieses einzig Bleibende in deinem Leben – und wieder diese Enttäuschung, die bezeugt, wie lange du brauchst, um zu erkennen." (ebd., S. 58). Bedauerlicherweise wird meist nur der erste Satz zitiert und so das Angefochtene dieser Zuversicht nicht beachtet.

[267] So die „Braut" (die Seele; der in seinem Innersten getroffene Mensch) im Wechselgesang zu ihrem „Bräutigam" (Gott). Zitiert nach J. v. Kreuz: Verschlungen bin ich in deiner Schönheit, S. 46f.

war es mir, als zöge er diesen innersten Herzteil mit heraus. Als er mich verließ, war ich ganz entzündet von feuriger Liebe zu Gott. Der Schmerz dieser Verwundung war so groß, daß er mir ... Klageseufzer auspreßte; aber auch die Wonne, die dieser ungemeine Schmerz verursachte, war so überschwenglich, daß ich unmöglich von ihm frei zu werden verlangen, noch mit etwas Geringerem mich begnügen konnte als mit Gott."[268]
Johannes vom Kreuz versucht auch, solche Erfahrungen mitteilbar zu machen und so andere daran teilhaben zu lassen; gleichzeitig will er so eine Lebenshilfe schaffen, mit der eigene Erfahrungen entdeckt und näher bestimmt werden können. In seinem Kommentar zu dem genannten Gedicht schreibt er in seiner Bildsprache: „Außer den anderen sehr unterschiedlichen Besuchen, die Gott der Seele macht und mit denen er sie verwundet und in Liebe erhebt, berührt er sie gewöhnlich in einigen verborgenen Liebesberührungen, die wie ein Feuerpfeil die Seele verletzen und durchbohren und sie ganz ausgebrannt vom Liebesfeuer zurücklassen. Dies sind die eigentlichen Liebesverletzungen, von denen die Seele hier spricht. Sie entflammen das Wollen und die Zuneigung so sehr, daß die Seele im Feuer und in der Flamme der Liebe versengt – ..."[269]
In den genannten, auch verletzenden „Liebesberührungen" sind Lebensgeschichte und Glaubensgeschichte untrennbar miteinander verwoben. Sie sind in dem *einen* eröffneten Prozeß der Gottsuche und des Gottfindens verbunden, hinter den es nun kein Zurück mehr gibt. Zu der damit auch verbundenen lebensgeschichtlichen Dramatik schreibt etwa Augustinus (354–430) in seinen „Bekenntnissen": „Siehe, du warst innen, und ich war draußen. Dort habe ich dich gesucht. ... Du warst bei mir, aber ich war nicht bei dir. ... Du hast gerufen, geschrien, hast meine Taubheit durchbrochen. Du hast geleuchtet wie ein Blitz über mir und hast meine Blindheit verjagt. ... Geschmack habe ich an dir gewonnen, jetzt hungere und dürste ich. Du hast mich berührt, und ich brenne vor Sehnsucht nach deinem Frieden."[270]
Auch in Jer 20,7 ist das spannungsvolle Ineinander von Liebesberührung und gewaltigem Einbruch festgehalten: Die gewaltsam anmutende Sprache ist Ausdruck einer überwältigenden Liebeserfahrung, in der das eigene Herz auf diese Liebe hin geöffnet, beinahe aufgebrochen wird. Entsprechend übersetzt Martin Buber:

„Betört hast du mich, Du,
ich ließe mich betören,
gepackt hast du mich,
du hast übermocht."

Rund 350 Jahre nach Johannes vom Kreuz und 1500 Jahre nach Augustinus, aber ebenso gewaltig und fesselnd, heißt dieses spannungsvolle Ineinander mit den Worten Dietrich Bonhoeffers: „ ... der Pfeil des allmächtigen Gottes hat

[268] Zitiert nach F. Schlingensiepen: Im Augenblick der Wahrheit, S. 20.
[269] Geistlicher Gesang 1.17. Zitiert nach J. v. Kreuz: Verschlungen bin ich in deiner Schönheit, S. 77.
[270] 10. Buch XXVII.38. Vgl. hierzu auch W. Simon: Biographisch vom Glauben sprechen: Die „Confessiones" des Augustinus als Zeugnis eines lebensgeschichtlich ausgelegten Glaubens.

das gehetzte Wild erlegt. Jeremia ist sein Prophet. ... Gott, du hast ... mir nachgestellt, hast mich nicht loslassen wollen, ... hast mich verlockt und betört, hast dir mein Herz gefügig und willig gemacht ... Gott, du verführtest mich unwiderstehlich, daß ich mich dir hingab."[271]

### *3.3. Auf die richtige Spur gekommen*

In London bleibt Dietrich Bonhoeffer anderthalb Jahre. Im März 1935 hält er seine Abschiedspredigt, anschließend besucht er noch Klöster in England. Sein Weg, der auch der Versuch einer eigenen Antwort auf das ihn treffende Wort Gottes ist, führt ihn wieder zurück nach Deutschland: „Bonhoeffer geht es letzten Endes darum, das Wort Gottes in seiner ganzen befreienden Herrlichkeit und in seiner weltverändernden Kraft neu zu gewinnen. ... Es geht Bonhoeffer um die Wirklichkeit Gottes und eines mit Gott gelebten Lebens mitten in dieser Welt."[272] Das „neu" ist entscheidend: für Bonhoeffers eigenes Leben und Glauben; aber auch für die Kirche insgesamt. Der dafür entsprechende und „gegebene Ort"[273] ist jedoch auch mit seinen Möglichkeiten und Grenzen zu suchen. Der Beginn der dreißiger Jahre spielt hier für Bonhoeffer eine wichtige Rolle. Auf diese Lebensphase zurückblickend und zugleich ahnungsvoll auf die weitere Zukunft sehend schreibt er an eine Bekannte: „... Ich stürzte mich in die Arbeit in sehr unchristlicher und undemütiger Weise. Ein wahnsinniger Ehrgeiz ... machte mir das Leben schwer ... Dann kam etwas anderes, etwas, was mein Leben bis heute verändert und herumgeworfen hat. Ich kam zum ersten Mal zur Bibel. ... Ich weiß, ich habe damals aus der Sache Jesu Christi einen Vorteil für mich selbst, für meine wahnsinnige Eitelkeit gemacht ... Ich hatte auch nie, oder doch sehr wenig gebetet. ... Daraus hat mich die Bibel befreit und insbesondere die Bergpredigt. Seitdem ist alles anders geworden. Das habe ich deutlich gespürt ... Das war eine große Befreiung. ... Dann kam die Not von 1933. Das hat mich darin bestärkt. ... Es lag mir nun alles an der Erneuerung der Kirche und des Pfarrerstandes ... Der christliche Pazifismus, den ich noch kurz vorher* ... leidenschaftlich bekämpft hatte, ging mir auf einmal als Selbstverständlichkeit auf. Und so ging es weiter, Schritt für Schritt. ... Vor mir steht der Beruf. Was Gott daraus machen will, weiß ich nicht. ... Aber der Weg muß durchgegangen werden . ... Ich glaube, die Herrlichkeit dieses Berufes wird uns erst in den kommenden Zeiten und Ereignissen aufgehen. Wenn wir doch durchhalten könnten!"[274]

[271] In der Jer 20,7-Predigt. Hier: DBW 13, S. 347.348f.

[272] A. Schönherr: Dietrich Bonhoeffer, S. 398. A. Schönherr war Schüler von Bonhoeffer und Finkenwalder, Pfarrer und Bischof in der ehemaligen DDR und bis 1981 Vorsitzender des dortigen Bundes der evangelischen Kirchen.

[273] Vgl. DBW 6 (E), S. 224. 267.

[274] Brief an E. Zinn v. 27.1.1936. In: DBW 14, S. 112–114. Vgl. E. Bethge: Dietrich Bonhoeffer, S. 249 Anm. 89. * So noch 1932 in einem Kreis Berliner Pfarrer mit G. Jacobi. Vgl. E. Bethge: Dietrich Bonhoeffer, S. 280.

In dieser Lebensphase fällt auch einem engeren Studentenkreis manches bei Bonhoeffer auf: sein zunehmend regelmäßiger Kirchgang; ein bewußt meditativer Umgang mit der Bibel; er kommt häufiger auf ein gemeinschaftliches Leben in Gebet und Gehorsam zu sprechen; die Beichte wird ihm wichtiger, nicht nur theologisch, sondern praktisch; die Bergpredigt als eine wirklich mögliche Praxis zieht Bonhoeffer mehr und mehr zu Rate; seine Frömmigkeit erscheint manchen gar als „zu drängerisch"[275]. Die Frage nach der Konkretheit des Wortes Gottes beschäftigt Dietrich Bonhoeffer mehr und mehr, in ganz persönlicher Hinsicht wie auch in ihrer politischen Perspektive. Bei einer Rede während einer ökumenischen Versammlung auf der dänischen Insel Fanö sagt er: „Friede heißt, sich gänzlich ausliefern dem Gebot Gottes, keine Sicherung wollen, sondern in Glaube und Gehorsam dem allmächtigen Gott die Geschicke der Völker in die Hand legen und nicht selbstsüchtig über sie verfügen wollen."[276]

Die Suche nach einem Weg in den Gehorsam der konkreten Nachfolge wird für ihn zum bestimmenden Thema. An seinen ältesten Bruder Karl Friedrich schreibt er: „Es mag ja sein, daß ich in manchen Dingen Dir etwas fanatisch und verrückt erscheine. Und ich habe selbst manchmal Angst davor. Aber ich weiß, wenn ich ‚vernünftiger' wäre, so müßte ich am nächsten Tag ehrlicherweise meine ganze Theologie an den Nagel hängen. ... Aber ich glaube nun endlich zu wissen, wenigstens einmal auf die richtige Spur gekommen zu sein – zum *ersten Mal* in meinem Leben. Und das macht mich oft sehr glücklich. Ich habe nur immer Angst davor, daß ich aus lauter Angst vor der Meinung anderer Menschen nicht weiter gehe, sondern stecken bleibe. Ich glaube zu wissen, daß ich eigentlich erst innerlich klar und wirklich aufrichtig sein würde, wenn ich mit der Bergpredigt wirklich anfinge, Ernst zu machen. Hier sitzt die einzige Kraftquelle, die den ganzen Zauber und Spuk einmal in die Luft sprengen kann, bis von dem Feuerwerk nur ein paar ausgebrannte Reste übrig bleiben. Die Restauration der Kirche kommt gewiß aus einer Art neuen Mönchtums, das mit dem alten nur die Kompromißlosigkeit eines Lebens nach der Bergpredigt in der Nachfolge Christi gemeinsam hat. Ich glaube, es ist an der Zeit, hierfür die Menschen zu sammeln. ... Es gibt doch nun einmal Dinge, für die es sich lohnt, kompromißlos einzutreten. Und mir scheint, der Friede und die soziale Gerechtigkeit, oder eigentlich Christus, sei so etwas."[277]

Beinahe beiläufig nennt Bonhoeffer hier „oder eigentlich Christus". „Damit nennt er sein letztes, das eigentliche Motiv. ... Der Christus, den Bonhoeffer nennt, ist der Gott der Bibel, der Gott, der dieser Erde treu bleibt und sie nicht verkommen lassen will."[278] Für Dietrich Bonhoeffer bleibt dieses göttliche

[275] E. Bethge: Dietrich Bonhoeffer, S. 248. Zu dieser Lebensphase vgl. ebd., S. 246–250.

[276] Rede auf der Fäno-Konferenz am 28.8.1934 zu Ps 85,9. In: DBW 13, S. 298–301, hier S. 300.

[277] Brief v. 14.1.1935. In: DBW 13, S. 272f. Hervorhebung von mir. „Restauration" ist von Bonhoeffer hier im Sinne von „Erneuerung" bzw. „Wiederherstellung" der alten Kraft und Lebendigkeit gebraucht. (Also nicht im heute üblichen Sprachgebrauch von „restaurativ".).

[278] A. Schönherr: Dietrich Bonhoeffer, S. 399.

„Du“ – als erfahrbare, zugestoßene und zugemutete Liebe – ausschlaggebend in seinem theologischem Denken und seinem persönlichen Leben. Auch sein Verständnis von der Bibel wird davon berührt. In den Meditationen zu Psalm 119 hebt er dieses bestimmende „Du“ Gottes hervor: „Aber auch nicht die Gebote, sondern der Gebieter steht im Mittelpunkt. Nicht ein Es, eine Idee, sondern ein Du begegnet uns in den Geboten.“[279] Ins Zentrum des Bonhoeffer abverlangten Ringens um den „gegebenen Ort“ gehört deswegen auch nicht ein „Etwas“, sondern ein erkennbares „Du“ – überwältigend und liebend zugleich.

## 4. Seine Liebe sucht mein Herz

Am Ende des Jahres 1934, in dem er die Predigt zu Jer 20,7 hält, predigt Bonhoeffer auch zu 1 Kor 13 über die Liebe. In vier Predigen entfaltet er dieses Thema. Und in der dritten Predigt zu 1 Kor 13,8–12[280] befindet sich eine der wenigen „Ich“-Passagen seiner Predigten überhaupt, die darum eigene Aufmerksamkeit verdient.[281] Im letzten Teil widmet sich Bonhoeffer dem Sehen und Erkennen Gottes von Angesicht zu Angesicht (vgl. 1 Kor 13,12) und der Schwierigkeit, die „Spiegelschrift Gottes“ (D. Bonhoeffer) jetzt schon eindeutig zu entziffern. Doch spricht er die Hoffnung aus: „– ‚*dann aber*‘..., wenn der Spiegel der Welt zerbricht und der Glanz und das Licht Gottes uns selbst umfangen wird – ‚*dann aber*‘ – am Ende, an unserem Ende, in der Stunde unseres Sterbens und Aufhörens und Davongehens – ‚*dann aber*‘ von Angesicht zu Angesicht ... Dann ist die Klarheit da, dann ist die vollendete Liebe bei uns. ‚*Von Angesicht zu Angesicht*‘ – Gott sehen, wie er ist, eine Liebe nicht nur glauben, sondern schauen, spüren, fühlen, empfinden, in seiner Liebe selig sein ...“[282]
Und dann folgt, nicht völlig überraschend, aber auch nicht zwangsläufig, eine längere „Ich“-Passage. Zwar wird Bonhoeffers „Ich“-Form womöglich durch die biblische Textvorgabe („Jetzt erkenne ich‘s stückweise...“) nahegelegt, doch an anderer Stelle dieser Predigt folgt er der biblischen Vorgabe („*Da ich ein Kind war...*“)[283] nicht. So wird er für dieses „Ich“ einen Beweggrund haben, liegt doch darin ein Moment von – unwillkürlicher? – Identifikation mit der entsprechenden Textpassage und der darin erhofften Wirklichkeit. Zudem ist dieser Teil der Predigt als einziger in der „Ich“-Form gehalten: „„Jetzt erkenne ich’s stückweise. Dann aber werde ich erkennen, gleichwie ich erkannt

[279] In der Auslegung zu V. 4 „Du hast geboten, fleißig zu halten deine Befehle“. In: DBW 15 (PAM II, S. 410).
[280] Am 28.10.1934 in London. In: DBW 13, S. 393–398.
[281] Vgl. zu Bonhoeffers Predigtstil W. Grünberg: Wider die Art, „gemütlich von Gott zu reden und zu denken“!, S. 467: „An wenigen herausragenden Stellen wird das ‚Ich‘ zum tragenden Subjekt, so in der großen Konfession aus der Predigt über Jer 20,7 ..., so auch in den meisten Gebetsstellen innerhalb der Predigten.“
[282] DBW 13, S. 398. Hervorhebungen von D. B.
[283] Vgl. DBW 13, S. 397. Hervorhebung von D. B.

bin.' – das ist die Lösung, ‚gleichwie ich erkannt bin' – das ist der Grund, warum allein ich hoffen darf, so zu erkennen und so das Vollkommene zu erfahren – daß ich erkannt bin von Gott, von der Liebe, von dem Vollkommenen, Sein Licht sucht meine Augen, Seine Liebe sucht mein Herz, Er hat mich schon längst erkannt und geliebt – und darum zieht es mich so unwiderstehlich dazu, ihn wieder zu erkennen und wieder zu lieben. Darum drängt es durch alles Stückwerk hindurch auf ihn hin, auf das Vollkommene hin. Ich könnte ihn nicht erkennen, wenn Er mich nicht erkannt hätte."[284]

Die Initiative liegt bei Gott. Er erkennt und liebt zuerst. Von sich aus vermag der Mensch es nicht. Dieses passive Moment des Empfangens betont Bonhoeffer auch an anderer Stelle, wie etwa in seiner Kirchenvorlesung „Das Wesen der Kirche": „Es gibt nur eine Liebe Gottes, die der Mensch im Glauben empfängt. ... die Liebe des einen zum anderen Bruder ist *Empfangen der Liebe Gottes.* Handeln in der Liebe ist immer passiv: Empfangen von Gott"[285] Dieses passive Moment ist aber nicht ein Mangel an Freiheit, sondern tiefe Einsicht und passive, d.h. erlittene Erfahrung eines Grundzusammenhangs zwischen Gott und Mensch überhaupt, der sich auf diese konkrete Weise – hier für Bonhoeffer – ins Gedächtnis ruft und auf die Lebensgeschichte auswirkt. Dies ist ein personaler Vorgang: vom „Du" Gottes her beginnend und auf das „Du" des Menschen, sein Herz, ausgerichtet. Er ist unverfügbar, aber er ist immer möglich – als von Gott kommende Liebesbefähigung und der daraus sich ergebenden Beanspruchung, dieser entdeckten Liebe zu folgen.

In bemerkenswerter Nähe zu Bonhoeffers Gedankengang in der genannten Predigt schreibt die Jüdin und spätere Karmelitin Edith Stein (1891–1942): „Um sich Ihm aber liebend hinzugeben, müssen wir Ihn als den Liebenden kennen lernen. Und so kann nur Er selbst sich uns erschließen. ... Und zur gläubigen Annahme der göttlichen Offenbarung gehört sinngemäß schon liebende Zuwendung. Sie vollendet sich aber erst, wenn Gott sich im Gnaden- und Glorienleben der Seele selbst hingibt, ihr Sein göttliches Leben mitteilt und sie in Sein göttliches Leben hineinzieht."[286]

Die Liebe – sie allein – ist die betörende, verwandelnde Kraft aus Gott, mit der man hineingezogen wird in ein Verhältnis zu Gott und in ein Verhältnis zu den Menschen. Dietrich Bonhoeffer führt in der Predigt aus: „Wir erkennen an einem Menschen so viel, wie wir an ihm lieben. ...Alles wirkliche Erkennen ist ein Stück Liebe. ...Liebe heißt Wahrheit vor Gott, heißt vollkommene Erkenntnis vor Gott."[287] Das von Gott aufgesuchte Herz wird zum Quellort für eine nicht versiegende Liebe.

Das hat bei Bonhoeffer nicht nur Bedeutung für die einzelne Person, sondern – will sie Gemeinschaft der an Gott Glaubenden und aus Gott Liebenden sein – für die Kirche insgesamt: „Und die Kirche ... muß selbst ... das brennende

[284] Ebd., S. 398.
[285] Im Sommersemester 1932. In: DBW 11, S. 289. Hervorhebung ebd.
[286] Zitiert nach A. Neyer/H.-B. Gerl-Falkovitz: Edith Stein, S. 95.
[287] DBW 13, S. 396.397.

Feuer der Liebe sein ..., der Brandherd, in dem aller Haß erstickt wird und die Menschen aus Stolz und Haß zu Menschen der Liebe umgewandelt werden."[288] Für diese Umwandlung ist die aufrichtende und liebesbefähigende Initiative Gottes Voraussetzung. Es geht darin um eine „grundsätzliche Offenheit auf das Geheimnis, daß Gott uns ergreift und nicht wir Ihn. ... In diesem Ergriffenwerden richtet der Mensch sich auf, lebt auf, greift selber aus. Der Anruf wandelt sich in Kraft. ... Wen Gott berührt, der ist nicht Sklave, sondern Freier."[289]

Solche Freiheit hat in der angenommenen Liebe Gottes ihren Grund. Gott und Mensch sind nicht hoffnungslos und rettungslos voneinander getrennt. Die Möglichkeit radikaler Unterschiedenheit ist nicht die einzige und vor allem nicht die letzte Erfahrung. Die Liebe Gottes überspringt diesen Graben. Zehn Jahre nach dem Predigtzyklus zu 1 Kor 13 verfaßt Bonhoeffer in der Haftzelle von Berlin-Tegel auch kurze Andachten. In einer dieser Andachten greift er die Erfahrung der Unwiderstehlichkeit solcher Liebe, die das Herz des Menschen sucht und leitet, wieder auf: „... das Ziel heißt: wir bleiben in Gott und Gott bleibt in uns. ... Woran erkennen wir, daß wir – durch Glück oder Unglück – dieser Seligkeit entgegengehen? Daran, daß in uns eine unwiderstehliche Liebe zu diesem Weg und zu diesem Ziel wachgeworden ist, auch wenn wir oftmals auf dem Wege zu Fall kommen und das Ziel zu verfehlen drohen. Diese Liebe stammt von Gott."[290] Dietrich Bonhoeffer spricht von einer Liebe, von der her er sich restlos beanspruchen läßt; einem Außenstehenden erschließt sie sich in ihrer lebensprägenden Bedeutung und glühenden Kraft nur dann annähernd, wenn man selbst in solcher Liebe ist; oder eine tiefe Offenheit für sie hat; oder in einer entsprechenden Sehnsuchtsbewegung steckt. Völlig ohne eine solche innere Empfänglichkeit läßt sich die gemeinte Liebe nicht verstehen. So kann etwa auch der Mönch, Mystiker und Kirchenpolitiker Bernhard von Clairvaux im 12. Jahrhundert formulieren: „Will einer... verstehen, worum es darin geht, dann muß er selbst lieben. Wer nicht liebt, befaßt sich umsonst mit dem Hören und Lesen dieses Liebeslieds, denn ein kaltes Herz ist unfähig, diese glühenden Worte zu fassen. Wie einer, der nicht Griechisch kann, einen Griechisch Sprechenden nicht versteht..., so bleibt auch die Sprache der Liebe für den, der nicht liebt, eine unverständliche Fremdsprache. Doch die, welche vom Geist die Gabe des Liebens erhalten haben, ... können unverzüglich in der gleichen Sprache antworten, das heißt, mit der Glut ihrer Liebe und mit Taten des Dienstes für andere."[291]

[288] So Bonhoeffer in der vierten und letzten Predigt zu 1 Kor 13. In: DBW 13, S. 399f.

[289] H.-B. Gerl-Falkovitz bezüglich E. Stein. In: A. Neyer/H.-B. Gerl-Falkovitz: Edith Stein, S. 55. Dies darf auch auf Bonhoeffer hin gesagt werden.

[290] In einer Andacht zu Gen 39,23 und 1 Joh 3,24 v. 30.5.1944. In: DBW 16, S. 654.

[291] Bernhard von Clairvaux (1090–1153) in einer Predigt zum Hohenlied (Cant. 79,1). Zitiert nach: Bernhard von Clairvaux./Hg. v. B. Schellenberger, S. 65.

### *4.1. Teilnehmen am Schicksal Deutschlands: Zum Amerika-Tagebuch*

Zu „Taten des Dienstes für andere“[292] sieht Bonhoeffer sich bald in radikaler Weise herausgefordert. Kurz vor dem Ausbruch des Zweiten Weltkriegs hat er die Möglichkeit, nach Amerika zu kommen und dort in Sicherheit zu sein. Aufgrund seiner vielfältigen Kontakte sind für ihn dort u.a. Vorlesungen geplant und die Betreuung von deutschen Auswanderern in New York. Am 7. Juni 1939 überquert er von England aus mit der „Bremen“ den Atlantik Richtung Amerika [293] – und tritt bereits am 8. Juli wieder die Rückreise an.

Ein Brief gibt Einblick in die Beweggründe dieser Entscheidung, die – das ahnt Bonhoeffer – weitreichende, ja zuletzt tödliche Konsequenzen für ihn hat: „Während ich hier in Dr. Coffins* Garten saß, hatte ich Zeit, über meine Lage und die Lage meines Volkes nachzudenken und zu beten, und Gottes Wille wurde mir klarer. Ich bin zu dem Schluß gekommen, daß ich einen Fehler gemacht habe, indem ich nach Amerika kam. Ich muß diese schwierige Periode unserer nationalen Geschichte mit den Christen Deutschlands durchleben. Ich werde kein Recht haben, an der Wiederherstellung des christlichen Lebens nach dem Kriege in Deutschland mitzuwirken, wenn ich nicht die Prüfungen dieser Zeit mit meinem Volke teile. ... Es war falsch von mir, fortzugehen. ... Die Christen in Deutschland stehen vor der fürchterlichen Alternative, entweder in die Niederlage ihrer Nation einzuwilligen, damit die christliche Zivilisation weiterleben könne, oder in den Sieg und dabei unsere Zivilisation zu zerstören. Ich weiß, welche dieser Alternativen *ich* zu wählen habe; aber ich kann diese Wahl nicht treffen, während ich in Sicherheit bin ...“[294] Das Tagebuch, das Bonhoeffer während der Reise nach Amerika führt, zeugt von seinem Entscheidungsprozeß um den nächsten Lebensschritt, der ihn schließlich in die Verschwörung gegen Hitler führt. Auch die Losungen dieser Tage werden zum Bestandteil des inneren Kampfes, da Bonhoeffer sie in besonderer Weise an sich gerichtet sieht. Wenn man Bonhoeffers Beten und sein Fragen nach dem Willen Gottes in dieser Situation ausblendet, dann halbiert man Bonhoeffers Entscheidungsgrundlage für seine Rückkehr aus Amerika und raubt ihr eine entscheidende Dimension.[295]

[292] Siehe das vorangehende Zitat von Bernhard v. Clairvaux.

[293] Vgl. hierzu E. Bethge: Dietrich Bonhoeffer, S. 729–734. R. Grunow sieht hierin nach der „ersten Flucht“ nach England (1933–1935) Dietrich Bonhoeffers „zweiten Fluchtversuch“ seines Lebens (vgl. R. Grunow: Bonhoeffer-Auswahl, S. 21f.), der allerdings nur kurz währte.

[294] Brief an Prof. R. Niebuhr, den er seit seinem Amerikaaufenthalt 1930/31 kannte, v. Juni 1939. In: DBW 15 (GS I, S. 477 [dt. Übersetzung]). Hervorhebung von mir. * Dr. H.S. Coffin war Leiter des „Union Theological Seminary“ in New York.

[295] So H. Pfeifer, der auch aus dem genannten Brief zitiert, aber die beiden ersten Sätze (Beten, Frage nach dem Willen Gottes und Bonhoeffers Eingeständnis des Fehlers, nach Amerika zu reisen) wegläßt. In: Ch. Gremmels/H. Pfeifer: Theologie und Biographie: Zum Beispiel Dietrich Bonhoeffer, S. 73. Gegen eine solche Halbierung wendet sich etwa K. Koch: Zur bleibenden Aktualität Dietrich Bonhoeffers: Wider die Arbeitsteilung von Theologie, Spiritualität und Nachfolge.

Seine Aufzeichnungen gewähren einen erschütternden Einblick in dieses einsame Ringen.[296] So vermerkt Bonhoeffer bereits am 9. Juni – noch auf dem Schiff – zu Joh 12,26 („Wer mir dienen will, der folge mir nach; und wo ich bin, da soll mein Diener auch sein"): „Oder bin ich doch dem Ort ausgewichen, an dem Er ist? an dem Er für mich ist?"[297] Die folgenden Tagebucheintragungen bezeugen die innere Auseinandersetzung eines Menschen, der in großer Ernsthaftigkeit nicht nach irgendeinem der möglichen Wege sucht, sondern nach dem ihm eigens zugedachten Weg:

Am 11. Juni: „Wenn nur die Zweifel am eigenen Weg überwunden wären."[298] Am 13. Juni – am ersten Tag nach der Ankunft nach einem Frühstück mit Henry S. Leiper, einem amerikanischen Pfarrer vom „Federal Council of Churches", bei dem Bonhoeffer möglicherweise für Emigranten in New York tätig werden sollte: „Aber mir ist es ganz deutlich, daß ich zurück muß. ... Bei allem fehlt nur Deutschland, die Brüder. ... Ich begreife nicht, warum ich hier bin, ob es sinnvoll war, ob das Ergebnis sich lohnen wird."[299] Am 15. Juni: „Diese Untätigkeit, bezw. Tätigkeit an gleichgültiger Stelle ist uns wohl einfach nicht mehr erträglich im Gedanken an die Brüder und die kostbare Zeit. Die ganze Wucht der Selbstvorwürfe wegen einer Fehlentscheidung kommt wieder auf und erdrückt einen fast. Ich war sehr verzweifelt. ... Aber den ganzen Tag wich der Druck nicht von mir."[300] Kaum ein Tag vergeht, an dem Bonhoeffer nicht von bedrängenden Zweifeln geplagt ist. Am 16. Juni: „Es ist kaum auszuhalten. Ich werde wohl nicht lange bleiben. Gottes Wort sagt heute: ‚Siehe, ich komme bald –' (Offenbg. 3,11)."[301]

Dann kommt der Tag, der über Bonhoeffers weiteren Werdegang entscheidet. Am 20. Juni besucht er Henry S. Leiper, um die von den amerikanischen Freunden gewünschte Arbeit für Emigranten und Flüchtlinge zu klären. Bonhoeffer schreibt an diesem Tag in sein Tagebuch: „Besuch bei Leiper. Damit ist wohl die Entscheidung gefallen. Ich habe abgelehnt. Man war sichtlich enttäuscht ... . Für mich bedeutet es wohl mehr, als ich im Augenblick zu übersehen vermag. Gott allein weiß es. Es ist merkwürdig, ich bin mir bei allen meinen Entscheidungen über die Motive nie völlig klar. Ist das ein Zeichen von Unklarheit, innerer Unehrlichkeit oder ist es ein Zeichen dessen, daß wir über unser Erkennen hinausgeführt werden, oder ist es beides? ... Zuletzt handelt man doch aus einer Ebene heraus, die uns verborgen bleibt. ... Am Ende des Tages kann ich nur bitten, daß Gott ein gnadenvolles Gericht üben möge über diesen Tag und alle Entscheidungen. Es ist nun in seiner Hand."[302]

[296] Zum Tagebuch insgesamt siehe DBW 15 (GS I, S. 291–315). Ihm entstammen die folgenden Zitate bis einschl. Anm. 308, hier nach GS I; vgl. entsprechend DBW 15.

[297] DBW 15 (GS I, S. 294). Rechtschreibung von D. B.

[298] Ebd., GS I, S. 294.

[299] Ebd., S. 296.297.

[300] Ebd., S. 298.

[301] Ebd., S. 299.

[302] Ebd., S. 303.304.

So schnell aber sind noch nicht alle Zweifel zerstreut. Einen Tag später – am 21. Juni – notiert Bonhoeffer: „... Man versteht mich nicht, daß ich ablehne. ... Habe ich einfach aus Verlangen nach Deutschland und der Arbeit dort heraus gehandelt? Und ist das ... Heimweh ein begleitendes Zeichen von oben, das mir die Ablehnung leichter machen soll? ... Ich kenne mich nicht mehr aus. Aber Er kennt sich aus; und am Ende wird alles Handeln und Tun klar und rein sein."[303] Doch die einmal getroffene Entscheidung steht nicht mehr wirklich in Frage, und Bonhoeffer faßt die Rückreise konkret ins Auge. Er schreibt am 22. Juni: „Es ist doch für einen Deutschen hier drüben nicht auszuhalten; man wird einfach zerrissen. Während einer Katastrophe hier zu sein, ist einfach undenkbar, wenn es nicht so gefügt wird. Aber selbst daran schuld zu sein, sich selbst Vorwürfe machen zu müssen, unnötig herausgegangen zu sein, ist gewiß vernichtend. Wir können uns von unserem Schicksal doch nicht trennen ..."[304]
Einige Tage später – am 26. Juni – lautet die Losung: 2. Tim 4,21 („Komm noch vor dem Winter"). Dazu heißt es im Tagebuch: „Das geht mir den ganzen Tag nach. Es geht uns wohl so wie den Soldaten, die vom Feld in den Urlaub kommen und trotz allem, was sie erwarteten, wieder ins Feld zurückdrängen. Wir kommen nicht mehr davon los. Nicht als wären wir nötig, als würden wir gebraucht (von Gott!?), sondern einfach weil dort unser Leben ist und weil wir unser Leben zurücklassen, vernichten, wenn wir nicht wieder dabei sind. Es ist gar nichts Frommes, sondern etwas fast Vitales. Aber Gott handelt nicht nur durch fromme, sondern auch durch solche vitalen Regungen. ‚Komme noch vor dem Winter' – Es ist nicht Mißbrauch der Schrift, wenn ich das *mir* gesagt sein lasse. Wenn mir Gott Gnade dazu gibt."[305] Mehr und mehr wird die getroffene Entscheidung zur Rückkehr für Bonhoeffer auch zur inneren Gewißheit: „Ich kann mir nicht denken, daß es Gottes Wille ist, daß ich ohne besondere Aufgabe im Kriegsfall hier bleiben soll. Ich muß am erstmöglichen Termin reisen. ... Ich will für den Kriegsfall nicht hier sein ..."[306]
Am 8. Juli tritt Bonhoeffer die Rückreise an. In einem dramatischen inneren Prozeß ist die Entscheidung über die nächste Zukunft gefallen: „Wahrscheinlich wird sich diese Reise sehr bei mir auswirken."[307] Die anfängliche Zerrissenheit und Verzweiflung sind gewichen. Bonhoeffer notiert – nun bereits auf der Rückreise: "Seit ich auf dem Schiff bin, hat die innere Entzweiung über die Zukunft aufgehört. ... Losung: ‚Ich danke dir, daß du mich gedemütigt hast und lehrst mich deine Rechte' (Psalm 119,71). Aus meinem liebsten Psalm eins der mir liebsten Worte."[308]
Wieder zurück in Deutschland setzt Bonhoeffer zunächst – als sei nichts geschehen – seine Tätigkeit in den Sammelvikariaten in Hinterpommern (Köslin, Groß-Schlönwitz) fort, wo die Predigerausbildung nach der Schließung von

303 Ebd., S. 305.
304 Ebd., S. 306.
305 Ebd., S. 309. Hervorhebung von D. B.
306 Tagebucheintragungen v. 28.u. 30.6.1939. Ebd., S. 310.311.
307 Eintragung v. 7. Juli, dem Tag vor der Abreise. Ebd., S. 315.
308 Eintragung v. 9. Juli – bereits auf dem Schiff. Ebd., S. 315.

Finkenwalde durch die Gestapo (Oktober 1937) nun fortgeführt wird. Am 1.9.1939 beginnt der Zweite Weltkrieg. Für Bonhoeffer wird klar, daß für alle weiteren Überlegungen eines die unerläßliche Voraussetzung ist: die Ausschaltung bzw. Beseitigung Hitlers. Im März 1940 werden auch die Sammelvikariate von der Gestapo geschlossen. Im Oktober wird Bonhoeffer der Abwehrstelle in München zugeordnet; in Wirklichkeit ist er für den Widerstand aktiv. Sein Doppelleben, das er einsam und im Inkognito leben muß, beginnt. In diese Zeit fällt der Beginn der Arbeit an der „Ethik", in der er theologisch zu reflektieren sucht, was nun unausweichliche Herausforderung an ihn persönlich wird: die in freier christlicher Verantwortung übernommene aktive Beteiligung an den Umsturzplänen gegen Hitler. So konkretisiert sich die schließlich für ihn selbst tödliche Konsequenz seiner Rückkehr aus Amerika. „Mit der Wendung des Jahres 1939 trat der Theologe und Christ Bonhoeffer in die volle Gegenwart seiner Welt, seines Ortes und seiner Zeit ein .... und begann, denen solidarisch zu werden, die bereit waren, für die Schuld einzustehen und Neues vorbereitend zu gestalten – statt nur, wie es bisher auf der kirchlichen Ebene üblich war, ideologisch zu protestieren. So wurde der Theologe und Christ im Jahr 1939 zum Zeitgenossen."[309]

Von Bonhoeffer selbst einmal angestellte Überlegungen bekommen eine unumkehrbare Bedeutung für ihn selbst: „Es ist wichtig, daß Jesus seine Jünger auch dort selig preist, wo sie nicht unmittelbar um des Bekenntnisses zu seinem Namen willen, sondern um einer gerechten Sache willen leiden."[310] Die Niederlage wird zur notwendigen Bedingung für eine weitere Zukunft Deutschlands. Offiziell für den deutschen Geheimdienst tätig, nutzt Bonhoeffer seine vielfältigen ökumenischen Kontakte und macht sie der Widerstandsgruppe in der Abwehr durch entsprechende Reisen dienstbar. Bei einer dieser Reisen in die Schweiz im Herbst 1941 wird er einmal von Visser't Hooft, dem späteren Generalsekretär des Ökumenischen Rates der Kirchen, gefragt: „Wofür beten Sie eigentlich in der heutigen Lage?" Bonhoeffers Antwort: „... Ich bete für die Niederlage meines Landes, denn ich glaube, daß das die einzige Möglichkeit ist, um für das ganze Leiden zu bezahlen, das mein Land in der Welt verursacht hat."[311] Diese Notwendigkeit der Niederlage stand Bonhoeffer bereits vor Ausbruch des Krieges hellsichtig vor Augen – wie der erwähnte Brief an Reinhold Niebuhr v. Juni 1939 belegt. Bonhoeffer selbst setzt sich mit der Arbeit für die Widerstandsgruppe in der Abwehr dem Zwielicht aus: „Bonhoeffer hat sich seinerseits nicht über die merkwürdige doppeldeutige Lage ge-

[309] E. Bethge: Dietrich Bonhoeffer, S. 761. Zu Bonhoeffers Weg in den Widerstand vgl. auch Ch. Gremmels/H. W. Grosse: Dietrich Bonhoeffer: Der Weg in den Widerstand (Diese Kurzbiographie enthält auch persönliche Beiträge der Zeitzeugen Renate und Eberhard Bethge, Gaetano Latmiral und Albrecht Schönherr).

[310] In der Auslegung der Seligpreisungen (hier zu Mt 5,10) während der Tätigkeit im Predigerseminar in Finkenwalde. In: DBW 4 (N), S. 108.

[311] Zitiert nach E. Bethge: Dietrich Bonhoeffer, S. 834. Vgl. auch ÖRK (Hg.): Das Zeugnis eines Boten: Zum Gedächtnis von Dietrich Bonhoeffer, S. 7.

täuscht, in die er geraten mußte, wenn er seine ökumenischen Beziehungen nun der Widerstandsgruppe in der Abwehr, auf den ersten Blick aber doch dem deutschen militärischen Geheimdienst zur Verfügung stellte."[312]

Was Bonhoeffer bei seinem Aufenthalt in Amerika im Juni/Juli 1939 als seine Aufgabe erahnt, nämlich die Teilhabe am Geschick Deutschlands, begreift er immer mehr als seinen ganz persönlichen Lebensauftrag. Im Gefängnis von Tegel schreibt er rückblickend: „Anfangs beunruhigte mich auch die Frage, ob es wirklich die Sache Christi sei, um derentwillen ich Euch allen solchen Kummer zufüge; aber bald schlug ich mir diese Frage als Anfechtung aus dem Kopf und wurde gewiß, daß gerade das Durchstehen eines solchen Grenzfalles mit all seiner Problematik mein Auftrag sei und wurde darüber ganz froh und bin es bis heute geblieben."[313] Und wie zur eigenen Vergewisserung verweist er auf zwei Verse aus dem 1. Petrusbrief; diese lauten: „Denn was ist das für ein Ruhm, so ihr um Missetat willen Streiche leidet? Aber wenn ihr um Wohltat willen leidet und erduldet, das ist Gnade bei Gott." Und: „Und ob ihr auch leidet um Gerechtigkeit willen, so seid ihr doch selig. Fürchtet euch aber vor ihrem Trotzen nicht und erschrecket nicht."[314]

Bonhoeffers eigenes theologisches Nachdenken über diesen auf ihn zukommenden „Grenzfall" offenbart das einsame Ringen um eine verantwortliche Entscheidung vor Gott – ohne jede Sicherheit einer ethischen Norm, ohne jede Sicherheit einer entsprechenden kirchlichen Tradition: „Die außerordentliche Notwendigkeit appelliert an die Freiheit des Verantwortlichen. Es gibt kein Gesetz, hinter dem der Verantwortliche hier Deckung suchen könnte. Es gibt daher auch kein Gesetz, das den Verantwortlichen angesichts solcher Notwendigkeit zu dieser oder jener Entscheidung zu zwingen vermöchte. Es gibt ... nur den völligen Verzicht auf jedes Gesetz, verbunden mit dem Wissen darum, hier in freiem Wagnis entscheiden zu müssen ..., und es gibt dann schließlich ... das Ausliefern der eigenen getroffenen Entscheidung und Tat an die göttliche Lenkung der Geschichte."[315] Und im Wissen um seinen weiteren Weg wird deutlich, wie ahnungsvoll Bonhoeffer sein weiteres persönliches Handeln vor Augen hat: „Die letzte Frage bleibt offen und muß offen gehalten werden; denn so oder so wird der Mensch schuldig und so oder so kann er allein von der göttlichen Gnade und der Vergebung leben. ... Das Gericht bleibt bei Gott. Es geht aus dem Gesagten hervor, daß zur Struktur verantwortlichen Handelns *die Bereitschaft zur Schuldübernahme* und *die Freiheit gehört.*"[316]

Aus dem „ersten Vorgeplänkel" (D. Bonhoeffer)[317] der kirchlichen Opposition in Gestalt der Bekennenden Kirche wird nun der ernsthafte Kampf, der aus der

[312] E. Bethge: Dietrich Bonhoeffer, S. 788.

[313] Brief an E. Bethge v. 18.11.1943. In: DBW 8 (WE[15], S. 72). Zum „Grenzfall" vgl. E. Bethge: Dietrich Bonhoeffer, S. 889–896.

[314] DBW 8 (WE[15], S. 72); nach der Lutherübersetzung (1 Petr 2,20; 3,14).

[315] DBW 6 (E), S. 274.

[316] Ebd., S. 275. Hervorhebungen von D. B.

[317] In einem Brief an E. Sutz v. 28.4.1934. In: DBW 13, S. 128.

Übernahme jener Verantwortung erwächst, die im „Teilnehmen am Leiden Gottes im weltlichen Leben"[318] besteht. Indem Dietrich Bonhoeffer *diese* unübertragbare Verantwortung übernimmt, konkretisiert sich – mit allen daraus folgenden Konsequenzen – sein „Verlangen nach unverwechselbar eigener Verwirklichung"[319], allerdings auf eine Weise, die noch einmal *quer* steht zu einem ausschließlich ich-zentrierten Wollen. Doch gilt auch hier, was bereits für Bonhoeffers Entscheidung, Theologie zu studieren, gilt: „Motiv und Anfang der innersten Berufung sollen im Arkanum bleiben."[320] Nach den ebenso zermürbenden wie klärenden Wochen in Amerika geht Bonhoeffer in unaufhaltsamer Konsequenz den Weg weiter, den er dort als den seinen erkannt hat und an dem er auch in der Aussichtslosigkeit des Gefängnisses nicht nachträglich zweifelt: „Es handelt sich ... darum, daß alles im Glauben geschieht. ... Man muß sich klar über das werden, was man will, man muß sich fragen, ob man es verantworten kann, und dann muß man es mit einer unwiderstehlichen Zuversicht tun. Dann und nur dann kann man auch die Folgen tragen. Du mußt übrigens wissen, daß ich noch keinen Augenblick meine Rückkehr 1939 bereut habe ... Und daß ich jetzt sitze ..., rechne ich auch zu dem Teilnehmen an dem Schicksal Deutschlands, zu dem ich entschlossen war."[321]

Indem Dietrich Bonhoeffer diesen ihm zugemuteten „Grenzfall" riskiert und durchsteht, entdeckt er auch einen anderen Schlüssel persönlicher und theologischer Erkenntnis; einen, der nicht die quantitative Anhäufung von Wissen eröffnet, sondern die Sehweise ganz neu bestimmt und das eigene Leben prägt: „Es bleibt ein Erlebnis von unvergleichlichem Wert, daß wir die großen Ereignisse der Weltgeschichte einmal von unten, aus der Perspektive der Ausgeschalteten, Beargwöhnten, Schlechtbehandelten, Machtlosen, Unterdrückten und Verhöhnten, kurz der Leidenden sehen gelernt haben. Wenn nur in dieser Zeit nicht Bitterkeit oder Neid das Herz zerfressen hat, daß wir Großes und Kleines, Glück und Unglück, Stärke und Schwäche mit neuen Augen ansehen, daß unser Blick für Größe, Menschlichkeit, Recht und Barmherzigkeit klarer, freier, unbestechlicher geworden ist, ja, daß das persönliche Leiden ein tauglicherer Schlüssel, ein fruchtbareres Prinzip zur betrachtenden und tätigen Erschließung der Welt ist als persönliches Glück."[322]

Erkenntnis bleibt so kein abstrakter, allein denkerischer Vorgang, sondern auch wesentlich mitbestimmt durch ihren Ort, zumal durch den Ort derer, die ausgeschaltet, machtlos und leidend sind. Über Bonhoeffer hinaus bleibt eine sol-

[318] Brief an E. Bethge v. 18.7.1944. In: DBW 8 (WE[15], S. 193).

[319] E. Bethge: Dietrich Bonhoeffer, S. 62. Vgl. etwa auch die Skizze „Beruf" v. 1932 DBW 11, S. 369–373, seine Vorliebe für Jeremia, die Jer 20,7-Predigt v. 1934 (s.o.), die Gefängnisgedichte „Der Tod des Mose" (DBW 8 [GS IV, S. 613–620]) und „Jona" (DBW 8 [WE[15], S. 217]) von 1944.

[320] E. Bethge: Dietrich Bonhoeffer, S. 58.

[321] Brief an E. Bethge v. 22.12.1943. In: DBW 8 (WEN, S. 195f).

[322] Aus einem unfertigen Entwurf. Jetzt am Schluß des Rechenschaftsberichts „Nach zehn Jahren" von Weihnachten 1942. In: DBW 8 (WE[15], S. 26). Vgl. dort Anm. 1.

che Erkenntnis- und Wahrnehmungsweise bedeutsam: „Wie der Strudel im Fluß senkrecht, also quer zu dessen kontinuierlicher Flußrichtung steht (die unerbittlich über alles hinweggeht), so zeigt sich das wirkliche Leben nur dort, wo es in den Strudel gerät, der bis an dessen Ursprungstiefe gelangt. ... Es geht also um das Innewerden von Erfahrungen aus der Perspektive derer, die sich als ‚Gebrochene' erleben. Die Einklagen und Einsichten der Opfer decken menschliche Geschichte(n) auf."[323]

### *4.2. Ein Fremdling auf dieser Erde: Gebrochene Weltlichkeit*

Nach der Rückkehr aus Amerika im Juli 1939 legt Bonhoeffer seinen Lieblingspsalm 119, der auch 1939/40 zur theologischen Lehre in den Sammelvikariaten (Sigurdshof) gehört, aus. Zwar sind die Mitglieder des Sammelvikariates auch an den Einteilungsversuchen und Überschriftenformulierungen beteiligt, trotzdem handelt es sich hier in besonderer Weise um Bonhoeffers persönliche, tief meditative Betrachtungen, eine „Krönung eines theologischen Lebens" (E. Bethge). Sie stehen in einem inneren Zusammenhang mit seiner späteren theologischen Reflexion über den konkreten Schritt in den Widerstand gegen Hitler in den Manuskripten der „Ethik". Diese Auslegung bis V. 21 „... gehört in das für Bonhoeffer so bedeutsame Gebiet des Arcanum."[324] Das volle Gewicht dieser Meditation erschließt sich erst in der Kenntnis von Bonhoeffers weiterem Lebensweg bis in den Tod und in der achtsamen Annäherung an seine Motive, die ihn die Rückfahrt von Amerika nach Deutschland antreten lassen. „Als Gottes Wort mich zum ersten Mal traf, da hat es mich zum Fremdling auf dieser Erde gemacht. Es hat mich in die lange Reihe der Väter des Glaubens gestellt, die als Fremdlinge im verheißenen Land wohnten." [325] Mit dieser biblischen Kennung als Gast und Fremdling knüpft Bonhoeffer auch an sein Selbstbild der „theologischen Obdachlosigkeit"[326] an.

Der Weg in die Verschwörung als ein radikal weltliches und von ihm gefordertes Engagement geht einher mit der vertieften Erkenntnis irdischer Heimatlosigkeit. Beides steht nicht alternativ gegeneinander, sondern wächst miteinander: „Ich bin ein Gast auf Erden. Damit bekenne ich, daß ich hier nicht bleiben kann, daß meine Zeit kurz bemessen ist. ... Es kommt mir nicht zu, die Erde, auf der ich mein Leben habe, zu verachten. Treue und Dank bin ich ihr schuldig. ... Es gibt ein sehr gottloses Heimweh nach der anderen Welt, dem gewiß keine Heimkehr beschieden ist."[327]

Der Schriftsteller Heinrich Böll hat eine solche Spannung von „Treue zur Erde" und „Heimweh" in einem Gespräch einmal so beschrieben: „Gerade

[323] O. Fuchs: Heilen und befreien, S. 233.234.
[324] O. Dudzus. In: PAM I, S. 76.
[325] So beginnt er die Auslegung von V. 19: „Ich bin ein Gast auf Erden, verbirg deine Gebote nicht vor mir." In: DBW 15 (PAM II, S. 430).
[326] Brief v. 27.10.1932. In: DBW 11, S. 117.
[327] DBW 15 (PAM II, S. 431).

diese Sehnsucht nach dem Irdischen und der Wunsch, ganz dazuzugehören, ist vielleicht der Ausdruck dieses Heimwehs nach etwas anderem. ... Nein, das, was ich meine, ist am besten mit dem Wort ‚fremd' ausgedrückt, sich fremd fühlen."[328]

Das Moment einer grundlegenden und bleibenden Fremdheit hat Bonhoeffer schon zuvor als wichtiges Kriterium sowohl theologischer wie christlicher Existenz betrachtet – ohne jede Spur von Weltverachtung oder Nörgelei an bestimmten Zuständen dieser Welt zu seiner Zeit: „Es ist widerwärtig zu sehen, wenn es der Theologe darauf absieht, wenn er es als wohltuend empfindet, eher für einen Weltmann als für einen Theologen gehalten zu werden. ... Und es ist wirklich nicht einzusehen, wieso ungebrochene Weltlichkeit geradezu das entscheidende Kriterium für einen guten Theologen sein sollte."[329] Im Zusammenhang mit der Auslegung der Bergpredigt in Finkenwalde spitzt er solches Verständnis auf die Gemeinde hin zu: „Wie ein versiegelter Zug im fremden Lande, so geht die Gemeinde durch die Welt."[330] Bereits in seiner Abschiedspredigt am Ende des Vikariates in Barcelona formuliert Bonhoeffer: „Als Fremdling, ja mehr noch: als Vertriebener und Abgefallener geht der Mensch durch die Welt Gottes."[331] In derselben Predigt zitiert er dann das berühmte Augustinus-Wort vom „unruhigen Herzen"[332].

Die das eigene Leben bestimmende Befolgung des Wortes Gottes bringt diese Heimatlosigkeit mit sich, deren einzige Sicherheit die Geltung, die Treue und auch die Kraft dieses Wortes ist, in dem Gott stets neu und überraschend begegnet: „Weil ich aber auf Erden nichts bin als ein Gast, ohne Recht, ohne Halt, ohne Sicherheit, weil Gott selbst mich so schwach und gering gemacht hat, darum hat er mir ein einziges festes Unterpfand für mein Ziel gegeben, sein Wort. Dieses einzig Gewisse wird er mir nicht entziehen."[333] Mit seinen Betrachtungen zu Ps 119 gibt Bonhoeffer Einblick in ein Leben, das sich zuinnerst von Gott und seinem Wort getroffen weiß. „Wenn irgendwo, konnte er hier Gewißheit gewinnen über das konkrete Gebot: nicht in einem System ein für allemal feststehender Lehrsätze und Grundsatzerklärungen, sondern in der stets neuen Begegnung mit dem befreienden und gebietenden Gott, gewonnen im treuen, geduldigen, beständigen Bewegen seines Wortes im eigenen Herzen."[334] Was einmal über Karl Rahner gesagt wurde, mag so auch entsprechend für Dietrich Bonhoeffer gelten: „Ein Vater des Glaubens – und selber heimatlos. So waren sie, so sind sie wohl alle, diese Väter des Glaubens, diese Knechte Gottes ... An ihnen zeigen sich die Spuren jener messianischen Hei-

[328] In einem Gespräch über Literatur und Religion v. 9.9.1983. Zitiert nach: K.-J. Kuschel: Weil wir uns auf dieser Erde nicht ganz zu Hause fühlen, S. 66.

[329] So in den Überlegungen „Was soll der Student der Theologie heute tun?" v. 1933. In: DBW 12 (GS III, S. 245).

[330] DBW 4 (N), S. 276. Zum Motiv des versiegelten Zuges vgl. dort Anm. 25.

[331] Predigt zu Phil 4,7 v. 3.2.1929 in Barcelona. In: DBW 10, S. 534.

[332] Ebd., S. 535.

[333] D. Bonhoeffer zu Ps 119,19. In: DBW 15 (PAM II, S. 431f).

[334] O. Dudzus. In: PAM I, S. 77.

matlosigkeit des Sohnes, die uns aus dem Evangelium überliefert ist. … Immer blieb Heimatlosigkeit, quer zu allem blieb eine Sehnsucht …"[335]
So gründet die Heimatlosigkeit auch darin, daß Bonhoeffer dem Wort Gottes, das ihn zum „Knecht" machte, noch eine innerste Kraft zutraut, welche nicht mehr allgemeinverständlich, sondern allenfalls befremdlich zu vermitteln ist. Entscheidend ist hier die Quelle, aus der Bonhoeffers Leben Nahrung und Entschiedenheit gewann. „Er hat zuletzt, kritisch und mit ungeheuer innovativer Energie, über den Gott Jesu nachgedacht – mit dem interessanten Vermerk übrigens: ‚Wer zu schnell und zu direkt neutestamentlich sein und empfinden will, ist m.E. kein Christ'* –, als habe er am Ende nicht nur immer wieder das Zentrum seines eigenen Lebens und Handelns umkreisen wollen, sondern als sei es ihm wichtig gewesen, diejenige Kraftquelle zu schützen und rein zu bewahren, aus der ein wie auch immer aus dem christlichen Kosmos hervorgegangenes und dem nationalsozialistischen Zugriff entkommenes Europa in Freiheit und solidarischer Verantwortung leben würde."[336]
In die Anziehungskraft dieses Zentrums, das für Bonhoeffer ein „Du" ist, willigt er immer mehr ein und läßt sich von dort her in Anspruch nehmen: „Wer Gottes Wort empfangen hat, der muß anfangen, Gott zu suchen; er kann nicht anders. … Gott braucht das ganze Herz. Er will nichts (nicht etwas) von uns, sondern er will uns selbst und ganz."[337]

## 5. Du bist mir zu stark geworden: Dietrich Bonhoeffer und Mystik

Die „Confessio" in der Predigt zu Jer 20,7 aus dem Jahr 1934 gipfelt darin, daß in ihr von einem Moment liebender Überwältigung die Rede ist, dem Bonhoeffer sich nicht entziehen kann und will: „Du bist mir zu stark geworden und hast gewonnen. … da konnte ich dir nicht mehr widerstreben."[338]
Im Tagebuch der Amerikareise von 1939 hält Bonhoeffer ausdrücklich fest: „Große Programme führen uns immer nur dorthin, wo wir selbst sind; wir aber sollten uns dort finden lassen, wo Er ist."[339]
Sowohl in der „Confessio" von 1934 wie im Amerikatagebuch von 1939 spricht Bonhoeffer in einer Art und Weise von sich, die doch gerade ihren Ausgangspunkt von anderswoher nimmt – nämlich von einem seinem persönlichen Leben zugemuteten, beinahe aufgedrängten „Du". Solches Sprechen und Ringen, wenn es denn bei Bonhoeffer überhaupt den Raum des eigenen Innersten

[335] So J.B. Metz zum 80. Geburtstag von K. Rahner. Zitiert nach J.B. Metz/T.R. Peters: Gottespassion: Zur Ordensexistenz heute, S. 35.
[336] T.R. Peters: Was „immer" wahr ist, ist gerade „heute" nicht wahr [Schluß], S. 106. * Zitat aus dem Brief an E. Bethge v. 5.12.1943. In: DBW 8 (WE[15], S. 88).
[337] D. Bonhoeffer in den Ausführungen zu Ps 119,10: „Ich suche dich von ganzem Herzen; laß mich nicht abirren von deinen Geboten." In: DBW 15 (PAM II, S. 419).
[338] DBW 13, S. 349.
[339] DBW 15 (GS I, S. 293).

verläßt, geschieht verschämt; es ist nicht selbstsicher, sondern weiß um die Mehrzahl der Beweggründe. Ebenso weiß es um die fundamentale Schwierigkeit, letzte und tiefste Motive des eigenen Lebens und Handelns sprachlich zu vermitteln. Pharisäische Heilsgewißheit und jede Form von Erwähltheitsbewußtsein hat Bonhoeffer abgelehnt. Besonders dann, wenn sie sich religiös zu geben versuchten. Doch die fast unvorsichtige Direktheit der bereits mehrfach genannten „Confessio“ mit ihrer unvermittelten Ich-Form und Du-Anrede Gottes erlaubt es, auch bei Dietrich Bonhoeffer von einer ihn selbst prägenden Wirklichkeit zu sprechen, bei der es um „Art, Tiefe, Konsequenzen der Begegnung mit dem wirklichen Gott geht“, und zwar „weit über den Augenblick hinaus.“[340]

Ist dies aber nicht der entscheidende Kernpunkt in der Tradition der christlichen Mystik? Die dem eigenen Leben aufgeprägte Erfahrung des lebendigen und wirklichen Gottes wird in dieser Tradition wesentlich als Du-Erfahrung identifiziert, als ein unbegreifbares, nicht definierbares Du – als *das* Geheimnis schlechthin. Anschaulich wird dieses Geheimnis in der Person Jesu. Das „Du“ Gottes wird geerdet und liegt damit fernab aller metaphysischen Schwärmerei. Christliche Mystik hat ihren Kernpunkt im tiefen Gegenüber dieses Du. Gerade in dieser Du-Erfahrung weiß die Tradition der christlichen Mystik jedoch, daß Gott immer größer und anders ist als diese Erfahrung. Sie verfügt nicht darüber.

Damit ist nun allerdings ein Dilemma berührt: Was meint christliche Mystik und wie ist sie in ihrem Kern sprachlich zu fassen und zu vermitteln? Die Vielfalt der mystischen Phänomene in der Geschichte und die Unterschiedlichkeit der je betroffenen Personen – Mystikerinnen und Mystiker – verbieten es, die darin sich widerspiegelnde Wirklichkeit Gottes auf *einen Begriff* zu bringen. Allenfalls in Annäherungen, in Umschreibungen, in vorläufiger und gebrochener Begrifflichkeit läßt sich von „Mystik“ sprechen:

So stellt etwa Karl Rahner nüchtern fest: „Es gibt keine allgemein rezipierte Theologie der Mystik innerhalb der christlichen und katholischen Theologie.“[341]

Auch Paul Mommaers kommt, nachdem er einige zentrale Aspekte christlicher Mystik umschrieben hat, zu dem Schluß, daß dies „natürlich nach wie vor eine ziemlich grobe und unbeholfene Skizze [bleibt].“[342]

Josef Sudbrack unterscheidet hinsichtlich der Mystik zwischen einem psychologischen, einem historisch-soziologischen, einem ästhetisch-symbolischen und einem religiösen Ansatz; schließlich betont er jedoch auch: „Wir werden

[340] So O. Dudzus im Hinblick auf die Jer 20,7-Predigt. In: PAM I, S. 44. Siehe hierzu auch im dritten Teil dieser Arbeit, S. 147–196.

[341] K. Rahner: Visionen und Prophezeiungen: Zur Mystik und Transzendenzerfahrung, S. 100. Hier ist die erweiterte(!) Neuausgabe zu beachten, in deren Anhang sich der betreffende Beitrag befindet. Zum Verständnis von Mystik vgl. auch insgesamt den Literaturüberblick von J. Sudbrack: Was ist Mystik?

[342] P. Mommaers: Was ist Mystik?, S. 60. Er nähert sich vor allem von seiten der niederländischen (flämischen) Mystik.

uns also dem Phänomen in einer Art Spiral-Bewegung nähern und dabei wissen, daß sie kein endgültiges Ende findet; Gott bleibt Geheimnis."[343]
Bernard McGinn hält Theologie und Geschichte der Mystik ganz bewußt zusammen; er sieht die in der Mystik durchscheinende „vermittelte Unmittelbarkeit"[344] als hilfreichen Anhaltspunkt bei der Beschreibung des mystischen Phänomens; gleichzeitig schränkt aber auch er ein: „Ich verwende diesen Begriff jedenfalls primär heuristisch. ...Was ich hiermit vorlege, ist Ausdruck meiner gegenwärtigen Position in einer Spirale der Erkenntnis."[345] Seine ganze Annäherung versteht er als „heuristische Skizze".[346]
*Mit* diesen Beschränkungen und Bescheidungen, über die offensichtlich ein gewisses Einvernehmen herrscht, seien hier nun auch einige spiralförmige Annäherungsversuche, Umschreibungen und auch mögliche Gesichtspunkte von christlicher „Mystik" genannt. Den darin zu Tage tretenden Facettenreichtum gilt es dann zu Dietrich Bonhoeffer in Beziehung zu setzen. In Abhebung von anderen, möglichen Dimensionen der Mystik (Mystik des Selbst, Kosmische Mystik) geht es hierbei vor allem um Gottesmystik im engeren Sinn.[347]
Hans Urs von Balthasar unterscheidet im Anschluß an Irene Behn zwischen Mystik (ursprüngliche Erfahrung), Mystologie bzw. Mystographie (redende und schreibende Reflexion darüber) und Mystagogie (Hinführung zur Mystik unter Anleitung).[348] Allgemein gilt für ihn: „Mystisch ist ursprünglich alles, was mit dem unter den Gestalten des Menschlichen und Weltlichen in Bibel und Liturgie verborgenen Göttlichen zu tun hat."[349] Für die christliche Mystik betont er den Vorrang der Initiative Gottes vor den menschlichen Bemühungen; ebenso die dieser Initiative entsprechende Bereitschaft und der ihr folgende Glaubensgehorsam, „der auch in der Erfahrung der Gottesverlassenheit mit Gott genauso eng verbunden sein kann wie in der erfahrenen Einigung."[350] Einzigartig vermittelt sich Gott in seinem Wort, *dem* Wort: Jesus Christus, in dem Gott zugleich der immer Größere und Unfaßbare bleibt.
Paul Mommaers kennzeichnet einen Mystiker als jemand, „der auf überwältigende Weise die Anwesenheit erfährt von etwas, das ihn selbst übersteigt und

[343] J. Sudbrack: Mystik: Selbsterfahrung – Kosmische Erfahrung – Gotteserfahrung, S. 29; zu den Ansätzen vgl. ebd., S. 17–22. Vgl. auch: Ders.: Mystik – was ist das?
[344] B. McGinn: Die Mystik im Abendland, Bd. 1: Ursprünge, S. 20.
[345] Ebd.
[346] Ebd., S. 11. Zu einer ausführlichen Darstellung christlicher Mystik in systematischer und historischer Hinsicht vgl. auch A.M. Haas: Mystik als Aussage: Erfahrungs-, Denk- und Redeformen christlicher Mystik; hier vor allem die Ausführungen über das mystische Paradox (S. 110–153) und über christliche Mystik und poetische Äußerungsformen (S. 154–188).
[347] Zu dieser von K. Rahner inspirierten Unterscheidung vgl. J. Sudbrack: Mystik: Selbsterfahrung – kosmische Erfahrung – Gotteserfahrung, bes. S. 97–112 (Gottesmystik). Auch: K. Rahner: Visionen und Prophezeiungen: Zur Mystik und Transzendenzerfahrung, S. 109. (4. These zur Transzendenzerfahrung).
[348] Vgl. H.U. von Balthasar: Zur Ortsbestimmung christlicher Mystik, S. 50.
[349] Ebd., S. 70.
[350] Ebd., S. 59.

viel wirklicher ist als alles, was man durchweg als Wirklichkeit betrachtet."[351] Hierfür sind ihm drei zentrale Aspekte maßgeblich: Der Aspekt der *Unmittelbarkeit*: „Vor allen Dingen handelt es sich hier um ein Erkennen von Gott, um ein Wissen um den Unsichtbaren, ohne jegliches ‚Mittel' oder ‚Bild'..."[352]; der Aspekt der *Passivität:* Es ist die Tatsache, daß man mystisches Erfahren „geschenkt bekommt, nicht herstellt."[353] Der Mensch kann „Gottes Gegenwart ... nur gewahren. Erst Passivität dem sich ihm gleichsam aufdrängenden Anderen gegenüber führt ihn in die Mystik hinein. Das Erleben des Mystikers ist also immer eine Frage der Ergebung, nicht die Folge einer extrem gesteigerten (oder gar übertriebenen) Tätigkeit des Intellekts oder des Gefühls."[354]; und schließlich der Aspekt der *Einheit mit Gott*: „Der Kern und die Krone der mystischen Erfahrung ist die Einheit mit Gott. Ihre tiefste Triebfeder ist die Liebe, die das, was verschieden und getrennt ist, zum Einssein bringt."[355]
Karl Rahner versucht die Mystik als eine *grundsätzlich* gegebene Dimension der Wirklichkeit zu begreifen und spricht so auch von einer „anonym christlichen Mystik, da die Transzendentalität des Menschen immer und überall von vornherein durch die gnadenhafte Selbstmitteilung Gottes von der Mitte der Existenz her auf die Unmittelbarkeit Gottes hin finalisiert und radikalisiert ist."[356] Dementsprechend betont er das Phänomen der Mystik in ihrem alltäglichen Charakter: „Es scheint mir vielmehr ... Aufgabe der christlichen Theologie im ganzen und der christlichen Theologie der Mystik im besonderen zu sein, zu zeigen und verständlich zu machen, daß das eigentliche Grundphänomen mystischer Transzendenzerfahrung auch schon, wenn auch unreflex, in der schlichten Tat des christlichen Lebens in Glaube, Hoffnung und Liebe als innerster tragender Grund gegeben ist, daß solche (sagen wir einmal:) unreflektierte Transzendenz in das namenlose Geheimnis, Gott genannt, hinein aus Gnade schon in diesem Glauben, Hoffen und Lieben gegeben ist, ... daß Mystik in einem expliziten Erlebnis darum... einen paradigmatischen Charakter, eine *exemplarische* Funktion dafür hat, dem Christen deutlich zu machen, was eigentlich geschieht und gemeint ist, wo er glaubt, hofft und liebt."[357] In diesem Rahnerschen Verständnis bleibt Mystik nicht länger ein Sondermoment des Glaubens für ganz bestimmte Menschen, sondern wird wieder als dessen – oft vergessenes und verdrängtes – Grundmoment zur Sprache gebracht.

[351] P. Mommaers: Was ist Mystik?, S. 24.
[352] Ebd., S. 44.
[353] Ebd., S. 49.
[354] Ebd.
[355] Ebd., S. 56.
[356] K. Rahner: Visionen und Prophezeiungen: Zur Mystik und Transzendenzerfahrung, S. 99 (in dem Beitrag „Zu einer Theologie der Mystik").
[357] Ebd., S. 113 (In dem Beitrag „Das Problem der Transzendenzerfahrung aus katholisch-dogmatischer Sicht"). Hervorhebung von mir. Vgl. K. Rahner: Art. Mystik: VI. Theologisch. Vgl. hierzu auch H.D. Egan: „Der Fromme von morgen wird ein ‚Mystiker' sein": Mystik und Theologie Karl Rahners; K.P. Fischer: Der Mensch als Geheimnis: Die Anthropologie Karl Rahners; E. Klinger: Das absolute Geheimnis im Alltag entdecken: Zur spirituellen Theologie Karl Rahners.

Auch Bernard McGinn versteht Mystik in einem umfassenden, offenen Sinn und betont: „Einig waren sich alle christlichen Mystiker darin, daß sich diese Erfahrung einer Konzeptualisierung und Verbalisierung teilweise oder ganz widersetzt."[358] Er beschränkt sich nicht auf ein bestimmtes, punktuelles Ereignis, sondern hebt hervor, „daß Mystik immer ein Prozeß bzw. Lebensweg ist."[359] Ihr Ziel bleibt zwar die Begegnung zwischen Gott und Mensch. Doch gilt für ihn auch: „Dennoch ist alles, was zu dieser Begegnung hinführt und sie vorbereitet, wie auch alles, was daraus für das Leben des einzelnen in der Glaubensgemeinschaft erwächst, genauso mystisch, wenn auch nur in einem abgeleiteten Sinn."[360] Aber auch diese Begegnung geschieht vermittelt, d.h. sie ereignet sich vor allem auch in der jeweiligen geschichtlichen Konkretion: „Das im Geheimnis der Inkarnation implizierte paradoxe Ineins von Zeitlosigkeit und Zeit wird nirgends deutlicher als in den unterschiedlichen Weisen, wie das ‚zeitlose' mystische Bewußtsein der Gegenwart Gottes von den Veränderungen und Entwicklungen in Kirche und Gesellschaft beeinflußt wurde."[361] Von lebensgeschichtlichen und historischen Umständen ist bei der Frage nach einem angemessenen Verständnis von Mystik eben gerade *nicht* abzusehen, vielmehr muß „Mystik kontextuell verstanden werden."[362] Schließlich grenzt er sich vom engen Verständnis der „Einung" (Verschmelzung von Gott und Mensch) und der „Einigung" (Einigung von Gott und Mensch in der bleibenden Differenz) ab. Stattdessen hält er in der charakteristischen Vielfalt christlicher Mystik die darin aufscheinende „Gegenwart" Gottes für zentral.[363] Entsprechend umschreibt er das Wesen christlicher Mystik: „Das mystische Element im Christentum ist der Teil seiner Glaubensinhalte und Glaubensvollzüge, der das betrifft, was man unmittelbare bzw. direkte Gegenwart Gottes nennen kann, und dies in einem dreifachen Sinn: als Vorbereitung auf sie, als Bewußtsein von ihr und als Reaktion auf sie."[364]

Geht es also wesentlich um einen Werdegang, d.h. um einen Lebensprozeß, so sei daran erinnert, daß bereits Johannes vom Kreuz (1542–1591), der auch „doctor mysticus" genannt wird, das ganze Leben als einen „Umformungsprozeß (transformación)" in Gott hinein versteht. „Sich dieser ‚Umformung in Gott hinein (transformación en Dios)' bewußt aussetzen, das ist für Johannes vom Kreuz geistliches Leben."[365]

Im Bereich der christlichen Mystik werden nun immer auch die zeitgeschichtliche Situation und die konkrete Person zu berücksichtigen sein: Die „Gegenwart" Gottes vermittelt sich im 4./5. Jahrhundert (z.B. Augustinus) anders als

[358] B. McGinn: Die Mystik im Abendland, Bd. 1: Ursprünge, S. 16.

[359] Ebd., S. 15.

[360] Ebd.

[361] Ebd., S. 13f.

[362] Ebd., S. 14.

[363] Ebd., S. 15f.

[364] Ebd., S. 16.

[365] R. Körner: Mein sind die Himmel und mein ist die Erde: Geistliches Leben nach Johannes vom Kreuz, S. 21 (Teilzitat aus Johannes vom Kreuz: Aufstieg zum Berge Karmel; S I 4).

im 12./13. Jahrhundert (z.B. Bernhard von Clairvaux, Franziskus von Assisi); im 16. Jahrhundert (z.B. Martin Luther, Johannes vom Kreuz, Teresa von Avila) scheint sie anders auf als im 20. Jahrhundert (z.B. Dag Hammarskjöld, Edith Stein, Simone Weil, Madeleine Delbrêl). Auch die mystischen Temperamente sind sehr verschieden: Man vergleiche etwa das Feuer einer Teresa von Avila und die beinahe unnahbare Kühle bei Dag Hammarskjöld. Christliche Mystik überspringt oder verneint die Person nicht, sondern hebt sie gerade in ihrer tiefsten Eigenart hervor.

Dieses bewußt breite Spektrum der Annäherungen (v. Balthasar, Mommaers, Rahner, McGinn)[366] an das Phänomen einer christlichen Mystik ist nun in Beziehung zu setzen mit Dietrich Bonhoeffer. Dabei sollen vor allem die Überlegungen von Karl Rahner und Bernard McGinn als eine Art Brennglas dienen.

Dietrich Bonhoeffer und – Mystik? Der offensichtliche Befund von Bonhoeffer selbst her scheint jeden Versuch im Ansatz zu unterbinden, hier eine mögliche Beziehung zu sehen. Mystik als die Sehnsucht des Mystikers nach Verschmelzung und als der (egozentrische) Versuch des Menschen, von sich aus zur Einigung mit der Gottheit zu kommen – das lehnt er bereits in seiner Promotion „Sanctorum Communio“ ab. Er besteht auf der Individualität von Ich und Du im Hinblick auf die menschliche Gemeinschaft, aber auch im Hinblick auf den Gedanken einer Gottesgemeinschaft: „Andernfalls wird aus der Gottesgemeinschaft die Einigung im Sinne einer Grenzüberschreitung der Ich–Du–Relation, d.h. einer mystischen Verschmelzung.“[367] Wo sich eine Gemeinschaft als offensichtlich falsch und nur scheinbar herausstellt, weist er hin auf „das Phänomen der Masse und die egozentrische Mystik.“[368] Nochmals hält er wenig später die bleibende Unterschiedenheit der Personen in einer Gemeinschaft fest: „Gemeinschaft ist darum nie ‚Einssein‘, sie ist auch kein letztes ‚Einer sein‘ im Sinne mystischen Verschmelzens ...“[369] Schließlich betont er auch gegenüber der tiefen und einzigartigen Gemeinschaft der Liebe: „Sie bleibt Willensgemeinschaft freier Personen, und ihre Seligkeit hat mit mystischer Verschmelzung nichts zu tun. ... Kraft und Herrlichkeit der Liebe wird vom Mystiker nicht verstanden.“[370] Ein grelles und für ihn selbst offensichtlich maßgebliches Bild von Mystik malt Bonhoeffer auch in einem Vortrag[371] wäh-

366 Auf deren Unterschiede im Mystikverständnis sei hier zwar hingewiesen, sie brauchen in diesem Zusammenhang aber nicht eigens ausformuliert und diskutiert zu werden. Vor allem K. Rahner und B. McGinn ähneln sich jedoch in ihrem *weiten* Verständnis von Mystik.

367 DBW 1 (SC), S. 53.

368 Ebd., S. 82. Vgl. S. 83.84. Vgl. zur „religiösen Mystik“ auch in der Vorlesung „Das Wesen der Kirche“ v. 1932. In: DBW 11, S. 278, Anm. 274.

369 DBW 1 (SC), S. 113. Vgl. dort S. 118.

370 Ebd., S. 197. In zum Teil für die Druckfassung gestrichenen bzw. veränderten Passagen äußert sich Bonhoeffer mit ähnlichem Tenor zur Mystik. Vgl. DBW 1 (SC), S. 212, Anm. 14 (Hier spricht Bonhoeffer gar von der „personenzerstörenden Mystik“!), S. 219, Anm. 82; S. 252.253.257 (Hier geht es u.a. um die Mystik bei Paulus).

371 Gemeindevortrag „Jesus Christus und vom Wesen des Christentums“ v. 11.12.1928. In: DBW 10, S. 302–322.

rend seines Vikariates in Barcelona: „Der griechische Geist in seiner religiösen Auswirkung führt zur Mystik. Mystik und frohe Botschaft aber schließen sich radikal aus. Mystik ist das religiöse Unternehmen, in dem der Mensch eine irgendwie geartete, von ihm aus herbeizuführende Einung mit der Gottheit erstrebt, aufgrund in ihm vorhandener göttlicher Fähigkeiten; diese Einung kann intellektuell, voluntaristisch oder gefühlsmäßig sein; sie ist darum unchristlich, weil sie den vom Menschen aus unüberwindbaren Abstand Gottes vom Menschen übersieht, der auch dann noch bestehen bleibt, wenn Gott sich neigt, als der Abstand des Geschöpfes vom Schöpfer. Humanismus und Mystik, die scheinbar schönsten Blüten der christlichen Religion, ... sie müssen ... abgelehnt werden ... als Angriff auf die alleinige Ehre Gottes. Die Gottheit des Humanismus ... und der Mystik ist der Abgott menschlicher Wünsche; nur der Gottesgedanke des Christentums orientiert die menschlichen Wünsche an sich."[372]
Auch in späteren Äußerungen bleibt für Bonhoeffers Verständnis von Mystik maßgebend, daß er darunter wesentlich den vom Menschen ausgehenden Einungsversuch mit der Gottheit versteht, der das personale Gegenüber von Mensch und Gott, von „Ich" und „Du" aufhebt. In der Vorlesung über „Das Wesen der Kirche" v. 1932 sagt er: „‚Ortlosigkeit Gottes' ist Ausdruck moderner Religiosität (aus Mystik – Angelus Silesius – und aus Rationalismus stammend)."[373] In einer handschriftlichen Aufzeichnung für ein Seminar über theologische Anthropologie v. 1932/33 vermerkt er, daß, wenn „das grundsätzliche Gegenüber von Gott und Mensch aufgelöst [wird]", damit „einer Mystik (Willensmystik, Heiligungsmystik) nicht mehr auszuweichen [ist]".[374] Schließlich äußert sich Bonhoeffer in einem Gefängnisbrief über die Notwendigkeit einer „nicht-religiösen" Interpretation religiöser bzw. biblischer Begriffe, weil es doch um diese Welt gehe und auch alles „Mehr" des Evangeliums für diese Welt gedacht sei. Dann fährt er fort: „... Ich meine das nicht in dem anthropozentrischen Sinne der liberalen, mystischen, pietistischen, ethischen Theologie, sondern in dem biblischen Sinne der Schöpfung und der Inkarnation, Kreuzigung und Auferstehung Jesu Christi."[375]
Die von ihm so skizzierte Mystik lehnt Dietrich Bonhoeffer ab. Im genannten Gemeindevortrag in Barcelona nennt er auch seinen eigentlichen Verdacht: Er sieht in der Mystik vor allem ein „religiöses Unternehmen". Und dem „Religiösen" und den „religiös" sich Gebenden gilt zunehmend seine theologische Kritik. „Religion" wird für Bonhoeffer immer mehr zur Kontrastfolie, gegenüber der das angemessene Verständnis von christlichem Glauben im jeweiligen Zusammenhang erst neu zu entwickeln ist. Religion „zeigt sich als gefährlicher Akt der Selbsterlösung und Selbstüberwindung von Mensch und Welt."[376]

[372] Ebd., S. 318f.
[373] DBW 11, S. 244. Vgl. ebd. Anm. 28.
[374] DBW 12 (GS V, S. 353).
[375] Brief v. 5.5.1944. In: DBW 8 (WE[15], S. 143).
[376] So H.-J. Kraus über den Religionsbegriff bei Bonhoeffer, besonders in den Fragmenten der Ethik. In: H.-J. Kraus: Theologische Religionskritik, S. 69.

An der Mystik, so wie Dietrich Bonhoeffer sie versteht, kritisiert er wesentlich das „Religiöse“: Mystik als scheinbar schönste Blüte der Religion; Mystik als Abgott menschlicher Wünsche; als der Versuch, anthropozentrisch oder gar egozentrisch zu Gott zu kommen – aus sich selbst heraus; Mystik als selbstherrlicher Einungsversuch mit der Gottheit; Mystik als Nivellierung des Unterschiedes und des Abstandes zwischen Mensch und Gott. Bonhoeffer lehnt die Mystik ab und sieht offensichtlich darin vor allem eine ganz bestimmte und besondere Variante von „Religion“, die selbstgenügsam und in privater Sphäre vor allem am eigenen Seelenheil interessiert ist. Pointiert ausgedrückt: Bonhoeffer sagt „Mystik“ und meint eine Spielart von „Religion“. Denn in ihrem wirklichen Kern kennt er die Mystik offensichtlich nicht.
Ist dem aber so, dann läßt sich – zwar in Kenntnis des Gebrauchs von „Mystik“ bei ihm, aber doch unbeirrt davon – noch einmal neu die Frage stellen: Dietrich Bonhoeffer und – Mystik? Zunächst muß man sich von der von Bonhoeffer selbst nahegelegten Einengung von Mystik als Verschmelzung in einem sehr allgemeinen Sinne lösen.[377] Er steht mit seinen Äußerungen zur „Mystik“ offensichtlich auch ganz im Banne der eigenen (deutschen) protestantischen Tradition, welche sich durchweg skeptisch bis ablehnend dazu äußert:[378] So sieht A. Ritschl (1822–1889) in der Mystik einen angemaßten „Genuß Gottes“, in dem ein allgemeines Sein als Gott angesehen wird, was eine „Erschleichung“ sei.[379] A. v. Harnack (1851–1930), den auch Bonhoeffer noch in einem Seminar in Berlin erlebte, fällt über die Mystik ein vernichtendes Urteil, da sie dem evangelischen Glauben nicht bekomme: „Die Mystik ist in der Regel phantastisch ausgeführter Rationalismus, und der Rationalismus ist abgeblasste Mystik.“[380] Mystik und protestantischen Glauben grenzt er so ab: „Ein Mystiker, der nicht katholisch wird, ist ein Dilettant.“[381] Auch in der dialektischen Theologie bleibt für Mystik wenig Raum: „Die Führer dieser Bewegung, in erster Linie Karl Barth und Emil Brunner, hielten nicht viel von Mystik.“[382] Anders sehen die Beiträge von E. Troeltsch (1865–1923) und A. Schweitzer (1875–1965) aus. Doch auch für A. Schweitzer gilt: „Reine Gottesmystik bleibt etwas Totes.“[383] Von einer Offenheit oder gar Wertschätzung von Mystik in der Tradition des (kontinentalen) Protestantismus kann also kaum die Rede

[377] Siehe hierzu die vorangestellten Umschreibungen christlicher Mystik von H.U. v. Balthasar, P. Mommaers, K. Rahner und B. McGinn.

[378] Zu dem folgenden Überblick vgl. B. McGinn: Die Mystik im Abendland, Bd. 1: Ursprünge, S. 386–392.

[379] Vgl. B. McGinn, a.a.O., S.386.

[380] Zitiert ebd., S. 386.

[381] Ebd., S. 388.

[382] B. McGinn, a.a.O., S. 388. Eine stärkere Differenzierung versucht A. Kemmer: Die Mystik in Karl Barths „Kirchlicher Dogmatik“. Und er sieht – darin ähnlich wie bei Bonhoeffer: „Freilich hat Karl Barth einen ungenügenden Begriff von Mystik, und seine Bedenken richten sich gegen mystische Lehren und Praktiken, die mit der christlichen Offenbarung nicht in Einklang zu bringen sind.“ (S. 24).

[383] Zitiert nach B. McGinn, a.a.O., S. 392.

sein. Wohl deswegen, weil die meisten protestantischen Theologen davon ausgehen, „daß Gottesmystik immer Identität mit dem Göttlichen meint und daher *ipso facto* unvereinbar mit dem christlichen Glauben an die grundlegende Unterscheidung zwischen Gott und Mensch ist. Die Geschichte der christlichen Mystik legt jedoch die Vermutung nahe, daß dieses Bild viel zu einfach ist."[384]

Mit den vorausgegangenen Umschreibungen zur christlichen Mystik läßt sich in bezug auf Bonhoeffers eigene Tradition zumindest von einem Verständnisdefizit bzw. von einer einseitig verengten Sicht von Mystik sprechen. Die bleibende Offenheit, das *Nicht*-Begreifen-Können der liebenden Zuwendung Gottes, das im Geheimnis immer auch entzogene „Du" Gottes – dies gehört fundamental zum richtigen Verständnis christlicher Mystik dazu. Eine Auflösung des Menschen im Göttlichen, eine Verschmelzung von Mensch und Gott in Ununterscheidbarkeit oder ein Aufgehen im Leeren ist weder alleiniges Ziel noch innerer Kernpunkt christlicher Begegnungsmystik: „Eine Mystik, die abschließt, als sei sie ‚Besitzerin' oder schon am Ziel, als habe sie es zur Meisterschaft gebracht, schließt ab gegen Gott. Gottesmystik bleibt stets auf das Geheimnis hin unterwegs. Der menschlichen ‚Offenheit' entspricht auf der Seite des lebendigen Gottes sein ewiges, alles umgreifendes Geheimnis. Mystik, die das Mysterium auflöst, verfehlt Gott. ... Ihr Anfang ist niemals Technik und Manipulation, ihr Ziel niemals Stillstand und Ruhe."[385] Möglicherweise muß man Dietrich Bonhoeffer in bezug auf „Mystik" aus der eigenen Begrifflichkeit und der Bedeutungs- und Wirkungsgeschichte von „Mystik" in der protestantischen Tradition herauslösen, um nicht vorschnell eine *Grund*dimension in seinem Leben vollständig auszublenden.

Wie soll man denn einen Satz aus der „Confessio" in der Jer 20,7-Predigt von 1934 wie „Als du über mich gewannst ... – da konnte ich nicht mehr zurück"[386] verstehen, wenn nicht „mystisch", d.h. von jenem Geheimnis herkommend und auf jenes Geheimnis hin ausgestreckt, welches – auch für Bonhoeffer – das „Du" Gottes ist, wie es sich in Jesus Christus zeigt?

[384] B. McGinn, a.a.O., S. 392. Hervorhebung von B.M.G.

[385] J. Sudbrack: Mystik: Selbsterfahrung – kosmische Erfahrung – Gotteserfahrung, S. 111. Einen ausdrücklich evangelikalen Versuch unternimmt G. Huntemann, Bonhoeffer als „Christusmystiker" zu begreifen (Der andere Bonhoeffer, bes. S. 49–58.). Er meint damit in einem sehr allgemeinen Sinn Bonhoeffers Anteil „am Leben, Kämpfen und Sterben Christi ... und dann schließlich auch an seiner Auferstehung." (S. 53. 57 u.ö.). In ihrer eigenen, spezifischen Dynamik und in ihrem wesentlich personalen Charakter wird „Mystik" von Huntemann allerdings nicht wahrgenommen. Im weiteren benutzt er Bonhoeffer geradezu für einen fundamentalistischen Feldzug gegen den „Modernismus": z.B. gegen eine „matriarchalisch-sozialutopisch-bibelselektierende Theologie" (S. 10); gegen eine „linksorientierte Anpassungstheologie" (S. 68); gegen eine „aktionsidiotische Freizeitprogrammatik" (S. 270) der Kirche; und schließlich in einem Rundumschlag gegen „Feminismus", „Kritizismus" und „Perversion" (S. 293) von Kultur und Moral. Solche Tiraden mindern die durchaus wichtigen, wenn auch zu wenig spezifischen Hinweise auf die „Christusmystik" Dietrich Bonhoeffers.

[386] Vgl. oben unter 3.2., S. 69–75.

Wie ist ein Wort in der Predigt zu 1 Kor 13 aus dem Jahre 1934 wie „Sein Licht sucht meine Augen, Seine Liebe sucht mein Herz."[387] anders gemeint als auch so, daß Bonhoeffer darin ganz und tief von sich spricht? Nun ist aber gerade die von Gott gesuchte Liebesverbundenheit im Herzen des Menschen *das* Thema in der Tradition der christlichen Mystik.
Oder wie will man eine ringende Frage aus dem Amerikatagebuch von 1939 wie „Oder bin ich doch dem Ort ausgewichen, an dem Er ist? An dem Er für mich ist?"[388] in ihrer gemeinten Tiefe richtig verstehen? Wenn nicht auch so, daß es darin für Bonhoeffer um die Frage nach der „Gegenwart Gottes" geht: „als Vorbereitung auf sie, als Bewußtsein von ihr und als Reaktion auf sie"?[389] So aber umschreibt McGinn die mystische Grunddimension des christlichen Glaubens.
Oder inwiefern ist eine Formulierung des Christen und Widerständlers Bonhoeffer in der „Ethik" wie: „Liebe bedeutet das Erleiden der Umwandlung der gesamten Existenz durch Gott, das Hineingezogenwerden in die Welt, wie sie vor Gott und in Gott allein leben kann."[390] grundsätzlich verschieden von dem, was der Mystiker Johannes vom Kreuz eine „Umformung in Gott hinein (transformación en Dios)"[391] nennt?
Verschiedene Äußerungen Dietrich Bonhoeffers und in großer Tiefe und Ernsthaftigkeit getroffene Entscheidungen lassen sich jedenfalls in ihrer doppelten Gottesbestimmtheit – von Gott her und auf Gott hin – in Beziehung zueinander bringen. Dazu gehört etwa die Predigt zu Jer 20,7 im Jahr 1934; dazu gehört das Tagebuch der Amerikareise von 1939; ebenso wichtig sind die Meditationen zu Ps 119 und Passagen in der „Ethik", wenn es dort etwa im Zusammenhang mit der Gestaltung der Welt heißt:„Gestaltung gibt es vielmehr allein als Hineingezogenwerden in die Gestalt Jesu Christi, als *Gleichgestaltung mit der einzigen Gestalt des Menschgewordenen, Gekreuzigten und Auferstandenen.* ... Christus bleibt der einzige Gestalter. Nicht christliche Menschen gestalten mit ihren Ideen die Welt, sondern Christus gestaltet die Menschen zur Gleichgestalt mit ihm."[392] In einem Beitrag über Bonhoeffer in Italien wird die „Ethik" auch entsprechend so verstanden, daß sie „eine Ethik der *mystischen* Gleichgestaltung mit Christus ist (bis hin zur Schuldannahme, zur Stellvertretung und zum Schweigen Gottes beziehungsweise zur Gottverlassenheit am Kreuz)."[393]
Zu beachten sind auch die neue Sprache der Gedichte und manche andere Äußerung. So wird schließlich im Zusammenhang deutlich, daß sich Bonhoeffers Radikalität und die neue theologische Qualität seiner Gefängnisbriefe „eher

[387] Vgl. oben unter 4., S. 77–79.
[388] Vgl. oben unter 4.1., S. 80–86.
[389] B. McGinn, a.a.O., S.16.
[390] DBW 6 (E), S. 339.
[391] Vgl. R. Körner: Mein sind die Himmel und mein ist die Erde, S. 21.
[392] DBW 6 (E), S. 80f. Hervorhebung von D. B.
[393] So P. Vanzan in einem Beitrag über Bonhoeffer in Italien. In: H.E. Tödt (Hg.): Wie eine Flaschenpost, S. 209. Hervorhebung von P. V.

der mystischen Vertiefung als der theologisch-politischen Aufklärung und Kritik" verdankt.[394] Es gibt jedenfalls auch eine Wahrnehmung Dietrich Bonhoeffers, in der Raum bleibt, einen Zusammenhang von Bonhoeffer und Mystik wenigstens für möglich zu halten: Dorothee Sölle stellt einmal Bonhoeffers Gedicht „Wer bin ich?" als einen Text religiöser Erfahrung vor. Die letzte Zeile dieses Gedichtes lautet: „Wer ich auch bin, Du kennst mich, Dein bin ich, o Gott!" Darauf bezieht sie sich, wenn sie sich in ihren Ausführungen dazu von seiten der Deutschen Mystik des 13./14. Jahrhunderts annähert: „‚Dein bin ich, o Gott' bedeutet: Ich gehöre mir nicht... Ich ‚lasse' das alles ... Obwohl Bonhoeffer so weit fort vom mystischen Denken ist wie nur möglich, zeigt sich an diesem Punkt gerade die Wahrheit dessen, was die Mystiker mit dem ‚gang uz dir selbst und laz dich' meinen ... Ich zögere, das Wort ‚Hingabe' im Zusammenhang mit Bonhoeffer zu gebrauchen. Aber das zeigt nur die Verblödung unseres Denkens, als ob Hingabe nur etwas für Frauen (oder Mystiker) sei..."[395] Sie fährt dann fort, daß nach Überzeugung der mystischen Tradition Gott nicht im objektivierenden Denken erkannt werden kann, sondern nur in der liebenden Erkenntnis durch Vereinigung. Das bedeutet: Es „folgt der mystische Schritt der Vereinigung, der unio mystica. ... Diesen Akt der Vereinigung, die Denken und Wort übersteigt, vollzieht Bonhoeffer in seinem Gedicht: ‚Dein bin ich, o Gott.'"[396] An dieser Stelle läßt sich dann auch Bonhoeffers Predigt zu Jer 20,7 unterstützend zu Rate ziehen: „Gott, du verführtest mich unwiderstehlich, daß ich mich dir hingab."[397]

Aufschlußreich ist hier auch der Blickwinkel auf Bonhoeffer aus der Sicht der Theologie der Befreiung: „Der einzige glaubhafte Gott, sagt Bonhoeffer mit Recht, ist der Gott der Mystiker, der allerdings kein Gott ohne Beziehung zur menschlichen Geschichte ist."[398] Zwar spricht Bonhoeffer selbst nirgendwo vom „Gott der Mystiker", doch erahnt man offensichtlich in der Außenwahrnehmung Entsprechungen bei ihm, zumal im Zusammenhang von Mystik und menschlicher Geschichte.[399] Ebenso die Annäherungen an Dietrich Bonhoeffer von seiten der spanischen Mystik – insbesondere von Teresa von Avila her –

[394] T.R. Peters, ebd., S. 161.

[395] D. Sölle: Die Hinreise: Zur religiösen Erfahrung, S. 150.151.

[396] Ebd., S. 152f. Entscheidend ist hier nicht, ob D. Sölle das Grundverständnis von Mystik in jedem Punkt wiedergibt. Bemerkenswert ist, daß sie Bonhoeffer hier ausdrücklich in diesen mystischen Zusammenhang stellt.

[397] DBW 13, S. 349.

[398] G. Gutiérrez: Theologie der Befreiung, S. 265.

[399] Vgl. hierzu auch den Blickwinkel von A. Rotzetter: Aus Liebe zum Leben: Die Evangelischen Räte neu entdecken. Mit Hilfe einer Neuinterpretation der Evangelischen Räte stellt er grundsätzliche Überlegungen zu einer heute angemessenen, geerdeten Gestalt des Glaubens und der Kirche an. Er orientiert sich dabei ausdrücklich auch an D. Bonhoeffer, einem „Propheten unserer Tage" (S. 159), weil er bei ihm eine – mystische – Tiefe erspürt, aus der heraus allein der Glaube wieder Strahlkraft zu gewinnen vermag: „D. Bonhoeffer fordert im gleichen Atemzug das, was später auch K. Rahner als unbedingte Voraussetzung für das Weiterbestehen der Kirche betrachtet: die ganz persönliche, ja mystische Erfahrung, aus der heraus dann auch eine ganz neue weltliche Sprache möglich wird." (S. 160).

durch Ferdinand Schlingensiepen[400] sind kaum ernsthaft aufgegriffen worden, obwohl sie von Sachkenntnis und Gespür für die mystische Spur im Leben Bonhoeffers getragen sind.[401]
Dietrich Bonhoeffer und – Mystik? In einer vielschichtigen und weltweiten Wirkungsgeschichte wird er offensichtlich nicht nur wahrgenommen aufgrund seiner genauen und unbedingten Intellektualität, seiner frühen prophetischen Weitsicht bezüglich der politischen Entwicklungen in Deutschland, seiner offenen, wirklich innovativen theologischen Überlegungen und seines entschlossenen, einsamen Schrittes in den Widerstand gegen Hitler, sondern – auch – wegen einer bei ihm zu spürenden überzeugenden Tiefe. Die dafür angemessenen Worte zu finden, ist schwer, vielleicht unmöglich. So mag die Frage offen bleiben, ohne sie zurückzunehmen. Sie bleibt aber bei den folgenden Teilen im Hintergrund präsent.
Der englische Offizier und Mithäftling im KZ Buchenwald, Payne Best, beantwortet sie aus seiner Sicht: „Er war einer der ganz wenigen Männer, die ich je getroffen habe, denen ihr Gott immer nahe und wirklich war.“[402]

[400] Vgl. hierzu F. Schlingensiepen: Im Augenblick der Wahrheit; ders.: Mystiker in den Umbrüchen unseres Jahrhunderts: Dietrich Bonhoeffer.

[401] E. Bethge findet sie immerhin „provozierend“ und von „erregender Terminologie“ (E. Bethge: Bekennen und Widerstehen, S. 10, Anm. 1). H.-J. Abromeit teilt offensichtlich die tiefe Mystik-Skepsis und das vorherrschende, enge Mystik-Verständnis der eigenen protestantischen Tradition, wenn er feststellt: „Bei näherem Hinsehen reduziert sich das Verständnis von Mystik, das Schlingensiepen auf Bonhoeffer anwendet, auf eine gewisse esoterische [!] Erfahrung. ... Ob man ihn deshalb aber einen Mystiker nennen muß, scheint mir zweifelhaft ...“ (Das Geheimnis Christi, S. 7. Ausrufungszeichen von mir.)

[402] Zitiert nach: E. Bethge: Dietrich Bonhoeffer – mit Selbstzeugnissen und Bilddokumenten, S. 136.

## WORAN HÄNGEN

den strohhalm
verwechselt
niemand mehr
mit rettung

keine krücke
verhilft
zum aufrechten gang

ausgeglüht
die hoffnung
bis auf den letzten funken

auf des messers schneide
steht die verheißung
noch aus

und
dort hängt
mit offenen armen
der sohn

gott

nicht einmal mehr
am seidenen faden

*Werner Kallen*

# ZWEITER TEIL
# Vor und mit Gott leben wir ohne Gott

## Die Zumutung einer unverwechselbaren Verwirklichung

In einem Brief aus der Haft stellt Bonhoeffer nüchtern fest: „... Die Menschen können einfach, so wie sie nun einmal sind, nicht mehr religiös sein. Auch diejenigen, die sich ehrlich als ‚religiös' bezeichnen, praktizieren das in keiner Weise; sie meinen vermutlich mit ‚religiös' etwas ganz anderes."[1] Damit sind die Fragen nach Autonomie, nach Identität und schließlich auch die Frage nach Gott aber keineswegs erledigt. Bonhoeffer wendet sich diesen Herausforderungen vielmehr radikaler, von der Wurzel her zu und beharrt darauf: „Gott sieht unsere Wege an. ... er hat sie angesehen – und er sah uns verwundet, verirrt, verängstigt. ... Die eigenen Wege führen im Kreise immer zu uns selbst zurück. Aber wenn Gott unsere Wege leitet, dann führen sie zu ihm."[2]
Von einem konsequent inkarnatorischen Ansatz her kann Bonhoeffer in der „Ethik" sagen, indem er sich auf das Johanneswort „Ich bin das Leben" (Joh 11,25; 14,6) bezieht: „Aus der Frage, *was* das Leben sei, wird hier die Antwort, *wer* das Leben sei. ... So läßt sich das Leben niemals mehr von dem Ich, von der Person Jesu trennen. Indem Jesus dies *verkündigt*, sagt er, daß er nicht nur *das* Leben – das heißt irgendeine möglicherweise mich nicht betreffende metaphysische Größe – ist, sondern gerade *mein* Leben, unser Leben..."[3] Daraus folgert Bonhoeffer, daß im Kern auch das eigene Leben nicht „von mir" und nicht einfach „ich" ist: „Mein Leben ist außerhalb meiner selbst, außerhalb meiner Verfügung, mein Leben ist ein anderer, ein Fremder, Jesus Christus ..."[4] Und selbst diese Einsicht ist aufgedrängt, zugemutet, kommt von außen: „Daß unser Leben außerhalb unserer selbst, in Jesus Christus, ist, das ist keinesfalls Ergebnis unserer Selbsterkenntnis, sondern uns von außen be-

[1] Brief an E. Bethge v. 30.4.1944. In: DBW 8 (WE[15], S. 139). Auch der zweite Satz ist wichtig. Sind doch so nicht nur die anderen gemeint, sondern gerade auch die mit einem „religiösen" Selbstverständnis.

[2] So in einer schriftlichen Andacht zu Jes 57,18 und Gal 4,6 v. 28. Mai 1944 (Pfingsten). In: DBW 16, S. 651. Diese und einige weitere Andachten zu den Herrnhuter Losungen waren für den engeren Freundes- und den Familienkreis gedacht.

[3] In der zweiten Fassung des Kapitels „Die Geschichte und das Gute". In: DBW 6 (E), S. 248f. Hervorhebungen von D. B. Erwähnt seien zwei Textvarianten innerhalb der Gedankenstriche. In der bisherigen Ausgabe (EN, S. 231) heißt es: „– d.h. irgendein möglicherweise auch mich betreffender metaphysischer Geist –". In der neuen kritischen Ausgabe (DBW 6 [E], S. 249) steht als Entzifferungskorrektur: – das heißt irgendeine möglicherweise mich nicht betreffende metaphysische Größe –".

[4] DBW 6 (E), S. 249. Vgl. das Pauluswort „Ich lebe, doch nun nicht ich, sondern Christus lebt in mir". (Gal 2,20a).

gegnender Anspruch, dem wir glauben oder widersprechen."[5] Werden Wirklichkeit und Ursprung auch des eigenen Lebens so verstanden, daß „Christus mein Leben"[6] ist, dann gilt von hierher für Bonhoeffer: „Es gibt auch kein Verhältnis zum Menschen ohne ein Verhältnis zu Gott und umgekehrt."[7] Das Leben, die Verwirklichung des eigenen Lebens vollzieht sich – darin dem Beispiel Jesu folgend – nicht ichfixiert „für sich" oder abstrakt „an sich", sondern in der konkreten Begegnung mit anderen und im Dasein für sie als „Selbstbehauptung in der Selbstpreisgabe an Gott und die Menschen."[8] Was Bonhoeffer hier von der Inkarnation her theologisch durchdringt, gilt in einem ganz entscheidenden Aspekt auch für das Moment der Gegenwart Gottes in der Tradition der Mystik. Es ist keine von allen Konkretionen und allen irdischen Bezügen abgelöste Sondererfahrung „an sich" gemeint, sondern ein angebbares „Du"-Verhältnis, für das Jesus einstand bis in den Tod. „Nicht also die ‚Gotteserfahrung' ist zu suchen, sondern die Gleichförmigkeit des Charakters mit dem Charakter Christi, der am Kreuz sein Leben für die Seinen gegeben hat – noch einmal ein fundamentales ‚Gesetz' im geistlichen Leben, durch das sich die wahre christliche Mystik von der falsch verstandenen, sich selbst suchenden Innerlichkeit unterscheidet."[9] Es geht also um ein „Ichwerden an den Anderen" und um eine entsprechende „Mystik der offenen Augen, die mehr und nicht weniger sieht."[10]

Auch zu Bonhoeffers Weg gehören am Beginn ein „elementarer Drang nach Selbständigkeit"[11] und ein tiefer Wunsch nach „unverwechselbar eigener Verwirklichung."[12] Am Ende fragt er sich in der Gefängniszelle von Tegel, ob seinem eigenen Leben überhaupt noch eine erkennbare Gestalt anzusehen ist: „Je länger wir aus unserem eigentlichen beruflichen Lebensbereich herausgerissen sind, desto mehr empfinden wir, daß unser Leben … fragmentarischen Charakter hat."[13] Doch mindestens in diesem Fragment soll etwas erkennbar werden: „Unsere geistige Existenz aber bleibt ein Torso. Es kommt wohl nur darauf an, ob man dem Fragment unseres Lebens noch ansieht, wie das Ganze eigentlich angelegt und gedacht war und aus welchem Material es besteht."[14] Dann zieht er das zumutende Wort Jer 45,5 zu Rate: „Und du begehrst für dich große Dinge? Begehre es nicht! Denn siehe, ich will Unheil kommen lassen, über alles Fleisch, spricht der Herr, aber dein Leben sollst du wie eine Beute davonbrin-

[5] Ebd., S. 249.
[6] Ebd., S. 252. Vgl. Phil 1,21.
[7] Ebd., S. 253.
[8] Ebd.
[9] R. Körner: Mein sind die Himmel und mein ist die Erde: Geistliches Leben nach Johannes vom Kreuz, S. 48.
[10] Vgl. hierzu die Anstöße von J.B. Metz. In: Ders./T.R. Peters: Gottespassion, S. 24–26, hier S. 40 (dort auch Anm. 20!) und S. 37.
[11] E. Bethge: Dietrich Bonhoeffer, S. 62.
[12] Ebd.
[13] Brief an E. Bethge v. 23.2.1944. In: DBW 8 (WE[15], S. 120).
[14] DBW 8 (WE[15], S. 120f).

gen, an welchen Ort du auch ziehst."[15] Darauf bezieht sich Bonhoeffer, wenn er zu begreifen beginnt, daß „das Ganze" eben nur als Torso, als Fragment in Erscheinung tritt, aber dann doch so, daß darin „der große Kontrapunkt" durchklingt.[16] In dem Gedicht „Wer bin ich?" von 1944 rührt er ebenfalls an diese Frage nach der Unverwechselbarkeit seiner selbst:

> „Bin ich das wirklich, was andere von mir sagen?
> Oder bin ich nur das, was ich selbst von mir weiß?"[17]

In der Tegeler Haft wird deutlich, daß Bonhoeffer „das Hin- und Hergeworfensein des ICH, die Fragmentierung des Lebens und die Einsamkeit zum Gegenstand der Kontemplation machen kann."[18] Dietrich Bonhoeffer schreibt im Gefängnis einige Gebete und Gedichte; eine neue Sprache wird wichtig. Mit dieser neuen Sprache erschließt er auch eine bestimmte Sicht und Schicht der Wirklichkeit. „Was haben Gebet und Poesie gemeinsam? Sie verbinden uns mit unseren Wünschen. Sie holen uns aus dem wunschlosen Unglück heraus. Sie verbinden uns mit dem, der wir jetzt nicht sind, und erinnern uns an die, als die wir gemeint waren."[19]

Aber der fragmentarische Charakter des Lebens ist nicht notwendig ein Mangel oder ein unvollendetes Bruchstück; er kann in der Natur der Sache selbst liegen: „Es gibt schließlich Fragmente ..., die bedeutsam sind auf Jahrhunderte hinaus, weil ihre Vollendung nur eine *göttliche* Sache sein kann, also Fragmente, die Fragmente sein *müssen* ... Wenn unser Leben auch nur ein entfernter Abglanz eines solchen Fragmentes ist, ... dann wollen wir uns auch über unser fragmentarisches Leben nicht beklagen, sondern daran sogar froh werden."[20]

## 1. Ich frage mich selbst oft, wer ich eigentlich bin

Mit der Verhaftung am 5. April 1943 beginnt Bonhoeffers „erzwungene vita contemplativa."[21] Diese unfreiwillige Existenzweise ist vorbereitet durch Bonhoeffers Besuche in englischen Klöstern im Jahre 1935; ebenso durch die Praxis des Bruderhauses, der Kommunität im Predigerseminar von Finkenwalde. Zwar verwahrt sich Bonhoeffer gegen eine nur am eigenen Selbst interessierte Form der Beschäftigung und betont: „...Der Überdruß an aller Psychologie

[15] DBW 8 (WE[15], S. 121; vgl. S.138.153.195). In Bonhoeffers Lutherübersetzung heißt es „deine Seele", in der nun revidierten Übersetzung „dein Leben".
[16] DBW 8 (WE[15], S. 121).
[17] Das ganze Gedicht in: DBW 8 (WE[15], S. 187); Zitat ebd.
[18] F. Schlingensiepen: Im Augenblick der Wahrheit, S. 39f.
[19] D. Sölle: Das Eis an der Seele spalten: Theologie und Literatur auf der Suche nach einer neuen Sprache, S. 198. So ist auch Bonhoeffers neue, lyrische Sprache der Haftzeit entsprechend zu beachten.
[20] In dem genannten Brief an E. Bethge v. 23.2.1944. In: DBW 8 (WE[15], S. 121). Hervorhebungen von mir.
[21] F. Schlingensiepen: Im Augenblick der Wahrheit, S. 31.

und die Abneigung gegen die seelische Analyse wird immer gründlicher."[22] Schließlich zieht er das entsprechende Fazit: „Es geht um Wichtigeres als um Selbsterkenntnis."[23] Er will nicht nur von seinem eigenen Zustand reden und in Beschlag genommen sein, sondern glaubt, daß es gut ist, „nach Möglichkeit sich für Nöte anderer Menschen offenzuhalten. Vor allem darf man nie dem self–pity, dem Sichselbstbemitleiden, verfallen."[24]
Das ändert allerdings nichts daran, daß Bonhoeffer im Gefängnis von Tegel Phasen zugespitzter Selbstkonfrontation durchlebt, bedingt durch den „Haftschock" (E. Bethge) und die vielfachen Trennungen: von seiner Braut Maria, mit der er sich kurz zuvor verlobt hatte; von seiner Familie und seinem Freundeskreis; und schließlich auch von seiner konkreten Arbeit. Auf Zetteln versucht er, diese Erfahrungen zu verarbeiten. An einem dieser Zettel wird auch die ganze Wucht der Anfechtungen deutlich, wenn es dort heißt: „Unzufriedenheit – Gespanntheit, Ungeduld, Sehnsucht, Langeweile, krank – tief einsam ... Selbstmord, nicht aus Schuldbewußtsein, sondern weil ich im Grunde schon tot bin, Schlußstrich, Fazit."[25] Im Gefängnis entstehen Bonhoeffers literarische Versuche: ein Dramenfragment, ein Romanfragment und eine Erzählung.[26] In allen drei literarischen Texten geht es um die Thematik Leben und Tod, und zwar dergestalt, daß „Ende als Anfang" (M. Schollmeyer)[27] begriffen wird und so zum österlichen „Tiefenthema"[28] der Tegeler Fragmente wird: „Drama und Roman sind im Grunde so fertig, wie dieses unausschöpfbare Thema es erlaubt."[29] Daneben schreibt Bonhoeffer in der Tegeler Zelle auch Gedichte, die er selbst aber mit einiger Unsicherheit betrachtet: „Ich stehe diesen neugeborenen Kindern von mir selbst ziemlich ratlos und maßstablos gegenüber."[30]
Die ersten Texte Bonhoeffers, die nach dem Zweiten Weltkrieg herausgegeben werden, sind weder die Fragmente der „Ethik" (1949) noch die Briefe aus der Haft „Widerstand und Ergebung" (1951). Es sind – ein Umstand, der wenig bekannt ist – seine Gefängnisgedichte. Aus Anlaß des ersten Todestages werden sie 1946 von Eberhard Bethge herausgegeben unter dem Titel „Auf dem Wege zur Freiheit: Gedichte aus Tegel."[31] In der neuen Sprache der Poesie äußert sich auch, was in wissenschaftlich-theologischer Sprache oder prosaisch nicht

[22] Brief an E. Bethge aus dem Tegeler Gefängnis v. 15.12.1943. In: DBW 8 (WE[15], S. 92).
[23] DBW 8 (WE[15], S. 92).
[24] Brief an E. Bethge v. 18.12.1943. In: DBW 8 (WE[15], S. 95).
[25] Undatierter Notizzettel v. Mai 1943. In: DBW 8 (WEN, S. 46f).
[26] Jetzt gemeinsam herausgegeben als „Fragmente aus Tegel" (DBW 7).
[27] DBW 7 (FT), S. 14 (Vorwort).
[28] Ebd., S. 14 (Vorwort).
[29] DBW 7 (FT), S. 14 (Renate Bethge und Ilse Tödt im Vorwort).
[30] Brief an E. Bethge v. 21.6.1944. In: DBW 8 (WE[15], S. 174).
[31] Von Bonhoeffers insgesamt zehn Gefängnisgedichten fehlt in dieser Erstausgabe allerdings das älteste mit dem Titel „Vergangenheit." Alle zehn sind enthalten in D. Bonhoeffer: Von guten Mächten: Gebete und Gedichte. Interpretiert von J.Ch. Hampe. München 1976 (mit Bonhoeffers drei Gebeten für Mitgefangene). Das Gedicht „Der Tod des Mose", das im Original aus 90 Zweizeilern besteht, ist darin allerdings nur mit dem Schlußteil (14 Zweizeiler) abgedruckt.

auf den Begriff zu bringen ist. In Bonhoeffers Gedichten berühren sich Biographie und Theologie und bilden in Form der Poesie eine neue Ausdrucksform, welche Bonhoeffer auch ganz in Anspruch nimmt: „Im übrigen schreibe und dichte ich, so weit die Kräfte reichen."[32] Auch hier geht er – wie in seinem Leben und in seiner Theologie – bis an seine Grenzen: „Dichten ist nicht länger Beiwerk! Es gibt für Bonhoeffer inzwischen einen festen Zusammenhang zwischen ‚Schreiben' und ‚Dichten'. Die freien Kräfte werden durch beides gebunden, durch den theologischen Vorstoß und den poetischen Versuch. ... Ja, auf den Waagschalen des spärlicher werdenden Nachlasses aus dieser letzten Periode ‚Nach dem Scheitern'* wiegen die Gedichte wohl noch schwerer als die erhaltenen Briefe und Skizzen."[33] So sind Bonhoeffers Gedichte nicht nur literarisch zu betrachten und zu beurteilen, sondern auch nach dem, was sich darin an Suche, an Ringen und Vergewisserung zur Sprache bringt.
„Nun ist Poesie nicht irgendeine Aussageform wie andere auch. Poesie ist entweder Poesie und kommt – herrschafts- und zweckfrei wie die Träume – aus der Asozialität oder aber sie ist gut gemeint. ... Gleichwohl sind die Gedichte weit mehr als das beliebige Experiment eines Gefangenen. Es deutet sich in ihnen etwas völlig Neues an. Theologie und Biographie sind in ihnen miteinander verschmolzen."[34] Die Frage nach einer unverwechselbaren Verwirklichung[35], das Ringen um den unübertragbaren Auftrag[36], spielt in Bonhoeffers Leben verschiedentlich eine Rolle. Ihren Ausdruck findet die fragende Ungewißheit auch in einem Gedicht aus der Haft von 1944:

WER BIN ICH?

Wer bin ich? Sie sagen mir oft,
ich träte aus meiner Zelle
gelassen und heiter und fest
wie ein Gutsherr aus seinem Schloß.

Wer bin ich? Sie sagen mir oft,
ich spräche mit meinen Bewachern
frei und freundlich und klar,
als hätte ich zu gebieten.

[32] Brief an E. Bethge v. 16.7.1944. In: DBW 8 (WE[15], S. 189).

[33] J. Henkys: Dietrich Bonhoeffers Gefängnisgedichte, S. 29. * So nennt E. Bethge (DBW 8 [WEN, S. 399].) die Phase nach dem 20. Juli 1944.

[34] F. Schlingensiepen: Im Augenblick der Wahrheit, S. 42.43. Zu Bonhoeffers Poesie vgl. auch J. Henkys: Dietrich Bonhoeffers Gefängnisgedichte: Beiträge zu ihrer Interpretation.

[35] Vgl. etwa die Skizze „Beruf" v. ca. 1932 in: DBW 11, S. 369–373). Desgleichen die Skizze „Tod" v. ca. 1932; ebd., S. 373f.

[36] Vgl. etwa die Eintragung im Amerikatagebuch v. 28.6.1939. In: DBW 15 (GS I, S. 310). Oder den Brief an E. Bethge v. 18.11.1943. In: DBW 8 (WE[15], S. 72). Auch die Gedichte „Der Tod des Mose" und „Jona" v. 1944 sind von einem deutlichen Sendungs-, aber auch Schuldverstrickungsbewußtsein geprägt. Die Gedichte siehe DBW 8 (GS IV, S. 613–620) und DBW 8 (WE[15], S. 217).

Wer bin ich? Sie sagen mir auch,
ich trüge die Tage des Unglücks
gleichmütig, lächelnd und stolz,
wie einer, der Siegen gewohnt ist.
Bin ich das wirklich, was andere von mir sagen?
Oder bin ich nur das, was ich selbst von mir weiß?
Unruhig, sehnsüchtig, krank, wie ein Vogel im Käfig,
ringend nach Lebensatem, als würgte mir einer die Kehle,
hungernd nach Farben, nach Blumen, nach Vogelstimmen,
dürstend nach guten Worten, nach menschlicher Nähe,
zitternd vor Zorn über Willkür und kleinlichste Kränkung,
umgetrieben vom Warten auf große Dinge,
ohnmächtig bangend um Freunde in endloser Ferne,
müde und leer zum Beten, zum Denken, zum Schaffen,
matt und bereit, von allem Abschied zu nehmen?

Wer bin ich? Der oder jener?
Bin ich denn heute dieser und morgen ein anderer?
Bin ich beides zugleich? Vor Menschen ein Heuchler
und vor mir selbst ein verächtlich wehleidiger Schwächling?
Oder gleicht, was in mir noch ist, dem geschlagenen Heer,
das in Unordnung weicht vor schon gewonnenem Sieg?

Wer bin ich? Einsames Fragen treibt mit mir Spott.
Wer ich auch bin, Du kennst mich, Dein bin ich, o Gott![37]

Hier schreibt jemand, der hin- und hergerissen ist; der dem Erscheinungsbild von Gelassenheit, Freundlichkeit und Gleichmut die eigene Unruhe, die Sehnsucht, das Umgetriebensein, die tiefe Müdigkeit und Leere gegenüberstellt; nicht unbeteiligt, sondern aufgewühlt. Wer bin ich? Der oder jener? „Daß Bonhoeffer aussprechen kann, wie sehr die Beherrschtheit nur Fassade ist, und daß er zu einem Menschen geworden ist, der sich selbst nicht mehr kennt, weist auf einen seelischen Prozeß hin, der sich in Tegel abgespielt haben muß. Unbeherrschte Menschen sind schwer zu ertragen; das ist wahr. Aber auch das ist wahr: kein Prophet des Alten Testaments, keine Visionär, kein Mystiker ist als beherrschter Mensch zu denken. Das Unaussprechliche schaut nur der Unbeherrschte."[38]
Die Erfahrung, nicht mehr ein und aus zu wissen, ist für Dietrich Bonhoeffer nicht völlig neu. Am Tag nach der Entscheidung zur Rückkehr aus Amerika schreibt Bonhoeffer in sein Tagebuch: „Ich kenne mich nicht mehr aus. Aber

[37] DBW 8 (WE[15], S. 187).
[38] F. Schlingensiepen: Im Augenblick der Wahrheit, S. 37. Der von F. Schlingensiepen zutreffend gesehene „Prozeß" bei Bonhoeffer ist zeitlich aber nicht erst „in Tegel" anzusiedeln, sondern weit früher; vgl. dazu im ersten Teil dieser Arbeit unter 3., S. 62–77. Auch wird man einen lebensprägenden „Einbruch" (vgl. ebd. unter 3.2. Zur ‚Confessio' in der Jer 20,7-Predigt) nicht einfach an „Unbeherrschte" binden können.

Er kennt sich aus …"[39] Ähnlich überläßt er sich am Ende des „Wer bin ich?"-Gedichtes mit all den in seinem Inneren bohrenden Fragen einem Du, ohne die Frage lösen zu müssen:

„Wer bin ich? Einsames Fragen treibt mit mir Spott.
Wer ich auch bin, Du kennst mich, Dein bin ich, o Gott!"

Diese Bewegung, sich in der „Wer bin ich?"-Frage dem göttlichen Du zu überlassen, befreit vom Zwang einer nur selbstzentrierten Antwort und eröffnet einen neuen Raum der Freiheit.

In der Sprache von Edith Stein (1891–1942) ist auch von solcher freimachenden Überlassung die Rede: „Es gibt wohl ein *natürliches* Suchen und Sehnen nach dem Rechten und Guten, auch ein Finden im einzelnen Fall, aber es wird erst im Suchen nach dem *göttlichen* Willen wahrhaft zu sich selbst kommen. Wer von Gott selbst hineingezogen worden ist in das eigene Innerste und sich Ihm hingegeben hat in der Liebesvereinigung, für den ist die Frage ein für allemal gelöst; er braucht sich nur noch lenken und leiten zu lassen von Gottes Geist, der ihn spürbar antreibt, und hat dann immer und überall die Gewißheit, das Rechte zu tun."[40]

Ähnliches entdeckt auch die niederländische Jüdin Etty Hillesum (1914–1943) bei ihrem Ringen um einen gleichermaßen eigenen wie auch dem Willen Gottes entsprechenden Weg. In ihrem Tagebuch notiert sie: „Wenn man einmal begonnen hat, an Gottes Hand zu wandern, ja, dann wandert man weiter, das ganze Leben wird zu einer einzigen Wanderung: ein sonderbares Gefühl. … Ich gehe einen Weg, auf den ich geführt werde. … Und hiermit ist mein Lebensgefühl wohl am vollkommensten ausgedrückt: Ich ruhe in mir selbst. Und jenes Selbst, das Allertiefste und Allerreichste in mir, in dem ich ruhe, nenne ich ‚Gott'."[41]

Bereits ein halbes Jahr vor dem Gedicht „Wer bin ich?" bricht sich Bonhoeffers zermürbendes Ausgesetzt-Sein in der Gefängnissituation in einem Brief an Eberhard Bethge Bahn: „… An die psychischen Belastungen gewöhnt man sich nicht, im Gegenteil; ich habe das Gefühl, ich werde durch das, was ich sehe und höre, um Jahre älter und die Welt wird mir oft zum Ekel und zur Last. … Ich frage mich selbst oft, wer ich eigentlich bin, der, der unter diesen gräßlichen Dingen hier immer wieder sich windet und das heulende Elend kriegt,

[39] Eintragung am 21.6.1939. In: DBW 15 (GS I, S. 305). Vgl. im ersten Teil dieser Arbeit unter 4.1., S. 80–86.

[40] Zitiert nach: A. Neyer/H.-B. Gerl-Falkovitz: Edith Stein, S. 90. Hervorhebungen von mir.Zwar scheint E. Steins Redeweise von der Hingabe „in der Liebesvereinigung" Bonhoeffers Sprache und seinem nüchternen theologischen Denken kaum zu entsprechen. Ist aber eine Formulierung in der Jer 20,7-Predigt wie „Gott, du verführtest mich unwiderstehlich, daß ich mich dir hingab." (DBW 13, S. 349) wirklich so weit von dem Gemeinten entfernt?

[41] E. Hillesum: Das denkende Herz: Die Tagebücher von Etty Hillesum 1941–1943, S. 151.154.176.

oder der, der dann mit Peitschenhieben auf sich selbst einschlägt und nach außen hin (und auch vor sich selbst) als der Ruhige, Heitere, Gelassene, Überlegene dasteht und sich dafür … bewundern läßt."[42] Hier wird schon die ganze Thematik des späteren Gedichtes genannt – mit einem entscheidenden Unterschied, der nicht nur die Redeweise von Prosa und Lyrik betrifft: Erst das Gedicht eröffnet mit seinen letzten beiden Zeilen eine (offene) Lösung für die Fragen, die Bonhoeffer umtreiben. Diese sind mehr als ein nur versöhnlicher Schluß in einem bis auf den eigenen Grund fragenden Gedicht: „Wer in dieser Situation sagen kann ‚Dein bin ich, o Gott', der muß den Augenblick erlebt haben, in dem aus Vorletztem Letztes geworden ist."[43]

Aber ist nicht das Gedicht „Wer bin ich?" (wie auch die anderen Gedichte) eben doch nur Poesie, nur Lyrik – fromme noch dazu –, die in Form und Inhalt wenig Neues zu Bonhoeffers Theologie beiträgt? Sind also Bonhoeffers poetische Beiträge doch nur der dilettantische, d.h. unsachgemäße und mißlungene Versuch, in eigener Spracherprobung etwas auszudrücken, was sich in überlieferter und gesicherter theologischer Begrifflichkeit weitaus angemessener ausdrücken läßt? Solche Anfragen entstammen einem vorrangig lehrhaften Verständnis von Glaube und auch von Theologie, „die sich ihrerseits selbst längst einem standardisierten Wissenschaftsbegriff unterworfen hat und ihre Gedanken domestizieren ließ und die deshalb kaum mehr weiß, wo ihr der eigene Kopf steht oder gar das eigene Herz schlägt."[44] Wenn es in der Theologie – auch – darum geht, deutlich werden zu lassen, wo „der eigene Kopf steht" und wo „das eigene Herz schlägt", dann muß das auch in einer Sprache und in einer Sprechweise zum Ausdruck kommen können, in der das noch spürbar ist. Denn es gibt Sichtweisen und Wirklichkeiten, die in analytischer Begrifflichkeit gerade *nicht* genau und in ihrem Wesensgehalt erfaßt bzw. vermittelt werden können.

Insofern ist auch Bonhoeffers „Wer bin ich?"-Gedicht ein unaustauschbarer Beitrag zu einer anderen Sprache auf der Grenze zwischen dem Verlust und dem Gewinn der eigenen Identität, zwischen Fassade und innerer Wirklichkeit, zwischen Letztem und Vorletztem, zwischen der tiefsten eigenen Fragwürdigkeit und der befreienden Übergabe dieser Fragwürdigkeit an ein göttliches Ge-

[42] Brief an E. Bethge v. 15.12.1943. In: DBW 8 (WE[15], S. 91f). Das Gedicht legt Bonhoeffer dann einem Brief an E. Bethge v. 8.7.1944 bei.

[43] F. Schlingensiepen: Im Augenblick der Wahrheit, S. 37. Die Unterscheidung und dialektische Verbindung von „Letztem" und „Vorletztem" spielt in Bonhoeffers „Ethik" wie in den Gefängnisbriefen eine wichtige Rolle. Vgl. E DBW 6 (E), S. 137–162; DBW 8 (WE[15], S. 88.140). Mit „Vorletztem" ist das Natürliche, Gegebene gemeint in seiner relativen Selbständigkeit *und* in seiner Ausrichtung auf Christus, in Beziehung zum „Letzten". Das rechtfertigende Wort Gottes, die Gnade, die Wirklichkeit Gottes in Jesus Christus, das Kommen Christi – all das ist „Letztes", von dem her (!) das „vorletzte" Leben erst seine Gestalt erhält. „Das Vorletzte ist also nicht Bedingung des Letzten, sondern das Letzte bedingt das Vorletzte." (DBW 6 [E], S. 151). Zum differenzierten Verhältnis von „Letztem" und „Vorletztem" vgl. E. Feil: Die Theologie Dietrich Bonhoeffers, S. 297–303.

[44] J.B. Metz: Theologie als Biographie, S. 313.

genüber und ansprechbares „Du". „Hätten wir ... eine Kultur der öffentlichen Verbindlichkeit der Poesie, auch nur des Essayistischen, dann wäre nicht der Vorwurf des ‚Dilettantismus' so schnell bei der Hand. Dilettantisch im präzisen Sinn scheint mir eher die Ahnungslosigkeit jener, die ohne Identitätsschock die theologische Sprache frischfröhlich einer standardisierten Wissenschaftssprache unterwerfen."[45] Nimmt man diese Überlegung von einer eigenen, unangepaßten theologischen Sprache insbesondere hinsichtlich der Briefe und Gedichte aus der Haft auf, dann sind sie gerade nicht nur angedachte oder unausgegorene theologische Überlegungen, sondern ein eigener Beitrag Bonhoeffers zu einer solchen, neuen Sprachkultur.

Bonhoeffers Gedicht ist eine Selbstaussage, in der er ganz von sich spricht. Seine Unmittelbarkeit gewinnt es von seiner Herkunft, die nämlich weniger im Kopf liegt, sondern in einem Erfahrungs- und Wirklichkeitsmoment, das nach entsprechendem sprachlichen Ausdruck verlangt: „Während aber der Theologe noch mit einer gewissen abstrakten Begrifflichkeit arbeiten kann, ist der Mystiker, der seine *Erfahrung* aussprechen möchte, ganz auf die Umsetzung in eine konkrete, und das heißt bildlich orientierte Sprache angewiesen."[46] Auch an anderer Stelle spricht Dietrich Bonhoeffer von einer solchen Gewißheit, wie er sie am Ende des „Wer bin ich?"-Gedichtes, durch alle Zweifel und Fragen hindurchgegangen, formuliert.

Nach dem gescheiterten Attentat auf Hitler am 20. Juli 1944 schreibt Bonhoeffer in seinem Gedicht „Stationen auf dem Wege zur Freiheit" am Ende der dritten Strophe:

> „Nur einen Augenblick berührtest du selig die Freiheit,
> dann übergabst du sie Gott, damit er sie herrlich vollende."

Und am Ende der vierten Strophe formuliert er schließlich:

> „Freiheit dich suchten wir lange in Zucht und in Tat und in Leiden.
> Sterbend erkennen wir nun im Angesicht Gottes dich selbst."[47]

Hier verschafft sich die Gewißheit über die lebensprägende Mitte ihren bildlich-konkreten Ausdruck. Diese Grundbewegung, sich der letzten, tragenden Geborgenheit eines Du anvertrauen zu können, wird nochmals besonders (mehr erschütternd als anheimelnd) deutlich in den beiden Rahmenstrophen von Bonhoeffers bekanntem und zeitlich letztem Gedicht „Von guten Mächten"[48], wel-

[45] Ebd.

[46] E. Lorenz: Teresa von Avila, S. 103f (Zu Beginn des Kapitels „Das Paradoxon der Gotteserfahrung in der Lyrik".). Hervorhebung von E. L.

[47] Gedicht in: DBW 8 (WE[15], S. 197f). Zitate ebd.

[48] Das Gedicht ist von Dezember 1944. Bonhoeffer hat es einem Brief an Maria von Wedemeyer beigefügt, ebenso dem Geburtstagsbrief an seine Mutter. Bei der Textwiedergabe folge ich der an vier Stellen revidierten Fassung. So abgedruckt in: Brautbriefe Zelle 92, S. 209; ebenso jetzt in WE[15], S. 219. (Demnächst in DBW 8). Zum Verständnis dieses oft zu leichtfertig verwendeten Gedichtes vgl. vor allem J. Henkys: Dietrich Bonhoeffers Gefängnisgedichte, S. 66–90.

ches er im Angesicht des auf ihn zukommenden Todes schreibt. Die noch durch den privaten Ton und im Hinblick auf den entbehrten Familien- und Freundeskreis (ich/euch) geprägte erste Strophe lautet:

> „Von guten Mächten treu und still umgeben,
> behütet und getröstet wunderbar,
> so will ich diese Tage mit euch leben
> und mit euch gehen in ein neues Jahr."

Es folgen fünf Gebetsstrophen, die die ganze Schwere des Leidens und Scheiterns durchschreiten und doch von der Bitte um umfassendes Heil und ganzes Leben nicht ablassen. Mit der siebenten und letzten Strophe – und erst *nach* dem Gang durch die übrigen Strophen – schließt sich der Kreis. Die familiäre Ausgangsssituation mündet entgrenzt in einem tiefen Credo:

> „Von guten Mächten wunderbar geborgen
> erwarten wir getrost, was kommen mag.
> Gott ist bei uns am Abend und am Morgen,
> und ganz gewiß an jedem neuen Tag."

In dieser Gotteszuversicht – im Scheitern und an der Schwelle zum Tod – kann Bonhoeffer von sich selbst absehen. Das ist bei ihm theologisch und persönlich vorbereitet. In einer dogmatischen Übung formuliert er einmal als Dozent: „Der Christ und der Künstler können von sich ab- und über sich hinaussehen und ‚Gott' sagen."[49] Die Zeit der Haft wird für ihn auch eine Phase der Einlösung, der Beglaubigung dessen, was er zuvor bereits redend und handelnd vertreten hat: „Wie lebt man doch ganz vom Vertrauen und ohne Vertrauen wird das Leben arm. Ich lerne nun täglich, wie gut ich es bei Euch immer gehabt habe, und muß im übrigen einmal selbst exerzieren, was ich in Predigten und Büchern andern gesagt habe."[50]
Bonhoeffers Frage, die ihn zu Beginn des „Wer bin ich?"-Gedichtes quält, bekommt vom Ende des Gedichtes her eine innere Ausrichtung. Das Hin und Her durch die Zweifel ist nochmals von Gewißheit umfangen. Die Frage kann gelassen offen bleiben. Und die geglaubte Antwort eröffnet eine andere Dimension der Frage: „Auch wenn ich mich nicht mehr erkenne, auch wenn ich mich nicht mehr verstehe, ‚Gott' kennt, erkennt, liebt mich. ... ‚Dein bin ich, o Gott' bedeutet: Ich gehöre nicht mir. Meine Identität ist jetzt kein Teil meines Bewußtseins. Ich kenne mich nicht. Ich ‚lasse' das alles ..."[51]

[49] In den dogmatischen Übungen „Probleme einer theologischen Anthropologie" von 1932/33. In: DBW 12 (GS V, S. 357). Vgl. hierzu auch zur „Selbstverleugnung" in DBW 4 (N), S. 79: „Selbstverleugnung heißt nur Christus kennen ...: Er geht voran , halte dich fest an ihn."

[50] Brief an die Eltern v. 4.5.1943, vier Wochen nach der Verhaftung. In: DBW 8 (WEN, S. 40).

[51] D. Sölle: Die Hinreise, S. 150 passim. (In dem Kapitel zu Bonhoeffers Gedicht „Wer bin ich?"). Vgl. auch im ersten Teil unter 5., S. 98.

Diese sich überlassende Grundbewegung gehört zu den innersten Momenten von Bonhoeffers Leben. Er sieht im entscheidenden Augenblick von sich ab und folgt darin einer oft rätselhaften, aber vertrauenswürdigen Liebe. Dieses Vertrauen hat aber auch harte Bewährungsproben zu bestehen. So muß Dietrich Bonhoeffer sich nach der Verhaftung mehr und mehr damit abfinden, daß die erhoffte baldige Entlassung nicht möglich werden wird. Durch diesen Umstand wird auch die haftbedingte Trennung von seiner Verlobten Maria von Wedemeyer zum Dauerzustand. Und doch schreibt er in einem Brief an sie: „Es ist schwer begreiflich, daß das so sein muß und es stellt unsere Zukunft in eine Ungewißheit, die nur durch unsere Liebe zueinander, durch unsere Treue und Geduld, und durch unsere Unterwerfung unter Gottes Willen und Führung überwunden werden kann, – statt Unterwerfung hätte ich besser ‚Vertrauen' sagen sollen, aber es ist wohl kein Zufall, daß mir das andere Wort zuerst in die Feder kam, und es bleibt ja immer ein neuer schwerer Weg von der Unterwerfung zum Vertrauen."[52]

## *1.1. Bereit, sich – von Gott – unterbrechen zu lassen*

Nach Dietrich Bonhoeffers eigenem Verständnis ist sein Leben völlig ungebrochen verlaufen. Trotz all der verschiedenen Phasen und konkreten Tätigkeiten, trotz der angenommenen kirchlichen und politischen Herausforderungen ist diese Ungebrochenheit für ihn offensichtlich gegeben: „ … Ich habe auch nie meine Entscheidung im Sommer 39 bereut*, sondern stehe ganz unter dem Eindruck, daß mein Leben – so merkwürdig das klingt – völlig geradlinig und ungebrochen verlaufen ist, jedenfalls was die äußere Führung des Lebens angeht."[53] Und nochmals – ausführlicher – schreibt er an Eberhard Bethge: „Ich habe gewiß vieles zugelernt, aber sehr verändert habe ich mich, glaube ich, nicht. … Ich habe mich, glaube ich, nie sehr geändert, höchstens in der Zeit meiner ersten Auslandseindrücke und unter dem ersten bewußten Eindruck von Papas Persönlichkeit. Damals ist eine Abkehr vom Phraseologischen zum Wirklichen erfolgt. Einen Bruch in unserem Leben haben wir eigentlich beide nicht erfahren. … Früher habe ich mich manchmal nach einem solchen Bruch gesehnt. Heute denke ich anders darüber. Die Kontinuität mit der eigenen Vergangenheit ist doch auch ein großes Geschenk. … Alles erscheint mir zwangsläufig, notwendig, gradlinig, von höherer Führung bestimmt."[54] Neben dieser Sicht des eigenen Lebensverlaufs steht aber auch – in Spannung – ein Notizzettel Bonhoeffers aus der Anfangsphase der Haft, auf dem er formuliert: „Kontinuität mit der Vergangenheit und Zukunft unterbrochen."[55] Was hier zunächst als Widerspruch erscheint, läßt sich auch als „Situationserfahrung"

[52] In einem Brief v. 16.4.1944. In: Brautbriefe Zelle 92, S. 169.

[53] In einem Brief an E. Bethge v. 11.4.1944. In: DBW 8 (WE[15], S. 135). * Gemeint ist die Rückkehr aus Amerika.

[54] Brief v. 22.4.1944. In: DBW 8 (WE[15], S. 135f).

[55] Notizzettel v. Mai 1943: In: DBW 8 (WEN, S. 46).

(„unterbrochen") und als „Situationsbewältigung" („ungebrochen") in Beziehung zueinander bringen.[56] Es läßt sich aber auch beides in seiner ganzen Realität und Kraft nebeneinander stellen, ohne eine logische Beziehung herstellen zu müssen.

Bonhoeffer ringt hier um die Frage nach der Kontinuität bzw. Fragmentierung des eigenen Lebens. In dem Gedicht „Wer bin ich?" wird daraus die Frage: „Bin ich denn heute dieser und morgen ein anderer?" Bonhoeffer läßt die Frage schließlich offen. „Die Mystik beantwortet diese Frage mit einem eindeutigen Ja. ... Und die Leidenschaft des Mystikers gehört dem Augenblick, nicht der Kontinuität."[57] Leidenschaft für den Augenblick setzt die Fähigkeit voraus, sich unterbrechen zu lassen – und darin trotzdem keiner situativen Beliebigkeit oder Willkür zu erliegen. Dietrich Bonhoeffer setzt diese Fähigkeit, sich unterbrechen zu lassen, in Beziehung zu der Frage nach dem jetzigen Willen Gottes. Dieser will immer wieder auch erst entdeckt werden, wie er sich im eigenen Leben zeigt und auswirkt. Der Wille Gottes realisiert sich wesentlich in der konkreten, gelebten Liebe, die in die Lage versetzt, von sich abzusehen und so auch erst am Leben und an der Liebe Gottes wirklich teilzuhaben: „Die Gesetze des menschlichen Lebens sind durchbrochen, wenn Gottes Liebe über einen Menschen kommt. ...Daß Gottes Liebe über einem Menschen steht, heißt nicht, daß sein Leben anders verläuft als das jedes anderen Menschen, sondern daß das Leben seinem letzten selbstischen Sinn entrissen und für Gott gewonnen ist. ... In der Liebe bleiben heißt offene Augen bekommen, etwas zu sehen bekommen, was nur wenige sehen, nämlich die ausgestreckten, bittenden Hände der anderen, die am Weg sind ... Entscheidend ist, daß man sich dort, wo es ist, jederzeit von Gott unterbrechen lassen kann ... Wer in der Liebe bleibt, geht nicht den vorgeschriebenen Weg der Vortrefflichkeit in der Welt, sondern eigene, oft unverständliche, oft törichte Wege. Es fehlt ihm das letzte Stück Weltklugheit, das Selbstsucht genannt wird. Aber in diesen törichten, wunderlichen Wegen sieht der, der Augen hat zu sehen, etwas leuchten von der Herrlichkeit Gottes selbst."[58]

[56] So Ch. Gremmels in: Ders./H. Pfeifer: Theologie und Biographie: Zum Beispiel Dietrich Bonhoeffer, S. 128f. Situationserfahrung und Situtationsbewältigung (Biographie und Theologie) verhalten sich – so Gremmels – ungleichzeitig zueinander.

[57] F. Schlingensiepen: Im Augenblick der Wahrheit, S. 37. Zur Bedeutung solcher Augenblicklichkeit vgl. etwa auch G. Bataille: Die Tränen des Eros, S. 108, Anm. 30. Er schreibt dort, daß „die Mystik einer Angela von Foligno oder Therese von Avila zu einem leidenschaftlichen Christentum gehört, in dem die Sorge um die Zukunft – die in erster Linie für das Christentum bestimmend ist – zurücktritt gegenüber der Sorge um den gegenwärtigen Augenblick (von dem ich gesagt habe, daß er die Gewalt und die Intensität der Erotik verbürgt)". Bonhoeffer bezieht sich auch auf den „Augenblick" aus der Umwertungsethik von F. Nietzsche. Vgl. dazu T.R. Peters: Die Präsenz des Politischen in der Theologie Dietrich Bonhoeffers, S. 133–144, bes. S. 135–142.

[58] D. Bonhoeffer in einer Taufpredigt zu 1 Joh 4,16 v. 12.5.1932. In: DBW 11, S. 424.425.426. Zur Bedeutung gerade „der anderen" bei Bonhoeffer vgl. T.R. Peters: Der andere ist unendlich wichtig: Impulse aus Bonhoeffers Ekklesiologie für die Gegenwart, bes. S. 171.173f.181.

Diese Fähigkeit, sich von *außen* und von *anderen* unterbrechen zu lassen, trägt für Bonhoeffer erst zu einem unverwechselbaren Leben bei. Denn darin äußert sich – auch – die zumutende Liebe Gottes, die ihrerseits dadurch zum Leben und zu entgrenzter Liebe befähigt. So wird der ganz konkrete lebensgeschichtliche oder politisch–historische „Augenblick" (als jeweiliger „Kairos") zum Zeitpunkt und zum Ort, wo das, was im Glauben grundsätzlich gewußt und bekannt wird, sich in konkreter und geerdeter Weise zeigt, weil es hier erst eingewurzelt wird und Gestalt annimmt.[59] Im Rückblick auf das kommunitäre Leben im Predigerseminar von Finkenwalde schreibt Bonhoeffer: „Wir müssen bereit werden, uns von Gott unterbrechen zu lassen. Gott wird unsere Wege und Pläne immer wieder, ja täglich durchkreuzen, indem er uns Menschen mit ihren Ansprüchen und Bitten über den Weg schickt. ... Es gehört ... zur Schule der Demut, ... daß wir unsere Zeit nicht in eigene Regie nehmen, sondern sie von Gott füllen lassen."[60] Diesen Grundgedanken äußert Bonhoeffer auch prägnant an anderer Stelle: „Denn, was ‚immer' wahr ist, ist gerade ‚heute' nicht wahr: Gott ist uns ‚immer' gerade *‚heute' Gott.*"[61] Madeleine Delbrêl formuliert in solchem Zusammenhang provozierend, daß der „größte Feind der Ewigkeit die Dauer [ist], der Wunsch, etwas dauern zu lassen."[62] Die Frage nach dem ureigenen Leben und nach Gott wird reduziert auf die „heute" gegebene Fülle und Gewißheit. Doch in dieser konkreten Reduktion liegt gerade erst die Weite des von Gott ermöglichten Lebens.

Die Bereitschaft zum „durchkreuzten Menschenweg"[63] befähigt und ermutigt Bonhoeffer dazu, die entscheidenden augenblicklichen Herausforderungen entsprechend anzunehmen. Seien sie nun höchst persönlicher Art (wie Bonhoeffers Ringen um die Rückkehr aus Amerika 1939); seien sie mehr kirchenpolitischer Art (wie Bonhoeffers Stellungnahmen gegenüber dem Arierparagraphen 1933); seien sie ausgesprochen gesellschaftlich-politischer Art (wie Bonhoeffers Weg in den Widerstand nach 1939); oder seien sie auch noch einmal theologischer Art (wie vor allem in den theologischen Briefen der Haftzeit von 1944):[64] „Es geht nicht um Gott als ‚allgemeines Prinzip', sondern um den ‚lebendigen', der ‚hier und heute' Gott ist. ... Eben darin erweist sich Gott als der

[59] Hierzu gehören dann auch Überlegungen zur Kontextualität aller Theologie, zur Inkulturation des Evangeliums und zum inkarnatorischen Charakter des christlichen Glaubens. Vgl. hierzu etwa O. Fuchs: Kontextuelle Theologie: Verwurzelt im Lebens- und Leidenszusammenhang der Kulturen, bes. S. 89–94.102–106.

[60] In „Gemeinsames Leben", das 1939 erschien. Hier in: DBW 5 (GL), S. 84. Über die Konkretisierung solcher „Unterbrechung" im Ethischen und im Gebot Gottes vgl. etwa DBW 6 (E), S. 372.384.387f.

[61] In dem Vortrag „Zur theologischen Begründung der Weltbundarbeit" v. 26.7.1932 in Ciernohorské Kúpele. In: DBW 11, S. 332). Hervorhebung von D. B.

[62] Zitiert nach A. Schleinzer: Die Liebe ist unsere einzige Aufgabe, S. 19.

[63] D. Bonhoeffer. In: DBW 5 (GL), S. 84.

[64] Eine strikte Unterteilung der verschiedenen Herausforderungen in bestimmte Kategorien ist aber gerade im Hinblick auf Bonhoeffer nicht möglich, da sich hier Biographie und Theologie, Leben und Werk nicht voneinander trennen lassen, sondern durchlässig zueinander sind.

konkrete, daß im Glauben an ihn in der Nachfolge Jesu dieses Leben gelebt und die Lebensentscheidungen getroffen werden können."[65] Ein Leben aber, das sich augenblicklich und unterbrechbar entfaltet, vertraut darin auf die Führung Gottes, die sich als Kontinuum und roter Faden erweist, mögen die äußeren Lebensphasen und Aufgaben noch so verschieden, gar unvereinbar erscheinen: „Alles erscheint mir zwangsläufig, notwendig, gradlinig, von höherer Führung bestimmt."[66] Dem geglaubten fremden Führen entspricht das eigene Sich-Fügen; nicht als Ausdruck der Entmündigung, sondern als freie, verantwortliche Tat, die auch das Wagnis des Irrtums und der Schuld eingeht.

Daß die Annahme solcher „Führung" nicht als Einsicht einfach gegeben ist und auch ganz unterschiedliche konkrete Handlungsweisen nach sich ziehen kann, das bedenkt Bonhoeffer in einem seiner Gefängnisbriefe: „Gott begegnet uns nicht nur als Du, sondern auch ‚vermummt' im ‚Es', und in meiner Frage geht es also im Grunde darum, wie wir in diesem ‚Es' (‚Schicksal') das ‚Du' finden, oder mit anderen Worten, wie aus dem ‚Schicksal' wirklich ‚Führung' wird."[67] Hier ist kein willfähriger Untertanengehorsam gemeint; auch kein abstrakter und in legitimatorischer Absicht mißbrauchbarer Wille Gottes; und schließlich auch keine situative Willkür und nur eigene Beliebigkeit. Bonhoeffer umschreibt hier ein Spannungsfeld des Glaubens, auch *seines* Glaubens, welches gerade nicht zur einen oder anderen Seite hin auflösbar ist. Die Augenblicksfähigkeit hat für ihn immer mit *beidem* zu tun: mit Widerstand *und* Ergebung, mit Freiheit *und* Gehorsam, mit Mündigkeit *und* mit Demut. In freier Verantwortung wird die Wahl getroffen: „Gehorsam ohne Freiheit ist Sklaverei, Freiheit ohne Gehorsam ist Willkür. Der Gehorsam bindet die Freiheit, die Freiheit adelt den Gehorsam. Der Gehorsam bindet das Geschöpf an den Schöpfer, die Freiheit stellt das Geschöpf in seiner Ebenbildlichkeit dem Schöpfer gegenüber. Der Gehorsam zeigt dem Menschen, daß er sich *sagen* lassen muß, was gut [ist] und was Gott von ihm fordert (Micha 6,6), die Freiheit läßt den Menschen das Gute selbst schaffen. Gehorsam weiß, was gut ist, und tut es. Die Freiheit wagt zu handeln und stellt das Urteil über Gut und Böse Gott anheim. Gehorsam folgt blind, Freiheit hat offene Augen. ... Gehorsam hat gebundene Hände, Freiheit ist schöpferisch. ... In der Verantwortung realisiert sich beides, Gehorsam und Freiheit. Sie trägt diese Spannung in sich."[68] Es geht um den lebendigen Gott, der sich – auch – hier und heute, im Augenblick der jeweiligen Siutation mitteilen will: vermummt im „Es" oder offenbar (und doch im Geheimnis entzogen) als „Du". Dem entspricht eine Haltung der Einwilligung, die sowohl das Moment der freien Zustimmung wie das Moment des Zugemuteten, des Fremden und nicht Eigenen, zur Geltung kommen läßt.

[65] E. Feil: Widerstand und Ergebung: Zum politischen Engagement aus christlichem Glauben nach Dietrich Bonhoeffer, S. 176.178.
[66] D. Bonhoeffer im Brief v. 22.4.1944. In: DBW 8 (WE[15], S. 136).
[67] In einem Brief an E. Bethge v. 21.2.1944. In: DBW 8 (WE[15], S. 119).
[68] DBW 6 (E), S. 288. Hervorhebung von D. B.

Sich daraufhin zustimmend unterbrechen zu lassen, ist innerlich dem verwandt, was sich etwa auch bei Madeleine Delbrêl (1904–1964) – dort in poetischer Sprache – findet:

DER BALL DES GEHORSAMS

Um gut tanzen zu können,
braucht man nicht zu wissen, wohin der Tanz führt.
Man muß ihm nur folgen,
darauf gestimmt sein,
schwerelos sein –
und vor allem: man darf sich nicht versteifen.

Die Tanzschritte zu kennen hilft nicht weiter.
Es geht vielmehr darum, daß wir – ganz lebendig pulsierend
einschwingen in den Rhythmus, den du auf uns überträgst.

Man darf nicht um jeden Preise vorwärtskommen wollen.
Manchmal muß man sich drehen oder seitwärts gehen.
Und man muß auch innehalten können –
oder gleiten, anstatt zu marschieren.
Und das alles wären ganz sinnlose Schritte,
wenn die Musik nicht eine Harmonie daraus machte.

...

Wenn wir wirklich Freude an dir hätten, mein Gott,
könnten wir dem Bedürfnis zu tanzen nicht widerstehen,
das sich über die Welt hin ausbreitet;
und wir könnten sogar erraten,
welchen Tanz du getanzt haben willst,
indem wir uns den Schritten deiner Vorsehung überließen.[69]

Auch die Versteifung im nur Prinzipiellen macht unfähig zur adäquaten Wahrnehmung des gegebenen persönlichen und historischen Augenblicks, in dem ja gerade die Chance des Sicheinlassens, des Folgens, der Nachfolge und des „Einschwingens in den Rhythmus" liegt – als Einbruch in das Bestehende und selbst Geplante. Darin verlieren auch Glaube und Religion ihren nur bewahrenden Charakter und werden zu einer eigenen, durchaus ungleichzeitigen Kraft. So hat etwa auch das Zweite Vatikanische Konzil (1962–1965) die Notwendigkeit hervorgehoben, die „Zeichen der Zeit" zu erkennen und als *maßgeblich* für die Gestalt von Glaube und Kirche zu erachten. Entsprechend heißt es in der Pastoralkonstitution „Gaudium et spes" (Kirche in der Welt von heute): „Zur Erfüllung dieses ihres Auftrags obliegt der Kirche allzeit die

[69] Auszug aus dem „Ball des Gehorsams". Zitiert nach der Abfolge und Übersetzung bei A. Schleinzer: Die Liebe ist unsere einzige Aufgabe, S. 177f. Zur Übersetzung und Abfolge vgl. auch M. Delbrêl: Wir Nachbarn der Kommunisten, S. 67–69.

Pflicht, nach den Zeichen der Zeit zu forschen und sie im Licht des Evangeliums zu deuten. Es gilt also, die Welt, in der wir leben, ihre Erwartungen und Bestrebungen und ihren oft dramatischen Charakter zu erfassen und zu verstehen."[70]

Will man Bonhoeffers Predigten, Vorträge, theologische Äußerungen und namentlich die in „Widerstand und Ergebung" veröffentlichten Haftbriefe und Gedichte angemessen verstehen, dann muß man sie tatsächlich von seiner Biographie her als „Theologie im Vollzug"[71] zu begreifen suchen – fernab eines geschützten akademisch-theologischen Studienbetriebes. Mit seiner Rückkehr aus London 1935 und der sich anschließenden Übernahme des Predigerseminars von Finkenwalde beginnt die Zeit des ungesicherten Lebens, der immer wieder unterbrochenen Arbeiten und der wechselnden Tätigkeiten. Auch die Finanzierung des Lebensunterhaltes ist nicht mehr so einfach gesichert. Bonhoeffers Aufenthaltsorte wechseln. Theologie ist nicht mehr privilegierte Reflexion, sondern geschieht unterwegs, an verschiedenen geographischen Orten und an verschiedenen thematischen Orten.

1936 erhält Bonhoeffer Lehrverbot für die Universität. Im Oktober 1937 wird das illegale Predigerseminar in Finkenwalde von der Polizei geschlossen. Kurz darauf erscheint die „Nachfolge". Im September/Oktober 1938 schreibt er während eines Ferienaufenthalts in Göttingen „Gemeinsames Leben", das 1939 erscheint. Im Juni 1939 ist er in Amerika. Im März 1940 wird auch das Sammelvikariat Sigurdshof – die improvisierte Fortsetzung des Predigerseminars – von der Gestapo geschlossen. Im September 1940 erhält Bonhoeffer Redeverbot und unterliegt der polizeilichen Meldepflicht in Schlawe/Hinterpommern. Im Oktober 1940 wird er der Abwehrstelle in München zugeordnet und wird dort für den Widerstand tätig. Im März 1941 folgt das Druck- und Veröffentlichungsverbot. Von 1940–43 entstehen in fünf Zeiträumen die Manuskripte der „Ethik". Am 5. April 1943 wird Bonhoeffer verhaftet. In der Gefängniszelle entstehen vor allem Briefe, Gedichte, ein Roman- und ein Dramenfragment und ein „Entwurf einer Arbeit". In dieser Gedrängtheit vollzieht sich Bonhoeffers Theologie seit 1935.

In solchen Zusammenhängen bekommt auch die Rede von der „Unterbrechung", vom „gegebenen Ort", vom „Augenblick" und von der Herausforderung der „gegenwärtigen Situation" ihre ganz konkrete, aber auch perspektivische Bedeutung. Hat doch Bonhoeffer die mit solcher Rede verbundenen Konsequenzen selbst auf sich genommen – einschließlich seiner Mitbeteiligung an der Verschwörung, welche ihn schließlich an den Galgen brachte. Löst man seine schriftlichen Ausführungen von seinem persönlichen Lebens- und Todeszeugnis ab, dann raubt man ihnen das Gewicht und den Preis – den Preis der in der Nachfolge eingelösten Beglaubigung.

[70] Gaudium et spes, 4. Zitiert nach K. Rahner/H. Vorgrimler: Kleines Konzilskompendium, S. 451.

[71] Ch. Gremmels. In: Ders./H. Pfeifer: Theologie und Biographie: Zum Beispiel Dietrich Bonhoeffer, S. 99. Hier wird dann auch deutlich, daß eigene Lebensgeschichte und theologische Reflexion sich gegenseitig erhellen.

Von Bedeutung sind aber auch die Tiefe und Qualität der Erkenntnis selbst: „Klug ist, wer die Wirklichkeit sieht, wie sie ist, wer auf den Grund der Dinge sieht. Klug ist darum allein, wer die Wirklichkeit in Gott sieht. Erkenntnis der Wirklichkeit ist nicht dasselbe wie Kenntnis der äußeren Vorgänge, sondern das Erschauen des Wesens der Dinge."[72] Tiefenschichten der Dinge, des Menschen und der Wirklichkeit ingesamt werden nicht allein durch eine Fülle von Informationen erfaßt. Sie wollen im Wesen „erschaut" sein, was auch eine andere Sehweise voraussetzt. Tiefen*schichten* erfordern auch entsprechende Tiefen*sichten,* ansonsten bleiben sie der Erkenntnis unzugänglich. Das bedeutet nicht die Verschleierung oder Mystifizierung der Wirklichkeit, sondern die Entdeckung gerade der tiefsten Wahrheit; hier tut sich eine Verwandtschaft mit einer Mystik auf, der es ebenfalls um die tiefste, befreiende Wahrheit der Welt und des Menschen geht. So notiert die bereits erwähnte Etty Hillesum in ihren Tagebüchern: „Mystik muß auf einer kristallenen Ehrlichkeit beruhen. Nachdem man zuvor die Dinge bis zur nackten Realität durchforscht hat."[73] Eine solche Art der Erkenntnis kann ebenfalls zur Unterbrechung werden: Sie durchbricht die bisherige Oberflächenwahrnehmung hin zu einer Tiefendimension der Wirklichkeit, deren Entdeckung auch Folgen für das eigene Leben hat; denn hier bekommt man es mit dem tatsächlichen „Grund der Dinge" (D. Bonhoeffer) zu tun.

### *1.2. Wichtiger als das eigene Leben: Äußerste Freiheit an der Todesgrenze*

Nach der Verurteilung zum Tod schreibt der Jesuit Alfred Delp[74] in seinen Tagebuchfragmenten: „Ja, und ganz ehrlich gesagt, ich glaube noch nicht an den Galgen. Ich weiß nicht, was das ist. Vielleicht eine große Gnade und Hilfe des väterlichen Gottes, der mich so die Wüste bestehen läßt, ohne in ihr verdursten zu müssen. ... Diese ganzen bitteren Monate der Reife und des Unglücks stehen unter einem ganz eigenartigen Gesetz. Von der ersten Minute an war ich innerlich sicher, es würde alles gut gehen. Gott hat mich in dieser Sicherheit immer wieder bestärkt. ... Und so will ich zum Schluß tun, was ich so oft tat mit meinen gefesselten Händen und was ich tun werde, immer lieber und mehr, solange ich noch atmen darf: segnen. ... Ich aber will hier ehrlich warten auf des Herrgotts Fügung und Führung. Ich werde auf ihn vertrauen, bis ich abgeholt werde."[75] Der abschließende Satz in seinem letzten, kurzen Brief an die Mitbrüder lautet: „Gegen Mittag werde ich noch zelebrieren und dann in Gottes Namen den Weg seiner Fügung und Führung gehen."[76] Diese Zuversicht

[72] DBW 6 (E), S. 67f. Vgl. hierzu auch die Formel des Ignatius von Loyola (1491–1556), „Gott in allen Dingen" zu suchen und zu finden; dazu Ch. Zimmermann-Wolf: Dietrich Bonhoeffer und Ignatius von Loyola.

[73] E. Hillesum: Das denkende Herz: Die Tagebücher von Etty Hillesum 1941–1943, S. 7.

[74] A. Delp (1907–1945) war Mitglied der Widerstandsgruppe „Kreisauer Kreis" um Graf von Moltke und wurde am 2.2.1945 in Berlin-Plötzensee hingerichtet.

[75] A. Delp: Im Angesicht des Todes, S. 176.180.

[76] Ebd., S. 181.

angesichts des bevorstehenden gewaltsamen Todes erschreckt auf den ersten Blick. Doch es gibt solche Augenblicke tiefer Todesgelassenheit. Diese entspringt nicht der Lebensverneinung, sondern dem Bewußtsein letzter Verantwortung für das, wofür man geradegestanden hat und wofür man jetzt auch einsteht – sogar mit dem eigenen Leben.

So kann Ewald von Kleist[77], als er vor dem Volksgerichtshof zu seiner Kenntnis vom Putsch gegen Hitler befragt wurde, antworten: „Jawohl, ich habe Hochverrat getrieben seit dem 30. Januar 1933, immer und mit allen Mitteln. Ich habe aus meinem Kampf gegen Hitler nie einen Hehl gemacht. Ich halte diesen Kampf für ein von Gott verordnetes Gebot. Gott allein wird mein Richter sein.“[78] Kein Versuch, mildernde Umstände geltend zu machen, um dadurch möglicherweise dem drohenden Tod zu entgehen. Nicht der Volksgerichtshof, sondern „Gott allein“ wird als Richter akzeptiert, vor *dessen* Angesicht das eigene Leben zu verantworten ist.

Auch für Dietrich Bonhoeffers Bruder Klaus[79], der schon früh Kontakte zum politischen Widerstand hatte, verändert der nahe Tod die Bedeutung des eigenen Lebens. Vor der Verkündung des Todesurteils notiert er auf einem Zettel: „Ich fürchte mich nicht vor dem Erhängtwerden, aber ich möchte diese Gesichter nie mehr sehen, ... dieses Maß von Verkommenheit ... Ich möchte überhaupt lieber sterben, als diese Gesichter nochmal zu sehen.“[80] Und in einem Abschiedsbrief schreibt er: „Ich will ja nicht nur leben, sondern mich eigentlich erst einmal auswirken. Da dies wohl nun durch meinen Tod geschehen soll, habe ich mich auch mit ihm befreundet. ... Es ist jedenfalls eine sehr viel klarere Aufgabe zu sterben, als in verworrenen Zeiten zu leben, weshalb seit je die glücklich gepriesen wurden, denen der Tod als Aufgabe bestimmt war.“[81]

Nach dem gescheiterten Attentat vom 20.7.1944 wird Bonhoeffer klar, daß auch er sich auf den gewaltsamen Tod gefaßt machen muß. In dem kurz darauf verfaßten Gedicht „Stationen auf dem Wege zur Freiheit“ heißt es in der vierten und letzten Strophe:

> „Tod.
>
> Komm nun, höchtes Fest auf dem Wege zur ewigen Freiheit,
> Tod, leg nieder beschwerliche Ketten und Mauern
> unsres vergänglichen Leibes und unsrer verblendeten Seele,
> daß wir endlich erblicken, was hier uns zu sehen mißgönnt ist.
> Freiheit, dich suchten wir lange in Zucht und in Tat und in Leiden.
> Sterbend erkennen wir nun im Angesicht Gottes dich selbst.“[82]

77 E. von Kleist (1890–1945) war Besitzer von Gut Schmenzin/Pommern, wo auch Bonhoeffer mehrfach zu Gast war. Er war ebenfalls für den Widerstand tätig und wurde im April 1945 in Berlin-Plötzensee hingerichtet.

78 Zitiert nach F. Schlingensiepen: Im Augenblick der Wahrheit, S. 13f.

79 Klaus Bonhoeffer (1901–1945) wurde am 23.4.1945 von SS-Männern niedergeschossen.

80 Zitiert nach E. Bethge: Dietrich Bonhoeffer, S. 1040.

81 Ebd., S. 1040.

82 DBW 8 (WE[15], S. 197f).

Der zuversichtliche Grundton gegenüber dem unausweichlich werdenden Tod stimmt überein mit dem, was über Dietrich Bonhoeffers Hinrichtungstod schließlich berichtet wird: „Ich habe ... kaum je einen Mann so gottergeben sterben sehen."[83] Der Tod konnte offensichtlich nicht alles zerstören: „Im Angesicht des Todes erfährt der Mensch sich selbst. Es gibt etwas, das wichtiger ist als das eigene Leben. Die Augenblicke, in denen das sichtbar wird, sind nicht herstellbar, aber es gibt sie. Das Leben wird zu etwas Vorletztem, das gegenüber einem Letzten zu verantworten ist. ... Die Kämpfenden wollten überleben, aber in dieser ganzen Zeit gab es etwas, das ihnen wichtiger war. Sie wollten nicht versagen, auch wenn sie gescheitert waren. Wir finden bei den meisten Attentätern einen beeindruckenden Gleichmut gegenüber dem Tod."[84]
Der drohende gewaltsame Tod, die von außen kommende Vernichtung des eigenen Lebens ist für Bonhoeffer schon früh erahnt als äußerste Möglichkeit der Nachfolge. So heißt es in der „Nachfolge", seiner Auslegung der Bergpredigt von 1937: „Die Nachfolge als die Bindung an die Person Jesu Christi stellt den Nachfolgenden unter das Gesetz Christi, d.h. unter das Kreuz. ... Kreuz ist nicht Ungemach und schweres Schicksal, sondern es ist das Leiden, das uns aus der Bindung an Jesus Christus allein erwächst. ... Wer in die Nachfolge eintritt, gibt sich in den Tod Jesu, er setzt sein Leben ins Sterben, das ist von Anfang an so; das Kreuz ist nicht das schreckliche Ende eines frommen glücklichen Lebens, sondern es steht am Anfang der Gemeinschaft mit Jesus Christus. ... So wird das Leiden zum Kennzeichen der Nachfolger Christi. Der Jünger ist nicht über seinem Meister. Nachfolge ist passio passiva, Leidenmüssen. ... Jesus will das Leiden der Welt überwinden, darum muß er es ganz auskosten. So bleibt zwar das Leiden Gottferne, aber in der Gemeinschaft des Leidens Jesu Christi ist das Leiden durch Leiden überwunden, ist Gottesgemeinschaft gerade im Leiden geschenkt."[85] Auch in der Jer 20,7-Predigt von 1934 klingt die äußerste Konsequenz der eigenen Nachfolge bereits ahnungsvoll an: „Konnten wir es wissen, daß deine Liebe so weh tut? ... Als du über mich gewannst, da war ich verloren; ... da mußte ich den Weg des Leidens gehen. ... Du hast mich an dich gebunden auf Gedeih und Verderb."[86]
Betrachtet man solche Äußerungen als isolierte, abstrakt wahre Sätze, dann sind sie höchst mißverständlich und auch leicht mißbrauchbar für eine demütigende oder von Legitimationsabsichten bestimmte Deutung des Leidens. Diese Gefahr liegt in jeder „theologia crucis". So gilt hier auf Bonhoeffer hin, was etwa auch für den Zugang zur „Kreuzeswissenschaft" von Edith Stein und ihre Ausführungen über die Nacht der Sinne, die Nacht des Geistes und die Nacht des Glaubens gilt: „Was Edith Stein nun – Johannes vom Kreuz folgend – zur

[83] So der zuständige (SS-)Lagerarzt des Konzentrationslagers Flossenbürg, H. Fischer-Hüllstrung. Zitiert nach W.-D. Zimmermann (Hg.): Begegnungen mit Dietrich Bonhoeffer, S. 207.

[84] F. Schlingensiepen: Im Augenblick der Wahrheit, S.14.32.

[85] DBW 4 (N), S.78.79.81.82.83f.

[86] DBW 13, S. 349.

Sprache bringt, gehört zum ewig Mißverstandenen, ... – aufgrund der Tatsache mißverstanden, daß der Weg nur *beim Betreten* und in der Bitterkeit des *Wanderns* seine Lehre preisgibt. Neben dem Weg stehend erscheint er absurd, für den Gottesbezug sinnwidrig."[87]
Die geschenkte Fähigkeit, im Angesicht des Todes mit Gleichmut und gar mit Hoffnung zu reagieren und sein eigenes Leben ganz loszulassen, ist weder heldenhafte Todesverachtung noch bittere Lebensverachtung. Wer so gelassen sein kann, hat alle ängstliche Sorge abgegeben und wenigstens ahnungsweise erfahren, wer der tragende Grund der Wirklichkeit ist – über die Schwelle des Todes hinaus. Hier liegt die Wurzel jener eigentümlichen, äußersten Freiheit, der offensichtlich auch der Tod nichts anhaben kann: „Gelassenheit als Haltung oder Befindlichkeit ist Ergebnis eines Vollzuges: Der Mensch muß ‚lassen', um gelassen zu werden. ... Die gemeinte Haltung ... bezieht sich ... auf die innerste Mitte des Menschen, in der er sich von Gott gehalten weiß. Sie ist frei von ‚ängstlicher Sorge' (vgl. Mt 6,25–34), weil sie sich im Glauben völlig auf den hin verlassen hat, der tragender Grund unseres Daseins ist. ... Ohne gläubige Hingabe ist sie unerreichbar."[88] Auch Dietrich Bonhoeffer weiß offensichtlich um diese eigene „innerste Mitte", die sich auf ein Du hin verlassen kann: „Gott, du verführtest mich unwiderstehlich, daß ich mich dir hingab."[89] Diese Hingabe ist kein willentlicher, kein intellektueller Vorgang, den man kraft eigenen Entschlusses bewerkstelligen könnte, sondern die persönliche Antwort auf das zuvor an „mich" ergangene Wort Gottes. Solche Hingabe hat bei *Gott* ihren Anfang. Das ist jedenfalls Überzeugung in der Tradition der Mystik. So kann auch Edith Stein sagen: „Gott ist der Ur-Theologe ... Sein eigentlichstes Sprechen ist das, vor dem die menschliche Sprache verstummen muß, was in keine Menschenworte eingeht, auch in keine Bildersprache. Es ist ein Ergreifen dessen, an den es ergeht, und verlangt als Bedingung des Vernehmens die persönliche Übergabe."[90]
In der gläubigen Hingabe an der äußersten Grenze des Lebens – auf der Schwelle zum gewaltsamen Tod – wird Bonhoeffer persönlich zugemutet, was er zuvor bereits theologisch bedacht hatte: „Wo aber erkannt wird, daß die Macht des Todes gebrochen ist, wo das Wunder der Auferstehung und des neuen Lebens mitten in die Todeswelt hineinleuchtet, dort verlangt man vom Leben keine Ewigkeiten, dort nimmt man vom Leben, was es gibt, nicht Alles oder Nichts, sondern Gutes und Böses, Wichtiges und Unwichtiges, Freude und Schmerz, dort hält man das Leben nicht krampfhaft fest, aber man wirft es auch nicht leichtsinnig fort, dort begnügt man sich mit der bemessenen Zeit und spricht nicht irdischen Dingen Ewigkeit zu, dort läßt man dem Tod das be-

87 H.-B. Gerl: Unerbittliches Licht: Edith Stein – Philosophie, Mystik, Leben, S. 179. Hervorhebungen von mir.
88 B. Fraling in dem Art. „Gelassenheit". In: Wörterbuch der Mystik, S. 184f.
89 In der Jer 20,7-Predigt. In: DBW 13, S. 349.
90 In ihrer Studie „Wege der Gotteserkenntnis – Dionysius der Areopagit" v. 1940; zitiert nach H.-B. Gerl: Unerbittliches Licht, S. 174.

grenzte Recht, das er noch hat. Den neuen Menschen und die neue Welt aber erwartet man allein von jenseits des Todes her, von der Macht, die den Tod überwunden hat."[91] Zuvor Gewußtes wird jetzt im Vollzug eingelöst – und dadurch „teuer". Wer so bereits eingewurzelt ist in das neue Leben, der gewinnt auch eine neue Freiheit mitten in der Todeswelt. Christus ist *der* von Gott angenommene Mensch, an dem dieses neue Leben aufleuchtet und historisch real anschaulich wird. Und auch die Gestalt des eigenen Lebens wird nicht krampfhaft von sich aus gewonnen, sondern gelassen von dem her, der das neue Leben *ist*: „Gleichgestaltet mit dem Auferstandenen – das heißt vor Gott ein neuer Mensch sein. Er lebt mitten im Tode, er ist gerecht mitten in der Sünde, er ist neu mitten im Alten. Sein Geheimnis bleibt der Welt verborgen. Er lebt, weil Christus lebt, und allein in Christus. ‚Christus ist mein Leben'."[92]
Die Quelle, die innerste Tiefe, von der her solche Freiheit an der Todesgrenze ermöglicht wird, bleibt nach außen hin verborgen, sie bleibt im „Arkanum". Das gilt auch für Dietrich Bonhoeffer selbst. Der Einblick ins Innerste bleibt für Außenstehende verwehrt: „Secretum meum mihi" („Mein Geheimnis gehört mir").[93] Aber die Quelle ist doch wirksam. Als Bonhoeffer in Berlin-Tegel inhaftiert ist, äußert er einmal den Wunsch, mit einem englischen Zellennachbarn und mit dem Gefängnispfarrer Kaffee zu trinken, was der Gefängnispfarrer auch ermöglichte: „Eines Tages fragte er mich, ob ich nicht mit ihm Kaffee trinken wollte, wie man es in der Wüste tut. ... Als wir es dann in einem günstigen Augenblick taten, gab es ein kleines Fest mit Spirituskocher in dem Sandhaufen, der zu Luftschutzzwecken in jeder Zellenecke lag, mit Kaffee, abgespartem Weißbrot und ernsten und heiteren, den Krieg von innen her überwindenden Gesprächen."[94] Ist das Galgenhumor? Oder einfach nur ein ungewöhnliches Verhalten? Oder ist es Ausdruck einer Freiheit, der auch das Gefängnis nichts anhaben kann? Während seiner Tätigkeit für die Konspiration fragt Bonhoeffer sich: „Wer hält stand? Allein der, dem nicht seine Vernunft, sein Prinzip, sein Gewissen, seine Freiheit, seine Tugend der letzte Maßstab ist, sondern der dies alles zu opfern bereit ist, wenn er im Glauben und in alleiniger Bindung an Gott zu gehorsamer und verantwortlicher Tat gerufen ist, der Verantwortliche, dessen Leben nichts sein will als eine Antwort auf Gottes Frage und Ruf."[95] In dieser alleinigen Bindung liegt ganz offensichtlich auch die unantastbare innere Freiheit, in der Bonhoeffer schließlich auch das eigene Leben im Angesicht des Todes lassen kann. Es ist keine Antwort des Wortes, sondern des zuletzt im Martyrium beglaubigten Lebens:

[91] DBW 6 (E), S. 79.

[92] Ebd., S. 82. Das Bibelzitat entstammt Phil. 1,21 und lautet vollständig „ ..., und Sterben ist mein Gewinn."

[93] So begründet E. Stein, daß sie jeden Einblick in ihr Innerstes verwehrt. Zitiert nach H.-B. Gerl: Unerbittliches Licht, S. 28.

[94] So berichtet der damalige Gefängnispfarrer H. Poelchau. In: W.-D. Zimmermann (Hg.): Begegnungen mit Dietrich Bonhoeffer, S. 196.

[95] In dem Rechenschaftsbericht „Nach zehn Jahren" zum Jahresende 1942. In: DBW 8 (WE[15], S. 12).

„Leiden.

Wunderbare Verwandlung. Die starken, tätigen Hände
sind dir gebunden. Ohnmächtig, einsam siehst du das Ende
deiner Tat. Doch atmest du auf und legst das Rechte
still und getrost in stärkere Hände und gibst dich zufrieden.
Nur einen Augenblick berührtest du selig die Freiheit,
dann übergabst du sie Gott, damit er sie herrlich vollende."[96]

Wie kann Bonhoeffer „aufatmen", wo ihm doch – nun im Gefängnis – der gewaltsame Tod vor Augen steht? Wie kann er darauf vertrauen, daß Gott die Freiheit „herrlich vollende"? In der äußersten Situation der Gefängniszelle wird für Dietrich Bonhoeffer alles auch eine äußerste Frage nach Gott, nicht in weltabgewandter Bekenntnishaftigkeit, sondern in Selbstauslieferung und in tiefem Vertrauen. Bonhoeffer nimmt auch die Frage der Freiheit und den drohenden Tod mit hinein in dieses Verhältnis zu Gott. Er kann „aufatmen": „Bei allen Mystikern finden wir … eine Haltung gegenüber dem Tod, die man am besten mit dem Wort Gelassenheit beschreiben kann."[97]
Die Situation der „gebundenen Hände", in der er selbst nichts mehr tun kann, ist für Bonhoeffer nicht identisch mit dem Verlust aller Freiheit. Die äußere Gefangenschaft führt nicht zu einer allumfassenden, inneren Knechtung. Und doch ist es auch nicht eine nur innere Freiheit, von der Bonhoeffer sprechen kann. Es ist vielmehr eine ganz reale Freiheit, die die Fesseln und den Tod bereits hinter sich hat, die weiß, daß auch die Vernichtung des eigenen Lebens einem nichts mehr anhaben kann, weil dieses Leben *bewahrt* bleibt.
Edith Stein schreibt zu dieser Haltung des In-Empfang-Nehmens: „Dabei ist zu bedenken, daß die Eigentätigkeit der Seele augenscheinlich immer mehr abnimmt, je mehr sie sich dem Innersten nähert. Und wenn sie hier angelangt ist, wirkt Gott alles in ihr, sie hat nichts mehr zu tun, sondern nur noch in Empfang zu nehmen. Doch gerade in diesem In-Empfang-Nehmen kommt der Anteil ihrer Freiheit zum Ausdruck. Darüber hinaus greift aber die Freiheit an noch viel entscheidenderer Stelle ein: Gott wirkt nur darum hier alles, weil sich die Seele Ihm völlig übergibt. Und diese Übergabe ist die höchste Tat ihrer Freiheit."[98] Hier ist eine das Leben normalerweise prägende Systematik des Handelns in Selbsterschaffung zuinnerst umgekehrt. An die Stelle äußersten Selbsttuns tritt die Bereitschaft äußersten Geschehenlassens. „In dieser Haltung liegt das Schöpferische: … Es gibt ein Heil in der Entfremdung. Dieser schöpferischen Umkehrung kann man sich ausliefern: … Sich geschehen lassen, sich zukommen lassen, was man tun will – das ist frei werden."[99]

96 Dritte Strophe aus Bonhoeffers Gedicht „Stationen auf dem Wege zur Freiheit". In: DBW 8 (WE[15], S. 197).

97 F. Schlingensiepen: Mystiker in den Umbrüchen unseres Jahrhunderts: Dietrich Bonhoeffer, S. 32.

98 E. Stein in ihrer unvollendeten Studie „Kreuzeswissenschaft". Zitiert nach H.-B. Gerl: Unerbittliches Licht, S. 186.

99 H.-B. Gerl, a.a.O., S. 186.

Dietrich Bonhoeffer spricht von dieser „schöpferischen Umkehrung" mit anderen Worten als etwa Edith Stein; das ist zu berücksichtigen. Auch sind die lebensgeschichtlichen Kontexte sehr verschieden: Der Gefängnisklausur steht die Klosterklausur gegenüber, dem Widerständler gegen Hitler die kontemplative Karmelitin. Und doch sind lebenswirksame Entsprechungen in der „theologia crucis" und in der „Kreuzeswissenschaft" offensichtlich, wenn Bonhoeffer etwa von „alleiniger Bindung an Gott" und von „wunderbarer Verwandlung" spricht; oder wenn er betont, daß es um das passive „Gleichgestaltet-*werden* mit Christus" geht und darum, die Nachfolge als „passio passiva" zu begreifen.[100] Der drohende Tod provoziert eine Freiheit, die in der Tradition christlicher Mystik als tiefe Gelassenheit ihren Platz hat. In der Sprache Dietrich Bonhoeffers: „ ... nicht nur die Tat, sondern auch das Leiden ist ein Weg zur Freiheit. Die Befreiung liegt im Leiden darin, daß man seine Sache ganz aus den eigenen Händen geben und in die Hände Gottes legen darf. In diesem Sinne ist der Tod die Krönung der menschlichen Freiheit. Ob die menschliche Tat eine Sache des Glaubens ist oder nicht, entscheidet sich darin, ob der Mensch sein Leiden als eine Fortsetzung seiner Tat, als eine Vollendung der Freiheit versteht oder nicht. Das finde ich sehr wichtig und sehr tröstlich."[101]

## 2. Ich bin keine religiöse Natur

Bereits in einer Predigt Bonhoeffers während des Vikariates in Barcelona findet sich ein Kernpunkt seiner theologischen Kritik an Religion und am religiösen Gebaren. Es geht – zugespitzt – um die ständige Gefahr des sich religiös wähnenden Menschen, sich Gottes „wissend" zu versichern oder die eigenen Wege und Pläne in unangefochtener frommer Selbstverständlichkeit für die Wege und Pläne Gottes zu halten: „Unser Weg zum Ewigen hin war unterbrochen. ... Denn ein andrer Weg tut sich auf, der Weg Gottes zum Menschen ... ‚Meine Wege sind nicht eure Wege' [Jes 55,8], so heißt es jetzt; nicht wir gehen zu Gott, sondern Gott geht zu uns. Nicht Religion macht uns gut vor Gott, sondern Gott allein macht uns gut. ... Nicht Religion, sondern Offenbarung, Gnade, Liebe, nicht Weg zu Gott, sondern Weg Gottes zum Menschen, das ist die Summe des Christentums. Hier liegt die große Enttäuschung und die noch viel größere Hoffnung. ... Nicht unsere ausgestreckte Bettlerhand, sondern das, womit Gott sie füllt, darauf kommt's an; ... Unser Tun nur soweit es Raum schafft für Gottes Tun ... Nicht auf uns steht unsere Hoffnung, sondern auf Gott."[102]

Den Anfängen solcher „religiösen" Gefahr zu wehren – das ist für Dietrich Bonhoeffer ein durchgängiges Lebensthema. Im Gefängnis von Tegel beginnt er, die zehn Gebote auszulegen und schreibt zur Gefahr, den Namen Gottes zu

[100] Vgl. dazu die vorangegangenen Überlegungen S. 119ff. Hervorhebung von mir.
[101] In einem Brief an E. Bethge v. 28.7.1944. In: DBW 8 (WE[15], S. 200).
[102] In einer Predigt zu Röm 11,6 v. 11.3.1928. In: DBW 10, S. 458f.

mißbrauchen: „,Gott' ist für uns nicht ein allgemeiner Begriff, ... sondern ,Gott' ist ein Name. ... Wenn wir ,Gott' sagen dürfen, so allein darum, weil Gott sich in unbegreiflicher Gnade uns zu erkennen gegeben hat. ... Gegen das zweite Gebot können eigentlich nur diejenigen verstoßen, die den Namen Gottes kennen. ... Nicht die Lästerung, sondern der Mißbrauch ist die Gefahr für die Gläubigen. Wir, die wir den Namen Gottes kennen, mißbrauchen ihn, wenn wir ihn aussprechen, als wäre er nur ein Wort, als spräche nicht in diesem Namen immer Gott selbst zu uns."[103] Bonhoeffer ist zunehmend beeindruckt von dem Verbot der Israeliten, den Namen Gottes auszusprechen. Nicht Tabuisierung und Bekenntnismangel bekunden sich hier für ihn, sondern eine Namensscheu, die in tiefer Ehrfurcht gründet: „Es ist Mißbrauch, wenn wir für jede menschliche Frage und Not vorschnell mit dem Wort Gott oder mit einem Bibelspruch zur Hand sind als wäre es das Selbstverständlichste von der Welt, daß Gott auf alle menschlichen Fragen antwortet und in jeder Schwierigkeit immer schon zur Hilfe bereit ist."[104]

Gott und der Name „Gott" sind in ihrer Bedeutung nicht an ihre jeweilige Brauchbarkeit oder Notwendigkeit gebunden. Sonst wird Gott zur „Arbeitshypothese" etwa in der Geistesgeschichte oder in den Naturwissenschaften, die sich je nach Forschungsstand oder Sichtweise als zutreffend oder unzutreffend herausstellt; in dieser beliebigen Funktion kann auf Gott getrost verzichtet werden. Denn die offene oder verdeckte, direkte Abhängigkeit Gottes von menschlichen Nöten und Fragen wäre auch „religiös", nämlich Ausdruck menschlichen Hochmuts. „Solche Ehrfurcht und Zurückhaltung mit der Einführung des Namens Gottes soll die relative Eigengesetzlichkeit der Welt sichern helfen und den Eindruck von Gott als einem Lückenbüßer und einer Arbeitshypothese bei ungelösten Fragen vermeiden."[105] Gott wird für Dietrich Bonhoeffer trotzdem weder überflüssig noch wird die Rede von ihm zu einer vernachlässigenswerten Randfrage; Gott bleibt „Herr unseres Lebens": „Gott lebt nicht von dem Raum, den wir ihm lassen. Gott lebt nicht von den Fragen, die wir ihm stellen. Gott ist der Herr unseres Lebens, auch ohne daß bei uns für ihn das Gebiet des Religiösen ausgespart würde."[106] Es geht allerdings auch nicht darum, Gott, indem man ihn vor jedem „religiösen" Zugriff bewahren will, ins prinzipiell Unerreichbare zu stellen. Damit würde er zu einem menschenlosen und weltlosen Abstraktum und die Inkarnation würde so gerade *nicht* ernstgenommen.

Die Wertschätzung der Erde (als Erde Gottes) und des Lebens, die aktive Sorge um die nahe Zukunft, der konkrete Kampf gegen die Todesmächte, wie sie in der Hitlerdiktatur greifbar wurden, und das Bemühen um die eigene Nach-

[103] In den Auslegungen „Die erste Tafel der zehn Worte" von Juni/Juli 1944. In: DBW 16, S. 666f.

[104] DBW 16, S. 668.

[105] G.L. Müller: Für andere da: Christus – Kirche – Gott in Bonhoeffers Sicht der mündig gewordenen Welt, S. 116.

[106] A. Schönherr: Bonhoeffers Gedanken über die Kirche und ihre Predigt in der „mündig" gewordenen Welt, S. 79.

folge lassen Bonhoeffer auch die Frage nach Gott in diesen konkreten Zusammenhängen neu und vertieft stellen; und zwar so, daß eine mögliche Antwort etwas kostet und nicht trickreich, weil ja immer schon bekannt, zu früh gewußt wird. Hier wird das Erste Testament für ihn zu einer Entdeckung und zu einem Lehrbuch: „Ich spüre übrigens immer mehr, wie alttestamentlich ich denke und empfinde. ... Nur wenn man die Unaussprechlichkeit des Namens Gottes kennt, darf man auch einmal den Namen Jesus Christus aussprechen; nur wenn man das Leben und die Erde so liebt, daß mit ihr alles verloren und zu Ende zu sein scheint, darf man an die Auferstehung der Toten und eine neue Welt glauben; nur wenn man das Gesetz Gottes über sich gelten läßt, darf man wohl auch einmal von Gnade sprechen, und nur wenn der Zorn und die Rache Gottes über seine Feinde als gültige Wirklichkeiten stehen bleiben, kann von Vergebung und von Feindesliebe etwas unser Herz berühren. Wer zu schnell und zu direkt neutestamentlich sein und empfinden will, ist m.E. kein Christ ... Man kann und darf das letzte Wort nicht vor dem vorletzten sprechen."[107]
Diese Spannung, mit der Bonhoeffer hier von Gott und von biblischen Grundthemen spricht, darf nicht zu einer Seite hin aufgelöst oder abgeschwächt werden; es gilt, sie *als* Spannung wahrzunehmen und aufrechtzuerhalten, sonst halbiert man Dietrich Bonhoeffers Verständnis davon.
So sieht Bonhoeffer zwar auch das epochale Ende der „religiösen" Phase des Christentums gekommen und sucht danach, wie ein „weltliches"[108] Christentum Gestalt annehmen kann; aber eben auch unter der ausdrücklichen Perspektive, „wer Christus heute für uns eigentlich ist."[109] Solche Pole, durchgehaltene Spannungen und scheinbare Gegensätze sind für ihn bezeichnend. „Von einem welt-losen geht der Weg zu einem welt-lichen Christentum. ... Der negative Beiklang des Wortes ‚weltlich' in der traditionellen Sprache im Sinne einer ‚Verweltlichung' ... ist überwunden, weil es von der auf Gott in Christus bezogenen Welt her interpretiert wird."[110] Die umfassende Wirklichkeit Gottes, die sich für Bonhoeffer in *dem* Wirklichen – Jesus Christus[111] – zeigt, bleibt bestehen und tatsächlich auch wirksam, aber in einer radikal veränderten Welt und unter fundamental anderen geschichtlichen Bedingungen.
Den damit verbundenen tiefgreifenden und noch keineswegs abgeschlossenen Wandlungsprozeß erlebt und durchlebt auch Bonhoeffer selbst: „Oft frage ich mich, warum mich ein ‚christlicher Instinkt' häufig mehr zu den Religionslosen als zu den Religiösen zieht, und zwar durchaus nicht in der Absicht der

[107] In einem Brief an E. Bethge v. 5.12.1943. In: DBW 8 (WE[15], S. 87f). Vgl. hierzu auch E. Zenger: Das Erste Testament, bes. S. 28–47.185–208; er plädiert schließlich ausdrücklich für eine „spannungsvolle Einheit" (S. 185) von Altem und Neuem Testament. Diese Tendenz findet sich hier auch bei Bonhoeffer.
[108] Vgl. hierzu etwa DBW 8 (WE[15], S. 139–142.142–144.204–207).
[109] Aus dem Brief an E. Bethge v. 30.4.1944. In: DBW 8 (WE[15], S. 138).
[110] G.L. Müller: Für andere da, S. 112.
[111] Vgl. dazu etwa Bonhoeffers Satz, „daß *die Wirklichkeit* zuerst und zuletzt nicht ein Neutrum, sondern *der Wirkliche*, nämlich der menschgewordene Gott ist." (DBW 6 [E], S. 261, Hervorhebungen von D. B.).

Missionierung, sondern ich möchte fast sagen ‚brüderlich'! Während ich mich den Religiösen gegenüber oft scheue, den Namen Gottes zu nennen, – weil er mir hier irgendwie falsch zu klingen scheint und ich mir selbst etwas unehrlich vorkomme, (besonders schlimm ist es, wenn die anderen in religiöser Terminologie zu reden anfangen, dann verstumme ich fast völlig und es wird mir irgendwie schwül und unbehaglich) – kann ich den Religionslosen gegenüber gelegentlich ganz ruhig und wie selbstverständlich Gott nennen."[112] Zwar geht es auch um eine entsprechende Sprache. Aber doch um eine solche, die sich nicht einfach nur anpaßt, um verstanden zu werden, sondern in sich noch einmal die Spannung austrägt zwischen dem im Glauben Gemeinten und der konkreten Lage und dem zeitgeschichtlichen Kontext der Hörer.

Auch die Umgebung predigt mit in dem, was man sagt oder verkündigt. Der geschichtliche, politische, kirchliche und persönliche Kontext färbt das Gesagte wesentlich ein. Deswegen geht es auch entscheidend um eine neue Form der Kirche, in der sich die erneuerte Gestalt des Glaubens zeigt: „Im weltlichen Christentum geht es daher nicht nur um eine neue Sprache der Verkündigung, sondern um eine neue Gestalt der Glaubensverwirklichung."[113] Diese wurzelhafte Erneuerung geht immer durch das eigene Leben hindurch; durch das eigene, persönliche Leben, aber auch durch das eigene, kirchliche Leben. Sie ist nicht zuerst appellativer Anspruch an „die anderen", sondern ein ***eigener*** Umformungsprozeß. Vor allem seit seiner direkten Beteiligung an der Konspiration erfährt Dietrich Bonhoeffer selbst, welche Spannungen mit einem „weltlichen Christentum" verbunden sein können: „Meine in der letzten Zeit doch stark auf dem weltlichen Sektor liegende Tätigkeit gibt immer wieder zu denken. Ich wundere mich, daß ich tagelang ohne die Bibel lebe und leben kann ... Ich weiß, daß ich nur meine eigenen Bücher aufzuschlagen brauche, um zu hören, was sich gegen dies alles sagen läßt. Ich will mich auch nicht rechtfertigen, sondern ich erkenne, daß ich ‚geistlich' viel reichere Zeiten gehabt habe. Aber ich spüre, wie in mir der Widerstand gegen alles ‚Religiöse' wächst. Oft bis zu einem instinktiven Abscheu – was sicher auch nicht gut ist. Ich bin keine religiöse Natur. Aber an Gott, an Christus muß ich immerfort denken, an Echtheit, an Leben, an Freiheit und Barmherzigkeit liegt mir sehr viel. Nur sind mir die religiösen Einkleidungen so unbehaglich."[114]

[112] Brief an E. Bethge v. 30.4.1944. In: DBW 8 (WE[15], S. 141). Es sei ausdrücklich festgehalten, daß Bonhoeffer diese Hinwendung zu den „Religionslosen" keineswegs als Form einer Abkehr versteht, sondern darin einem ausgesprochenen „christlichen (!) Instinkt" folgt.

[113] G.L. Müller: Für andere da, S. 112, Anm. 259.

[114] In einem Brief an E. Bethge v. 25.6.1942. In: DBW 16, S. 325. Hier ist Bonhoeffer bereits der Abwehr in München („auf dem weltlichen Sektor liegende Tätigkeit") zugeordnet. Darf man nicht auch einen Satz bei Teresa v. Avila in diese Richtung eines entgrenzten, „irdischen" Christentums verstehen? Bei ihr heißt es – sehr konkret: „Auf, meine Töchter, es gibt keinen Grund zum Traurigsein! Wenn der Gehorsam euch viel äußere Tätigkeit abverlangt, dann wißt, falls es sich um die Küche handelt, daß Gott auch zwischen den Kochtöpfen zugegen ist." (Zitiert nach: Teresa von Avila: Gott zwischen den Kochtöpfen, S. 3 = Werke, Bd. 2, Kap 5,7).

In Bonhoeffers eigenem Leben realisiert sich immer deutlicher die Herausforderung, in einer augenscheinlich gottlosen Welt und Zeit selbst gottverbunden zu leben, ohne darin heuchlerisch oder besserwisserisch zu sein. Der für Dietrich Bonhoeffer so wichtige Gehorsam des Glaubens führt ihn nicht in eine religiöse Sonderwelt, sondern radikal und immer tiefer – gottverbunden – in die *eine* Weltwirklichkeit: „Den zwei Welten der ‚Religion' setzt Bonhoeffer den Glauben an die *eine* Weltwirklichkeit entgegen, in der durch die Menschwerdung Jesu Christi Gott und die Welt beieinander sind."[115] Seine Suche nach einem „religionslosen" Christentum ist keine Absatzbewegung gegenüber dem in der Kirche überlieferten Glauben, sondern eine Hinwendungsbewegung zu der realen Welt als bleibender Schöpfung Gottes – mit ihren Nöten. In dieser Hinwendungsbewegung erfährt Bonhoeffer aber auch zunehmend, daß auch die, die Gott nicht kennen oder vermeintlich nicht kennen, sich dieser Nöte und Leiden annehmen: „Bonhoeffer denkt offenbar an seine Freunde aus dem Widerstand, die, ob Christen oder nicht, ihr Leben in Verantwortung für ihre geknechteten und dem Tode preisgegebenen Mitmenschen in die Schanze schlagen. Der Weg zu Gott führt nicht aus der Welt hinaus, sondern tief in die Weltwirklichkeit hinein."[116]
Die vorgefundene Welt, der konkret „gegebene Ort", die angenommene geschichtliche und politische Herausforderung – sie werden zu Wegweisern für die *eigene* Nachfolge: „Nicht um das Jenseits, sondern um diese Welt, wie sie geschaffen, erhalten, in Gesetze gefaßt versöhnt und erneuert wird, geht es doch. Was über diese Welt hinaus ist, will im Evangelium *für* diese Welt da sein ..."[117]

## *2.1. Verheißungsvolle Gottlosigkeit*

In dem Gedicht „Dichterberuf" schreibt Friedrich Hölderlin in der letzten Strophe:

> „Furchtlos bleibt aber, so er es muß, der Mann
> Einsam vor Gott, es schützet die Einfalt ihn,
> Und keiner Waffen brauchts und keiner
> Listen, so lange, bis Gottes Fehl hilft."[118]

Hölderlin (1770–1843) formuliert hier paradox, daß „Gottes Fehl hilft", Gottes *Ab*wesenheit also auch eine positive Seite hat. Die sichere und wahrnehmbare *An*wesenheit Gottes ist nicht mehr selbstverständlich gegeben. Auch Diet-

[115] A. Schönherr: Die Religionskritik Dietrich Bonhoeffers in ihrer Bedeutung für das Christsein in der DDR. In: Ders.: Abenteuer der Nachfolge, S. 239–260, hier S. 246. Hervorhebung von A. S.
[116] Ebd., S. 245.
[117] D. Bonhoeffer in einem Brief an E. Bethge v. 5.5.1944. In: DBW 8 (WE[15], S. 143). Hervorhebung von D. B.
[118] F. Hölderlin: Gedichte, S. 82–84, hier S. 84. „Gottes Fehl": Gottes Fehlen, seine Abwesenheit. Vgl. dazu die Erläuterungen von J. Schmidt ebd., S. 329f.

rich Bonhoeffer steht einer Überbejahung Gottes zunehmend skeptisch gegenüber, weil in ihr sich leicht ein Verfügen über Gott ausdrückt – aller verbalen Bestreitung zum Trotz. A-theismus schützt deswegen für Bonhoeffer in gewisser Weise die Souveränität und Unverfügbarkeit Gottes: „Vielmehr gibt es ... eine verheißungsvolle Gottlosigkeit, die antireligiös und antikirchlich spricht. Sie ist der Protest gegen die fromme Gottlosigkeit, soweit sie die Kirchen verdorben hat, und wahrt damit in gewissem, wenn auch negativem Sinne das Erbe eines echten Gottesglaubens und einer echten Kirche. Hierher gehört der Satz Luthers, daß Gott das Fluchen der Gottlosen lieber hören könnte als das Halleluja der Frommen.“[119]

Dietrich Bonhoeffer setzt solche verheißungsvolle Gottlosigkeit nicht schnell und einfachhin mit Kirchenfeindschaft gleich. Denn in negativer Gestalt wird hier Gottes Freiheit bewahrt, an deren Stelle in der Kirche oft der beinahe kumpaneihafte, immer-schon-wissende Umgang mit Gott getreten ist: „Hier tritt einer wohl-etablierten, in ihrer Frömmigkeit aber und ihrer Wahrheit ‚verdorbenen‘ Kirche gleichsam von außen die ‚echte Kirche‘ gegenüber: kritisch und negativ, verborgen unter dem Schein von Gottlosigkeit und Kirchenferne.“[120]

Für Bonhoeffers Wirklichkeitssicht und für seine Sicht der (vorgeblich) Gottlosen bleibt entscheidend, daß er in der Person Jesu auch die Gottlosigkeit nochmals von der entgrenzten Liebe Gottes umfangen sieht. In der Menschwerdung geht Gott selbst in die äußersten Möglichkeiten und Abgründe und nimmt darin den *wirklichen* Menschen liebend an – auch in seiner Gottlosigkeit: „Die Gestalt des Versöhners, des Gottmenschen Jesus Christus, tritt in die Mitte zwischen Gott und Welt, tritt in den Mittelpunkt alles Geschehens. An ihr enthüllt sich das Geheimnis der Welt wie sich in ihr das Geheimnis Gottes offenbart. Kein Abgrund des Bösen kann dem, durch den die Welt mit Gott versöhnt wird, verborgen bleiben. Aber der Abgrund der Liebe Gottes umfaßt auch noch die abgründigste Gottlosigkeit der Welt. ... Gott steht ein für die Gottlosigkeit, die Liebe für den Haß, der Heilige für den Sünder. ... Nun gibt es keine Wirklichkeit, keine Welt mehr, die nicht mit Gott versöhnt und in Frieden wäre. ... Gott liebt den Menschen. Gott liebt die Welt. Nicht einen Idealmenschen, sondern die wirkliche Welt. ... Während wir unterscheiden zwischen Frommen und Gottlosen, Guten und Bösen, Edlen und Gemeinen, liebt Gott unterschiedslos den wirklichen Menschen.“[121]

Die Bedeutung Gottes liegt nicht darin, daß er in einer bestimmten, ihm von Menschen zugedachten Funktion gebraucht wird: Sei es als „Lückenbüßer“, als „deus ex machina“ oder als „Arbeitshypothese“. Auch das persönliche Leben läßt sich „ohne Gott“ bewältigen. Diese Einsicht führt bei Bonhoeffer *nicht* zu einer Beschimpfung solcher Gottlosigkeit; auch nicht zu einer resigna-

[119] DBW 6 (E), S. 115.

[120] T.R. Peters: Der andere ist unendlich wichtig: Impulse aus Bonhoeffers Ekklesiologie für die Gegenwart, S. 170.

[121] DBW 6 (E), S. 69f.70.70f.

tiven Abwendung von der Gottesfrage angesichts der „Unbrauchbarkeit“[122] Gottes, sondern gerade zu einer radikalisierten, vertieften Sicht der Wirklichkeit – von Gott her. Außerhalb dieser Spannung ist Bonhoeffer immer nur halb verstanden. Die Zeit der Reduzierbarkeit Gottes auf eine bestimmte Funktion – und sei sie noch so „religiös“ – ist für ihn allerdings vorbei; in einem grundsätzlichen, epochalen Sinn. „Solange wir mit Gott als *Lösungsmittel* für vielfältige Probleme bei den Menschen anzukommen versuchen, ist noch nicht verstanden, um wen es bei diesem Gott unserer biblischen Überlieferung überhaupt geht. ... Gott ist nicht eine Wirklichkeit unter anderen, schon gar nicht eine Erfahrungswirklichkeit, sondern der, in dem *alle* Wirklichkeit überhaupt erst richtig erfahren wird, so daß sie zum Gleichnis seiner Nähe werden kann.“[123]

Ausgehend von Jesu Aufschrei am Kreuz „Mein Gott, mein Gott, warum hast du mich verlassen?“ (Mk 15,34) sieht Bonhoeffer die Gottlosigkeit und die Gottesferne als ein Merkmal dieser Welt selbst, an dem auch Gott – in der Person Jesu – selbst teil hat und mitleidet. Der biblische Glaube an *diesen* Gott schließt damit auch ein, am Leiden Gottes teilzuhaben, je mehr und je tiefer man sich tatsächlich in die Welt wagt. Ein so verstandenes weltliches Leben ist für Dietrich Bonhoeffer Befreiung und Zumutung zugleich: „Der Mensch wird aufgerufen, das Leiden Gottes an der gottlosen Welt mitzuleiden. ... Er muß ‚weltlich‘ leben und nimmt eben darin an dem Leiden Gottes teil; er *darf* ‚weltlich‘ leben, d.h. er ist befreit von den falschen religiösen Bindungen und Hemmungen.“[124] Weltabwendung würde umgekehrt auch zur Gottesabwendung. Vor dem Hintergrund des „Leiden[s] Gottes an der gottlosen Welt“ denkt Bonhoeffer in Ansätzen über ein weltliches bzw. religionsloses Christentum nach. Der gottverlassene Schrei Jesu am Kreuz ist die von Gott zugelassene Möglichkeit der Gottlosigkeit. Gottes Leiden besteht darin, „daß er sich die Trennung des Menschen von sich, die Entzweiung des Menschen mit ihm als Gott gefallen läßt. Gottes Leiden ist in diesem Sinne sein Existieren in der Zerrissenheit der Welt. Das zeigt das Kreuz Christi. Sein Leiden ist das Aushalten der äußersten Zerrissenheit der Welt, das Aushalten des Todes.“[125]

Teilnahme am Leiden Gottes geschieht im „weltlichen“ Leben: im Dasein-für-andere, wie es sich im Gottmenschen Jesu zeigt; im Aushalten der Gottlosigkeit der Welt – bis hinein in den Tod. Mündigkeit des Menschen und Ohnmacht

[122] Vgl. hierzu die aufschlußreichen Überlegungen von G. Gäde: Von der Unbrauchbarkeit Gottes. Er bezieht sich darin ausdrücklich auf D. Bonhoeffer.

[123] G. Gäde, a.a.O., S. 14.15. Erste Hervorhebung von G. G., zweite Hervorhebung von mir. Daß sich Gott *nur* und *jeder* Erfahrungsmöglichkeit entzieht, widerspricht aber der Tradition der christlichen Mystik. Zutreffend ist hingegen, daß diese (mögliche) Erfahrungsdimension nicht verfügbar und nie am Ziel ist. Vgl. etwa die Redeweise „dunkle Nacht“ bei Johannes v. Kreuz.

[124] In einem Brief an E. Bethge v. 18.7.1944. In: DBW 8 (WE[15], S. 192). Hervorhebung von D. B.

[125] W. Krötke: Teilnehmen am Leiden Gottes: Zu Dietrich Bonhoeffers Verständnis eines „religionslosen Christentums“, S. 449.

Gottes stehen in Beziehung zueinander, ohne daß Bonhoeffer Mensch und Gott in Konkurrenz zueinander begreift: „Die Rede von der Ohnmacht Gottes ist für Bonhoeffer also notwendige Voraussetzung zur Anerkennung der modernen, nicht mehr religiös definierten Welt und der Autonomie des Menschen. Gottes Ohnmacht ermöglicht erst die – durchaus ambivalent gedachte – Macht des Menschen."[126] Die Gottlosigkeit der Welt und die bejahbare Weltlichkeit der Welt sind jedoch trotzdem voneinander zu unterscheiden. Ein Christ begibt sich mit seinem Leben in diesen Unterscheidungsprozeß hinein. Das Mit-Leiden des Christen ist ein „Lebensvollzug, der die Situation Gottes menschlich wiederholt, indem er das Unterscheiden von Gottlosigkeit und Welt in weltlicher Ohnmacht durchsteht."[127] Das geschieht in der konkreten Nachfolge, in der Teilnahme am Sein Jesu, das im „Dasein-für-andere" neues Leben verheißt. Das bedeutet auch eine Umkehrung der „religösen" Erwartung, die Gott nur für die Erfüllung vielfältiger menschlicher Wünsche braucht. Diese Erwartungen kehren nun – gleichsam „religionslos" – zum Menschen selbst zurück. Gott ist unbrauchbar für unsere menschlichen Zwecke. „Das Wort von der ‚Unbrauchbarkeit' Gottes ... meint gerade nicht, daß Gott unbrauchbar sei in dem Sinne, wie man einen Gegenstand in den Keller stellt oder wegwirft, weil man ihn halt nicht mehr braucht. Er will nur zum Ausdruck bringen, daß Gott nicht wie ein Gegenstand ist, den man brauchen oder nicht brauchen kann, sondern der Herr unseres Lebens und unserer Geschichte."[128] Die Gottlosigkeit der Welt, die augenscheinliche Abwesenheit Gottes („Gottes Fehl") verweist – darin dem Schrei Jesu am Kreuz folgend – für Dietrich Bonhoeffer noch einmal auf Gott: „So führt unser Mündigwerden zu einer wahrhaftigeren Erkenntnis unserer Lage vor Gott. Gott gibt uns zu wissen, daß wir leben müssen als solche, die mit dem Leben ohne Gott fertig werden. ... Der Gott, der uns in der Welt leben läßt ohne die Arbeitshypothese Gott, ist der Gott, vor dem wir dauernd stehen."[129] Und dann faßt Bonhoeffer seine tiefgründigen Überlegungen in einer ebenso prägnanten wie höchst spannungsreichen Formulierung zusammen: „Vor und mit Gott leben wir ohne Gott."[130] Das ist keine logische Formel, sondern die Essenz einer Wirklichkeitssicht und eines Weges konkreter Nachfolge, den Bonhoeffer selbst gegangen ist; einschließlich der Spannung, der Paradoxalität, aber auch der Gewißheit, die darin zum Ausdruck kommt. Hier ist eine Glaubens- und Verkündigungsweise angedeutet, die nicht immer schon mehr hat und weiß als die anderen. „Diesen ‚unbrauchbaren', weil nicht für

[126] L. Kirchner: Die „Ohnmacht Gottes" in der modernen Welt, S. 99. Zum Leiden und zur Ohnmacht Gottes am konkreten Beispiel von Behinderten vgl. O. Fuchs: Im Brennpunkt: Stigma. Gezeichnete brauchen Beistand, S. 160–166.

[127] W. Krötke, a.a.O., S. 452. Zur möglichen Problematik einer Rede von Gottes „Leiden" und „Ohnmacht" vgl. T.R. Peters: Mystik – Mythos – Metaphysik, S. 101–118 (Über die Gegenwart des kommenden Gottes: Mit Dietrich Bonhoeffer und Johann Baptist Metz im Gespräch).

[128] G. Gäde: Von der Unbrauchbarkeit Gottes, S. 16f.

[129] D. Bonhoeffer in einem Brief an E. Bethge v. 16.7.1944. In: DBW 8 (WE[15], S. 191).

[130] DBW 8 (WE[15], S. 191).

unsere – und seien es noch so gute – Zwecke verrechenbaren und instrumentalisierbaren Gott kann man nur recht verkündigen, wenn man im Sinne der Makarismen der Bergpredigt ‚selig' über den Glauben an das eigene Hineingenommensein in die trinitarische Liebe Gottes ist. ... Gott ermöglicht mir im Glauben so zu werden, wie er in dieser Welt in Jesus geworden ist: arm, trauernd über die Wirklichkeit der Welt, friedfertig, hungrig und durstig nach Gerechtigkeit, beschimpft, verfolgt und verleumdet, aber ohne Verlust seiner Integrität (‚reines Herz'). Und damit eben auch ‚unbrauchbar'."[131] Indem die brauchbaren, nützlichen und verfügenden Gottesvorstellungen hinfällig werden, kann für Bonhoeffer der Blick frei werden für „den Gott der Bibel, der durch seine Ohnmacht in der Welt Macht und Raum gewinnt."[132]
Eine zu sichere Rede von der Ohnmacht und von dem Leiden Gottes kann nun aber ihrerseits zumindest unterschwellig zu einer Erklärung des menschlichen Leidens und damit zu einer Beruhigung der Theodizee-Frage führen. Auch eine Identifizierung Gottes mit den Leidenden und Opfern der Geschichte löst die Theodizee-Frage ja nicht, sondern verschärft sie in ihrer Aporie nochmals – als dauernde Rück-Frage an Gott selbst, ja als Rück-Schrei. Es geht dabei auch darum, die Ontologie mit ihrer traditionellen Begrifflichkeit nicht einfach aus der Theologie zu verabschieden, sondern sich auch weiterhin denkerisch um das „Wesen" Gottes zu mühen – in den damit verbundenen oder erst auftretenden Fragen und Ausweglosigkeiten: „In dieser Sprache [der Tradition; W.K.] könnten Gottes Leiden und sein Nichtleidenkönnen zusammengedacht werden. ... Sein konkretes Dasein bleibt für immer mit seinem unzerstörbaren Wesen verbunden, so daß er auch in der Ohnmacht der Allmächtige bleibt. Hat der Kusaner [Nikolaus von Kues, 1401–1464; W.K.] nicht solches gedacht, wenn er von der ‚coincidentia oppositorum' sprach? ... Die Literatur, die binnenkirchlich und -theologisch leugnet, daß Theologie Ontologie ist, zerreißt die Einheit von Denken und Glauben; sie landet in Vernunftverzicht und ‚Offenbarungspositivismus' oder in der Auseinanderreißung von Sakral und Profan."[133]
Die fromme Benutzung Gottes hat viele Gesichter. Ihr Kern liegt darin, *für sich selbst* etwas zu wollen, zu legitimieren und sich darin unterscheidend oder trennend über andere zu erheben. Hinter vermeintlicher Gottesfürchtigkeit kann sich um so subtiler und wirksamer Gottlosigkeit verbergen; es ist eine „hoffnungslose Gottlosigkeit"[134], da „unter der Gestalt Gottes, ja Jesu Christi, der Mensch angebetet wird."[135] Für Bonhoeffer geht es darum, auf eine Weise so gottverbunden und so weltlich zu leben, daß eine richtende Unterscheidung

[131] G. Gäde, a.a.O., S. 17f.
[132] DBW 8 (WE[15], S. 192).
[133] H. Vorgrimler: Solidarische dogmatische Wünsche an die Politische Theologie, S. 189.190. Hervorhebung von H. V. „coincidentia oppositorum" = „Zusammenfall der Gegensätze" in Gott.
[134] Davon unterscheidet D. Bonhoeffer die „verheißungsvolle Gottlosigkeit". Siehe oben, S. 128.
[135] DBW 6 (E), S. 114.

gegenüber anderen („Heiden", „Gottlosen", „Nichtchristen") sich erübrigt: „,Richtet nicht, auf daß ihr nicht gerichtet werdet' (Mt 7,1). Das ist nicht die Ermahnung zu Vorsicht und Milde im Urteil über die Mitmenschen, wie sie auch die Pharisäer kannten, sondern es ist der Stoß ins Herz des um Gut und Böse wissenden Menschen. Es ist das Wort des aus der Einheit mit Gott Sprechenden, der nicht kam um zu richten, sondern um zu retten (Joh 3,17). Für den Menschen in der Entzweiung besteht das Gute im Urteilen, dessen letzter Maßstab der Mensch selber ist. Um Gut und Böse wissend ist der Mensch wesentlich Richter. Als Richter ist er gottgleich, mit dem Unterschied, daß jedes Urteil, das er richtend fällt, ihn selbst trifft. Indem Jesus den Menschen als Richter angreift, fordert er die Umkehr seines ganzen Wesens, stellt er ihn gerade in der äußersten Realisierung seines Guten als Gottlosen, als Sünder hin. Jesus fordert die Überwindung des Wissens um Gut und Böse, er fordert die Einheit mit Gott."[136] Von Gott ist die *ganze* Welt in Liebe angenommen. Eine Aufgliederung der Wirklichkeit in verschiedene Räume (profan/sakral usw.) und eine wissende, hochmütige Unterscheidung in „gut" und „böse" sind damit hinfällig.

Die liebende Annahme geschieht im Geheimnis der Menschwerdung Gottes, d.h. in der Person Jesu. Durch die Inkarnation wird echte Weltlichkeit erst ermöglicht[137]: das Mündigwerden der Welt. Dem entspricht eine gewollte Ent-Sakralisierung, eine Ent-Götterung der Welt, ihre „Gottlosigkeit". Diese Erkenntnis wird von Gott selbst provoziert: „Und wir können nicht redlich sein, ohne zu erkennen, daß wir in der Welt leben müssen – ‚etsi deus non daretur'. Und eben dies zu erkennen wir – vor Gott! Gott selbst zwingt uns zu dieser Erkenntnis."[138] Mit der Menschwerdung Gottes wird die Differenz von Gott und Welt überwunden *und* offengehalten. Es bleibt die Herausforderung an die Christen, in der Nachfolge an der Ohnmacht Gottes in der Welt tatsächlich teilzunehmen.

Nicht um die Verabschiedung Gottes geht es Bonhoeffer, sondern um eine vertiefte lebendige Wahrheit über ihn: *in* der Weltlichkeit der Welt; *in* der augenscheinlichen Gottlosigkeit; *in* der Erfahrung seiner Ferne und Nähe; *in* der tiefen Zerrissenheit auch der Welt, wie sie im Schrei Jesu am Kreuz ihren sichtbaren und hörbaren Ausdruck findet: „Wenn man von Gott ‚nicht-religiös' sprechen will, dann muß man so von ihm sprechen, daß die Gottlosigkeit der Welt dadurch nicht irgendwie verdeckt, sondern vielmehr gerade aufgedeckt wird und gerade so ein überraschendes Licht auf die Welt fällt. Die

[136] DBW 6 (E), S. 316.
[137] Vgl. hierzu E. Feil: Die Theologie Dietrich Bonhoeffers, S. 368–379.
[138] D. Bonhoeffer in einem Brief an E. Bethge v. 16.7.1944. In: DBW 8 (WE[15], S. 191). Die Formel „etsi deus non daretur" („auch wenn es Gott nicht gäbe") geht auf den Theologen und Rechtsgelehrten H. Grotius (1583–1645) zurück, der damit die Gültigkeit von Natur- und Staatsrecht untermauern wollte. Bonhoeffer behält in der Übersetzung (DBW 8 [WE[15], S. 190]) den Konjunktiv ausdrücklich bei. Eine indikativische Übersetzung verfälscht also Bonhoeffers eigenes Verständnis. Vgl. hierzu E. Feil: Die Theologie Dietrich Bonhoeffers, S. 207f; bes. S. 208, Anm. 87.

mündige Welt ist Gott-loser und darum vielleicht gerade Gott-näher als die unmündige Welt."[139]

## *2.2. An den Grenzen schweigen*

Als Bonhoeffer im Gefängnis von Tegel sitzt, gibt es auch häufiger Bombenalarm. Bei einem solchen Bombenalarm trägt sich eine kleine Begebenheit zu, die Bonhoeffer so wichtig ist, daß er in einem Brief davon erzählt: „Als wir gestern abend wieder auf dem Fußboden lagen und einer vernehmlich: ‚ach Gott, ach Gott!' rief – sonst ein sehr leichtfertiger Geselle – brachte ich es nicht über mich, ihn irgendwie christlich zu ermutigen und zu trösten, sondern ich weiß, daß ich nach der Uhr sah und nur sagte: es dauert höchstens noch 10 Minuten. Das geschah nicht mit Überlegung, sondern von selbst und wohl aus dem Gefühl heraus, diesen Augenblick nicht zu religiösen Erpressungen benutzen zu dürfen."[140] Auf diese Situation und den Verzicht auf religiöse Erpressung und theologische Überhöhung (oder eine andere Form der Nutzbarmachung der Not) kommt er dann noch einmal zu sprechen: „Du wirst wissen, daß die letzten Nächte schlimm waren, besonders die am 30.1. Unsere Ausgebombten kamen morgens zu mir, um sich ein bißchen trösten zu lassen. Aber ich glaube, ich bin ein schlechter Tröster. Zuhören kann ich, aber sagen kann ich fast nie etwas. Aber vielleicht ist schon die Art, in der man nach bestimmten Dingen fragte und nach anderem nicht, ein gewisser Hinweis auf das Wesentliche. Auch scheint es mir wichtiger, daß eine bestimmte Not wirklich erlebt wird, als daß man irgendetwas verwischt und retouschiert. Nur gegen gewisse falsche Interpretationen der Not bin ich unnachsichtig, weil sie auch ein Trost sein wollen und doch ein ganz falscher sind. So lasse ich die Not *uninterpretiert* und glaube, daß das ein verantwortlicher Anfang ist, allerdings nur ein Anfang, über den ich sehr selten hinauskomme. Manchmal denke ich, der wirkliche Trost müsse ebenso unvermutet hereinbrechen wie die Not."[141]
Der Verzicht auf das religiöse Trostwissen in der konkreten Notsituation ist für Bonhoeffer keine unentschlossene oder feige Bescheidung, sondern der reale Versuch, der Not – so wie sie *ist* – ins Auge zu sehen und gerade nichts zu verwischen oder zu retouschieren. Dieser Gefahr unterliegt vor allem eine religiöse Rede, wenn sie immer schon mehr weiß als die reale (Not)Situation hergibt. Dagegen ist die tiefe, wortlose Sicht auf die Ausweglosigkeiten, die Fragen und Zerrissenheiten von Menschen eine angemessene und unaufdringliche Form der Anteilnahme: „So lasse ich die Not *uninterpretiert* und glaube, daß das ein verantwortlicher Anfang ist ..."

[139] Brief an E. Bethge v. 18.7.1944. In: DBW 8 (WE[15], S. 193f). Zu beachten bleibt jeweils der konkrete, z.T. unterschiedliche Gebrauch von „Gottlosigkeit" bei Bonhoeffer: beschreibend, kritisierend, provozierend, kontrastierend usw. Sonst liegt hier auch eine Quelle von Mißverständnissen und Verkürzungen !

[140] In einem Brief an E. Bethge v. 29./30.1.1944. In: DBW 8 (WE[15], S. 108).

[141] Brief an E. Bethge v. 1.2.1944. In: DBW 8 (WE[15], S. 109f). Hervorhebung von D. B.

Überhaupt wird es für Bonhoeffer zunehmend problematisch, Gott über die Schwächen des Menschen wieder in eine Welt einzuführen, die erklärtermaßen (wenn auch nicht ohne neue Ambivalenz!) auch ohne die „Arbeitshypothese Gott" auskommt: „Man versucht der mündig gewordenen Welt zu beweisen, daß sie ohne den Vormund ‚Gott' nicht leben könne. Wenn man auch in allen weltlichen Fragen schon kapituliert hat, so bleiben doch immer die sogenannten ‚letzten Fragen' – Tod, Schuld –, auf die nur ‚Gott' eine Antwort geben kann und um derentwillen man Gott und die Kirche und den Pfarrer braucht. Wir leben also gewissermaßen von diesen sogenannten letzten Fragen der Menschen. Wie aber, wenn sie eines Tages nicht mehr als solche da sind, bzw. wenn auch sie ‚ohne Gott' beantwortet werden?"[142] Bonhoeffer setzt sich selbst in diesen Fragen einem Lernprozeß aus, in dem es darum geht, von der Übermacht theologischer Sätze und Worte zu einer situationsgerechten, biographisch eingelösten Bescheidenheit, fast Kargheit der Worte zu gelangen; nicht aus Mangel an Beredtsamkeit, sondern aus Respekt vor dem eigentlichen spezifischen Gewicht der alten Worte, die im eigenen Leben ihre Spuren hinterlassen wollen: „Das [der tägliche persönliche Umgang mit dem gekreuzigten Jesus Christus] ist die Tiefe, aus der ein Wort kommen muß, wenn es wiegen will."[143]
Im Hinblick auf solche Sprachbescheidung kann die Theologie von der Literatur lernen. Der Schriftsteller Martin Walser wird in einem Gespräch einmal gefragt, ob er sich als einen gläubigen Menschen versteht. Karg, beinahe demütig antwortet er: „Das darf ich gar nicht sagen. Pastoren können von einer Gewißheit des Glaubens sprechen. Aber ich darf nicht so reden, wie Sie es mir nahelegen. Denn in dem Augenblick, wo ich es sage, ist es schon nicht mehr wahr, selbst wenn es wahr gewesen wäre, bevor ich es gesagt habe. Aber wenn ich es gesagt habe, wird es, dadurch daß ich es gesagt habe, unwahr."[144] Solche Selbstrücknahme, die das Geheimnis erst bewahrt und so bezeugt, hätte die Theologie wieder neu zu entdecken.
Gott ist für Bonhoeffer nicht brauchbar und nicht im eigenen Interesse benutzbar für die Grenzbereiche, die Schwächen, die Sünde und das Innerlichste des Menschen. Das wäre der „deus ex machina" als eine Art Restgott für irgendwelche menschlichen Sonderbereiche: „Die Bibel kennt unsere Unterscheidung von Äußerem und Innerem nicht. Was soll sie eigentlich auch? ... Das ‚Herz' im biblischen Sinne ist nicht das Innerliche, sondern der ganze Mensch, wie er vor Gott ist."[145] Und heftig fährt Bonhoeffer dann fort: „Ich will also darauf hinaus, daß man Gott nicht noch an irgendeiner allerletzten heimlichen Stelle hineinschmuggelt, sondern daß man die Mündigkeit der Welt und des Menschen einfach anerkennt, daß man den Menschen in seiner Weltlichkeit nicht ‚madig macht', sondern ihn an seiner stärksten Stelle mit Gott konfron-

[142] Brief an E. Bethge v. 8.6.1944. In: DBW 8 (WE[15], S. 170f).
[143] D. Bonhoeffer in einem Brief an Ruth Roberta Stahlberg vom Frühjahr 1940. In: DBW 16, S. 25. Vgl. oben in der Hinführung, S.17.
[144] M. Walser: Der Schmerz, nicht ewig sein zu können. Im Gespräch mit I. Scheidgen, S. 58.
[145] Brief an E. Bethge v. 8.7.1944. In: DBW 8 (WE[15], S. 185).

tiert, daß man auf alle pfäffischen Kniffe verzichtet und nicht in Psychotherapie oder Existenzphilosophie einen Wegbereiter Gottes sieht."[146]
Hierbei bleibt zu beachten, daß es in der radikalen theologischen Kritik Dietrich Bonhoeffers um den Menschen „vor Gott" geht und um eine Konfrontation des mündigen Menschen „mit Gott". Das Gottesthema ist für ihn kein Randthema; schon gar nicht ist es ganz abgeschafft.[147] Es geht ihm um die verschärfte Herausforderung, sowohl auf „religiöse Erpressung" und ein listiges „Hineinschmuggeln" Gottes zu verzichten, als auch um die Frage, wer denn Gott bzw. Christus (als „Herr"!) unter den Bedingungen der Mündigkeit und der Weltlichkeit ist. Er löst damit keine Fragen, sondern läßt sie in ihrer ganzen Schärfe erst zu.
Für Bonhoeffer kehrt Gott ganz neu ins Zentrum zurück, nun nicht als allgegenwärtiger „religiöser" Lückenbüßer, sondern in der Paradoxalität von lebensbestimmender Mitte und erfahrbarer oder erlittener Unbegreiflichkeit: „... Ich möchte von Gott nicht an den Grenzen, sondern in der Mitte, nicht in den Schwächen, sondern in der Kraft, nicht also bei Tod und Schuld, sondern im Leben und im Guten des Menschen sprechen. An den Grenzen scheint es mir besser, zu schweigen und das Ungelöste ungelöst zu lassen."[148] Die Schweigsamkeit an den Grenzen ist der Verzicht auf eine routinierte Gottesgeschwätzigkeit, die im Schwall der Worte den zu Tode be-spricht und zerspricht, der doch für Bonhoeffer „in der Mitte" und „im Leben" anwesend und zugänglich bleibt. Denn „es gibt durch jedes Ereignis, und sei es noch so ungöttlich, hindurch einen Zugang zu Gott."[149]
Die diagnostizierte Gottlosigkeit der Welt, die politische Lage unter der Hitlerdiktatur und die persönliche Situation der Haft als Folge seiner Beteiligung an der Verschwörung führen bei Bonhoeffer gerade nicht zu einem Bedeutungsschwund Gottes, sondern gerade umgekehrt und in scheinbarer Paradoxie zu einer vertieften Gottesgewißheit: „Ich kann trotzdem nur sagen, daß ich nicht in einer anderen Zeit leben wollte als in der unseren, auch wenn sie über unser äußeres Glück hinwegschreitet. Deutlicher als in anderen Zeiten erkennen wir, daß die Welt in den zornigen *und* gnädigen Händen Gottes ist."[150]

146 DBW 8 (WE[15], S. 185f).
147 Zudem ist Gott für Bonhoeffer kein beliebiges theologisches Thema, sondern die ihn selbst ganz beanspruchende Wirklichkeit eines „Du" („‚Gott' ist ein Name"; DBW 16, S. 666f). So ist es verwunderlich, daß etwa in dem Band „Die Präsenz des verdrängten Gottes" (hg. von Ch. Gremmels/I. Tödt) im Rahmen des Internationalen-Bonhoeffer-Forums kein einziger Beitrag im Titel oder Untertitel ausdrücklich auf das „Gottesthema" bei Bonhoeffer hinweist. Dabei ist der Titel des Buches genau dem Brief entnommen (DBW 8 [WE[15], S. 183]), dem auch das angeführte Zitat entstammt, nach dem es Bonhoeffer ausdrücklich darum geht, den mündigen Menschen „mit Gott" (DBW 8 [WE[15], S. 186]) zu konfrontieren!
148 Brief an E. Bethge v. 30.4.1944. In: DBW 8 (WE[15], S. 141). Zu auch anderen Bedeutungsebenen von „Grenze" bei Bonhoeffer vgl. E. G. Wendel: Studien zur Homiletik Dietrich Bonhoeffers, S. 224–232.
149 Brief an E. Bethge v. 18.12.1943. In: DBW 8 (WE[15], S. 187).
150 In den „Gedanken zum Tauftag von D.W.R. Bethge" v. Mai 1944. In: DBW 8 (WE[15], S. 153). Hervorhebung von mir.

Für Bonhoeffer sind die Spannungsmomente zwischen der Herausforderung, weltlich von Gott zu sprechen, und dem an den Grenzen angebrachten Schweigen nicht einseitig auflösbar. Es gilt vielmehr, das notwendige Wort auch nochmals im Schweigen zu empfangen: „Das Wort kommt nicht zu den Lärmenden, sondern zu den Schweigenden."[151] Dieses Schweigen ist „das schlichte Stillwerden des Einzelnen unter dem Worte Gottes."[152] Dabei geht es Bonhoeffer auch nicht um den Rückzug auf eine womöglich noch geschützte innere Welt des Menschen, sondern gerade um die Aussetzung der ganzen (christlichen) Existenz: „So gehört auch der Christ nicht in die Abgeschiedenheit eines klösterlichen Lebens, sondern mitten unter die Feinde. Dort hat er seinen Auftrag, seine Arbeit."[153]

Der Bezugspunkt des Glaubens und der Nachfolge ist nicht nur der kirchliche Raum, sondern die Welt, die ganze Fülle der Wirklichkeit mit ihrer Vieldimensionalität. Damit sind auch Ablehnungen, ja Feindschaften gegenüber dem christlichen Glauben eingeschlossen, ohne daß Bonhoeffer allerdings davon abläßt, die *eine* Weltwirklichkeit als ganze von Gott gehalten und geliebt zu wissen. „In Zeiten der Bedrängung werden die biblischen Inhalte profilierter, deutlicher, leuchtender – ... Daß die Wirklichkeit der Welt nicht mehr ohne Gott und nur von Christus her und auf Christus hin verstanden werden kann, hat uns Bonhoeffer eingeschärft. ... Es gibt nur die eine, von Gott durch das Leben, Sterben und Auferstehen Jesu Christi gezeichnete Wirklichkeit der Welt."[154] Die vehemente Kritik Bonhoeffers an einer kirchlichen wie möglicherweise auch politischen Nutzbarmachung Gottes für die eigenen Zwecke geht unlösbar einher mit der ebenso fundamentalen Gewißheit: „Im übrigen sitzt nach wie vor Gott im Regiment."[155] Für Dietrich Bonhoeffer bleibt – und das nimmt er gerade *nicht* zurück – „Gottes gnädiges Regiment in der Geschichte"[156] bestehen; mit allen darin einbeschlossenen oder erst entstehenden Fragen angesichts des realen Zustands der Welt. Das Schweigen an den Grenzen vermag nochmals auf diese letzte Wirklichkeit zu verweisen und entspringt selbst der tiefen Ahnung von dieser entzogenen Wirklichkeit.

Eine Rede von Gott, in der die Abgründe der Welt wirklich durchschritten sind und der noch das Wort im Halse steckenzubleiben vermag, eine solche Rede wäre „weltliche" Rede von Gott, sie wäre „ein *gebrochenes Sprechen am Rand des Verstummens*. ... Das wäre das Ende eloquenter Theologie. Es wäre das Ende einer Sprache, die schon alles weiß. Aber ein gebrochenes, ein vom Verstummen bedrohtes Sprechen, ein Sprechen von Gott, das gleichsam ‚auf der Kippe steht' – das wäre, so hoffe ich, gerade *nicht* das Ende von Theologie,

[151] DBW 5 (GL), S. 67.
[152] Ebd.
[153] Ebd., S. 15. Vgl. dort Anm. 1. Mit „mitten unter die Feinde" (ein Anklang an Ps 110,2b) bezieht sich Bonhoeffer auf ein Luther-Zitat.
[154] A. Schönherr: Die Bedeutung Dietrich Bonhoeffers für das Christsein in der DDR, S. 43.44.
[155] Brief an E. Bethge v. 10.8.1944. In: DBW 8 (WE[15], S. 208).
[156] DBW 6 (E), S. 134.

sondern ihr Eigentliches, einzig mögliche Theologie vielleicht."[157] Für Bonhoeffer hat sich die Frage einer Theologie „nach Auschwitz"[158] noch nicht so gestellt wie *nach* 1945. Aber seine Suche nach einer „weltlichen" Rede von Gott hat bereits Anteil daran, daß durch die Entwicklungen in der Welt und in der Geschichte die eigene Rede von Gott unhintergehbar irritiert ist.[159] Diese Gebrochenheit ist einer Theologie „nach Auschwitz" bleibend aufgegeben.
Die Spannung von Schweigen und Wort, von letzter Wahrheit und konkreter Situation, von gewußtem Trost und eigener Sprachlosigkeit kennt Bonhoeffer aus eigener Erfahrung: „Warum entscheide ich mich gerade in ganz ernsten Situationen, etwa angesichts eines durch einen Todesfall schwer Betroffenen, oftmals für ein ‚vorletztes' Verhalten, also etwa zu einer durch Schweigen bekundeten Gemeinschaft der Hilflosigkeit gegenüber so hartem Geschehen, statt die mir an sich bekannten und zur Verfügung stehenden Worte des biblischen Trostes auszusprechen, auch gerade Christen gegenüber? Warum verschließt sich mir oftmals der Mund, der das Letzte zum Ausdruck bringen sollte und entschließe mich zu einer durchaus vorletzten menschlichen Solidarität?"[160] Bonhoeffer versucht auf diese grundlegende Frage eine vorsichtige Antwort: „Ist das bewußte Bleiben im Vorletzten nicht hier und da vielleicht der echtere Hinweis auf das Letzte, das Gott zu seiner Zeit selbst (freilich auch nur durch Menschenmund) sagt? ... In diese Frage ist aber freilich nicht nur ein Einzelfall, sondern im Grunde der ganze Bereich christlichen Zusammenlebens und insbesondere der ganze Umfang der christlichen Seelsorge eingeschlossen."[161]
Der zu schnelle Zugriff auf das „letzte Wort" kann für Bonhoeffer auch signalisieren, daß „sozusagen das geistliche Beherrschen der Situation nur den Schein des Letzten trägt, in Wirklichkeit aber selbst etwas ganz Vorletztes ist."[162]
Neben dieses situativ geforderte Schweigen als bewußte Entscheidung für das „Vorletzte" kann aber auch noch eine andere Form notwendigen Schweigens treten. Die der Kirche aus der Tradition anvertrauten Worte der Verheißung haben ihre Kraft oft verloren – nicht vornehmlich wegen der Gottlosigkeit der Welt, sondern weil die Kirche selbst unfähig geworden ist, den inneren Raum dieser Worte mit lebendiger Kraft auszufüllen: „ ... wir selbst sind wieder ganz auf die Anfänge des Verstehens zurückgeworfen. Was Versöhnung und Erlösung, was Wiedergeburt und Heiliger Geist, was Feindesliebe, Kreuz und Auferstehung, was Leben in Christus und Nachfolge Christi heißt, das alles ist so

[157] H.-G. Schwandt: „... nur lallen und lallen ...". Kriterien theologischen Sprechens anhand Paul Celans Suche nach dem „erschwiegenenWort", S. 42. Hervorhebungen von H.-G. S.

[158] Vgl. hierzu etwa E. Kogon (Hg.)/J.B. Metz (Hg.): Gott nach Auschwitz; vgl. auch J.B. Metz: Theodizee-empfindliche Gottesrede.

[159] Zur „weltlichen" Rede von Gott in konkreter Gemeindepraxis vgl. M. Kuske: Weltliches Christsein, S. 139–145.

[160] DBW 6 (E), S. 143.

[161] Ebd., S. 144.

[162] Ebd. Zu „Letztem" und „Vorletztem" siehe oben unter 1., S. 108, Anm. 43. Vgl. hierzu auch A. Pangritz: Dietrich Bonhoeffers Forderung einer Arkandisziplin, S. 433–442.

schwer und fern, daß wir es kaum mehr wagen, davon zu sprechen. In den überlieferten Worten und Handlungen ahnen wir etwas ganz Neues und Umwälzendes, ohne es noch fassen und aussprechen zu können."[163] Bis sich in einer neuen Sprache die Kraft der der Kirche anvertrauten Worte wieder zeigt und aussagen läßt, wird „die Sache der Christen eine stille und verborgene sein."[164] Dietrich Bonhoeffer zielt hier nicht ab auf den weltabgewandten Rückzug der kleinen Herde. Es geht ihm um eine fundamentale Erneuerung der Gestalt der Kirche. Sie wird erst dann wieder sprechend, wenn die Kirche diesen Prozeß der Änderung und Wandlung bis hinein in die eigenen Wurzeln an sich geschehen läßt.

Darauf weist auch der Trappist und Poet Thomas Merton (1915–1968) hin, wenn er Bonhoeffers Gedanken aufnimmt und dies ausdrücklich unter dem Motto „Schöpferisches Schweigen" tut: „Viel schwerwiegender ist Bonhoeffers Feststellung, die Kirche sei selbst in zuviel leeres Gerede verwickelt. ... Bonhoeffer sah voraus, daß diese Tatsache die Kirche – alle Kirchen – in eine Sphäre des Schweigens, der Verwirrung und der sichtlichen Hilflosigkeit führen werde ... Ob es uns gefällt oder nicht, ob wir es verstehen oder nicht, wir sind nun in die seltsame Phase der Trostlosigkeit und Neuorientierung eingetreten, in der nicht nur der einzelne Christ, sondern die Kirchen insgesamt schweigen werden."[165] Diese stille Phase enthält aber, wenn sie zugelassen wird, eine entscheidende Möglichkeit: „Bonhoeffer war weise genug zu erkennen, daß der wahre Zweck dieser Periode relativer Schweigsamkeit eine Vertiefung des Gebets, eine Rückkehr zu den Wurzeln unseres Wesens ist, damit wir aus dem Schweigen, dem Gebet und der Hoffnung noch einmal von Gott neue Worte empfangen können und eine neue Art und Weise, nicht *unsere* Botschaft zu verkünden, sondern *Seine.*[166]

## *2.3. Gott in dem finden, was er uns gerade gibt*

Die Zeit im Gefängnis bedeutet für Dietrich Bonhoeffer eine Zeit der Entbehrung, aber auch eine Zeit der Intensität und Konzentration. Die konkreten Kontakte mit der Außenwelt sind beschränkt auf wenige Sprecherlaubnisse unter Aufsicht. Es bleiben Briefe, in denen sich niederschlägt, was in Bonhoeffer vorgeht und worüber er theologisch nachdenkt. Das konkrete, gegebene Leben wird für Dietrich Bonhoeffer auch zum Ort Gottes. Nicht das ausgesparte Eigentliche oder das gewünschte Besondere hat eine bevorzugte Nähe zu Gott, sondern das Leben, wie es nun einmal ist. Dazu gehört die Erfahrung der Ohnmacht und des Schmerzes, mit der Dietrich Bonhoeffer sich vor allem in der Situation seiner Haft konfrontiert sieht. Die Möglichkeit der

[163] In den „Gedanken zum Tauftag von D.W.R. Bethge" v. Mai 1944. In: DBW 8 (WE[15], S. 156).

[164] DBW 8 (WE[15], S. 157).

[165] Th. Merton: Lieben und Leben, S. 54f.

[166] Ebd., S. 55. Hervorhebungen von Th. M.

„Gestaltung"[167] des eigenen Lebens und der Mitwirkung an größeren, gemeinsamen Aufgaben ist ihm fast gänzlich genommen. Trotzdem kann er sagen: „,... Wenn uns dann plötzlich fast alle Möglichkeiten, selbst etwas mitzuwirken, abgeschnitten werden, dann steht hinter aller Angst um den anderen doch auch irgendwo das Bewußtsein, daß sein Leben nun ganz in bessere und stärkere Hände gelegt ist. Sich gegenseitig diesen Händen anzuvertrauen ist wohl die große Aufgabe der kommenden Wochen und vielleicht auch Monate ... Mag in dem, was den Tatsachen vorausgeht, noch so viel menschliches Versagen, Sichverrechnen und Schuld liegen, in den Tatsachen selbst ist Gott."[168]
Der Ort Gottes ist für Bonhoeffer auch ganz konkret. Nicht in einem fiktiven Leben, sondern im wirklichen Leben, in den durchlebten Hoffnungen und Ängsten, in den realisierten Möglichkeiten und in den erfahrenen Begrenzungen erweist sich, was es heißt „vor und mit Gott ohne Gott" zu leben: „Ich glaube, daß Gott besser geehrt wird, wenn wir das Leben, das er uns gegeben hat, in allen seinen Werten kennen und ausschöpfen und lieben und darum auch den Schmerz über beeinträchtigte oder verlorene Lebenswerte stark und aufrichtig empfinden ... als wenn man gegen die Werte des Lebens stumpf ist und daher auch gegen den Schmerz stumpf sein kann."[169]
Die Wechselfälle des Lebens sind nicht vermeidbare Extreme, sondern das Leben selbst. Erst die konkreten Ausprägungen verschaffen einen Geschmack von dem, was das Leben und wer Gott in diesem Leben ist: „Man soll Gott in dem finden und lieben, was er uns gerade gibt; ... und die Hauptsache ist, daß man mit Gott Schritt hält und ihm nicht immer schon einige Schritte vorauseilt, allerdings auch keinen Schritt hinter ihm zurückbleibt."[170] Doch bleibt eine Voraussetzung wichtig, die Bonhoeffer früher schon als unerläßlich für das Entdecken Gottes betrachtete: „Wir können doch immer nur etwas suchen, was wir schon kennen. Wenn ich nicht weiß, was ich eigentlich suche, suche ich gar nicht wirklich. Also wir müssen schon wissen, welchen Gott wir suchen, ehe wir ihn wirklich suchen. Weiß ich das nicht, so vagabundiere ich nur so herum, und das Suchen wird dann Selbstzweck, und nicht mehr das Finden ist die Hauptsache."[171] Diese auf die Bibellektüre hin gemeinte Voraussetzung behält ihre Bedeutung auch für das „Lesen" des Lebens. Das Suchen und Finden Gottes im wirklichen, vorfindlichen Leben ist kein statisches Prinzip, sondern ein

[167] Es sei auch daran erinnert, daß es für Bonhoeffer wesentlich um ein Gleichgestaltet*werden* von Christus her und auf ihn hin geht. Vgl. DBW 6 (E), S. 80–82. 225 (Anm. 25–30). 340f. (Anm. 116–118).

[168] Brief an R. und E. Bethge v. 23.1.1944. In: DBW 8 (WE[15], S. 103).

[169] DBW 8 (WE[15], S. 104). Vgl. auch H. Schulte: In den Tatsachen selbst ist Gott: Die Bedeutung des Alten Testaments für die christliche Verkündigung nach D. Bonhoeffers letzten Briefen, S. 443: „Entscheidend ist für Bonhoeffer die volle Diesseitigkeit des Lebens ...; wo man nicht etwas aus sich macht, keinem frommen Ideal nachlebt, sondern das Leben mit all seinem Glück und seinen Schwierigkeiten zu bestehen sucht."

[170] Brief an E. Bethge v. 18.12.1943. In: DBW 8 (WE[15], S. 95.96). Hier liegt eine große Ähnlichkeit zum ignatianischen „Gott finden in allen Dingen".

[171] In einem Brief an seinen Schwager R. Schleicher v. 8.4.1936. In: DBW 14, S. 145.

dynamischer Vorgang. Er bewegt sich in der Spannung von „Widerstand“ und „Ergebung“[172]. Bonhoeffer nimmt die persönliche, kirchliche und gesellschaftliche Wirklichkeit mit großer Wachheit wahr und reagiert auf sie mit „beweglichem, lebendigem Handeln“[173]; so sind beide Pole bei ihm in spannungsvoller Einheit miteinander verbunden: „Ergebung ist selbst ein Stück Widerstand ..., soweit es sich in Gott versenkt und an seiner Macht und Ohnmacht teilhat. Widerstand ist selbst ein Stück Ergebung, soweit er den Tatbestand der eigenen Schuldverstrickung akzeptiert und nicht seiner eigenen Aktion, sondern Gott das Resultat anheimstellt. Ergebung ist das Stück Glauben im Widerstand, und Widerstand ist das Stück Ethik in der Ergebung. Ergebung ist das Beten des Widerstehenden, und Widerstand ist das Tun des Demütigen.“[174] Es kommt für Bonhoeffer allerdings darauf an, „daß man mit Gott Schritt hält“.
Den einmal begonnenen Weg gilt es in Treue und mit der Bereitschaft zur Umkehr weiterzugehen; nicht blind gegenüber neuen Einsichten und Herausforderungen; aber auch nicht im willkürlichen Wechsel des Weges aus Mangel an Geduld oder aus Zweifel an der Treue Gottes. In einem adventlichen Rundbrief[175] – kurz nach dem Pogrom gegen die Juden v. 9.11.1938 – schreibt Bonhoeffer an die verunsicherten pommerschen Pfarrer: „Liebe Brüder, unsere wirkliche Not ist gar nicht der Zweifel an unserem angefangenen Weg, sondern unser Versagen in der Geduld, im Drunter-bleiben. ... Wir können uns auch einfach noch nicht damit abfinden, daß die Sache Gottes nicht immer die Sache des Erfolges ist und daß wir wirklich auch mit unserem rechten Wege ‚erfolglos‘ sein könnten. .. Nur der Geduldige empfängt die Verheißung (Mat 24,13), nur der Geduldige bringt rechte Frucht (Luk 8,15). Ein Glaube, der nicht zur Geduld wird, ist unecht, unbrauchbar.“[176] Und dann ermutigt Bonhoeffer – anknüpfend an Röm 15,5 – dazu, dem einmal angefangenen Weg – in den Gefährdungen der Erfolglosigkeit, der Ungeduld und der Enttäuschung – zu trauen: „ ... Nicht heute so und morgen anders, sondern beim einmal Erkannten festbleiben, beständig sein, sich treu erweisen. Wie gering steht die Festigkeit, Beständigkeit und Treue bei uns im Kurs. In der Schrift steht sie ganz obenauf.“[177] In solcher Treue vertraut er darauf, daß es sich dabei nicht nur um ein entschlossenes Durchhalten handelt, sondern daß der einmal angefangene Weg – wenn er denn auch wirklich gegangen wird – sich auch tatsächlich als der „rechte Weg“ erweisen wird.

[172] Vgl. Bonhoeffers Brief an E. Bethge v. 21.2.1944. In: DBW 8 (WE[15], S. 119).
[173] DBW 8 (WE[15], S. 119).
[174] E. Bethge: ‚Widerstand und Ergebung‘ (Bonhoeffer-Predigt in der Bonner Schloßkirche v. 16.11.1986). In: Ders.: Erstes Gebot und Zeitgeschichte, S. 135–142, hier S. 142.
[175] Dieser zunächst als „persönlicher Brief“ gedachte Rundbrief wird vom pommerschen Bruderrat der Bekennenden Kirche schließlich an alle pommerschen Pfarrer verschickt. Vgl. DBW 15 (GS II, S. 541, Anm. 1).
[176] Rundbrief v. 20.11.1938, ausgehend von Röm 15,5: „Der Gott aber der Geduld und des Trostes gebe euch, daß ihr einerlei gesinnet seid untereinander nach Jesu Christo“. In: DBW 15 (GS II, S. 542).
[177] DBW 15 (GS II, S. 543).

Eine solche Auffassung findet sich auch in der Tradition der Deutschen Mystik wieder. In den „Reden der Unterscheidung“ spricht Meister Eckhart (1260–1328) davon, beim einmal angefangenen Weg, bei der einmal getroffenen Grundentscheidung, d.h. „bei seiner Weise“ zu bleiben – sofern sich nicht innere Friedlosigkeit einstellt oder jemand ernsthaft Schaden nimmt; denn Zerstörung ist nicht „von Gott“: „Der Mensch nehme eine gute Weise an und bleibe immer dabei und bringe in sie alle gute Weise hinein und beachte, daß sie von Gott angenommen sei, und er beginne nicht heute eines und morgen ein anderes, und er sei ohne alle Sorge, daß er damit jemals etwas versäume. Denn mit Gott kann man nichts versäumen; so wenig Gott etwas versäumen kann. Darum nimm eines von Gott an, und da hinein ziehe alles Gute.“[178] Für Meister Eckhart kommt es darauf an, „daß der Mensch in allen Dingen ein Gott suchender und ein Gott findender Mensch werden sollte zu aller Zeit und an allen Orten und bei allen Leuten in allen Weisen.“[179] Hier wird kein bestimmter Raum für Gott ausgespart, sondern Gott in *allen* Zeiten, Orten und Weisen für möglich gehalten. Das trifft sich mit der Auffassung Bonhoeffers: Durch solche Entgrenzung will er gerade nicht „ängstlich Raum aussparen für Gott“[180], sondern „Gott in dem finden und lieben, was er uns gerade gibt.“[181]

Dietrich Bonhoeffer vertraut fest auf die Präsenz und das Wirken Gottes; auch wenn beides nicht offensichtlich ist, sondern entzogen und verborgen bleibt. Er will in diesem Vertrauen aber nicht vorwitzig etwas über die gegenwärtige Situation hinaus „wissen“ oder „mehr“ wissen als andere. Der einmal beschrittene oder zugemutete Weg bleibt in seinem weiteren Verlauf auch für ihn radikal offen. So schreibt er in der Erfahrung der Trennung an seine Braut Maria von Wedemeyer: „ ... Wir dürfen Gottes Wegen nicht vorgreifen, aber wir wissen doch jedenfalls, daß er uns auch in harten Zeiten nicht verläßt, sondern uns nur umso fester zusammenschließt – und darauf allein kommt es an.“[182]

Bonhoeffers Überzeugung von der Wirkmacht Gottes trägt auch seine eigenen Entscheidungen mit und ist aus den theologischen Neuentwürfen nicht wegzudenken. Aber es ist eben nicht der „deus ex machina“-Gott, dem er vertraut, sondern ein im *Geheimnis* wohnender Gott, der sich finden läßt in dem, was er uns gerade gibt. Dieses Gottvertrauen ist bei Bonhoeffer durch persönliche Suchprozesse ebenso hindurchgegangen wie durch die politischen und kirchlichen Erschütterungen der NS-Zeit. Es ist ein teures, der Wirklichkeit ausgesetztes und darin doch ungebrochenes Gottvertrauen. So formuliert er kurz vor seiner Verhaftung: „Ich glaube, daß Gott aus allem, auch aus dem Bösesten, Gutes entstehen lassen kann und will. Dafür braucht er Menschen, die sich alle Dinge zum Besten dienen lassen. Ich glaube, daß Gott uns in jeder Notlage so-

[178] Zitiert nach Meister Eckhart: alles lassen – einswerden, S. 79. Vgl. hierzu auch die Erläuterung von G. Stachel, ebd., S. 106–108.

[179] Ebd., S. 80.

[180] D. Bonhoeffer. In: DBW 8 (WE[15], S. 141).

[181] DBW 8 (WE[15], S. 95).

[182] In einem Brief v. 10.11.1943. In: Brautbriefe Zelle 92, S. 78.

viel Widerstandskraft geben will, wie wir brauchen. Aber er gibt sie nicht im voraus, damit wir uns nicht auf uns selbst, sondern allein auf ihn verlassen. In solchem Glauben müßte alle Angst vor der Zukunft überwunden sein. Ich glaube, daß auch unsere Fehler und Irrtümer nicht vergeblich sind, und daß es Gott nicht schwerer ist, mit ihnen fertig zu werden, als mit unseren vermeintlichen Guttaten. Ich glaube, daß Gott kein zeitloses Fatum ist, sondern, daß er auf aufrichtige Gebete und verantwortliche Taten wartet und antwortet."[183]

## *2.4. Christen und Heiden: Einblick in ein Gedicht*

In einem seiner zehn Gedichte zeigt Bonhoeffer die Spannung der ihn umtreibenden Frage von „Religion" und Christusglaube besonders deutlich auf. Das Gedicht „Christen und Heiden" nimmt diese Spannung auf und hebt sie am Ende auf, wodurch Bonhoeffers eigene theologische Perspektive in knappster Weise hervorscheint. Die Veränderungen zwischen Entwurfs- und Endfassung machen Bonhoeffers „Handschrift" deutlich: in literarischer und in theologischer Hinsicht. In der Gegenüberstellung von überschriftslosem Entwurf und endgültiger Fassung (mit Überschrift und von Bonhoeffer stammender Numerierung) werden die Veränderungen und Nuancierungen sichtbar. Streichungen, Einfügungen und Verbesserungen durch Bonhoeffer sind in spitze Klammern < … > gesetzt. Die Verse des Entwurfes sind aus Übersichtsgründen mit Ziffern versehen:[184]

(1,1) Menschen gehen zu Gott in ihrer Not
(1,2) bitten um Hilfe, um Glück und Brot,
(1,3) um Erlösung aus (gestrichen: <Sünden> [?] Schuld, aus
(gestr.: <Leid>, über der Zeile eingefügt:) <Schmerz> u. Tod.
(1,4) So tun sie alle, (ü.d.Z. eingef.) <alle>, Christen u. Heiden.

(2,1) Menschen gehen zu Gott in Seiner Not,
(2,2) (gestr.: <sehen>, ü.d.Z.:) <finden> ihn arm, (gestr.: <verachtet>,
ü.d.Z.:) <geschmäht>, ohne (gestr.: <Haus>, ü.d.Z.:) Obdach> u. Brot,
(2,3a) (gestr. nacheinander folgende Wortgruppen: <finden ihn>,
<wachen in seiner Schwachheit mit ihm>, <wachen und stehen bei ihm in>)
(2,3b) sehn ihn verschlung[en] von (gestr.: <Leid>, ü.d.Z.:) <Sünde>
(gestr.: <Sünde>, ü.d.Z.:) <Pein> u. Tod.
(2,4a) <Christen> (gestr.: <bekennen, … [unleserliche Überschreibung]>,
ü.d.Z.:) <suchen (gestr.: <Gott>)>
(2,4b) <finden> (ü.d.Z.: <erkennen>, neben d.Z. mit Einfügungszeichen:
<ergreifen>) ihr Heil in Gottes Leiden

[183] In dem Rechenschaftsbericht „Nach zehn Jahren" zum Ende des Jahres 1942. In: DBW 8 (WE[15], S. 19).

[184] Vgl. hierzu und zur Interpretation des gesamten Gedichtes die akribische Arbeit von J. Henkys: Dietrich Bonhoeffers Gefängnisgedichte, S. 57–65. Das Gedicht selbst siehe DBW 8 (WE[15], S. 188).

den Ruf in die Nachfolge; oder durch konkrete Tischgemeinschaft mit denen, die als „Sünder" gemieden sind; auch durch Heilung von Kranken oder durch die vorbehaltlose Annahme der Kinder.
Die wiederholende Einfügung des „alle" in 1,4 und die Einfügung von „allen" in 3,1 betont nochmals die bereits in der Überschrift angezielte Entgrenzung. Bonhoeffer möchte tatsächlich „alle" Menschen – ohne Unterschied zwischen „Christen" und „Heiden" – eingeschlossen wissen in die Zuwendung Gottes angesichts der „Menschen in ihrer Not". Und auch das von Bonhoeffer immer wieder kritisierte „religiöse" Verhalten in 1,4 gilt unterschiedslos von Heiden und Christen.[188]
„Christen und Heiden" ist das einzige von Bonhoeffer in der Endfassung numerierte Gedicht. Damit will er offensichtlich noch einmal die Zusammengehörigkeit dieser drei Strophen und auch die Geschlossenheit des gesamten Gedichtes hervorheben.
Im Prozeß des Streichens, Ergänzens, Ersetzens und Neuverknüpfens von Worten und Wortfeldern – das zeigt sich an den Änderungen vom Entwurf bis zur Endfassung – wird immer deutlicher Bonhoeffers „Handschrift" erkennbar, die dieses Gedicht als ein „strophisch gefaßtes Bekenntnis"[189] ausweist.
Dietrich Bonhoeffer hat seine eigenen lyrischen Versuche zwar mit Vorbehalt betrachtet: „Ich bin ja kein Dichter!"[190] Doch das ist nur die eine Seite seiner eigenen Einschätzung. „Aber mehr als ein solcher Selbsteinwand, der ebenso zutreffend im ganzen wie widerlegbar im einzelnen ist, besagt für uns jener andere Satz, mit dem Bonhoeffer auf ‚Christen und Heiden' schon zurücksieht: ‚... Im übrigen schreibe und dichte ich, so weit die Kräfte reichen'.* Weil er bis an diese Grenze ging, belegen auch die Gedichte – und das oben besprochene unüberbietbar – Bonhoeffers ‚Handschrift'."[191] Diese „Handschrift" zeigt sich sowohl inhaltlich, indem das Gedicht ein Grundthema Bonhoeffers formuliert; sie zeigt sich aber auch sprachlich und in der Arbeit an der literarischen Gestalt des Gedichtes. Die Endfassung ist klar in der Sprache und verzichtet auf eine Überfrachtung mit traditionellen christlichen Worten, ohne die Inhalte damit zurückzunehmen. So sind beispielsweise gegenüber dem Entwurf gestrichen: Erlösung, Schmerz (1. Strophe); Pein, bekennen, Heil

[188] Von hier aus wäre auch das Verhältnis von Gnade und Glaube noch einmal wirklich entgrenzt zu bedenken. Wenn Gottes Gegenwart und Zuwendung universal gilt, dann läßt sie sich auch nicht bedingungsweise an den christlichen Glauben binden: „Denn wenn Gott voraussetzungslos rechtfertigt, muß sich diese Rechtfertigung auch auf alle jene beziehen, die nicht mit der Bedingung expliziten Glaubens aufwarten können. Wenn Gott schon bedingungslos rechtfertigt, dann muß dieses Geschenk gerade für diejenigen gelten, denen er den Glauben nicht schenkt." Vgl. hierzu insgesamt O. Fuchs: In der Sünde auf dem Weg zur Gnade, hier S. 249. Zum Mißbrauch von „Rechtfertigung aus Glauben" vgl. auch Bonhoeffers Ausführungen in der „Nachfolge": DBW 4 (N), S. 29–43 („Die teure Gnade").
[189] J. Henkys, a.a.O., S. 63.
[190] DBW 8 (WEN, S. 404).
[191] J. Henkys, a.a.O., S. 65. *In einem Brief an E. Bethge v. 16.7.1944. In: DBW 8 (WE[15], S. 189).

(2. Strophe); schenken, erlösen, ewig (3. Strophe). Dieses Gedicht ist ein eigener Beitrag Bonhoeffers zur „nichtreligiösen Interpretation“[192]. Diese ist ja nicht nur ein sprachliches Unterfangen. Nicht so sehr die neuen Worte entscheiden hier; entscheidend ist vielmehr die neue Existenzweise in der „Nachfolge“, der andere Ort, an dem diese neue Sprache gesucht und formuliert wird. Konkret bei Dietrich Bonhoeffer geht es darum, „wie Bonhoeffers Widerstandsweg und seine nichtreligiöse Interpretation sich gegenseitig auslegen.“[193] Eine neue Sprache ist nicht ort- und kontextlos, und die neue Existenzform bleibt nicht sprachlos.

„Christen und Heiden“ trägt eine „Handschrift“, die sich nur vom ganzen Leben und Tod Bonhoeffers her buchstabieren und lesen läßt: von seiner vehementen Kritik am „Religiösen“ ebenso wie von seinem als Auftrag empfundenen Schritt in die Verschwörung gegen Hitler. Gottes Ohnmacht *und* seine Herrschaft stehen spannungsvoll zueinander für Heiden *und* für Christen: „Gott läßt sich aus der Welt herausdrängen ans Kreuz, Gott ist ohnmächtig und schwach in der Welt und gerade und nur so ist er bei uns und hilft uns.“[194]

[192] Vgl. hierzu etwa DBW 8 (WE[15], S. 142–144.186.192.193f).

[193] E. Bethge: Dietrich Bonhoeffer, S. 994.

[194] D. Bonhoeffer in einem Brief an E. Bethge v. 16. 7.1944. In: DBW 8 (WE[15], S. 191).

## SILBENRÄTSEL

jede
weitere silbe
ist
geschwätz

gott

dem
ist nichts
hinzuzufügen

du hast
dich
auf ein wort
zurückgenommen

mensch

die summe
bleibt
einsilbigkeit

du

*Werner Kallen*

# DRITTER TEIL
# In der vollen Diesseitigkeit des Lebens glauben lernen

## Über Art und Tiefe der Begegnung mit dem wirklichen Gott

Ein weiter Weg liegt zwischen Bonhoeffers ersten Tätigkeiten als Dozent und Studentenpfarrer zu Beginn der dreißiger Jahre und seiner späteren Mitarbeit in der Konspiration gegen Hitler. Der Bogen spannt sich von einer ausgesprochen theologischen bzw. kirchlichen Arbeit bis hin zu einer sehr weltlichen bzw. politischen Tätigkeit. Dabei ist die Frage nach der Erdung des Glaubens von Anfang an ein ihn bewegendes Thema: „Gott will Menschen sehen und nicht Gespenster, die den Erdboden scheuen. Gott hat die Erde geliebt und hat uns aus Erde gemacht."[1] Die erforderliche Welthaftigkeit des Glaubens, um die es Bonhoeffer in seinem Handeln und theologischen Denken in immer neuen Spannungsfeldern geht, ist bei ihm durch die jeweiligen Herausforderungen bestimmt und findet sich mehr und mehr christologisch begründet, vor allem im Geheimnis der Inkarnation: In dem Gott-Menschen Jesus Christus ist die Aufteilung der Welt in verschiedene oder gar einander ausschließende Räume wie „sakral – profan", „übernatürlich – natürlich", „christlich – unchristlich" grundsätzlich aufgehoben. Es gibt nur *eine* Wirklichkeit, die allerdings sehr vielschichtig ist: „In Christus begegnet uns das Angebot, an der Gotteswirklichkeit und an der Weltwirklichkeit zugleich teil zu bekommen, *eines nicht ohne das andere*. Die Wirklichkeit Gottes erschließt sich nicht anders als indem sie mich ganz in die Weltwirklichkeit hineinstellt, die Weltwirklichkeit aber finde ich immer schon getragen, angenommen, versöhnt in der Wirklichkeit Gottes vor. Das ist das Geheimnis der Offenbarung Gottes in dem Menschen Jesus Christus."[2]

Was Bonhoeffer hier in der „Ethik" theologisch bedenkt, findet auch Ausdruck in seinem persönlichen Lebensvollzug. Seine Welthaftigkeit und seine geistige Weite sind gepaart mit einer tiefen Frömmigkeit, „eines nicht ohne das andere". Das empfanden auch seine Schüler: „In Bonhoeffer begegneten wir einem Lehrer, dem das Beanspruchtsein durch Christus abzuspüren war, auch ohne daß er davon redete. Aber von wem dies gilt, der *vermag* dann auch davon zu reden: von dem Angebot, das im Gebet liegt; von dem Reichtum, der durch treues Hören auf das Wort der Heiligen Schrift zu gewinnen ist; von einem Leben im Gehorsam gegen den Willen Gottes."[3]

[1] In der Predigt zu Röm 12,11c v. 23.9.1928 in Barcelona. In: DBW 10, S. 516.
[2] DBW 6 (E), S. 40. Hervorhebungen von mir. Vgl. im ersten Teil S. 49, Anm. 145.
[3] O. Dudzus, Schüler Bonhoeffers und Kandidat im Predigerseminar von Finkenwalde. In: Ders.: Weltfrömmigkeit Dietrich Bonhoeffers, S. 204. Hervorhebung von O. D.

Für Bonhoeffer ist die gesamte Wirklichkeit der Welt und des Lebens, und nicht nur ein bestimmer Teil, von Gott her angenommen. Das wird augenscheinlich und geschichtlich greifbar in dem Gott-Menschen Jesus Christus: „Es geht also darum, *an der Wirklichkeit Gottes und der Welt in Jesus Christus heute teilzuhaben* und das so, daß ich die Wirklichkeit Gottes nie ohne die Wirklichkeit der Welt und die Wirklichkeit der Welt nie ohne die Wirklichkeit Gottes erfahre."[4] Damit ist die Wirklichkeit nicht einfach deckungsgleich mit dem faktisch Vorhandenen, sondern wird als eine ganz *bestimmte* Wirklichkeit qualifiziert.

In der Konspiration lernt er Menschen kennen, die – ohne sich als religiös oder christlich zu verstehen – zum Kampf für Gerechtigkeit und Menschlichkeit entschlossen sind; dafür nehmen sie Leiden auf sich bis hin zur Gefährdung des Lebens und schließlich bis zum Tod. Bonhoeffer sieht sie darin die Seligpreisung Jesu einlösen, die allen gilt, die um einer gerechten Sache willen verfolgt werden (vgl. Mt 5,10): „Jesus nimmt sich derer an, die um einer gerechten Sache willen leiden, auch wenn es nicht gerade das Bekenntnis seines Namens ist, er nimmt sie in seinen Schutz, in seine Verantwortung, in seinen Anspruch hinein. So wird der um einer gerechten Sache willen Verfolgte zu Christus geführt, so geschieht es, daß sich ein solcher in der Stunde des Leidens und der Verantwortung – vielleicht zum ersten Mal in seinem Leben, ihm selbst fremd und überraschend, aber doch eine innerste Notwendigkeit – auf Christus beruft und sich als Christ bekennt, weil ihm seine Zugehörigkeit zu Christus erst in diesem Augenblick aufgeht. Auch dies ist nicht Konstruktion, sondern Erfahrung, die wir gemacht [haben], in der die Macht Jesu Christi über Bereiche des Lebens offenbar wurde, in denen sie bisher unbekannt geblieben war."[5] Zu dieser Welt- und Diesseitsbewegung Bonhoeffers, die aber gerade *keine* grundsätzliche Gegenbewegung zu Kirche und Glaube darstellt[6], gehört auch eine zunehmende Entdeckung und Wertschätzung des Ersten Testaments;[7] darin sieht Bonhoeffer die Diesseitigkeit des Glaubens auch noch einmal biblisch fundiert.

Die aus tiefem Glauben, konkreten Erfahrungen und riskierter Nachfolge gewonnene neue Sicht von Gott und Welt – „eines nicht ohne das andere" – macht Bonhoeffer auch weit über seinen Tod hinaus zu einem wirksamen Zeugen, gerade dort, wo die bedrängenden Themen der Welt auf der Tagesordnung ste-

[4] DBW 6 (E), S. 40f. Hervorhebung dort. Vgl. im ersten Teil S. 50, Anm. 147.

[5] DBW 6 (E), S. 349. Mit gleichem Tenor bereits in der Auslegung der Bergpredigt in der „Nachfolge", DBW 4 (N), S. 108: „Es ist wichtig, daß Jesus seine Jünger auch dort selig preist, wo sie nicht unmittelbar um des Bekenntnisses zu seinem Namen willen, sondern um einer gerechten Sache willen leiden. Es wird ihnen dieselbe Verheißung zuteil wie den Armen. Als die Verfolgten sind sie ja ihnen gleich."

[6] Es ist eine große Versuchung, bei einer Annäherung an Bonhoeffer diese Spannung einseitig aufzulösen, sei es pietistisch-konservativ, sei es politisch-progressiv. Aber erst *in* der Spannung wird man ihm meines Erachtens gerecht. Ein interpretatorischer Zwang zur „Einordnung" bekommt leicht nur den halben Bonhoeffer zu Gesicht.

[7] Vgl. den Brief an E. Bethge v. 5.12.1943 (2. Advent). In: DBW 8 (WEN, S. 175.176).

hen. So heißt es etwa in dem (poetischen) Vorwort[8] der in Rio de Janeiro erschienenen portugiesischen Übersetzung von „Widerstand und Ergebung“:

„Dietrich Bonhoeffer
proklamierte die Wirklichkeit der Welt,
in der wir leben,
als eine solche, für die Gott alles dahingibt.
Vielleicht versteht ein müde gewordenes Europa nicht mehr,
was sein junger Prophet ihm zu sagen hat.
Wir dagegen auf diesem Kontinent,
der mündig werden will,
hören die Stimme,
die auf unsere Sehnsucht antwortet.
…
Aber lest selbst das Buch.
Groß wird eure Überraschung sein,
denn in diesen Brieffragmenten,
verfaßt in der Sprache unserer Zeit,
spricht ein Mensch zu uns von Gott,
und Gott spricht zur Welt.“

In beinahe einfältiger Klarheit wird wahrgenommen, daß hier „ein Mensch von Gott“ spricht und daß „Gott zur Welt“ spricht. Deutlich wird Bonhoeffers Verhältnis zu „Welt“ und „Gott“, zu Erdung und Verheißung der biblischen Botschaft auch in seinen Meditationen zu Psalm 119. Hier leuchtet auf, was der Kern seiner „Weltfrömmigkeit“ (O. Dudzus) ist:
„Ich bin ein Gast auf Erden. Damit bekenne ich, daß ich hier nicht bleiben kann, daß meine Zeit kurz bemessen ist. Auch habe ich hier kein Anrecht auf Besitz und Haus. Alles Gute, das mir widerfährt, muß ich dankbar empfangen. Unrecht und Gewalttat aber muß ich leiden, ohne daß einer für mich eintritt. Einen festen Halt habe ich weder an Menschen noch an Dingen. … Die Erde, die mich ernährt, hat ein Recht auf meine Arbeit und meine Kraft. Es kommt mir nicht zu, die Erde, auf der ich mein Leben habe, zu verachten. Treue und Dank bin ich ihr schuldig. … Ich soll ein Gast sein mit allem, was das einschließt. Ich soll mein Herz den Aufgaben, Schmerzen und Freuden der Erde nicht teilnahmslos verschließen und ich soll auf die Einlösung der göttlichen Verheißung geduldig warten, aber wirklich warten und sie mir nicht im voraus in Wünschen und Träumen rauben. … Wo das Wort [Gottes; W.K.] von zu Hause bei mir ist, finde ich in der Fremde meinen Weg, im Unrecht mein Recht, in der Ungewißheit meinen Halt, in der Arbeit meine Kraft, im Leiden die Geduld.“[9]

[8] In: „Resistencia e Submissão“. Ins Portugiesische übersetzt von E. Bernhoeft. Zitiert nach P.G. Schoenborn: Bonhoeffer in Lateinamerika, S. 28.

[9] In den Ausführungen zu Ps 119,19: „Ich bin ein Gast auf Erden, verbirg deine Gebote nicht vor mir.“ In: DBW 15 (PAM II, S. 431.432).

## 1. Von der Polyphonie des Lebens

Wenn hier von Bonhoeffer und der „Spur des vermißten Gottes" die Rede ist, dann geht das nur im Blick auf sein *ganzes* Leben und unter Einbeziehung seiner vielschichtigen Sicht des Lebens. Im Gefängnis bemerkt er, daß viele Menschen auf für ihn merkwürdige Weise eindimensional[10] festgelegt sind: „Ich beobachte hier immer wieder, daß es so wenige Menschen gibt, die viele Dinge gleichzeitig in sich beherbergen können; wenn Flieger kommen [bei Alarmen; W.K.], sind sie nur Angst; wenn es etwas Gutes zu essen gibt, sind sie nur Gier; wenn ihnen ein Wunsch fehlschlägt, sind sie nur verzweifelt; wenn etwas gelingt, sehen sie nichts anderes mehr. Sie gehen an der Fülle des Lebens und an der Ganzheit einer eigenen Existenz vorbei ..."[11] Solcher völligen Bestimmtheit durch *einen* Aspekt der Wirklichkeit stellt Dietrich Bonhoeffer die Mehrdimensionalität des Lebens gegenüber; in ihr erst erschließt sich die Fülle der Wirklichkeit, die einem nur einlinigen Denken verschlossen bleibt: „Demgegenüber stellt uns das Christentum in viele verschiedene Dimensionen des Lebens zu gleicher Zeit; wir beherbergen gewissermaßen Gott und die ganze Welt in uns. ... Sobald wir z.B. bei einem Alarm in eine andere Richtung geworfen werden als in die der Sorge um die eigene Sicherheit, also z.B. in die Aufgabe, Ruhe um uns zu verbreiten, wird die Situation eine völlig andere; das Leben wird nicht in eine einzige Dimension zurückgedrängt, sondern es bleibt mehrdimensional-polyphon. ... Man muß die Menschen aus dem einlinigen Denken herausreißen – gewissermaßen als ‚Vorbereitung' bzw. ‚Ermöglichung' des Glaubens, obwohl es in Wahrheit erst der Glaube selbst ist, der das Leben in der Mehrdimensionalität ermöglicht ..."[12]

Diese „Polyphonie" des Lebens bringt es auch mit sich, daß in der konkreten Situation beispielsweise der Bedrängnis oder des Schmerzes diese Situation hoffend ausgehalten wird, weil die Ahnung von der umfassenderen Fülle des Lebens dazu befähigt. Als Bonhoeffer bei der Taufe des ersten Sohnes von Renate und Eberhard Bethge aufgrund seiner Inhaftierung nicht dabei sein kann, empfindet er diese Verhinderung sehr konkret: „Das Bild der Polyphonie verfolgt mich immer noch. Als ich heute etwas Schmerz darüber empfand, nicht bei Euch zu sein, mußte ich denken, daß auch Freude und Schmerz zur Polyphonie des ganzen Lebens gehören und selbständig nebeneinander bestehen können."[13] Die in der Sehnsucht empfundene Lücke läßt sich auch nicht geist-

[10] Zur eindimensionalen Sicht und Bestimmung der Wirklichkeit etwa auch durch technologische Errungenschaften vgl. H. Marcuse: Der eindimensionale Mensch. Für Marcuse tendiert ein allein technisch sich verstehender und funktionierender Produktionsapparat dazu, „in dem Maße totalitär zu werden, wie er nicht nur die gesellschaftlich notwendigen Betätigungen, Fertigkeiten und Haltungen bestimmt, sondern auch die individuellen Bedürfnisse und Wünsche" (ebd., S. 17f.).

[11] Brief an E. Bethge v. 29.5.1944. In: DBW 8 (WE[15], S. 161).

[12] DBW 8 (WE[15], S. 161.162).

[13] Brief an E. Bethge v. 21.5.1944 (zum Tauftag von D.W.R. Bethge). In: DBW 8 (WE[15], S. 159f).

lich betäuben oder füllen – im Gegenteil; sie bleibt eine wichtige Leerstelle: „... denn indem die Lücke wirklich unausgefüllt bleibt, bleibt man durch sie miteinander verbunden. Es ist verkehrt, wenn man sagt, Gott füllt die Lücke aus; er füllt sie gar nicht aus, sondern er hält sie vielmehr gerade unausgefüllt, und hilft uns dadurch, unsere echte Gemeinschaft miteinander – wenn auch unter Schmerzen – zu bewahren.“[14] So wenig wie Gott hier Lückenfüller ist, so wenig soll man Gott mißbrauchen, um erfahrenes Glück und tiefes Gelingen des Lebens religiös „wurmstichig“ (D. Bonhoeffer) zu machen: „Ich glaube, wir sollen Gott in unserem *Leben* und in dem, was er uns an Gutem gibt, so lieben und solches Vertrauen zu ihm fassen, daß wir, wenn die Zeit kommt und da ist – aber wirklich erst dann! – auch mit Liebe und Vertrauen und Freude zu ihm gehen. Aber – um es deutlich zu sagen – daß ein Mensch in den Armen seiner Frau sich nach dem Jenseits sehnen soll, das ist milde gesagt eine Geschmacklosigkeit und jedenfalls nicht Gottes Wille. ... Wenn es Gott gefällt, uns ein überwältigendes irdisches Glück genießen zu lassen, dann soll man nicht frömmer sein als Gott ... “[15]
Die ganze Vielfalt erschließt sich gerade in der Spannung vermeintlicher Gegensätze: von erotischer Liebe *und* Gottesliebe, von Freude *und* Schmerz, von Erfüllung *und* Sehnsucht; aber eben doch auch so, indem der jeweilige Pol dieser Spannung ganz durchlebt wird: „Ich meine dies: Gott und seine Ewigkeit will von ganzem Herzen geliebt sein, nicht so, daß darunter die irdische Liebe beeinträchtigt oder geschwächt würde, aber gewissermaßen als cantus firmus, zu dem die anderen Stimmen des Lebens als Kontrapunkt erklingen; eines dieser kontrapunktischen Themen, die ihre *volle Selbständigkeit* haben, aber doch auf den cantus firmus bezogen sind, ist die irdische Liebe und auch in der Bibel steht ja das Hohe Lied und es ist wirklich keine heißere, sinnlichere, glühendere Liebe denkbar als die, von der dort gesprochen wird (cf. 7,6!); es ist wirklich gut, daß es in der Bibel steht, all denen gegenüber, die das Christliche in der Temperierung der Leidenschaften sehen (wo gibt es solche Temperierung überhaupt im Alten Testament?). Wo der cantus firmus klar und deutlich ist, kann sich der Kontrapunkt so gewaltig entfalten wie nur möglich.“[16] Die verschiedenen kontrapunktischen Themen im Leben Dietrich Bonhoeffers bleiben nach seiner eigenen Aussage auf den „cantus firmus“ – die Gottesliebe – bezogen. Ohne diese zentrierende Dimension sind seine sehr unterschiedlichen Tätigkeiten, seine Predigten und theologischen Überlegungen kaum angemessen zu verstehen. In der „Polyphonie“ seines eigenen Lebens, in den Herausforderungen, inneren und äußeren Kämpfen, in den verschiedenen lebensgeschichtlichen Phasen, in den Vorlesungen, in den Briefen und schließlich noch im Gefängnis ist immer auch dieser Grund-Ton – der prägende, leitende, aber auch die volle Selbständigkeit der anderen Themen ermöglichende „cantus firmus“ – vernehmbar. Dieses Verständnis der bleibenden Gottesbezogenheit von

[14] Brief an R. und E. Bethge v. Heiligabend 1943. In: DBW 8 (WE[15], S. 101).
[15] Brief an E. Bethge v. 18.12.1943. In: DBW 8 (WE[15], S. 95). Hervorhebung von D. B.
[16] Brief an E. Bethge v. 20.5.1944. In: DBW 8 (WE[15], S. 157f). Hervorhebung von D. B.

allem Geschöpflichen findet sich etwa auch in der ignatianischen Formel „Gott finden in allen Dingen."[17] Hier findet eine „volle Diesseitigkeit" ihre Zentrierung: „Von Gott ist erst dann wirklich die Rede, wenn man sich selber restlos von ihm her bestimmt sieht: Gott ist also der, ‚ohne den nichts ist'. Gott ehren heißt, nichts in der Welt mit ihm zu verwechseln, sondern alles immer nur als auf ihn verweisend zu verstehen. Der Gegensatz dazu ist: sich an irgendein Gut der Welt um jeden Preis zu klammern, selbst wenn man es dadurch auf die Dauer und im ganzen und für den Menschen überhaupt zerstörte."[18]

## *1.1. Mit den Augen der Leidenden: Kampf gegen die Judenverfolgung*

Schon sehr früh, viel früher und hellsichtiger als andere erkennt Bonhoeffer, daß vor allem die Juden durch die nationalsozialistische Herrschaft bedroht sind. In seinem Aufsatz „Die Kirche vor der Judenfrage"[19] vom April 1933 sieht er vor allem die (eigene) Kirche gefordert, den bedrohten Juden Beistand zu leisten. Daß diese Hilfe auf weite Strecken versagt wurde, zu zögerlich oder zu spät kam, gehört zu Bonhoeffers schmerzlichen Erfahrungen. Immer wieder zitiert er in diesem Zusammenhang mahnend – auch an die Bekennende Kirche gerichtet: „Tu deinen Mund auf für die Stummen!" (Spr 31,8). In seinem Schwager Gerhard Leibholz und in dem Freund Franz Hildebrandt – beide jüdischer Herkunft – steht Bonhoeffer die „Judenfrage" auch ganz persönlich vor Augen. Als in der Pogromnacht des 9. November 1938 in Deutschland die Synagogen brennen, unterstreicht Dietrich Bonhoeffer in seiner Bibel aus dem Klagepsalm 74 den Vers 7: „Sie verbrennen alle Häuser Gottes im Lande" und vermerkt daneben: 9.11.38. Mit Ausrufungszeichen versieht er V. 9: „Unsere Zeichen sehen wir nicht, und kein Prophet predigt mehr, und keiner ist bei uns, der weiß wie lange."[20] In einem persönlichen Rundbrief an die Finkenwalder wenige Tage später mahnt er nochmals, sich mit Sach 2,12 in bezug auf die Juden sagen zu lassen: „Wer euch antastet, der tastet meinen Augapfel an." Und er unterstreicht: „In den letzten Tagen habe ich viel über Psalm 74, Sach 2,12, Rö 9,4f. und 11,11–15 nachgedacht. Das führt sehr ins Gebet."[21] In diesen Zu-

[17] Vgl. hierzu Ignatius von Loyola: Geistliche Übungen, Nr. 23. 235–237.

[18] P. Knauer, ebd., S. 24, Anm. 9.

[19] DBW 12 (GS II, S. 44–53). Zu diesem gesamten Komplex vgl. etwa E. Bethge: Am gegebenen Ort, S. 181–242 (Umdenken nach Auschwitz); W. Huber (Hg.)/I.Tödt (Hg.in): Ethik im Ernstfall: Dietrich Bonhoeffers Stellung zu den Juden und ihre Aktualität; P.E. Lapide: Bonhoeffer und das Judentum; W. Meyer: Unternehmen Sieben: Eine Rettungsaktion für vom Holocaust Bedrohte aus dem Amt Ausland/Abwehr im Oberkommando der Wehrmacht, bes. S.70–82.307–318.441–458; Ch.-R. Müller: Dietrich Bonhoeffers Kampf gegen die nationalsozialistische Verfolgung und Vernichtung der Juden.

[20] Wiedergabe nach der Bonhoeffer vorliegenden Lutherübersetzung. Zu diesen Eintragungen vgl. E. Bethge: Dietrich Bonhoeffer, S. 684f.

[21] In einem persönlichen Rundbrief vom 20.11.1938. In: DBW 15 (GS II, S. 544). In der Bonhoeffer vorliegenden Lutherübersetzung heißt es Sach 2,12 noch: „seinen" Augapfel. Einheitsübersetzung, revidierte Lutherübersetzung und Martin Buber übersetzen übereinstimmend: „meinen" Augapfel.

sammenhang gehört auch Bonhoeffers berühmt gewordenes Wort: „Nur wer für die Juden schreit, darf auch gregorianisch singen.“[22]
Die Lage in Deutschland wird für die Juden immer bedrohlicher. Nachdem sie schon seit August 1938 ein „J“ in ihren Pässen und später auch die Zwangsvornamen „Sara“ bzw. „Israel“ tragen mußten, wird ab September 1941 auch der gelbe „Judenstern“ zur Pflicht. Im Oktober 1941 beginnen die Deportationen. Am 23.10.1941 wird das Auswanderungsverbot für Juden verfügt. Auf der berüchtigten Wannsee-Konferenz v. 20.1.1942 wird die planmäßige Ermordung der europäischen Juden beschlossen. Bonhoeffers Zwillingsschwester Sabine und ihr Mann Gerhard Leibholz können im September 1938 noch über Basel nach England auswandern. Dietrich Bonhoeffer ist ihnen über Bischof Bell und andere in London behilflich. Franz Hildebrandt, der aufgrund der politischen Situation in Deutschland schon 1933/34 für einige Zeit Zuflucht bei Bonhoeffer in London (er war zu dieser Zeit dort Auslandspfarrer) gefunden hatte, wurde im Juli 1937 verhaftet. Doch der Familie Bonhoeffer und anderen Freunden gelang es noch, ihn nach vier Wochen wieder frei zu bekommen. Da sein Paß glücklicherweise nicht entdeckt worden war, konnte er wenig später noch nach England emigrieren und wurde Hilfsprediger an der Georgskirche in London.
Später, bereits tätig für die Abwehr, ist Bonhoeffer vermittelnd[23] an einer Rettungsaktion beteiligt, bei der unter dem Tarnnamen „U 7“ (Unternehmen Sieben)[24] einige Juden in die Schweiz gerettet werden können. Nach der Beseitigung vieler Schwierigkeiten sowohl auf deutscher wie auf schweizerischer Seite, mit Hilfe vieler absichernder Tarnungen und nach manchen Unsicherheiten und Ängsten der Betroffenen konnte die Aktion „U 7“[25] im September 1942 schließlich erfolgreich zum Abschluß gebracht werden: Insgesamt 14 als Agenten getarnte Juden[26] erreichten Basel und waren gerettet. Den Initiatoren wurde diese Rettungsaktion schließlich zum Verhängnis. Als Devisenunregelmäßigkeiten im Zusammenhang mit „U 7“ aufgedeckt wurden, wurde schließlich auch Bonhoeffer belastet und am 5. April 1943 verhaftet.[27]
Und doch muß Bonhoeffer voll Trauer das kirchliche Versagen gegenüber den bedrohten Juden feststellen. Ein „Schuldbekenntnis“ von 1941 in der „Ethik“[28]

[22] E. Bethge: Dietrich Bonhoeffer, S. 685.
[23] Er vermittelte die Rettung von Charlotte Friedenthal, einer Mitarbeiterin der Leitung der Bekennenden Kirche.
[24] Zu den Namensvarianten und zu der zunächst sieben Personen umfassenden Gruppe vgl. W. Meyer: Unternehmen Sieben, S. 2–4.
[25] Sehr detailliert hierzu W. Meyer: Unternehmen Sieben. Vgl. auch E. Bethge: Dietrich Bonhoeffer, S. 902–904 (Verhöre Bonhoeffers durch Oberstkriegsgerichtsrat Roeder).
[26] Die Namen der 14 Geretteten finden sich etwa bei Ch.-R. Müller: Dietrich Bonhoeffers Kampf gegen die nationalsozialistische Verfolgung und Vernichtung der Juden, S. 312, Anm. 348.
[27] Vgl. hierzu E. Bethge: Dietrich Bonhoeffer, S. 878–885; Ch.-R. Müller, a.a.O., S. 314–320.
[28] DBW 6 (E), S. 125–136. Es bleibt festzuhalten, daß Bonhoeffer das Versagen der Kirche(n) bereits 1941 als schuldhaft eingesteht. Haben die offiziellen kirchlichen Erklärungen *nach*

beginnt er so: „Es geht um das Gestaltwerden der Gestalt Christi unter uns. Es geht also um den wirklichen, den gerichteten, den erneuerten Menschen. ... Der Abfall des Menschen von Christus ist zugleich sein Abfall von seinem eigenen Wesen.“[29] Dann nennt er – entlang der zehn Gebote – die Schuld der Kirche (und sich darin einschließend) ganz konkret: „Die Kirche bekennt, die willkürliche Anwendung brutaler Gewalt, das leibliche und seelische Leiden unzähliger Unschuldiger, Unterdrückung, Haß, Mord gesehen zu haben, ohne ihre Stimme für sie zu erheben, ohne Wege gefunden zu haben, ihnen zu Hilfe zu eilen. Sie ist schuldig geworden am Leben der Schwächsten und Wehrlosesten, Brüder Jesu Christi.“[30] Das von Bonhoeffer später zugesetzte „Brüder Jesu Christi“ will den Blick eindeutig auf die Juden lenken.[31] In seinen Ausführungen über „Erbe und Verfall“ in der christlich-abendländischen Geschichte[32] betont Bonhoeffer die Kontinuität von „Erstem Bund“ und „Zweitem Bund“: „Weil aber Jesus Christus der verheißene Messias des israelitisch-jüdischen Volkes war, darum geht die Reihe unserer Väter hinter die Erscheinung Jesu Christi zurück in das Volk Israel. Die abendländische Geschichte ist nach Gottes Willen mit dem Volk Israel unlöslich verbunden, nicht nur genetisch, sondern in echter unaufhörlicher Begegnung. ... Eine Verstoßung d. Juden aus dem Abendland muß die Verstoßung Christi nach sich ziehen; denn Jesus Christus war Jude.“[33] In einem Brief an Eberhard Bethge betont Dietrich Bonhoeffer bei der Verhältnisbestimmung von Erstem und Zweitem Testament: „Es ist ja ein und derselbe Gott.“[34] Damit erweist sich sein Eintreten für die Juden auch als theologisch motiviert und reflektiert.[35]

Wenn Bonhoeffer in dem genannten „Schuldbekenntnis“ von den „Brüdern Jesu Christi“ spricht, dann meint er damit keine allgemeine, immer gültige Formel, sondern die konkrete und besondere Verantwortung gegenüber den Juden zur Zeit des Nationalsozialismus und gegenüber dem jüdischen Volk insgesamt. „Mit diesem Wort ‚Brüder Jesu Christi‘ vollzieht Bonhoeffer im Beken-

dem Zweiten Weltkrieg die radikale Ehrlichkeit, die menschliche Demut, die theologische Tiefe und die historische Konkretheit von Bonhoeffers „Schuldbekenntnis“ erreicht? Vgl. hierzu den Hirtenbrief der deutschen (kath.) Bischöfe v. 23.8.1945, die Stuttgarter Erklärung des Rates der Evangelischen Kirche in Deutschland v. 19.10.1945, das Darmstädter Wort des Bruderrates der Evangelischen Kirche in Deutschland v. 8.8.1947, die Erklärung der deutschen (kath.) Bischöfe zum 40. Jahrestag des Ausbruchs des Zweiten Weltkriegs v. 27.8.1979. In: G. Denzler (Hg.)/V. Fabricius (Hg.): Die Kirchen im Dritten Reich, Bd. 2: Dokumente, S. 253.254.256f. 265–268.

29 DBW 6 (E), S. 125.

30 Ebd., S. 130. Mit der Rede (nur) von den „Brüdern“ übernimmt Bonhoeffer den zu seiner Zeit üblichen Sprachgebrauch. Gemeint hat er natürlich die Juden als Brüder *und* Schwestern.

31 Vgl. hierzu ebd., Anm. 21; so erklärt sich auch die Großschreibung von „Schwächsten“ und „Wehrlosesten“. Vgl. auch insgesamt E. Bethge: Dietrich Bonhoeffer und die Juden.

32 DBW 6 (E), S. 93–124.

33 Ebd., S. 95.

34 In einem Brief aus der Haft v. 5.12.1943. In: DBW 8 (WE[15], S. 88).

35 Vgl. hierzu ausführlich W. Huber (Hg.)/I. Tödt (Hg.in): Ethik im Ernstfall: Dietrich Bonhoeffers Stellung zu den Juden und ihre Aktualität.

nen der eigenen und der kirchlichen Schuld einen Akt der inneren Solidarisierung mit den Opfern des Holocaust und respektiert zugleich die verschuldete Distanz."[36] Als die ersten Deportationen von Juden aus Berlin im Oktober 1941 bekannt werden, verfaßt Bonhoeffer Dokumentationen darüber, um sie an oppositionelle Militärs weiterzugeben.[37] Damit verbindet er die Hoffnung, daß diese dann aufgrund der Kenntnis von solchen Verbrechen entweder intervenieren oder aber die Bemühungen um den Umsturz beschleunigt fortgesetzt werden. „Für die, welche sich schon tief in der Tarnung befanden, um an einen Schalthebel des Machtapparates heranzukommen, bedeutete die Deportation einen Antrieb zur Eile. Sie konnten sich nicht mehr durch späte öffentliche Worte exponieren. Sie schwiegen. Aber mit jedem Tag des Nichthandelns wuchs ihr quälendes Dilemma."[38]
Für die Juden begann mit den Deportationen der Weg ins tödliche Grauen – ein Grauen, vor dem die Worte versagen. Wenn es trotzdem sprachliche Zeugnisse aus dieser Zeit und zu dieser Zeit gibt, dann gilt es, sie in ihrer ganzen ohnmächtigen Eindringlichkeit zu hören und an das unsägliche Leiden immer wieder gegen die Versuchung des Vergessens zu erinnern:

DAS IST DER WEG NACH THERESIENSTADT

Das ist der Weg nach Theresienstadt,
den Tausende mühsam beschritten.
Und jeder von all den Tausenden hat
das gleiche Unrecht erlitten.

Sie gingen ihn mit gesenktem Haupt,
den Davidstern über dem Herzen,
die müden Füße wund und bestaubt,
die Seelen zerquält von Schmerzen.

Von schwerer Bürde zerschunden die Hand,
getrieben von rauhen Befehlen.
O endloser Weg im Sonnenbrand,
mit durstgepeinigten Kehlen.

Das ist der Weg nach Theresienstadt,
der unser Herzblut getrunken,
wo sterbend auf dem steinigen Pfad
manch müder Greis gesunken.

Es ist ein Weg voller Elend und Grauen,
wo Ströme von Tränen geflossen,
die klagende Kinder und stöhnende Frauen
in hilflosem Jammer vergossen.

[36] E. Bethge. Zitiert nach DBW 6 (E), S. 130, Anm. 21.
[37] Vgl. die beiden Dokumente über Judendeportation im Jahre 1941 in DBW 16, S. 212–217.
[38] E. Bethge: Dietrich Bonhoeffer, S. 837.

Hier wankten Greise mit irrem Blick
im ergebenen Trott der Herde.
Wieviele gehen nie mehr den Weg zurück,
denn gnädig umschließt sie die Erde.

Das ist auch der Weg, den hinab mit Hast
laut dröhnend rollten die Wagen,
die unablässig die ächzende Last,
die Todgeweihten, getragen.

Das ist der Weg nach Theresienstadt,
voll Leiden ungemessen,
und wer ihn einmal gesehen hat,
der wird ihn nie mehr vergessen.[39]

Für Dietrich Bonhoeffer bedeutet die Verweigerung von Solidarität und Hilfe gegenüber den vom Holocaust bedrohten Juden verweigerte Nachfolge und verweigerter Glaube. Teilnahme am Leiden Gottes heißt nun konkret Teilnahme und Teilhabe am Geschick der Juden – auch für ihn ganz persönlich. Im Gefängnis schreibt er: „Nicht der religiöse Akt macht den Christen, sondern das Teilnehmen am Leiden Gottes im weltlichen Leben. Das ist die μετάνοια [Umkehr], nicht zuerst an die eigenen Nöte, Fragen, Sünden, Ängste denken, sondern sich in den Weg Jesu Christi mithineinreißen lassen, in das messianische Ereignis, daß Jes. 53* nun erfüllt wird!"[40] Die Not der Juden rückt für Bonhoeffer immer mehr in den Mittelpunkt.

Zur Zeit des Predigerseminars in Finkenwalde etwa wurde im April 1936 „W. Süßbach, ein junger Pastor jüdischer Abstammung in der Provinz Brandenburg, von einer SA-Gruppe überfallen und übel zusammengeschlagen. Bonhoeffer holte ihn sofort nach Finkenwalde, damit er sich von seinen Verwundungen und dem Schock erholen konnte. Danach unterstützte er seine Emigration."[41] Einzelne Geschehnisse bleiben im Gedächtnis. Gegenüber dem „Blut und Boden"-Gedankengut der Deutschen Christen hält Bonhoeffer in einem Konfirmandenunterrichtsplan fest, daß die christliche Gemeinde weiß, „daß der Heilige Geist Menschen fester zusammenschließt als Blut und Geschichte. In der Gemeinde ist nicht Herr und Knecht, Mann und Frau, Jude oder Deutscher, sondern sie sind allzumal einer in Christus."[42] Was Bonhoeffer früh erkannt hatte und wo er die Kirche zunehmend grundsätzlich versagen sah, wird ihm selbst zur aufgedrängten persönlichen Herausforderung: die Teilnahme am

[39] Ilse Weber: In deinen Mauern wohnt das Leid: Gedichte aus dem KZ Theresienstadt, S. 21f. Ilse Weber (1903–1944) entstammte einer jüdischen Familie. 1942 wurde sie samt Familie ins KZ Theresienstadt deportiert. Dort entstanden ihre Gedichte. 1944 kam sie nach Auschwitz, wo sie ermordet wurde.

[40] Brief an E. Bethge v. 18.7.1944. In: DBW 8 (WE[15], S. 193). * Jes 52,13–53,12 ist das vierte Lied vom Gottesknecht; darin geht es um das stellvertretende Leiden.

[41] E. Bethge: Dietrich Bonhoeffer, S. 612.

[42] Entwurf v. 1936. In: DBW 14, S. 814.

Schicksal der Juden *und* der Kampf gegen ihre Verfolgung. In seinem Manuskript eines Vortrags über die „Vergegenwärtigung neutestamentlicher Texte" von 1935 heißt es über das von der Kirche geforderte Zeugnis: „Dienst der Kirche an denen, die Gewalt, Unrecht leiden. ... Ohne zu fragen nach Recht oder Unrecht, nimmt sich die Kirche der Leidenden, *aller* Verlassenen an, aller Parteien und Stände. ‚Tu deinen Mund auf für die Stummen' [Prov 31,8]. Vielleicht hier Entscheidung, ob wir noch Kirche [sind]."[43]

Doch einzelne Hilfsaktionen oder bedrucktes Papier reichen bald bei weitem nicht mehr aus, um „dem Rad in die Speichen zu fallen" (D. Bonhoeffer). Nach dem in einem dramatischen inneren Ringen gefällten Entschluß,[44] von einer Amerika-Reise im Juni 1939 umgehend zurückzukehren, beginnt Bonhoeffers konkrete „Teilhabe an Deutschlands Geschick" (E. Bethge). Als Kurier der Abwehr in München übt er seine konspirative Tätigkeit aus. Er führt dieses Doppelleben, um sich am Äußersten – einem Putsch gegen Hitler – zu beteiligen. Einen kleinen Eindruck, was damit auf ihn zukommt, vermittelt eine Szene in der (ehemals ostpreußischen) Stadt Memel. Es ist der 17. Juni 1940, der Tag der Kapitulation Frankreichs. Eberhard Bethge und Bonhoeffer sitzen in einem Kaffeegarten; und Bethge schildert: „Während wir die Sonne genossen, dröhnte plötzlich aus den Lautsprechern des Lokals das Fanfarensignal für eine Sondermeldung: Frankreich hat kapituliert, hieß die Botschaft. Die Leute ringsum an den Tischen wußten sich kaum zu fassen; sie sprangen auf, einige stiegen gar auf die Stühle. Mit vorgestrecktem Arm sangen sie ‚Deutschland, Deutschland über alles' und ‚Die Fahne hoch'. Auch wir waren aufgestanden. Bonhoeffer hob den Arm zum vorgeschriebenen Hitlergruß, während ich wie benommen danebenstand. ‚Nimm den Arm hoch! Bist du verrückt?' flüsterte er mir zu, und hinterher: ‚Wir werden uns jetzt für ganz andere Dinge gefährden müssen, aber nicht für diesen Salut!'[45] Mit der Rückkehr aus Amerika 1939 und der sich anschließenden direkten Beteiligung an der Konspiration liegt nun ständig ein „Inkognito" über Bonhoeffers Leben und Tun. „Instinktiv hielt Bonhoeffer je den anderen Teil seines Existierens vor den alten bzw. den neuen Freunden im Hintergrund."[46] Er bekommt es nun mit Taktik und Tarnung zu tun, mit kühler Berechnung einzig im Hinblick auf das erklärte Ziel. Die persönliche Rettung durch eine Tätigkeit in Amerika schließt er aus. „Er verengte seinen Weg auf das tödlich partikulare Schicksal Deutschlands."[47]

Was ihn dabei antrieb, verdeutlichen einige Worte seines Schwagers und Mitverschwörers Hans von Dohnanyi an seine Frau Christine, Bonhoeffers Schwester: „Dietrich und ich haben die Sache ja nicht als Politiker gemacht. Es war

[43] Vortrag v. 23.8.1935 vor Hilfspredigern und Vikaren der Bekennenden Kirche. Zitat nach E. Bethges Mitschrift. In: DBW 14, S. 421. Hervorhebung ebd. Zum konkreten Bezug hat E. Bethge aus der Erinnerung „Judenfrage" (vgl. GS III, S. 324) hinzugesetzt, ist aber in der Aufzeichnung selbst nicht enthalten.

[44] Vgl. hierzu das bereits mehrfach erwähnte Tagebuch. In: DBW 15 (GS I, S. 291–315).

[45] E. Bethge: Dietrich Bonhoeffer, S. 765.

[46] Ebd., S. 762. [47] Ebd.

einfach der zwangsläufige Gang eines anständigen Menschen."[48] Diese „einfache Anständigkeit" wird nun zum lebensgefährlichen Risiko. Bonhoeffers Bindung an das Schicksal Deutschlands bestimmt fortan den Ort und die Art seiner Nachfolge: Sie wird radikal weltlich – im Doppelleben des Verschwörers; sie wird bestimmt durch das Schicksal der Juden; sie wird auch forciert durch den sich ausweitenden Krieg, dessen baldige Beendigung für Bonhoeffer die Voraussetzung eines humanen „Danach" ist. Die konspirative Tätigkeit verlangt Raffinesse – und doch will Bonhoeffer sich nicht verbiegen lassen. Diese Gratwanderung führt ihn in ganz neue Konflikte. Am Ende des Jahres 1942 schreibt er: „Wir sind stumme Zeugen böser Taten gewesen, wir sind mit vielen Wassern gewaschen, wir haben die Künste der Verstellung und der mehrdeutigen Rede gelernt, wir sind durch Erfahrung mißtrauisch gegen die Menschen geworden und mußten ihnen die Wahrheit und das freie Wort oft schuldig bleiben, wir sind durch unerträgliche Konflikte mürbe oder vielleicht sogar zynisch geworden – sind wir noch brauchbar? Nicht Genies, nicht Zyniker, nicht Menschenverächter, nicht raffinierte Taktiker, sondern schlichte, einfache, gerade Menschen werden wir brauchen. Wird unsere innere Widerstandskraft gegen das uns Aufgezwungene stark genug und unsere Aufrichtigkeit gegen uns selbst schonungslos genug geblieben sein, daß wir den Weg zur Schlichtheit und Geradheit wiederfinden?"[49]

### *1.2. Auch wenn es Nacht ist: Gott ist ohnmächtig – Gott ist bei uns*

Nicht zuletzt Begegnungen im Umfeld der Konspiration konfrontierten Bonhoeffer noch einmal neu mit der Gottes-Frage; damit, wer denn „Gott" ist, was „religiös" und was „christlich" ist, und er kommt zu einer scharfen, theologisch begründeten Kritik an der „religiösen" Benutzung Gottes zum jeweils eigenen, passenden Zweck: „Die Religiösen sprechen von Gott, wenn menschliche Erkenntnis (manchmal schon aus Denkfaulheit) zu Ende ist oder wenn menschliche Kräfte versagen – es ist eigentlich immer der deus ex machina, den sie aufmarschieren lassen, entweder zur Scheinlösung unlösbarer Probleme oder als Kraft bei menschlichem Versagen, immer also in Ausnutzung menschlicher Schwäche bzw. an den menschlichen Grenzen; das hält zwangsläufig immer nur solange vor, bis die Menschen aus eigener Kraft die Grenzen etwas weiter hinausschieben und Gott als deus ex machina überflüssig wird."[50] Gott ist – für Bonhoeffer – kein variabel handhabbarer Lückenbüßer. So kommt er auch zu dem Fazit: „Gott als moralische, politische, naturwissenschaftliche Arbeitshypothese ist abgeschafft, überwunden; ebenso aber als philosophische und religiöse Arbeitshypothese (Feuerbach!). Es gehört zur intellektuellen Redlichkeit, diese Arbeitshypothese fallen zu lassen bzw. sie so weitgehend

[48] Zitiert nach W. Meyer: Unternehmen Sieben, S. 458.

[49] Aus dem Rechenschaftsbericht „Nach zehn Jahren" am Ende des Jahres 1942. In: DBW 8 (WE[15], S. 25).

[50] In einem Brief an E. Bethge v. 30.4.1944. In: DBW 8 (WE[15], S. 141).

wie irgend möglich auszuschalten."[51] Damit kritisiert er ein „religiöses" Gottesverständnis, das Gott wie eine Art Notnagel in den Schwächen menschlicher Existenz, in den Resten der Noch-nicht-Gewußten oder in anderen Lücken der Daseinserfahrung beheimatet – als sei er dort vor allem zu finden.
Damit macht er sich – allerdings aus anderen Quellen und mit anderen Perspektiven – in wichtigen Kernpunkten die Vorbehalte der Religionskritik zu eigen wie sie sich etwa bei Nietzsche (1844–1900), auf den er verschiedentlich Bezug nimmt[52], finden: „Der christliche Gottesbegriff – Gott als Krankengott, Gott als Spinne, Gott als Geist – ist einer der korruptesten Gottesbegriffe, die auf Erden erreicht worden sind; er stellt vielleicht selbst den Pegel des Tiefstands in der absteigenden Entwicklung des Götter-Typus dar. Gott zum *Widerspruch des Lebens* abgeartet, statt dessen Verklärung und ewiges *Ja* zu sein! In Gott dem Leben, der Natur, dem Willen zum Leben die Feindschaft angesagt! Gott die Formel für jede Verleumdung des ‚Diesseits', für jede Lüge vom ‚Jenseits'! In Gott das Nichts vergöttlicht, der Wille zum Nichts heilig gesprochen! ... "[53] Es bleibt allerdings der wichtige Unterschied festzuhalten, daß Nietzsche hier den „christlichen" Gottesbegriff polemisch kritisiert, während es Bonhoeffer ausdrücklich um die Kritik des „religiösen" Gottesverständnisses geht, gegen das ein christliches erst wieder neu gewonnen werden muß.
Wenn Gott als Lückenbüßer für Schwachstellen des menschlichen Lebens und der Geschichte oder als Gegen-Formel zum Diesseits nicht mehr zur Verfügung steht, dann erhebt sich die Frage: „Wo behält nun Gott noch Raum?"[54] Und Bonhoeffer versucht eine Antwort, die sowohl die mündig *gewordene* (temporal) Welt und den Menschen darin ernst nimmt als auch vom Kreuzestod Jesu her zu einer anderen Gottes-Sicht führt. Für die Anwesenheit und das Wirken Gottes gilt das im Kreuz begründete Paradoxon: „Es ist Matth. 8,17* ganz deutlich, daß Christus nicht hilft kraft seiner Allmacht, sondern kraft seiner Schwachheit, seines Leidens! ... Die Bibel weist den Menschen an die Ohnmacht und das Leiden Gottes; nur der leidende Gott kann helfen. Insofern kann man sagen, daß die beschriebene Entwicklung zur Mündigkeit der Welt, durch die mit einer falschen Gottesvorstellung aufgeräumt wird, den Blick freimacht für den Gott der Bibel, der durch seine Ohnmacht in der Welt Macht und Raum gewinnt."[55]

[51] Brief an E. Bethge v. 16.7.1944. In: DBW 8 (WE[15], S. 191).
[52] Zu Bonhoeffers Auseinandersetzung mit Nietzsche vgl. T.R. Peters: Die Präsenz des Politischen in der Theologie Dietrich Bonhoeffers, S. 133–144 (Die Tendenz „Nietzsche").
[53] F. Nietzsche: Der Antichrist (Aphorismus 18). Zitiert nach: G. Schwikart (Hg.): Zweifle dich durch! ... Ein Lesebuch, S. 35. Hervorhebungen im Text. Gerade auf diesen Aphorismus nimmt Bonhoeffer selbst auch Bezug in seiner Vorlesung „Die Geschichte der systematischen Theologie des 20. Jahrhunderts" v. 1931/32. In: DBW 11, S. 186f. Vgl. ebd., S. 187, Anm. 207.
[54] DBW 8 (WE[15], S. 191).
[55] Brief an E. Bethge v. 16.7.1944. In: DBW 8 (WE[15], S. 191f). * Mt 8,17 zitiert aus dem vierten Lied vom Gottesknecht Jes 53,4: „Er hat unsere Schwachheit auf sich genommen, und unsere Krankheit hat er getragen."

Dietrich Bonhoeffer begreift die Situation der Welt nicht primär als Situation „des Gottes*gedankens*, sondern auch als die Situation des göttlichen *Seins*. ... Sie ist die Situation Gottes selbst."[56] Er versucht spannungsvoll Gott nicht ohne die Welt zu denken, die aber ihrerseits ohne Gott auskommt. Vom Kreuzestod Jesu her und dem damit verbundenen Herausdrängen Gottes aus der Welt, was Gott erträgt, wird auch die Anwesenheit und die Abwesenheit Gottes in paradoxer Verschränkung – und darin wahr! – neu zu bestimmen sein: „Denn wenn Gott ‚sich aus der Welt herausdrängen' läßt und die Welt am Kreuz als die ihn nicht ertragende erträgt, dann ist das Sein Gottes in der Tat als ein die Alternative von Anwesenheit und Abwesenheit sprengendes Sein zu denken."[57] Dann ist „Gott auch als der in der Welt abwesende anwesend."[58] Damit ist Gott nicht mehr auf eine alleinige Allgegenwart zu fixieren, ebensowenig auf seine grundsätzliche Abwesenheit. Einfacher ist die Mündigkeit der Welt „vor" Gott und „mit" Gott nicht zu denken.
Daß der Mensch an seiner stärksten Stelle doch noch „mit Gott" konfrontiert werden soll und daß nur der „leidende Gott" hilft und in seiner Ohnmacht Raum gewinnt, erscheint nicht sonderlich folgerichtig. Im ersten Fall stellt sich sogleich die Frage: Warum? Im zweiten Fall drängt sich die Frage auf: Wie?
Der Schlüssel für eine mögliche Antwort (oder auch für die bleibende Offenheit der Frage) liegt darin, daß Bonhoeffer unbeirrt an der Präsenz und am Wirken Gottes festhält und festhalten will: „Vor allem darf man sich nie vom Augenblicklichen auffressen lassen, sondern muß die Ruhe der großen Gedanken in sich bewahren und nach ihnen alles messen. ... Im übrigen sitzt nach wie vor Gott im Regiment."[59] In dieser offensichtlich unverrückbaren Zuversicht und Gewißheit eröffnet sich eine durchaus „mystisch" zu nennende Dimension. Dann besteht während der Haftsituation womöglich in solcher Zuversicht die „stärkste Stelle", an der sich auch Bonhoeffer aufs Neue mit Gott „konfrontiert" sieht – nicht aufgrund eigener, gläubiger Anstrengung, sondern als gegebene, aufblitzende, zuweilen durchaus harte Grund-Erfahrung: „Wie macht Gott unsere Pläne immer wieder zunichte, aber doch nur, um seine besseren Pläne mit uns durchzusetzen."[60] Wenn Dietrich Bonhoeffer hier *in* aller Bedrängnis – der persönlichen und der politischen – unerschütterlich an der Gegenwart und der Macht des „ohnmächtigen Gottes" festhält, dann erinnert das an eine Grundlinie in der mystischen Tradition. Die von Gott bewirkte „dunkle Nacht" ist hier gerade gekennzeichnet durch Verlassenheit *und* brennende Sehnsucht, durch die bleibende Entzogenheit Gottes *und* seine aufblitzende

[56] E. Jüngel: Bonhoeffers Beitrag zur Heimkehr der Rede vom Tode Gottes in die Theologie, S. 75.

[57] Ebd., S. 81.

[58] Ebd.

[59] Brief an E. Bethge v. 10.8.1944. In: DBW 8 (WE[15], S. 208). Das schreibt Bonhoeffer noch *nach* dem gescheiterten Attentat auf Hitler und trotz der wachsenden Aussichtslosigkeit seiner eigenen Haftsituation!

[60] Aus dem Brief an M. von Wedemeyer, seine Braut, v. 16.4.1944. In: Brautbriefe Zelle 92, S. 170.

Gegenwart. Bei Johannes vom Kreuz (1542–1591) findet sich folgendes paradoxes Zeugnis: Im Dezember 1577 wird er von nichtreformierten Mitbrüdern entführt und ins Klostergefängnis von Toledo gebracht. Neun Monate verbringt er in Dunkelheit und härtester Isolierhaft, verlassen – wie es scheint – von Menschen und von Gott; ohne greifbaren Anlaß für eine Form von Hoffnung oder Zuversicht. In dieser Situation schreibt er das

LIED DER SEELE, DIE FEIERT,
DASS SIE GOTT DURCH DEN GLAUBEN ERKENNT

Wie gut weiß ich den Quell, der fließt und strömt:
auch wenn es Nacht ist!

Dieser ew'ge Quell ist verborgen,
wie gut weiß ich, wo er sein Flußbett hat,
auch wenn es Nacht ist.

Seinen Ursprung weiß ich nicht, denn Ursprung hat er nicht,
doch weiß ich, daß aller Ursprung ihm entspringt,
auch wenn es Nacht ist.

Ich weiß, daß Schöneres es nicht geben kann
und daß Himmel und Erde aus ihm trinken,
auch wenn es Nacht ist.

Gut weiß ich, daß sich kein Boden in ihm finden läßt
und daß kein Mensch ihn je durchwaten kann,
auch wenn es Nacht ist.

Seine Klarheit verdunkelt sich nie,
und ich weiß: Aus ihm ist alles Licht gekommen,
auch wenn es Nacht ist.

Ich weiß, so reichlich sind seine Ströme,
daß sie Hölle und Himmel bewässern und die Völker,
auch wenn es Nacht ist.

Der Strom, der aus dieser Quelle geboren wird:
gut weiß ich um seine Fassungskraft und Allgewalt,
auch wenn es Nacht ist.

Der Strom, der aus diesen beiden hervorgeht:
keiner der beiden – so weiß ich – geht ihm voraus,
auch wenn es Nacht ist.

Dieser ew'ge Quell ist verborgen
im lebendigen Brot, um uns Leben zu geben,
auch wenn es Nacht ist.

Dort ruft er den Geschöpfen zu,
und von diesem Wasser werden sie durchsättigt, wenn auch im Dunkeln,
weil es ja Nacht ist.

Diese lebendige Quelle, nach der ich mich sehne,
im Brot des Lebens sehe ich sie,
auch wenn es Nacht ist.[61]

Das ist eine andere Sprache zu einer anderen Zeit. Aber beide – Dietrich Bonhoeffer und Johannes vom Kreuz – sind in einer ähnlich dunklen Situation der Haft. Und bei beiden leuchtet eine Gottesgewißheit auf, die nicht allgemein und formelhaft ist, sondern tief eingesenkt ist in das eigene Leben – „auch wenn es Nacht ist." Vor *diesem* Hintergrund ist Bonhoeffers Gedicht „Von guten Mächten" zu lesen. In der dunklen, ja aussichtslosen Gefängnissituation verschafft sich eine ungebrochene Gotteszuversicht Gehör. Die dritte Strophe lautet:

„Und reichst Du uns den schweren Kelch, den bittern
des Leids, gefüllt bis an den höchsten Rand,
so nehmen wir ihn dankbar ohne Zittern
aus Deiner guten und geliebten Hand".

Solche Gotteszuversicht deckt nicht die Not und das Leiden zu, sondern artikuliert sich *darin*. „Fast beängstigend ist es zu sehen, mit welcher Gewißheit Bonhoeffer in diesem Vertrauensgebet das Leiden nicht etwa als unvermeidliche, jedenfalls rätselhafte Schickung ins Auge faßt, sondern als das selbstverständlich Gute aus der ‚guten und geliebten Hand', die auch die ‚guten Mächte' zur Stelle sein läßt."[62] Dieser beinahe erschreckenden Hinnahmebereitschaft geht bei Bonhoeffer eine innere Vorbereitung voraus und auch eine gewachsene Einsicht. In seinen Betrachtungen zu Psalm 119 schreibt er bereits: „Sollte aber Gott einem der Seinen wirklich den Kelch des Leidens um Christi willen bis zum bitteren Ende in Kreuz und Tod zu trinken geben..., so hat er gewiß ihr Herz vorher so bereitet, daß gerade sie es sind, die es mit starkem Glauben in ganz neuer und vollmächtiger Weise bezeugen: ‚Wohl denen, die im Gesetz des Herrn wandeln."[63] Im Gefängnis bekommt die Gethsemane–Geschichte eine besondere Bedeutung: „ ‚Könnt Ihr nicht eine Stunde mit mir wachen?' fragt Jesus in Gethsemane. Das ist die Umkehrung von allem, was der religiöse Mensch von Gott erwartet. Der Mensch wird aufgerufen, das Leiden Gottes an der gottlosen Welt mitzuleiden."[64]
Das unerschütterliche Vertrauen in den (sich auch immer wieder entziehenden) Grund des Lebens nährt sich für Bonhoeffer aus kleinen, zunächst womöglich

61 Johannes vom Kreuz: Verschlungen bin ich in deiner Schönheit, S. 56f.

62 J. Henkys: Dietrich Bonhoeffers Gefängnisgedichte, S. 75; das ganze Gedicht siehe DBW 8 (WE[15], S. 219).

63 Aus der Meditation zu Ps 119,1: „Wohl denen, die ohne Tadel leben, die im Gesetz des Herrn wandeln!" In: DBW 15 (PAM II, S. 406).

64 Brief an E. Bethge v.18.7.1944. In: DBW 8 (WE[15], S. 192).

auch unbeachteten Alltäglichkeiten. Der Mensch darf sich „auf dem Wege vom Gebot wie von einem guten Engel leiten, begleiten und bewahren lassen, und Gottes Gebot selbst kann nun in der Gestalt alltäglicher, scheinbar kleiner, bedeutungsloser Worte, Sätze, Winke, Hilfen dem Leben die einheitliche Richtung, die persönliche Führung geben."[65] Gottes Gegenwart erweist sich nicht allein im Rätselhaften und Entzogenen, sondern vor allem auch im Offensichtlichen: „In dem, was wir erkennen, sollen wir Gott finden, nicht aber in dem, was wir nicht erkennen; nicht in den ungelösten, sondern in den gelösten Fragen will Gott von uns begriffen sein."[66] In solchem Grundvertrauen als dem lebendigen Zentrum seines Lebens weiß Bonhoeffer auch, daß der in Christus anschaulich gewordene Gott gleichzeitig im Geheimnis entzogen bleibt. Wird diese zuweilen unaushaltbare Offenheit und Spannung aufgelöst zugunsten einer wissenden Handhabbarkeit Gottes, dann wird der Mensch „religiös", maßt sich die Verfügung über Gott an: „Der Vorgriff auf Gott selbst, in dem der Mensch ‚frömmer' sein möchte, als er in der Offenheit für den begegnenden Gott sein kann, kennzeichnet deshalb seine ‚Religion'. Dieser Vorgriff macht den wahren, begegnenden Gott zum Götzen. Das Problem des Menschen in der ‚Religion' ist demnach, daß er nicht warten kann, bis Gott selbst kommt."[67]

Aber in der Gottesbeziehung und in der Gottesfrage geht es immer auch um Zurückhaltung, um eine Scheu, die Bonhoeffer selbst praktiziert hat und in der das Innerste nicht nach außen hin präsentiert wird: „Ebenso bewahrt die Scham vor jeder Schaustellung des Verhältnisses zu Gott. Schließlich wahrt der Mensch auch sich selbst gegenüber eine letzte Verhüllung, er behütet sein eigenes Geheimnis vor sich selbst, indem er zum Beispiel sich weigert, sich selbst in allem, was in ihm wächst, bewußt zu werden."[68] Hier wird dann der Raum des Arkanum bei Bonhoeffer berührt, wo sich ein vorwitziger Zutritt verbietet. Der „cantus firmus" in Bonhoeffers „polyphonem" Leben ist zu hören – habhaft werden kann man seiner nicht. Auch die prägende Spur des vermißten Gottes steht nicht einfach zur Verfügung. Darin bleibt deutlich, „daß nicht im Begreifen die Größe der göttlichen Natur einsichtig wird, sondern im Entgleiten aus jedem zugreifenden Vorstellungsbild und jedem Vermögen. ... Der aber immer weiter außerhalb jedes erkennbaren Merkmals erfunden wird, wie sollte Er durch irgendeine Namens-Zuweisung festgehalten werden? Darum legt sie [die Seele; W.K.] sich zwar starke Namen jeglicher Art zurecht, um damit

[65] DBW 6 (E), S. 389. Man beachte dort Anm. 72.73. Zu den „Engeln" als den „guten Mächten" bei Bonhoeffer vgl. Henkys, a.a.O., S. 72f.

[66] In einem Brief an E. Bethge v. 29.5.1944. In: DBW 8 (WE[15], S. 162f).

[67] W. Krötke: Die Bedeutung von „Gottes Geheimnis" für Dietrich Bonhoeffers Verständnis der Religionen und der Religionslosigkeit, S. 21f. Bereits in der 1932/33 gehaltenen Vorlesung „Schöpfung und Sünde. Theologische Auslegung von Genesis 1–3" betont Bonhoeffer: „Die Möglichkeit des *eigenen*, selbstgefundenen ‚für-Gott-sein-Wollens' ist das Urböse in der frommen Frage der Schlange." In: DBW 3 (SF), S. 101. Hervorhebung von D. B.

[68] DBW 6 (E), S. 307.

auf das unaussagbare Gute zu deuten; jede Aussagekraft des Wortes aber bleibt versagend zurück und wird überführt als der Wahrheit unterlegen ...“[69]

### *1.3. Ich bin nicht mehr ohne Dich: Verlobung*

Auf dem Höhepunkt seiner konspirativen Tätigkeit reist Bonhoeffer am 30. Mai 1942, ausgestattet mit einem Kurierausweis des Auswärtigen Amtes, nach Schweden,[70] um den dort weilenden englischen Bischof George Bell über die Umsturzpläne zu informieren. Ebenso soll Bonhoeffer ihm auch die Namen einiger Persönlichkeiten mitteilen, die an diesen Plänen beteiligt sind. Bell seinerseits soll darüber die englische Regierung informieren, damit diese mit einer eventuellen neuen Regierung in Deutschland zusammenarbeitet und ihr eine Frist einräumt zur Klärung der Verhältnisse. Bischof Bell wird schließlich am 30. Juni 1942 von Außenminister Eden empfangen. Doch am 17. Juli erfolgt eine klare Absage an Bischof Bell: „Diese interessanten Dokumente sind nun auf das sorgsamste geprüft worden, und ohne daß irgendein Schatten auf die Gewissenhaftigkeit Ihrer Informanten* fiele, bin ich überzeugt, es läge nicht im nationalen Interesse, ihnen irgendeine wie auch immer geartete Antworte zu schicken.“[71] Noch deutlicher ist das Nein in einem kurz darauf folgenden Brief, in dem Eden schreibt, daß „diese Menschen verstehen [müßten], daß niemand ihnen glauben würde, bis sie aktive Schritte unternommen hätten, sich ihres gegenwärtigen Regimes zu entledigen.“[72] Solche Ernüchterungen und Hitlers militärische Erfolge in Rußland und Afrika erschwerten die Tätigkeit der Verschwörer.

Vor diesem Hintergrund kommt es zu einer entscheidenden persönlichen Begegnung in Klein-Krössin (ehemaliges Hinterpommern), wo Bonhoeffer seit der Zeit von Finkenwalde Ruth von Kleist-Retzow kannte und auch deren Enkelin Maria von Wedemeyer. Seitdem weilte er des öfteren dort, um etwa an der „Ethik“ zu arbeiten. So ist er auch dort nach der Schwedenreise, Anfang Juni 1942. Maria von Wedemeyer, gerade mit dem Abitur fertig, ist zur gleichen Zeit zu Besuch bei ihrer Großmutter. Sie ist 18 Jahre alt, Bonhoeffer ist 36 Jahre. Beide entdecken bald ihre tiefe Liebe zueinander. Während die Großmutter die Entwicklung dieser Begegnung fördert, ist die Mutter, Frau von Wedemeyer, sehr zurückhaltend: der große Altersunterschied, die nur erahnte Gefährlichkeit von Bonhoeffers momentaner Tätigkeit und auch das noch junge

[69] So bereits Gregor von Nyssa (ca. 333–394), der auch der „Vater der christlichen Mystik“ genannt wird. Das Zitat stammt aus dem Kommentar zum Hohenlied. Zitiert nach G. Ruhbach (Hg.)/J. Sudbrack (Hg.): Christliche Mystik: Texte aus zwei Jahrtausenden, S. 64.65.

[70] Zu dieser Schwedenreise vgl. E. Bethge: Dietrich Bonhoeffer, S. 850–866.

[71] Aus dem Brief von Außenminister Eden an Bischof Bell v. 17.7.1942. In: DBW 16, S. 343 (englisch); S. 792 (dt. Übersetzung). * Außer mit D. Bonhoeffer hat Bischof Bell in Schweden auch mit H. Schönfeld vom Kreisauer Kreis gesprochen.

[72] Brief von Eden an Bell v. 4.8.1942. In: DBW 16, S. 347 (englisch); S. 794 (dt. Übers.).

Alter von 18 Jahren bei Maria von Wedemeyer spielen eine Rolle. Zudem fällt am 22.8.1942 ihr Mann bei Stalingrad, am 26.10.1942 auch noch ihr Sohn Max (ein ehemaliger Konfirmand Bonhoeffers) – ebenfalls in Rußland. Im November 1942 findet auf ihren Wunsch ein Gespräch zwischen ihr und Dietrich Bonhoeffer statt, bei dem sie eine einjährige Wartezeit vorschlägt – ohne Briefe und persönliche Treffen. Doch Maria von Wedemeyers Entschluß, Dietrich Bonhoeffer zu heiraten, ist unabänderlich. Das teilt sie im Januar 1943 auch ihrer Mutter mit, um dann am 13.1.1943 einen Brief an Bonhoeffer zu schreiben, der zum Verlobungsbrief wird: „Ich kann Ihnen heute ein von ganzem und frohem Herzen kommendes Ja sagen. –“[73] Bonhoeffer schreibt ihr am Tag, als er den Brief erhält (am 17.1.1943), sogleich zurück: „*Mit* Deinem ‚Ja' kann ich nun auch ruhig warten ...“[74] Es sollte ein Warten im Gefängnis werden.
Trotz aller Tarnungen, Absicherungen und höchsten Geheimhaltungsstufen führt eine Devisenaffäre (aufgedeckt in Prag) im Umfeld der Rettungsaktion „U 7“ dazu, daß die Abwehr (das Amt Canaris) in Verdacht gerät. Im Rahmen der eingeleiteten Untersuchungen taucht auch der Name „Dietrich Bonhoeffer“ auf. Am 5. April 1943 wird Bonhoeffer in Berlin verhaftet und ins Militärgefängnis Berlin–Tegel gebracht.[75] Er und Maria von Wedemeyer werden einander nicht mehr in Freiheit sehen. Ihre Begegnungsmöglichkeit bleibt beschränkt auf Briefe und die wenigen (beaufsichtigten) Sprecherlaubnisse. Alle diese Umstände der Verschwörung, der Verhaftung und der behinderten Begegnung mit der Verlobten sind mitzusehen, wenn Bonhoeffer an seine Braut schreibt: „Du kannst es gar nicht ermessen, was es für mich in meiner jetzigen Lage bedeutet, dich zu haben. Es ist mir gewiß, daß hier eine besondere Führung Gottes über mir waltet. Die Art, wie wir uns gefunden haben, und der Zeitpunkt so kurz vor meiner Verhaftung sind mir deutliche Zeichen dafür; es ging wieder einmal ‚hominum confusione et dei providentia'*.“[76] Und bei aller Bedrängnis der persönlichen Lage wie auch der politischen Situation sieht Bonhoeffer mit Bezug auf Jeremia[77] zuversichtlich nach vorne: „Unsere Ehe soll ein Ja zu Gottes Erde sein, sie soll uns den Mut, auf der Erde etwas zu schaffen und zu wirken, stärken. Ich fürchte, daß die Christen, die nur mit einem Bein auf der Erde zu stehen wagen, auch nur mit einem Bein im Himmel stehen.“[78] Zwischen der wachsenden Liebe steht das Gefängnis. Bonhoeffer schreibt im Dezember 1943 an Eberhard Bethge: „Und schließlich könnte ich ja nicht anders als mit Dir auch von Maria sprechen. Nun sind wir fast 1 Jahr

73 Brautbriefe Zelle 92, S. 278.

74 Ebd., S. 279. Hervorhebung von D. B.

75 Zu den Hintergründen dieser Verhaftung vgl. E. Bethge: Dietrich Bonhoeffer S. 878–885. Sehr detailliert sind Verhaftung und die anschließenden Ermittlungen dokumentiert bei W. Meyer: Unternehmen Sieben, S. 383–409.

76 Brief an Maria v. 12.8.1943. In: Brautbriefe Zelle 92, S. 38. * „nach der Menschen Verwirrung und Gottes Vorsehung.“

77 Bonhoeffer erwähnt in diesem Brief Jer 32,15, wo es auch in der größten Not heißt: „Noch soll man Häuser und Äcker kaufen in diesem Lande.“

78 Brautbriefe Zelle 92, S. 38.

verlobt und haben uns noch nie 1 Stunde allein gesehen! Ist das nicht ein Wahnsinn?"[79]
Doch kann auch das Gefängnis die einmal begonnene Liebe nicht zerstören, selbst wenn die wenigen Besuchszeiten manches auch schwer machen: „... Wir dürfen aus der kurzen Zeit, die wir haben, nicht irgendetwas ‚machen' – nein, das geht nicht. Es ist ja gar nicht so, daß ich irgendetwas ganz Besonderes, Großes, Wichtiges in dieser Stunde von Dir haben will ..., sondern ich will ganz einfach Dich, wie Du in Wirklichkeit und ohne Anstrengung und Bewußtheit bist, das ist viel ‚wichtiger' und ‚größer' als alles ‚Wichtige' und ‚Große'; denn es ist das wirkliche Leben, wie es aus der Hand Gottes quillt. ... Die Stunden kommen noch, in denen wir von selbst auf das Fundamentale geführt werden. Aber nicht nur im Fundamentalen, sondern im Alltäglichen ist Gott. ... Alles wird schön und gut werden zu der Stunde, die Gott dafür ersehen hat."[80] Die tiefe, gegenseitige Liebe bleibt unerfüllt – durch Dietrich Bonhoeffers gewaltsamen Tod am 9. April 1945. Aber sie bleibt nicht ohne Echo und Spuren. Für Bonhoeffer erklingt mit Kraft eine neue Saite in seinem „polyphonen" Leben. Die spontane, lebendige, anregende und selbständige Art Maria von Wedemeyers zieht den gewandten, beherrschten, zuweilen weisen Dietrich Bonhoeffer noch einmal ganz neu in „die Welt": „... Ich bin gewiß, geliebte Maria, daß Du Dich einmal wundern wirst, wie wenig verschlossen ich bin ...; ja, wie sehne ich mich danach, mit Dir zu teilen, was ich anderen verschließen muß. Die meisten Menschen halten mich für ruhig, zurückhaltend, ja fast abweisend; Du wirst mich anders kennen lernen ... Als ob ich immerfort tiefsinnige, geistreiche Gespräche führen wollte!"[81] Die Begegnung mit Maria von Wedemeyer wird für ihn auch zu einer persönlichen Befreiungserfahrung. „Unmerklich verschiebt sich etwas in Dietrichs Lebensgefühl. Jenseits der Sicherheitsgrenze zu leben bedeutet nicht mehr, sich vom Leben und von der Liebe abzuschotten. Und in dem Augenblick, in dem Dietrichs innere Distanziertheit zu schwinden beginnt, begegnet er einer Frau, die genug Energie hat, den unnahbaren Junggesellen aus der Fassung zu bringen."[82] In der Enge der Gefängniszelle erfährt Bonhoeffer die befreiende Weite und das manchmal schmerzende Feuer der irdischen Liebe. „Eigentlich eine Absurdität: Gerade in der Abgeschlossenheit des Gefängnisses steht Dietrich Bonhoeffer mitten in der Welt."[83] In der Liebe zu Maria von Wedemeyer bekommen Grund-Themen aus Bonhoeffers Leben – wie die Frage nach der „Welt" und die Frage nach „Gott" – nochmals eine Konzentration: „Endlich wird mancher Beobachter mit Spannung verfolgen, auf welche Weise der Mann mit seiner Frage ‚Wie kann man heute weltlich von Gott reden?' selber von Gott redet

[79] Brief an E. Bethge v. 15.12.1943. In: DBW 8 (WE[15], S. 182).
[80] Brief von Dietrich Bonhoeffer an Maria von Wedemeyer v. 11.3.1944. In: Brautbriefe Zelle 92, S. 152.153. Vgl. hierzu auch im zweiten Teil dieser Arbeit unter 2.3., S. 138–142.
[81] Im gleichen Brief. In: Brautbriefe Zelle 92, S. 153.
[82] R. Wind: Dem Rad in die Speichen fallen, S. 130.
[83] R. Schindler: Verhaftet und verlobt, S. 158.

mitten im eigensten Erleben von irdischer Liebe, und wie dies ohne Verfälschung des einen oder anderen, des Redens von Gott und der Welt, gelingt, befreit zu eigener authentischer Sprache."[84] Die bei Bonhoeffer bereits früh einsetzende praktische und denkerische Suche nach einem Christentum für das Diesseits wird in der Beziehung zu Maria von Wedemeyer auf eine ganz leibhaftige Weise geerdet – in gegenseitiger Ergänzung und Herausforderung; eine Erfahrung, die Bonhoeffer auch noch einmal den eigenen Mangel vor Augen führt, aber auch die tiefe Achtung vor der so viel jüngeren Verlobten zeigt: „Ich schäme mich ordentlich, daran zu denken, wie ahnungslos ich in diesem Alter [20. Geburtstag von Maria v. Wedemeyer] noch war und damit zu vergleichen, wie Dein Leben demgegenüber schon durch wichtigste Erfahrungen und Aufgaben erfüllt ist. Ich glaubte damals noch, das Leben bestünde in Gedanken und Büchern ... Du schreibst glücklicherweise keine Bücher, sondern tust, weißt, erfährst, erfüllst mit dem wirklichen Leben das, wovon ich nur geträumt habe. Erkennen, Wollen, Tun, Empfinden und Erleiden bricht bei Dir nicht auseinander, sondern ist ein großes Ganzes, und eines wird durch das andere gestärkt und vollendet. Du weißt das selbst nicht und das ist das Allerbeste und vielleicht sollte ich es auch gar nicht sagen, – darum vergiß es und bleibe immer das, was Du bist, bleibe es für mich; denn das ist es, was ich brauche, was ich in Dir gefunden habe, was ich liebe – das Ganze, Ungeteilte, wonach ich Sehnsucht und Verlangen habe."[85]
Bonhoeffers theologische Überlegungen zur „Welt", zu „Gott" und zum „wirklichen" Leben, wie er sie in den Gefängnisbriefen an Eberhard Bethge ausspricht, sind daher auch von hierher zu lesen und zu würdigen. Pierre Teilhard de Chardin (1881–1955), weitgereister Theologe und Paläontologe und auch – wenn auch von einem ganz anderen Ausgangspunkt her – auf der Suche nach einem neuen Verständnis von Welt-Werden, Mensch-Werden und Christus-Werden, schreibt wenige Jahre vor seinem Tod: „Der Geschichte meiner inneren Schau ... würde ... ein wesentliches Element ... fehlen, erwähnte ich nicht zum Schluß, daß von dem kritischen Augenblick an, da ich, viele der alten familiären und religiösen Formen ablegend, begann, zu mir selbst zu erwachen und mich wirklich selbst auszudrücken, sich nichts mehr in mir entfaltete, es sei denn unter dem Blick und unter dem Einfluß einer Frau."[86]
Maria von Wedemeyer ist eine eigenständige, geistig unabhängige junge Frau – auch gegenüber dem bewunderten „Pastor Bonhoeffer". Als das Osterfest be-

[84] E. Bethge im Nachwort von: Brautbriefe Zelle 92, S. 301.
[85] In einem Brief an Maria von Wedemeyer v. 16.4.1944. In: Brautbriefe Zelle 92, S. 167f.
[86] P. Teilhard de Chardin: Das Herz der Materie, S. 84f. Es wäre reizvoll, bei aller Unterschiedlichkeit der Ansätze, des persönlichen Lebens und auch der theologischen Sprache Teilhard de Chardin in einem Punkt Bonhoeffer gegenüberzustellen und von hier aus nach möglichen Entsprechungen der Grund-Perspektive zu suchen: „Das Herz des universalisierten Christus fällt zusammen mit dem Herzen der amorisierten [liebesfähig gewordenen] Materie." (Teilhard de Chardin, a.a.O., S. 72). Und: „Die Welt gehört zu Christus und nur in Christus ist sie, was sie ist. ... Christus ist für die Welt gestorben, und nur mitten in der Welt ist Christus Christus." (DBW 6 [E], S. 53).

vorsteht und sie es ohne den inhaftierten Verlobten feiern muß, schreibt sie ihm: „... *Ganz* richtig Ostern feiern kann ich ja doch erst, wenn Du wieder bei mir bist. Du findest vielleicht, ich würfe da zwei verschiedene Sachen falscherweise durcheinander. Aber ich werfe gar nicht. Es *ist* einfach so, ohne daß ich etwas von mir aus dazu tue. Ich mag es überhaupt nicht, wenn man das geistliche und das weltliche Glück und Liebhaben und die Freude so sehr als zweierlei ansieht. Für mich ist das immer eins gewesen. Vielleicht liegt das daran, daß ich eben zu weltlich bin. Aber woran es liegt, ist mir ziemlich egal. Ich möchte es nicht anders haben."[87] Bald gerät sie selbst in das Spannungsfeld von zwei kirchlichen Reformbewegungen. Ihre Eltern sind bei der („inneren") Berneuchener Bewegung tätig. Ihre Großmutter und Dietrich Bonhoeffer wenden sich der („politischen") Bekennenden Kirche zu. Maria von Wedemeyer möchte sich auch hier nicht einfach in etwas hineindrängen lassen: „Denk mal, mir ist sowohl eine rosa Mitgliedskarte* wie ein weißer Verpflichtungsschein zuwider. Sicher ist soetwas notwendig und unumgänglich. Aber ich möchte ohne so etwas in die Kirche gehen. Ich möchte wohl alle Richtungen und Wege kennen, damit ich meinen Weg finden kann, aber ich muß ihn mir dann doch selbst suchen und ihn *alleine* baun und kann nicht auf vorgetrampelten Wegen nachlaufen. Das ist nicht Hochmut, Du, ich weiß das, weil ich es erfahren habe."[88]
Die Liebe zu Maria von Wedemeyer weitet und vertieft noch einmal Bonhoeffers Selbstverständnis und seine Sicht auf die „Welt". Die Liebe wird – konkret – zu einem Angelpunkt der persönlichen, politischen und theologischen Existenz. Nach der zweiten Sprecherlaubnis schreibt er sogleich an Maria: „Es war heut so unbeschreiblich schön mit Dir zusammen, noch schöner als das letzte Mal – ... Ich bin nicht mehr ohne Dich, das ist mir in den letzten Monaten noch viel deutlicher geworden, als es mir schon war."[89] Was Bonhoeffer über die Polyphonie des Lebens, den „cantus firmus" und den Kontrapunkt schreibt,[90] bezieht auch ihn selbst mit ein. „Eine sehr menschliche Leidenschaft, die man gemäß Bonhoeffers bisher bekannten Briefen in dieser Intensität eigentlich nicht für möglich hält, wird lebendig – gleichzeitig das Bild einer vitalen, überaus sympathischen Frau. ... Im Ahnen des Todes ist besondere Klarheit und Freude am Leben spürbar. In der Vorahnung des Todes erhalten Leben – und Liebe – einen besonderen Glanz."[91]
Als Schlüssel zum Leben ist diese Liebe bei Bonhoeffer nicht nur in der persönlichen Gestalt mit Maria von Wedemeyer zu finden, sondern auch als ein Schlüssel seines politischen Einsatzes im Widerstand: „Die Gefahr, uns in

[87] In einem Brief an D. Bonhoeffer v. 4.4.1944. In: Brautbriefe Zelle 92, S. 162f. Hervorhebungen von M. v. W.

[88] In einem Brief an D. Bonhoeffer v. 26.4.1944. In: Brautbriefe Zelle 92, S. 174. Hervorhebung von M. v. W. *Damals üblich bei den Gemeinden der Bekennenden Kirche.

[89] Brief v. 30.7.1943. In: Brautbriefe Zelle 92, S. 32.

[90] Vgl. den Brief an E. Bethge v. 20.5.1944. In: DBW 8 (WE[15], S. 157f). Siehe auch in diesem dritten Teil oben unter 1., S. 150–152.

[91] R. Schindler: Verhaftet und verlobt, S. 164.

Menschenverachtung hineintreiben zu lassen, ist sehr groß. ... Nichts von dem, was wir im anderen verachten, ist uns selbst ganz fremd. ... Wir müssen lernen, die Menschen weniger auf das, was sie tun und unterlassen, als auf das, was sie erleiden, anzusehen. Das einzig fruchtbare Verhältnis zu den Menschen – gerade zu den Schwachen – ist Liebe, d.h. der Wille, mit ihnen Gemeinschaft zu halten. Gott selbst hat die Menschen nicht verachtet, sondern ist Mensch geworden um der Menschen willen."[92] Hier zeigt sich eine Linie, von deren grundsätzlicher Bedeutung Bonhoeffer bereits in einer früheren Predigt gesprochen hat, die aber nun im Hinblick auf seine Braut *und* im Hinblick auf seine konspirative Tätigkeit noch einmal besonders – weil sehr konkret – hervortritt: „Eine Sache oder einen Menschen, der uns gleichgültig ist, erkennen und *begreifen wir nie*. Eine Sache oder einen Menschen, den wir hassen, *verkennen* wir immer. Allein einen Menschen, den wir lieben, *erkennen wir* ganz."[93]

Diese einende, entgrenzende und Leben, wahres Leben, eröffnende Liebe entspringt für Bonhoeffer – bei Gott. Sie ist darin ursprünglich und ungeteilt. „Ohne diese ‚Liebe' zerfällt alles und ist alles verwerflich, in dieser Liebe ist alles geeint und alles Gott angenehm."[94] Die Befähigung zu solcher Liebe liegt nicht in einem bestimmten Tun oder Verhalten des Menschen, sie kommt von Gott her: „*Gott* ist Liebe, das heißt nicht ein menschliches Verhalten, eine Gesinnung, eine Tat, sondern Gott selbst ist Liebe. Was Liebe ist, weiß nur, wer Gott kennt, nicht aber umgekehrt ... Gott aber kennt niemand, es sei denn, daß Gott sich ihm offenbare. ... So ist also Liebe Offenbarung Gottes. Offenbarung Gottes aber ist Jesus Christus. ... Nicht in uns, sondern in Gott hat die Liebe ihren Ursprung, nicht ein Verhalten des Menschen, sondern ein Verhalten Gottes ist die Liebe."[95] Für Dietrich Bonhoeffer besteht von Gott her die Liebe wesentlich darin, daß sie alle Unter-Teilungen und Ent-Zweiungen im Grunde, d.h. ursprünglich, überwindet. Diese – versöhnende – Überwindung geschieht durch Jesus Christus. Er ist die Tat Gottes, die die Entzweiung des Menschen mit Gott, mit anderen Menschen, mit der Welt und mit sich selbst beendet. Hier quillt die Liebe von ihrem Ursprung her.

Diese in Gott gründende Liebe umfaßt die göttliche und die menschliche Liebe. Insofern geht es für Bonhoeffer um die *eine* Liebe: „Vielmehr gilt auch für alles über die *menschliche* Liebe zu Sagende, daß *Gott* die Liebe ist. Es ist die Liebe Gottes und keine andere – weil es keine andere, ihr gegenüber selbständige, eigene freie Liebe gibt –, mit der der Mensch Gott und den Nächsten liebt."[96] Das tiefe Wissen um die Gottes-Herkunft auch der menschlichen Lie-

[92] D. Bonhoeffer in seiner Rechenschaft „Nach zehn Jahren" von Ende 1942. In: DBW 8 (WE[15], S. 17).

[93] In der Predigt zu 1 Kor 13,8–12 v. 28.10.1934 in London. In: DBW 13, S. 396. Hervorhebungen von D. B. Vgl. hierzu auch das „erkennende Lieben" und die „liebende Erkenntnis" zwischen Frau und Mann im Ersten Testament (z. B. Gen 4,1.17.25 u.ö.).

[94] DBW 6 (E), S. 335.

[95] Ebd., S. 337. Hervorhebung von D. B.

[96] Ebd., S. 340. Hervorhebungen von D. B.

be scheint in den Briefen an Maria von Wedemeyer immer wieder auf.[97] Dietrich Bonhoeffer vertraut darauf, daß diese Liebe bleibt und durch keine Macht zerbrochen werden kann; daraus schöpft er seine hingebungsfähige Kraft und seine geduldige Hinnahmefähigkeit. In einem der letzten Briefe an seine Verlobte – und in wachsender Todesahnung nach dem Attentat vom 20. Juli 1944 – schreibt er: „ … Wir müssen noch einmal alle Kraft zusammennehmen zur Geduld. Laß uns nicht kleinmütig werden! Gott hat es so gemacht, daß das Herz des Menschen stärker ist als alle irdischen Gewalten."[98]
Am 22. September 1944 entdeckt die Gestapo in Zossen (südlich von Berlin) ein Geheimarchiv der Verschwörer in der Abwehr (Amt Canaris). Diese „Zossener Akten" enthalten eine Dokumentation von Verbrechen der Nationalsozialisten. Hans von Dohnanyi hatte bereits früh mit dieser „Skandalchronik" (E. Bethge) begonnen. Nun wird sie zum verhängnisvollen Belastungsmaterial. Auch Bonhoeffer ist davon betroffen. Am 8. Oktober 1944 wird er in die „Prinz-Albrecht-Straße" gebracht – in das Kellergefängnis des Reichssicherheitshauptamtes (RSHA), das 1939 eingerichtet worden war und der SS unterstand.[99] Die verschärften Haftbedingungen verhindern nun fast jeden brieflichen Kontakt nach außen, von persönlichen Besuchen ganz zu schweigen. Der letzte Brief an Maria stammt vom 19.12.1944. Es ist ein Weihnachtsbrief: „Ich bin jeden Tag froh, daß ich Dich, Euch* habe und das macht mich glücklich, froh. … Es sind nun fast 2 Jahre, daß wir aufeinander warten, liebste Maria. Werde nicht mutlos!"[100] *Diesem* Brief aus dem Gefängnis ist auch Bonhoeffers bekanntes und letztes Gedicht beigefügt: „Von guten Mächten."[101] Maria von Wedemeyer und Dietrich Bonhoeffer werden sich nicht mehr lebend begegnen.[102]

### *1.4. Beten, das Gerechte tun und auf Gottes Zeit warten*

Entschlossenes Handeln und die Freiheit gegenüber dem nicht absehbaren Resultat gehören bei Bonhoeffer zusammen. Nicht Gleichgültigkeit drückt sich darin aus, sondern erwartungsfähige Gelassenheit. Bonhoeffer weiß, daß die Kirche seiner Zeit weitgehend gegenüber den gestellten Herausforderungen versagt hat. Er sieht, daß sie keine befreiende Sprache und keine widerstän-

[97] Siehe daraufhin Brautbriefe Zelle 92, etwa S. 38f.53.78.91.119.152f. u.ö.

[98] Brief v. August 1944. In: Brautbriefe Zelle 92, S. 203.

[99] Es wurde eingerichtet auf Erlaß von Heinrich Himmler. Chef des RSHA bis 1942 war Reinhard Heydrich. Sein Nachfolger war Ernst Kaltenbrunner.

[100] In: Brautbriefe Zelle 92. S. 208.209. * Brief und Gedicht sind auch ein Gruß an Bonhoeffers Eltern und Geschwister.

[101] Den vollständigen und maßgeblichen (an vier Stellen leicht revidierten) Text dieser sieben Strophen siehe: Brautbriefe Zelle 92, S. 209; auch: DBW 8 (WE[15], S. 219).

[102] Maria von Wedemeyer studiert nach dem Kriege Mathematik und geht 1948 in dieUSA. Sie heiratet 1949. Nach der Trennung heiratet sie 1959 zum zweiten Mal. Auch diese Ehe wird geschieden (1965). Ihren beruflichen Aufstieg nimmt sie in der Computerbranche. Infolge eines Krebsleidens stirbt sie mit nur 53 Jahren am 16.11.1977.

dige Kraft gefunden hat, der nationalsozialistischen Diktatur entscheidend entgegenzutreten: „Unsere Kirche, die in diesen Jahren nur um ihre Selbsterhaltung gekämpft hat, als wäre sie ein Selbstzweck, ist unfähig, Träger des versöhnenden und erlösenden Wortes für die Menschen und für die Welt zu sein. Darum müssen die früheren Worte kraftlos werden und verstummen… ."[103] Die erneuerte Gestalt der Kirche ist noch kaum in Sicht. Sie steht noch mitten im Prozeß der Umkehr und „Läuterung."[104] Dieses schmerzliche Geschehen hat die Kirche allerdings nicht allein und souverän in der Hand: „Es ist nicht unsere Sache, den Tag vorauszusagen – aber der Tag wird kommen –, an dem wieder Menschen berufen werden, das Wort Gottes so auszusprechen, daß sich die Welt darunter verändert und erneuert."[105] Das Christsein sieht Bonhoeffer heute vor allem „im Beten und im Tun des Gerechten unter den Menschen."[106] In dieser prägnanten Umschreibung gelebter Nachfolge erkennt er die maßgebliche Praxis der Kirche, bis sich ihr Antlitz so erneuert hat, daß die ihr anvertrauten Worte und Taten wieder sprechend und kraftvoll ausstrahlen.
Die erforderliche Wandlung macht die Kirche nicht selbst, weil sie nicht von sich selbst her Kirche ist. Bonhoeffer differenziert im Grundsätzlichen gerade *nicht* zwischen einer „eigentlichen" und „uneigentlichen" Kirche, zwischen einer ursprungstreuen „Liebeskirche" und einer sündigen „Rechtskirche". In der Gestalt der einen, sichtbaren Kirche gilt es, den Prozeß der Veränderung und Erneuerung so zu gestalten, daß deutlich bleibt: „Kirche ist die Gegenwart Gottes in der Welt. Wirklich in der Welt, wirklich Gegenwart Gottes. … Daß Kirche von Gott her ‚ist' … , das alles macht die Kirche zur Kirche. … Schließlich aber möchte man sich dieser Ärgerlichkeit entziehen und sagen, so seien es eben irgendwie zwei Kirchen, von denen hier geredet werde. Aber auch das verfehlt das Entscheidende. Es ist ein und dieselbe Kirche, ihre sichtbare Gestalt und ihre verborgene Göttlichkeit."[107] Dieses Grundverständnis ist einzubeziehen, wenn Bonhoeffer das „Beten" und „Tun des Gerechten" schließlich um eine wichtige Dimension erweitert: „Bis dahin wird die Sache der Christen eine stille und verborgene sein; aber es wird Menschen geben, die beten *und* das Gerechte tun *und* auf Gottes Zeit warten."[108] Greift man nur die zweigliedrige Formulierung auf, was bei diesem Schlußabschnitt des Bonhoeffertextes häufig geschieht[109], so geht der grundsätzliche Advents- und Ver-

[103] Aus den „Gedanken zum Tauftag" v. Mai 1944. In: DBW 8 (WE[15], S. 156).
[104] DBW 8 (WE[15], S. 156).
[105] DBW 8 (WE[15], S. 156).
[106] DBW 8 (WE[15], S. 156).
[107] D. Bonhoeffer in dem Aufsatz „Was ist Kirche?" v. 1932 (veröffentlicht 1933). In: DBW 12 (GS III, S. 286.288). Auch *diese* Spannung von notwendiger radikaler Veränderung und dem Verständnis von der Gegenwart Gottes in der Kirche darf nicht aufgelöst werden.
[108] In den „Gedanken zum Tauftag", a.a.O., S. 328. Hervorhebungen von mir.
[109] H.-J. Abromeit: Das Geheimnis Christi: Dietrich Bonhoeffers erfahrungsbezogene Christologie, nennt ausdrücklich diese Dreigliedrigkeit (S. 174–176). Ebenso bezieht sich Ch. Zimmermann-Wolf: Einander beistehen: Dietrich Bonhoeffers lebensbezogene Theologie für gegenwärtige Klinikseelsorge am Schluß (S. 325 ff.) auf diese Dreiheit. Lediglich auf

heißungsaspekt in bezug auf den Umwandlungsprozeß der Kirche verloren. Denn es läßt sich nicht forcieren, was „Gott doch oft nur in langen Jahren des Betens, Suchens und Wartens schenken will ...“[110] Hier wird deutlich, daß Bonhoeffers Theologie immer wieder von einer ausgesprochenen Tiefen-Dimension durchdrungen ist. Im Beten und Warten auf „Gottes Zeit“ wird die Wirklichkeit Gottes ernstgenommen. So wird sie auch für die eigene und die kirchliche Situation fruchtbar: „Die Erinnerung an Gottes Kommen hält unter der Last der gegenwärtigen Abwesenheitserfahrung Gottes das Leben in Bewegung.“[111] Indem Bonhoeffer sich selbst und die Kirche offen halten will für die neuen Wege *Gottes*, bleibt deutlich, wer Grund und Ziel des Lebens ist. „Einen wirklichen Fortschritt kann nur Gott schenken. Der Mensch, der sich hier eigenmächtig etwas nehmen will, wird scheitern.“[112] In der Ausrichtung auf „Gottes Zeit“ erwartet Bonhoeffer noch etwas für die Zukunft, auch für die irdische Zukunft der Kirche und der Welt. Die Hoffnung auf das Kommen Gottes und seine Zeit wird zu einem Moment der Treue zur Erde: „Ist nicht die Gerechtigkeit und das Reich Gottes auf Erden der Mittelpunkt von allem? Und ist nicht auch Römer 3,24ff* das Ziel des Gedankens, daß Gott allein gerecht sei, und nicht eine individualistische Heilslehre? Nicht um das Jenseits, sondern um diese Welt, wie sie geschaffen, erhalten, in Gesetze gefaßt, versöhnt und erneuert wird, geht es doch. Was über diese Welt hinaus ist, will im Evangelium *für* diese Welt da sein ...“[113]

Das (notwendige) Beten und Tun des Gerechten streckt sich aus in die Zukunft und erwartet noch etwas von Gott her – sein Handeln für diese Welt. „Der Mensch bekennt im Gebet, daß er nicht nur im engen Horizont des Augenblicks, sondern in der Perspektive göttlicher Geschichte lebt. ... Der Mensch betet im Gebet letztlich immer um Gott selbst: Gott wird ‚radikal‘ erwartet. Der Beter weiß, wenn unter seinen Händen etwas dem göttlichen Willen Entsprechendes entstehen soll, muß letzten Endes Gott selbst handeln. Er betet, daß Gott es tue; er handelt gemäß seiner jetzigen Erkenntnis und übergibt Gott sein Tun in der Hoffnung, daß Gottes Zeit sich ihm zuwende.“[114]

das „Beten“ und „Tun des Gerechten“ beziehen sich hingegen etwa E. Bethge: Beten und Tun des Gerechten: Dietrich Bonhoeffers umstrittenes Erbe; A. Schönherr: Bonhoeffers Satz: „Unser Christsein wird heute nur in zweierlei bestehen: Im Beten und Tun des Gerechten unter den Menschen“ – Versuch einer Auslegung. Es finden sich beide Formulierungen (die zweigliedrige und die dreigliedrige) in Bonhoeffers Text. Auffallend ist jedoch, daß die Dreiheit mit ihrer Perspektive „auf Gottes Zeit“ wenig aufgenommen wird.

110 D. Bonhoeffer in einem Weihnachtsrundbrief v. 1939. In: DBW15 (GS II, S. 560).

111 H.-J. Abromeit: Das Geheimnis Christi, S. 175.

112 Ebd. Zum Warten auf Gott vgl. auch A. Altenähr: Dietrich Bonhoeffer: Lehrer des Gebets, S. 160–169. Altenähr hebt auch die Dreiheit (Beten – das Gerechte tun – auf Gottes Zeit warten) bei Bonhoeffer hervor (ebd., S. 168).

113 In einem Brief an E. Bethge v. 5.5.1944. In: DBW 8 (WE[15], S. 143). Hervorhebung von D. B. * Röm 3,26 lautet: „[Gott] erweist seine Gerechtigkeit in der gegenwärtigen Zeit, um zu zeigen, daß er gerecht ist und den gerecht macht, der an Jesus glaubt.“

114 A. Altenähr: Dietrich Bonhoeffer: Lehrer des Gebets, S. 169.

Was im allgemeinen immer noch in zwei verschiedene Bereiche geschieden wird, ist bei Dietrich Bonhoeffer aufeinander bezogen und ineinander verschränkt: Die Zuwendung zum Nächsten und die Hinwendung zu Gott entspringen der *einen* Liebesbewegung, die Gott selbst in der Menschwerdung durchlebt hat. Kontemplative Sammlung ist dann nicht mehr „gegen" die diakonischen Herausforderungen zu haben; aber umgekehrt ist soziales bzw. politisches Engagement nicht mehr ohne eine tragende, mystische Mitte zu denken. Das hat grundsätzliche Bedeutung: „Es geht darum, in einer Kirche, in der Mystik und Politik, Gott und Mensch auseinanderzudriften drohen, durch das ‚gelebte Paradox' einer versuchten Einheit den inneren Zusammenhang deutlich zu machen, ohne das Paradoxe zu entschärfen."[115] Wo diese gelebte Spannung gesucht wird – wie bei Dietrich Bonhoeffer – , da erst vermittelt sich auch die paradoxale Einheit der beiden Pole: „Das ‚*Tun* des Gerechten unter den Menschen' bewahrt das ‚Beten' vor einer Flucht in selbstgenügsame Frömmigkeit. Das ‚*Beten*' bewahrt das ‚Tun des Gerechten unter den Menschen' vor Selbstgerechtigkeit. ... *Tun* hält Beten in der Wirklichkeit, *Beten* hält Tun in der Wahrheit."[116]
Die Richtigkeit der Rede von der „mündig gewordenen Welt", vom „religionslosen Zeitalter" und vom „Tun des Gerechten unter den Menschen" liegt auf der Hand. Leicht schleicht sich aber die Gefahr ein, Bonhoeffer zu halbieren. Der betende und gottesgehorsame Bonhoeffer wird – wenn quer zu den eigenen Vorstellungen – in seiner Wichtigkeit unterschätzt oder gar nicht wahrgenommen.[117] Es ist ebenso offensichtlich wie erstaunlich, von woher Dietrich Bonhoeffer die Freiheit seines Handelns und die Weite seiner theologischen Neuentwürfe bezieht. Seine Weltzuwendung und sein schließlich radikal politisches „Tun des Gerechten" in der Konspiration sind für ihn gott-los nicht denkbar: „Gott aber duldet keinen anderen Gott neben sich, er will allein Gott sein. Er will alles für den Menschen tun und sein, darum will er auch allein von ihm angebetet werden."[118] Weil Gott selbst wesentlich charakterisiert ist durch sein „Frei-Sein-für-den-anderen"[119] und dies leibhaftig veranschaulicht hat in

[115] A. Daiker: Kontemplativ mitten in der Welt: Die Kleinen Schwestern Jesu, S. 268. Was hier von den Kleinen Schwestern her entfaltet ist, trifft auch das Anliegen Bonhoeffers. Über beide hinaus hat es Bedeutung für das Christsein insgesamt unter den Bedingungen des auslaufenden 20. Jahrhunderts.

[116] E. Bethge: Beten und Tun des Gerechten: Dietrich Bonhoeffers umstrittenes Erbe, S. 47. Hervorhebungen von E. B.

[117] Es gibt allerdings auch die Neigung, nur den „frommen" Bonhoeffer wahrzunehmen. Zu den unterschiedlichen Linien in der Bonhoefferinterpretation vgl. etwa die Literaturübersichten von E. Feil: Aspekte der Bonhoefferinterpretation, Teil I und II; R. Mayer: Zur Rezeption und Interpretation des Werkes von Dietrich Bonhoeffer; H.M. Müller: Bonhoeffer-Interpretationen.

[118] In der Auslegung des ersten Gebotes v. Juni/Juli 1944. In: DBW 16, S. 663.

[119] Vgl. hierzu bereits „Schöpfung und Fall" von 1932/33, hier: DBW 3 (SF), S. 59f. So bestimmt Bonhoeffer die Gottebenbildlichkeit des Menschen auch nicht als „analogia entis" (Entsprechung im Sein), sondern als „analogia relationis" (Entsprechung in der Beziehung), welche im Kern „frei sein für" bedeutet und „Freiheit von Gott her ist" (ebd., S. 61).

dem Gott-Menschen Jesus Christus, der „der Mensch für andere"[120] ist, gründet für den Glaubenden auch die Freiheit des Menschen und sein „Dasein für andere"[121] in Gott. Mit der Kennzeichnung „der Mensch für andere" setzt Bonhoeffer den alten Hoheitstiteln einen neuen hinzu, „der verständlich und tiefsinnig zugleich ist. ... Dieser Hoheitstitel ist Bekenntnis, Hymnus, Gebet und Interpretation."[122]

Diese Daseinsweise erwächst nicht aus eigenem Entschluß, sondern aus dem Gehorsam gegen Gott: „Der Gehorsam gegen Gott allein ist die Begründung unsrer Freiheit."[123] In der dialogischen, und nicht nur apologetischen, Auseinandersetzung mit der „mündig gewordenen Welt" entdeckt Bonhoeffer auch neu, wie das Verhältnis zu Gott nun zu bestimmen ist. Für ihn ist „Gott in Christus als der sich aus der Freiheit der Liebe bindende Gott-für-uns offenbar geworden."[124] *Diesem* Gott gilt das Gebet. *Diesem* Gott gilt die Anbetung. Denn die zuvorkommende Liebe *dieses* Gottes befreit zum menschenwürdigen Leben. *Diese* Liebe richtet den Menschen auf. *Darauf* antwortet die Anbetung.

„Anbetung ist daher im Raum des Glaubens – im Unterschied zu heidnischer oder auch christlicher ‚Religion' – als responsorischer Ausdruck des Menschen gegenüber dem begegnenden Gott nie primär Ausdruck der Überwältigung durch Gottes nichtende Macht und Übermacht, sondern eines Beschenktwerdens und Freiwerdens des Menschen durch Gottes (Macht der) Liebe, durch Gottes Gnade. Anbetung ist nicht das Knien des gebrochenen, sondern des *erhobenen* Menschen. Es ist ein Knien vor der Liebe, nicht vor der Gewalt. Beziehungsweise die Gewalt und Macht ‚entspringt' ... der Liebe – nicht umgekehrt und nicht irgendwie anders. Die wahre Transzendenz ist der für-seiende Gott, die Transzendenz der Liebe, im Äußersten: der Gekreuzigte; *darauf* richtet sich *christliche* Anbetung, glaubende ‚nicht-religiöse' Anbetung."[125] Der aufrechte, mündige Mensch und der kniende, betende Mensch stehen nicht in Konkurrenz zueinander, sondern stehen beide in der Freiheit, die durch die Liebe Gottes ermöglicht ist. *Aufrecht* wird diese Freiheit realisiert, *betend* wird an ihre Herkunft erinnert. Die Liebe Gottes als ein Dasein für die Menschen ruft auch das Selbstverständnis Gottes im Ersten Testament in Erinnerung: „Ich will bei euch sein als welcher ich bei euch da sein will." (Ex 3,14)[126] Die Anbetung Gottes, *dieses* Gottes, ist ein durchgängiges Thema bei Bonhoeffer. Auch in der Christologievorlesung von 1933 spielt das Thema eine Rolle. Neben der Notwendigkeit der theologischen Reflexion stellt Bonhoeffer klar, daß

[120] So im „Entwurf für eine Arbeit" v. 1944. In: DBW 8 (WE[15], S. 205).

[121] Auf diese Weise bestimmt Bonhoeffer auch das Charakteristikum der Kirche. In: DBW 8 (WE[15], S. 206).

[122] E. Bethge: Dietrich Bonhoeffer, S. 994.

[123] DBW 16, S. 662.

[124] J. W. Mödlhammer: Anbetung und Freiheit: Theologisch-anthropologische Reflexionen zur Theologie Dietrich Bonhoeffers, S. 45.

[125] Ebd. Erste Hervorhebung von mir, die anderen Hervorhebungen von J.W. M.

[126] Hier in der Übersetzung von E. Zenger. Vgl. M. Buber: „Ich werde dasein, als der ich dasein werde."

er seine Vorlesung auch hält „im demütigen Schweigen der anbetenden Sakramentsgemeinde."[127] Ein entscheidendes Merkmal von Liturgie und Kult sieht er in „Anbetung, Feier und Lob des [klar gesprochenen] Wortes Gottes."[128] Trotzdem bleibt die Frage, wie denn Anbetung, überhaupt Gebet, in einer säkularen, durch und durch nichtreligiösen und gottvergessenen Welt geschieht. „Das Entscheidende ist die Begegnung mit dem ‚Für-andere-Dasein' Jesu; das ist ‚die Transzendenzerfahrung'*. Der Weg zur Anbetung geht jedenfalls heute, so sieht es Bonhoeffer, über die Erfahrung des Für-andere-Daseins Jesu, das darin, daß Christen Menschen-für-andere werden, weiterwirkt. So ist nicht der Apologetik, sondern dem gelebten Glauben der Kirche die unmittelbarere Verantwortung zur Bewältigung dieser Situation [der Säkularität der Welt; W. K.] zugeschrieben."[129]

In der Liebe Gottes zum Menschen, seinem „Für-sein", hat jedes Gottesverhältnis, das sich in der antwortenden Anbetung dialogisch realisiert, seinen Ursprung. „Das Hinreißende an echter reformatorischer Theologie ist ihre Leidenschaft für Gottes alleiniges Gottsein und Ehre. Diese Leidenschaft durchglüht auch Bonhoeffer, auch in der Tegeler Zeit. … Anbetung bleibt, aber sie ‚entspringt' nicht primär dem Glauben an den allmächtigen, allgegenwärtigen etc. Gott, sondern dem Glauben an den für-seienden Gott. Seine Transzendenz ist seine Liebe. … Doch das Tragende ist die Bindung an Gott."[130] Bestimmt von Gott her und bestimmt auf Gott hin: Von dieser christologisch vermittelten Gotteszentrierung ist bei Bonhoeffer nicht abzusehen. Sie gilt für sein theologisches Denken ebenso wie für sein Handeln und seine entscheidenden Lebensschritte. Erst aus dieser Zentrierung sind auch die Überlegungen zu einem „religionslos-weltlichen" Christsein so zu verstehen, daß man sie ihrer Wurzel nicht beraubt: „*Gott* führe uns freundlich durch diese Zeiten; aber vor allem führe er uns *zu sich.*"[131]

Das Verständnis von Gott als der letzten, aber auch prägenden personalen Wirklichkeit ist bei Bonhoeffer durchgängig anzutreffen. So begründet er in dem frühen Vortrag „Der Führer und der einzelne in der jungen Generation."[132]

[127] DBW 12 (GS III, S. 167).

[128] DBW 14, S. 506. (In der Finkenwalder Homiletik).

[129] J.W. Mödlhammer: Anbetung und Freiheit, S. 47. * DBW 8 (WE[15], S. 205). Indem Bonhoeffer die Welt als „mündig geworden" begreift und akzeptiert, verklärt er sie allerdings nicht, sondern sieht durchaus ihre Gefahren. (Vgl. DBW 6 [E], S. 93–124: Erbe und Verfall). DBW 8 (WE[15], S. 205).

[130] J.W. Mödlhammer, a.a.O. S. 58.59. Für Bonhoeffers Gottesverständnis bleibt allerdings zu beachten, daß er gleichzeitig von „Gott, dem Allmächtigen[!], Gerechten und Barmherzigen" (DBW 16, S. 664; Juni/Juli 1944) *und* von „Gott …, der durch seine Ohnmacht[!] in der Welt Macht und Raum gewinnt" (DBW 8 [WE[15], S. 192]; Juli 1944) sprechen kann. Ähnliches gilt für die Rede von der „Liebe" Gottes (vgl. DBW 6 [E], S. 337–340) *und* vom „Zorn" Gottes (vgl. DBW 8 [WE[15], S. 153.156]). Für Bonhoeffer gilt, daß *Gott* die *Liebe* ist, aber Gott läßt sich bei ihm auch nicht verharmlosen als nur „der liebe Gott".

[131] Brief an E. Bethge v. 21.7.1944. In: DBW 8 (WE[15], S. 195). Hervorhebungen von mir.

[132] DBW 12 (GS II, S. 22–38); Vortrag von Februar bzw. März 1933.

von 1933 die *vorletzte* Autorität des Amtes und Führers[133] ausdrücklich mit der *letzten* Wirklichkeit Gottes: „Vor Gott ist der einzelne verantwortlich. Und diese Einzelheit des Stehens des Menschen vor Gott, des Sichunterwerfens unter eine letzte Autorität, ist dort vernichtet, wo die Autorität des Führers oder des Amtes als letzte Autorität gesehen wird. ... Nur der Führer, der selbst im Dienst der vorletzten und der letzten Autorität steht, kann Treue finden."[134]
Auch der in freier Verantwortung und in der Übernahme unausweichlicher Schuld Handelnde (für Bonhoeffer selbst ist es die Teilnahme an der Konspiration) handelt von Gott her und setzt sich damit noch einmal Gott aus: „In der freien Preisgabe des Wissens um das eigene Gute geschieht das Gute Gottes. ... Der Verantwortliche liefert sich selbst und seine Tat Gott aus."[135] Anbetung ist weder nur ein beliebiger oder rein frommer Akt, sondern eine auf ein anrufbares Du gerichtete Konzentration des *gesamten* Lebens. Dieses Du – Gott – ist Quellgrund und Zielpunkt des alltäglichen Lebens zugleich: „Vor die tägliche Arbeit gehört das morgendliche Gebet. Nur so wird die Arbeit in der Erfüllung des göttlichen Befehls getan. ... Das ist wahrhaftig keine vergeudete Zeit. ... ist es doch schuldiger Dienst an dem, der von uns angerufen, gelobt und gebeten sein will und der uns unsren Tag nicht anders als durch sein Wort und unser Gebet segnen will."[136] Solche innere Priorität und Logik seines theologischen Denkens und seines gesamten Handelns stellt Bonhoeffer auch in der Bekennenden Kirche heraus, die seine Kirche ist und deren kritischer Verteidiger er ist: „Es geht mir in allem kirchlichen Reden und Handeln um den Primat, die alleinige Ehre und Wahrheit des Wortes Gottes. Es gibt keinen größeren Dienst der Liebe, als den Menschen in das Licht der Wahrheit dieses Wortes zu stellen, auch wo es wehtut."[137] Mit dieser inneren und auch ins Leben übersetzten Klarheit bleibt für Bonhoeffer die tiefste Herkunft seines eigenen Redens und Tuns im Blick. Beten und Warten auf Gottes Zeit sind keine isolierten, zusätzlichen Tugenden, sondern die im eigenen Leben verankerte Empfänglichkeit für die Möglichkeiten Gottes. „Beten, in der Tat, heißt: immer sterben in Gottes größeres Leben hinein, sich umkehren von einem Leben aus eigener Mächtigkeit in ein Leben aus Gottes einzigem Ursprung."[138]
Auch den aktiven, entschlossen handelnden Bonhoeffer, der mit seiner Mitarbeit in der Verschwörung sein Leben riskiert und schließlich verliert, darf man von seinem Verhältnis zum Gebet nicht trennen. „Der letzte Brief Bonhoeffers, im vollen Bewußtsein dessen geschrieben, daß sein Leben in großer Gefahr ist, atmet die Gewißheit der Gebetserhörung*. Das Letzte, was wir von ihm wissen, ist die Aussage des Lagerarztes: Er sah Bonhoeffer vor seiner Hinrichtung

133 Hier konkret auch gegen den kurz zuvor an die Macht gekommenen Adolf Hitler gerichtet.
134 DBW 12 (GS II, S. 38.39).
135 DBW 6 (E), S. 285.289.
136 D. Bonhoeffer in der kleinen Studie „Der Morgen" v. 1935. In: DBW 14, S. 873.
137 In einem Brief v. 25.1.1936 an F. Schauer. In: DBW 14, S. 110.
138 K. Hemmerle: Dein Herz an Gottes Ohr: Einübung ins Gebet, S. 64.

in innigem Gebet knien."[139] Es mutet ungeheuerlich an, vor dem Hintergrund des zeugnishaften Todes Bonhoeffers, der die Mündigkeit und Freiheit so sehr schätzte, aus einer frühen Predigt von ihm Sätze zu lesen wie: „Gott allein bleibt in Ewigkeit. Er selbst zerbricht und baut auf, wie Er will, auch seine Kirche. Es gibt keine Sicherung des Menschen vor der Zukunft, vor Gott. Auch die alte Kirche und ihre Christlichkeit ist keine solche Sicherung des Menschen. Denn die Zukunft ... gehört Gott allein. ... Dem Willen Gottes sich ganz preisgeben, ihn allein den Herrn sein lassen und keinen anderen neben ihm, keinen Götzen unserer Wünsche – und mögen es die idealsten, sittlichsten, religiösesten sein. Gott Gott sein lassen, darum geht es in der Verkündigung der Kirche Christi."[140] Solche Gottesbestimmtheit ist für Bonhoeffer bezeichnend – auch im Tegeler Gefängnis und schließlich bis hinein in den Tod; allerdings nicht als isolierte Sonderdimension des Lebens und Glaubens, sondern gerade *in* allem „weltlichen" Handeln und *im* „Tun des Gerechten unter den Menschen."
Es geht bei Bonhoeffer um aufrechte Demut – „widerständig" und „ergeben" zugleich. Sie bleibt bestimmt von umfassender Liebe. Sie ist „das Größte" (vgl. 1 Kor 13,13)[141] – in der untrennbaren Einheit von Gottesliebe und Nächstenliebe. Ihre jeweilige Form ist bestimmt durch den „gegebenen" Ort, das Erfordernis des Augenblicks. Hier wird mitentschieden, ob sie „betet", „handelt", „wartet" oder eine andere, angemessene Ausdrucksweise findet.[142]

## 2. Mein vergangenes Leben ist übervoll von Gottes Güte

Dietrich Bonhoeffers Leben und Handeln bleibt geprägt von dem Bewußtsein der Nähe und der Gegenwart Gottes. Seine theologisch begründeten Vorbehalte gegen das „Religiöse" und dessen „billige" Gottesbemächtigung führen bei ihm gerade nicht zu einer Gottesverdrängung oder Gottesvergessenheit. Es geht ihm darum, in den Herausforderungen des eigenen Lebens und seiner Zeit dem *wirklichen* Gott zu trauen, so wie er in dem Menschgewordenen, Jesus Christus, Gestalt angenommen hat. Dieses Bewußtsein ist für Bonhoeffer durchgehend charakteristisch – in verschiedenen Formen und in den unterschiedlichen Lebensphasen, beruflichen Aufgaben und politischen Herausforderungen. Aber es ist bei dem frühen Bonhoeffer ebenso anzutreffen wie

[139] A. Schönherr: Bonhoeffers Satz: „Unser Christsein wird heute nur in zweierlei bestehen: Im Beten und Tun des Gerechten unter den Menschen", S. 26. Vgl. hierzu E. Bethge: Dietrich Bonhoeffer, S. 1038. * Vgl. hierzu Bonhoeffers letztes Gedicht „Von guten Mächten".

[140] In einer Predigt zur Taufe seines Neffen Friedrich v. Oktober 1932. In: DBW 11, S. 463f.

[141] Vgl. hierzu Bonhoeffers Predigtzyklus (4 Predigten) zu 1 Kor 13 v. Oktober/November 1934. In: DBW 13, S. 378–404.

[142] Zu einer solchen „Mystik der offenen Augen" (J.B. Metz) und dem richtigen Maß von Beten und Handeln, von Sammlung und Verausgabung vgl. etwa: L. Boff/Frei Betto: Mystik der Straße; J.B. Metz: Zeit der Orden? Zur Mystik und Politik der Nachfolge; J.B. Metz/ T.R. Peters: Gottespassion.

bei dem späten; bei dem Dozenten ebenso wie bei dem Beter und Widerständler. Er bleibt getragen von der Gewißheit, „daß Gott dem Menschen nicht fern bleibt, sondern daß er ihm *nahe* kommt und ihn liebt, *Gottes Liebe und Nähe – das ist das Geheimnis Gottes, das er denen bereitet hat, die ihn lieben.* ... Daß es der eine Gott ist, der Vater und Schöpfer der Welt, der in Jesus Christus uns geliebt hat bis zum Tod, der im Heiligen Geist unser Herz zu ihm auftut, daß wir ihn lieben, daß es nicht drei Götter sind, sondern daß es einer ist, der die Welt vom Anfang bis zum Ende umfängt, schafft und erlöst, und daß er doch jedesmal ganz Gott ist als der Schöpfer und Vater, als Jesus Christus und als der Heilige Geist – das ist *die Tiefe der Gottheit*, die wir *als Geheimnis anbeten* und *als Geheimnis begreifen.* Und nun kann all unser Reden hiervon nichts anderes sein, als der Hinweis auf das Geheimnis Gottes, das in seiner Offenbarung in der Niedrigkeit Jesu Christi und in der Gabe seines Heiligen Geistes an alle Welt besteht. Gottes Selbstverherrlichung in der Liebe – das ist sein Geheimnis."[143]

Dieses *Geheimnis* richtet sich – entgrenzt – an „alle Welt" und „durchglüht" (Mödlhammer) Bonhoeffers eigenes Leben. Gott ist ihm – als Liebe und als Geheimnis – wirklich, nahe. Zur Hochzeit von Renate und Eberhard Bethge schreibt er – bereits im Gefängnis – in seiner Traupredigt: „So groß also heute euer Jubel darüber ist, daß euer Wille, euer Weg zum Ziel gekommen ist, so groß wird auch eure Dankbarkeit sein, daß Gottes Wille und Gottes Weg euch hierher geführt hat, und so zuversichtlich ihr heute die Verantwortung für euer Tun auf euch nehmt, so zuversichtlich dürft und werdet ihr sie heute in Gottes Hände legen."[144] Dieses tiefe – ungebrochene – Vertrauen auf die anwesenden „Hände Gottes", das Bonhoeffer hier anderen zuspricht, gilt auch für ihn ganz persönlich – selbst in aller Bedrängnis. Als sich die anfängliche Hoffnung, bald wieder aus der Haft entlassen zu werden, immer mehr zerschlägt, eröffnet Bonhoeffer dem Freund Eberhard Bethge: „Ich möchte Dir morgen irgendwie sagen, daß für mich die Führung meiner ganzen Angelegenheit ganz entscheidend eine Glaubensfrage ist ... ‚Im Glauben' kann ich alles ertragen (– hoffe ich – ), auch eine Verurteilung, auch die anderen befürchteten Folgen ... Ich muß die Gewißheit haben können, in Gottes Hand und nicht in Menschenhänden zu sein. Dann wird alles leicht, auch die härteste Entbehrung."[145]

Das sich immer wieder verlängernde Wartenmüssen stellt dieses Vertrauen auf die Güte Gottes auf eine harte Probe. Er schreibt an seine Verlobte Maria von Wedemeyer: „Wollen wir wirklich ungeduldig werden, weil so vieles noch nicht ist, was wir uns ersehnen, und nicht viel lieber nur froh und wieder froh sein, weil so unendlich vieles so ist, daß wir die Güte Gottes mit Händen greifen können? Ich jedenfalls habe keinen Grund, unzufrieden zu sein mit dem, was Gott mir in diesem harten Jahr gelassen und geschenkt hat. Ich weiß, daß ich

[143] In der Predigt zu 1 Kor 2,7–10 v. 27.5.1934 in London. In: DBW 13, S. 362f. Hervorhebungen von D. B.

[144] In der Traupredigt v. Mai 1943. In: DBW 8 (WE[15], S. 34).

[145] Brief an E. Bethge v. 22.12.1943. In: DBW 8 (WE[15], S. 99.100).

nichts von alledem, was Du mir bist, verdient habe."[146] Tragend bleibt Bonhoeffers tiefe Überzeugung, daß in allen – auch eigenen – Aussichtslosigkeiten, in allem Bösen, was auch geschieht, in den verrätselten Wegen des eigenen Lebens und der Geschichte insgesamt Gott sich *nicht* entzieht: „Nicht alle unsere Wünsche, aber alle seine Verheißungen erfüllt Gott, d.h. er bleibt der Herr der Erde, er erhält seine Kirche, er schenkt uns immer neuen Glauben, legt uns nie mehr auf, als wir tragen können, macht uns seiner Nähe und Hilfe froh, erhört unsere Gebete und führt uns auf dem besten und geradesten Weg zu sich."[147]
Um das Gewicht dieser vertrauensvollen Sicht zu ermessen, ist es hilfreich, sich klarzumachen, daß Bonhoeffer dies aus der Zelle eines Gefängnisses schreibt und daß auch der gewaltsame Tod immer mehr zu einer drohenden Möglichkeit wird. Insofern handelt es sich um tatsächlich „teures" Vertrauen und um gewichtige Zuversicht. Sie bleiben auch für Bonhoeffer gefährdet durch die „acedia-tristitia", Trägheit und Traurigkeit, die resignieren lassen können: „Du bist der einzige Mensch, der weiß, daß die ‚acedia-tristitia'* mit ihren bedrohlichen Folgen mir oft nachgestellt hat und hast Dir vielleicht ... in dieser Hinsicht Sorgen um mich gemacht. Aber ich habe mir von Anfang an gesagt, daß ich weder den Menschen noch dem Teufel diesen Gefallen tun werde; dies Geschäft sollen sie selbst besorgen, wenn sie wollen; und ich hoffe, immer dabei bleiben zu können."[148] Es ist eine auch angefochtene, in ihrer Ausrichtung aber ungebrochene, zukunftsweisende Grundhoffnung, von der her Bonhoeffer lebt – auch im Gefängnis.
Die Gefängniszelle reduziert Bonhoeffers Handlungsmöglichkeiten im wesentlichen auf Schreiben. Aber diese Reduktion bedeutet für ihn offensichtlich nicht nur Beschneidung und Behinderung seiner Lebensmöglichkeiten. Sie erschließt ihm *auch* das Ausgreifen seiner Hoffnung über die Enge der Haftsituation und über die Ohnmacht der gebundenen Hände hinaus: „Du darfst also nicht denken, ich sei unglücklich. Was heißt denn glücklich und unglücklich? Es hängt ja so wenig von den Umständen ab, sondern eigentlich nur von dem, was *im* Menschen vorgeht."[149] Was Bonhoeffer weit früher in einer Predigt einmal zum Ausdruck brachte, wird hier zur abgerungenen Bewährung: „Nicht unserer Hoffnungen werden wir uns einstmals zu schämen haben, sondern unsrer ärmlichen und ängstlichen Hoffnungslosigkeit, die Gott nichts zutraut, die in falscher Demut nicht zugreift, wo Gottes Verheißungen gegeben sind, die resigniert in diesem Leben und sich nicht freuen kann auf Gottes ewige Macht und Herrlichkeit. ... Der Mensch wächst mit seiner Hoffnung – wenn es nur die Hoffnung auf Gott und seine alleinige Kraft ist."[150] Früher Gesagtes und für

[146] Brief v. 11.3.1944. In: Brautbriefe Zelle 92, S. 151.

[147] Brief an E. Bethge v. 14.8.1944. In: DBW 8 (WE[15], S. 209).

[148] Brief an E. Bethge v. 18.11.1943. In: DBW 8 (WE[15], S. 72). * Diese Gefahr der – schleichenden – Resignation gilt dem frühchristlichen Mönchtum als eine der Hauptversuchungen des (geistlichen) Lebens.

[149] Im letzten Brief an Maria von Wedemeyer v. 19.12.1944. In: Brautbriefe Zelle 92, S. 208. Hervorhebung von mir.

[150] In der Predigt zu 1 Kor 13,13 v. 4.11.1934. In: DBW 13, S. 401f.

wichtig Erachtetes wird Bonhoeffer nun selbst in radikaler Weise zugemutet: „Ich lerne nun täglich … und muß im übrigen einmal selbst exerzieren, was ich in Predigten und Büchern anderen gesagt habe."[151]

Einem ähnlichen Prozeß der Zumutung und Bewährung im Gefängnis sieht sich auch Alfred Delp (1907–1945), Mitglied des Kreisauer Kreises, im Gefängnis ausgesetzt. Auf einem geschmuggelten Zettel schreibt er: „Vieles, was ich früher gemeint habe zu wissen und zu glauben, das glaube und lebe ich jetzt. … Der Glaubende, der Vertrauende, der Liebende: das erst ist der Mensch, der die Dimensionen des Menschentums ahnt und die Perspektiven Gottes sieht."[152] Die hier spürbare, keineswegs leichte, aber doch tragende und die Situation bestimmende Zuversicht teilt in ähnlicher Weise auch Bonhoeffer: „Daß es für mich persönlich gut ist, das durchzumachen, ist mir gewiß, auch glaube ich, daß keinem Menschen mehr auferlegt wird als er Kraft empfangen kann zu tragen."[153] Dietrich Bonhoeffers nachhaltige spätere Wirkung hat eine doppelte Quelle: Es ist sein eigenes Dasein-für-andere, das sich in der Beteiligung an der Konspiration[154] radikalisiert und das ihn dadurch auch kirchlich einsam macht; *und* es ist diese Tiefe seines Glaubens und Gottesverhältnisses, die man „mystisch" nennen kann.

Zwei äußerste Herausforderungen nimmt Bonhoeffer nach seiner Rückkehr aus Amerika im Jahr 1939 an: Er betätigt sich als Verschwörer gegen Hitler und sieht darin seinen Weg der Nachfolge; *und* er traut auf diesem Weg der ohnmächtig-wirklichen Gegenwart Gottes – bis hinein in Gefängnis und Tod. „Seine Gedanken gehen auch deshalb über seine eigene Zeit hinaus, sprechen uns und mit Sicherheit die jüngeren Generationen an, weil sie sich nicht in einer Formel ekklesiologischer Rationalisierungen einschließen, weil seine Intuitionen den Kontakt mit der ‚mündigen Welt' *und* dem Gefühl, unter dem Blick Gottes zu leben, verbinden. … Wenn wir seine Botschaft empfangen, können wir der Frage nicht ausweichen, ob *wir* dieses Maß an Solidarität mit dem menschlichen Schicksal *und* dieses Maß an Gotteserfahrung aufbringen können."[155] In der Zelle des Tegeler Gefängnisses rücken für Bonhoeffer die eigene Lebensgeschichte, das eigene Lebensgeschick, und die Theologie noch einmal auf engsten Raum zusammen. In der realen Enge des Raumes wird miteinander verwoben, was bei Bonhoeffer ohnehin nicht getrennt zu denken ist: das konkrete Leben und seine Ausrichtung auf Gott. In der Zeit der Haft wird somit noch einmal elementar deutlich, was für Bonhoeffers Werdegang insgesamt wesentlich ist: ein in der Nachfolge riskiertes Leben.

[151] In einem der ersten Briefe an die Eltern v. 4.5.1943 kurz nach der Inhaftierung. In: DBW 8 (WEN, S. 40).

[152] Zettel v. 28.12.1944. In: A. Delp: Kassiber, S. 58f.

[153] DBW 8 (WEN, S. 40).

[154] Zu den unmittelbar Beteiligten an der Verschwörung und späteren Opfern des 20. Juli 1944 gehören aus dem Bereich der Kirchen neben Bonhoeffer auch noch Friedrich Justus Perels, Alfred Delp, Otto Müller und Hermann Wehrle. Vgl. E. Bethge: Dietrich Bonhoeffer, S. 889.

[155] T. Mazowiecki: „Er hat glauben gelernt unter derben Schlägen": Über Dietrich Bonhoeffer, S. 64f. Erste und dritte Hervorhebung von mir, zweite Hervorhebung von T. M.

Nach schweren Luftangriffen auf Berlin schreibt er an Eberhard Bethge: „Die schweren Luftangriffe, besonders der letzte, bei dem ich ... völlig im Dunkeln auf dem Fußboden lag und nicht viel Hoffnung auf einen guten Ausgang hatte, führen mich ganz elementar zum Gebet und zur Bibel zurück. ... In mehr als einer Hinsicht ist diese Gefängniszeit für mich eine sehr heilsame Pferdekur."[156] Indem Bonhoeffer „zurückgeführt" wird zu Bibel und Gebet, wird er so noch einmal an die ihn bestimmende, als Geheimnis unverfügbare Gottesperspektive und Beziehung zu Gott erinnert und rückgebunden. Es geht dabei um „ein Geheimnis, das nicht zur Doktrin aufgelöst wird, sondern allein in der εὐσέβεια [Frömmigkeit] begriffen und angebetet wird; ein Geheimnis, das darum hier auch nicht in einer dogmatischen Formel beschrieben wird, sondern in einem Hymnus."[157] Die Frömmigkeit bewahrt das Geheimnis auf. Wenn Bonhoeffer nun selbst auf diese Art der Bewahrung – nämlich auf Anbetung und Gebet – zurückgeworfen wird, dann vollzieht er, was für ihn Kern jedes Glaubens und auch jeder Theologie ist: „Theologia sacra – sie entsteht im anbetenden Knien vor dem Geheimnis des göttlichen Kindes im Stall"[158] – so schreibt er in einem Weihnachtsrundbrief von 1939. Daß dies nicht nur eine weihnachtliche, sondern eine grundsätzliche Geste ist, wird deutlich, wenn Bonhoeffer in seinem Begleitbrief zum „Entwurf für eine Arbeit" aus dem Gefängnis an Eberhard Bethge schreibt: „Aber, wenn uns schon das klärende Gespräch genommen ist, so doch nicht das Gebet, unter dem jede solche Arbeit allein angefangen und getan werden kann."[159]

Im Gebet vollzieht Bonhoeffer – durchgängig in seinem Leben, auch im Gefängnis – eine ihn prägende Grunddimension seines Lebens, seine Gottesbestimmtheit: „Beten heißt ja nicht einfach das Herz ausschütten, sondern es heißt, mit seinem erfüllten *oder* auch leeren Herzen den Weg zu Gott finden und mit ihm reden."[160] Solches Aufsuchen Gottes in jeder Stimmung des Herzens erinnert an eine Gebetsdefinition bei Teresa von Avila: „Das Gebet ist meiner Ansicht nach nichts anderes als ein Verweilen bei einem Freund, mit dem wir oft und gern allein zusammenkommen, um mit ihm zu reden, weil wir sicher sind, daß er uns liebt."[161] Diese geschützten, unverzweckten Zeiten bewahrt Bonhoeffer sich auch während der Haftzeit. „In der ganzen Zeit der Haft findet sich kein Hinweis darauf, daß Bonhoeffer an Gott gezweifelt, den Sinn des Betens in Frage gestellt oder aufgehört hätte zu beten. Im Gegenteil, die

[156] Brief vom 26. bzw. 29.11.1943 (in mehreren Abschnitten geschrieben). In: DBW 8 (WE[15], S. 86).

[157] Aus der Finkenwalder Bibelarbeit über Timotheus v. 26.10.1936. In: DBW 14, S. 957.

[158] Im theologischen Rundbrief v. Dezember 1939. In: DBW 15 (PAM II, S. 343). Die abrupte Fortsetzung dort mit „Israel hatte keine Theologie. Es kannte Gott nicht im Fleisch. Ohne die heilige Nacht gibt es keine Theologie" (ebd.) ist allerdings zumindest mißverständlich.

[159] Brief v. 3.8.1944. In: DBW 8 (WE[15], S. 202).

[160] So in „Das Gebetbuch der Bibel: Eine Einführung in die Psalmen" von 1940. In: DBW 5, S. 107. Hervorhebung von mir.

[161] In ihrer Autobiographie 8, 5. Zitiert nach: R. Körner: Ehrlich fromm sein: Geistliches Leben aus den Quellen des Karmel, S. 18.

Haftzeit erscheint als Zeit eines besonders intensiven Gottesverhältnisses und intensiven Betens."[162]

Wenn Dietrich Bonhoeffer zuweilen ursächlich mit der Entstehung einer „Gott ist tot"-Theologie in Verbindung gebracht wird[163], dann versteht man sein Grundanliegen nicht, daß nämlich seine Rede von der Abschaffung Gottes als „Arbeitshypothese"[164] und vom „Herausdrängen Gottes ans Kreuz"[165] von ihm nochmals von der *theologischen* Formulierung umgriffen ist: „Vor und mit Gott leben wir ohne Gott."[166] Bonhoeffer hat nicht den Tod Gottes festgestellt, sondern die „religiöse" Nutzbarmachung Gottes zu eigenen Zwecken heftig kritisiert; und er hat in einer Art geschichtlichen Diagnose festgestellt, daß die Welt „ohne Gott" (als Lückenbüßer o.ä.) leben kann. Diese Gottlosigkeit konfrontiert er aber nochmals „mit Gott". *Beides* ist für Bonhoeffer wahr: die Gottlosigkeit der Welt und das Mitsein Gottes mit der Welt, die bleibend „vor Gott" existiert. In der Diagnose mag man sich auf Bonhoeffer beziehen. In der theologischen *Preisgabe* Gottes hätte man ihn gründlich mißverstanden, denn Bonhoeffer will die diagnostizierte Gottlosigkeit auch noch einmal *theologisch* begreifen.[167]

Gerade im Gefängnis bleiben sein Schreiben und theologisches Denken auch kontemplativ und in demütiger Freiheit rückgebunden: „Es kann keine Rede davon sein, daß Bonhoeffer mit seinem neuen Versuch einer Theologie der Solidarität Gottes mit der Welt beabsichtigt hätte, eine simple intellektuelle Bindungslosigkeit zu proklamieren. Er befahl sich im Gegenteil gerade dem *Spiritus Sanctus* an, wo er sich anschickte, das ‚etsi deus non daretur'* ernstzunehmen."[168] Diese bleibende Ausrichtung auf den ohnmächtig-allmächtigen Gott im theologischen Denken und in der persönlichen Praxis der Frömmigkeit und des Gebetes kann bei Bonhoeffer nicht ausgeblendet werden. Denn hier nähert man sich jener Spur, die tief in Bonhoeffers Leben eingeprägt ist und aus deren Gewißheit Bonhoeffer auch die Kraft schöpft, in den ihn bedrängenden Anfechtungen nicht zu resignieren. Ihn trägt das innere Bewußtsein von der anwesenden Güte Gottes und die stärkende Erfahrung mit den Menschen, denen er bleibend nahe ist – auch in der Haft: „Du darfst nie daran zweifeln, daß ich dankbar und froh den Weg gehe, den ich geführt werde. Mein vergangenes Leben ist übervoll von Gottes Güte und über der Schuld steht die vergebende Liebe des Gekreuzigten. Am dankbarsten bin ich für die Menschen, denen ich nahe begegnet bin und ich wünsche nur, daß sie sich nie über mich

[162] A. Altenähr: Dietrich Bonhoeffer: Lehrer des Gebets, S. 34.

[163] Dieser Versuchung erliegt beinahe auch E. Jüngel: Bonhoeffers Beitrag zur Heimkehr der Rede vom Tode Gottes in die Theologie, S. 74.

[164] DBW 8 (WE[15], S. 191).

[165] DBW 8 (WE[15], S. 191).

[166] DBW 8 (WE[15], S. 191). Vgl. auch den zweiten Teil dieser Arbeit, S. 101–145.

[167] Zu den verschiedenen Ansätzen einer „Gott ist tot"-Theologie (P.M. van Buren; Th.J.J. Altizer; D. Sölle) vgl. H. Döring: Abwesenheit Gottes, S. 275–353.

[168] E. Bethge: Dietrich Bonhoeffer, S. 958. Hervorhebung von E. B. * „auch wenn es Gott nicht gäbe".

betrüben müssen, sondern daß auch sie immer nur dankbar der Güte und der Vergebung Gottes gewiß sind."[169]
In dieser gottgegründeten Liebe und Güte lebt und glaubt Dietrich Bonhoeffer und entwirft von hier aus die neuen, geweiteten Perspektiven seiner die Treue zur Erde ernstnehmenden Theologie.

### *2.1. Darauf verzichten, aus sich selbst etwas zu machen*

Mit dem Scheitern des Attentats auf Hitler am 20. Juli 1944 erlischt die letzte Möglichkeit, die nationalsozialistische Diktatur und ihren Terror aus eigener Kraft, von innen her zu beseitigen. Nach der Landung der Alliierten in der Normandie im Juni 1944 war Stauffenbergs Attentat der letzte Versuch aus den Kreisen des deutschen Widerstands, aus ethischer Verantwortung den Tyrannenmord zu wagen. Doch bei dem Sprengstoffanschlag in der Wolfsschanze, dem Führerhauptquartier in Ostpreußen, wird Hitler nur leicht verletzt. Stauffenberg und andere hohe Offiziere werden noch am gleichen Abend standrechtlich erschossen. In einem kirchlichen Fachblatt heißt es wenig später mit Blick auf diesen gescheiterten 20. Juli: „Der furchtbare Tag. Während unsere todesmutigen tapferen Armeen in schwerem Ringen um den Schutz der Heimat und um den endlichen Sieg stehen, hat eine Handvoll vom Ehrgeiz getriebener verruchter Offiziere das furchtbare Verbrechen gewagt und einen Mordanschlag auf den Führer begangen. Der Führer wurde gerettet und dadurch unsagbares Unheil von unserem Volke ferngehalten. Dafür sind wir Gott von Herzen dankbar und erbitten mit allen unseren Gemeinden Gott um seinen Beistand (sic!) und seine Hilfe für die schweren Aufgaben, die der Führer in diesen schwersten Zeiten zu tragen und zu lösen hat."[170] Solche Zeilen sprechen für sich und werfen ein bezeichnendes Licht auf das kirchliche Verständnis des Widerstandes.
Bonhoeffer wird klar, daß mit den nun verstärkt fortgesetzten Untersuchungen der Widerstandskreise auch sein Leben zunehmend gefährdet ist. Als am 22.9.1944 die „Zossener Akten" gefunden werden, die auch Bonhoeffer belasten, faßt er einen Fluchtplan. Einer seiner Bewacher, Unteroffizier Knobloch, wollte ihm dabei behilflich sein und war bereit, gemeinsam mit ihm zu verschwinden. Zwischen beiden hatte sich ein besonderes Vertrauensverhältnis entwickelt; dieser Unteroffizier hatte auch ein Jahr lang die illegalen Briefe aus der Haft zwischen Dietrich Bonhoeffer und Eberhard Bethge hin und her befördert. Während dessen Wachdienst sollte Bonhoeffer dienstlich mit ihm

[169] In dem letzten erhaltenen Brief an Eberhard Bethge v. 23.8.1944. In: DBW 8 (WE[15], S. 211).

[170] Pfarramt und Theologie Nr. 7/8 v. 1944, S. 35. Der Beitrag – fett gedruckt – ist nicht namentlich unterzeichnet. Hinter „Pfarramt und Theologie" stand die Arbeitsgemeinschaft der Zeitschriften „Deutsches Pfarrerblatt", „Pastoralblätter", „Christentum und Leben", „Homiletische Monatshefte" und „Pfarramtspraxis". Dieses Fachblatt erschien monatlich. Vgl. E. Bethge: Dietrich Bonhoeffer, S. 927; Ausrufungszeichen ebd. von E. B.

durchs Tor gehen und verschwinden; dafür hatte die Familie entsprechende Monteurkleidung besorgt. Die Flucht war für Anfang Oktober geplant. Als aber am 1. Oktober 1944 sein Bruder Klaus[171] ebenfalls verhaftet wird, läßt Bonhoeffer diesen Plan wieder fallen, um nicht ihn, seine Eltern und seine Verlobte zusätzlich zu gefährden.[172] Am 8. Oktober wird Dietrich Bonhoeffer dann in das gefürchtete SS-Kellergefängnis auf der Prinz-Albrecht-Straße verlegt. Der gewaltsame Tod wird immer mehr zum drohenden Schicksal. Eigene Handlungsmöglichkeiten sind kaum mehr vorhanden.

Es klingt bereits wie ein persönlich-theologisches Testament, wenn Bonhoeffer nach dem gescheiterten Attentat schreibt: „Ich habe in den letzten Jahren mehr und mehr die tiefe Diesseitigkeit des Christentums kennen und verstehen gelernt; nicht ein homo religiosus, sondern ein Mensch schlechthin ist der Christ ... Nicht die platte und banale Diesseitigkeit der Aufgeklärten, der Betriebsamen, der Bequemen oder der Lasziven, sondern die tiefe Diesseitigkeit, die voller Zucht ist, und in der die Erkenntnis des Todes und der Auferstehung immer gegenwärtig ist, meine ich."[173] Bestimmend ist für Bonhoeffer nicht, etwa ein Heiliger zu werden, sondern glauben zu lernen. Und er erfährt, „daß man erst in der vollen Diesseitigkeit des Lebens glauben lernt. Wenn man völlig darauf verzichtet hat, aus sich selbst etwas zu machen – sei es einen Heiligen oder einen bekehrten Sünder oder einen Kirchenmann (eine sogenannte priesterliche Gestalt!), einen Gerechten oder einen Ungerechten, einen Kranken oder einen Gesunden – und dies nenne ich Diesseitigkeit, nämlich in der Fülle der Aufgaben, Fragen, Erfolge und Mißerfolge, Erfahrungen und Ratlosigkeiten leben, – dann wirft man sich ganz Gott in die Arme, dann nimmt man nicht mehr die eigenen Leiden, sondern die Leiden Gottes in der Welt ernst, dann wacht man mit Christus in Gethsemane, und ich denke, das ist Glaube, das ist μετάνοια [Umkehr]; und so wird man ein Mensch, ein Christ. (Vergl. Jerem. 45!). Wie sollte man bei Erfolgen übermütig oder an Mißerfolgen irre werden, wenn man im diesseitigen Leben Gottes Leiden mitleidet. Du verstehst, was ich meine, auch wenn ich es so kurz sage. Ich bin dankbar, daß ich das habe erfahren dürfen und ich weiß, daß ich es nur auf dem Wege habe erkennen können, den ich nun einmal gegangen bin. Darum denke ich dankbar und friedlich an Vergangenes und Gegenwärtiges. ... Gott führe uns freundlich durch diese Zeiten; aber vor allem führe er uns zu sich."[174] Dieser Text ist in seiner Gesamtheit bedeutsam. Reißt man einzelne Sätze heraus, dann halbiert

[171] Klaus Bonhoeffer war Jurist und zuletzt Chef-Syndikus (Rechtsbeistand) bei der Deutschen Lufthansa. Schon früh unterhielt er Querverbindungen zu den verschiedenen Widerstandsgruppen (etwa über Hans von Dohnanyi, Otto John und Dietrich Bonhoeffer). Am 22./23. April 1945 wurde er erschossen.

[172] Vgl. hierzu E. Bethge: Dietrich Bonhoeffer, S. 928f.

[173] Brief an E. Bethge v. 21.7.1944, am Tag nach dem gescheiterten Attentat auf Hitler. In: DBW 8 (WE[15], S. 194).

[174] DBW 8 (WE[15], S. 195). Daß „glauben *lernen*" auch eine ausgesprochen biblische und jesuanische Dimension ist, zeigt auf anschauliche Weise W. Bruners: Wie Jesus glauben lernte.

oder verstümmelt man Bonhoeffers Verständnis von der *vollen* Diesseitigkeit und dem glauben *lernen* darin. In der Dichte dieser Zeilen finden sich die bestimmenden Grundlinien seines theologischen Anliegens und seines eigenen Selbstverständnisses; und Dietrich Bonhoeffer betont, daß er das nur auf dem von ihm *gegangenen* Weg entdecken konnte.

Vor Gott, der selbst die Gottlosigkeit der Welt erleidet und durch die äußerste Schwachheit des Kreuzes ohnmächtig hindurchgeht, kann man darauf verzichten, „aus sich selbst etwas zu machen." So – in dem Befreitsein von dem Zwang oder der Leistung der Selbsterschaffung – wird man ein Mensch, ein von Gott zutiefst angenommener Mensch. „Das ‚Christliche' ist nicht ein Selbstzweck, sondern es besteht darin, daß der Mensch als Mensch vor Gott leben darf und soll. In der Menschwerdung bekundet Gott sich als den, der nicht für sich selbst, sondern ‚für uns' da sein will."[175] Der Mensch darf als Mensch vor Gott leben, ohne irgendeine Voraussetzung oder zusätzliche Leistung. Das hat in der Liebe Gottes seinen Grund; denn diese Liebe ist tatsächlich bedingungslos und gilt entgrenzt allen Menschen: Christen und Heiden, Heiligen und Sündern, Gerechten und Ungerechten – wirklich allen. Weil Gott so voraussetzungslos liebt, kann man sich *diesem* Gott „ganz in die Arme werfen": in Freude und Trauer, bei Erfolg und Mißerfolg, im Leben und im Tod. „Gott ist bedingungslos gnädig, und der Glaube daran ist bedingungsloses Geschenk. Letzteres spiegelt sich im Glaubensvollzug des Menschen als *dessen* bedingungsloses Vertrauen hinsichtlich der bedingungslosen Gnade Gottes."[176] Die bedingungslose Liebe Gottes und das geschenkte grenzenlose Vertrauen auf diese Liebe entsprechen einander. Glaube ist dann ein Entwicklungsprozeß zum vertieften Menschsein, in welchem man sich auf die „volle Diesseitigkeit des Lebens" ganz einläßt und in allen Aufgaben und Ratlosigkeiten „sich festmacht in Gott".

Die Bedeutung des hebräischen „he-emin" für „glauben" hält dies ausdrücklich fest: sich festmachen in Gott. Daher drückt auch das „Amen" die Verankerung aus, von der her der – betende – Mensch sein Leben in Freiheit wagt. Solches „Amen"-Sagen ist für Bonhoeffer kein Relikt eines mittelalterlichen Wirklichkeitsverständnisses, sondern meint bei ihm persönlich und theologisch die Mitte auch einer in die Mündigkeit entlassenen Welt.[177] In dieser Hineinbe-

[175] DBW 6 (E), S. 404.

[176] Zu einer solchen entgrenzten Rechtfertigung Gottes, die auch nicht an „den Glauben" und „die Gläubigen" gebunden ist, vgl. O. Fuchs: In der Sünde auf dem Weg der Gnade, hier S. 245f. Hervorhebung von O.F. Vgl. auch D. Bonhoeffers Ausführungen über „Die teure Gnade" in: DBW 4 (N), S. 29–43.

[177] Was geschieht, wenn der Mensch selbst sich ausschließlich als diese Mitte versteht, zeigt die (psychoanalytische) Diagnose von H.E. Richter: Der Gotteskomplex: „Anwachsende Geborgenheitsunsicherheit im Verhältnis zu Gott erzwang einen Ausgleich durch narzißtische Selbstsicherung." (S. 23); „Der lange Zeit als großartige Selbstbefreiung gepriesene Schritt des mittelalterlichen Menschen in die Neuzeit war im Grunde eine neurotische Flucht aus narzißtischer Ohnmacht in die Illusion narzißtischer Allmacht." (S. 29). Für Richter „trägt unsere Zivilisation seit damals zahlreiche Merkmale einer krampfhaften

wegung in die weltlichen Herausforderungen und Nöte wird man auch auf die „Spur des vermißten Gottes" treffen. Das ist für Bonhoeffer durch die Inkarnation verbürgt. Gott wird irdisch transparent, er ist erahnbar als die „Zuflucht noch hinter der Zuflucht."[178]

Bonhoeffers Verzicht, „aus sich selbst etwas zu machen", ist der Verzicht auf letzte moralische Selbsterhellung. Es ist der Verzicht auf das Gut-dastehen-Wollen oder auch Schlecht-dastehen-Müssen – in welchen subtilen Formen auch immer. Im Absehen von solcher Selbsterschaffung und Selbstrechtfertigung wird der Mensch der annehmenden und zuvorkommenden Liebe Gottes gewahr. Sie ist es, die den Menschen am Leben hält, aber ebenso mitten hinein *ins* Leben hält. Auch das eigene Tun bleibt in seiner Rechtfertigung, seiner Erklärungsbedürftigkeit und seiner Beurteilung Gott überantwortet: „Die Tat, die unter verantwortlicher Abwägung aller persönlichen und sachlichen Umstände im Blick auf die *Mensch*werdung Gottes und auf die Menschwerdung *Gottes* geschieht, wird im Augenblick ihres Vollzuges allein Gott ausgeliefert. Das letzte Nichtwissen des eigenen Guten und Bösen und damit das Angewiesensein auf Gnade gehört wesentlich zum verantwortlichen geschichtlichen Handeln."[179] Was Bonhoeffer hier in der „Ethik" theologisch reflektiert, wird ihm in der Gefängniszelle von Tegel als praktischer und glaubender Vollzug persönlich zugemutet: aus sich selbst nichts mehr „machen" zu können und zu brauchen.

Diese Erfahrung erschließt sich aber wirklich erst am *Tief*punkt, am untersten Punkt der Schwachheit, des Von-sich-aus-nicht-mehr-Könnens; das gehört zum Geheimnis des Lebens und zum Geheimnis der Gnade, der Liebeszuwendung Gottes: „Du hast genug an meiner Gnade; denn die Kraft kommt in Schwachheit zum Ziel. ... Deswegen habe ich Gefallen an Schwachheiten, Demütigungen, Nöten, Hetzjagden und Ängsten – um des Messias willen. Denn bin ich schwach: Gerade dann bin ich voll Kraft". (1 Kor 12,9a.10).[180] Hier, wo nichts mehr geht, wo aber auch nichts mehr gehen muß, da „kann Gott sich zeigen als die erbarmende Liebe: In unserer tiefsten Schwachheit wird, wie Paulus sagt, seine Gnade zur Kraft. Dieses Stehen in der Schwachheit, um hin-

Selbstüberforderung". (ebd.). Vgl. hierzu die in der Tendenz sehr ähnlichen Einsichten Bonhoeffers zur Ambivalenz der abendländischen Entwicklungsgeschichte im Abschnitt „Erbe und Verfall" seiner Ethik (DBW 6 [E], S. 93–124). „Mit dem Verlust seiner durch die Gestalt Jesu Christi geschaffenen Einheit steht das Abendland vor dem Nichts. ... Alles Bestehende ist mit Vernichtung bedroht. ... Das Nichts, in das das Abendland hineintreibt, ist ... ein aufrührerisches, gewalttätiges, gott- und menschenfeindliches Nichts". (ebd., S. 118.119. Man beachte das letzte „und"!).

[178] So der Titel eines Gedichtes von R. Kunze. In: Ders.: gespräch mit der amsel: frühe gedichte. sensible wege. zimmerlautstärke, S. 198.

[179] DBW 6 (E), S. 268. Hervorhebungen von D. B. In einem später von ihm gestrichenen Satz fährt Bonhoeffer fort: „Damit erschließt sich ihm und nur ihm ein tiefes Geheimnis der Geschichte überhaupt." (ebd., Anm. 71). Vgl. hierzu ebd., S. 225.

[180] In der Übersetzung von F. Stier. Vgl. hierzu auch A. Louf: Demut und Gehorsam, S. 24f. 29–31.

eingenommen zu werden in die rettende Liebe, das ist die Gnade der Demut. Es ist ein Wunder."[181] Im Wagnis solcher eigenen Schwachheit – quer zu den geltenden Erfordernissen von Macht, Erfolg und Stärke – nimmt man im Verständnis Bonhoeffers „die Leiden Gottes in der Welt ernst, dann wacht man mit Christus in Gethsemane, und ich denke, das ist Glaube …"[182] In einer Predigt zehn Jahre zuvor hat er diese Dimension der Schwachheit und des Leidens als Anteil an der göttlichen Schwachheit und am göttlichen Leiden bereits hervorgehoben. Schwachheit und Leiden haben aber nicht losgelöst „an sich" eine positive Bedeutung, sondern erst in ihrer von Gott her geschehenden Würdigung, indem Gott selbst als Mitleidender und Mitgehender durch diesen Tiefstpunkt – am Kreuz – hindurchgegangen ist: „Gott hat am Kreuz gelitten. Darum hat alles menschliche Leiden und Schwachsein Anteil an Gottes eigenem Leiden und Schwachsein in der Welt. … Unser Gott ist ein leidender Gott. Leiden bringt den Menschen in die Gleichgestalt mit Gott."[183] Ohne die inkarnatorische Voraussetzung (Gott ist wahrhaft Mensch geworden) und ohne die kreuzestheologische Deutung (Gottes Ohnmacht) wird das Reden vom „Leiden" und von der „Schwachheit" allerdings verdächtig oder falsch! Schließlich bringt Bonhoeffer es auf einen rätselhaft erscheinenden Punkt: „Gott ist mächtig, wo der Mensch nichts ist."[184] In einem solchen Zusammenhang ist auch eine Äußerung Bonhoeffers zur Wandlung der Kirche zu sehen, um sie angemessen zu verstehen: „*Wir* reformieren die Kirche nicht, aber wir können allerdings sehr hinderlich im Wege stehen, wenn Gott es beschlossen haben sollte, seine Kirche zu erneuern. Platz zu machen, Raum zu geben, nur darum kann es sich für uns wohl allein handeln."[185]

Die Wahrheit solcher Sätze eröffnet sich erst im Rahmen einer „mystisch" zu nennenden Hermeneutik.[186] Wo die Erfahrung, die Kenntnis oder die Ahnung von einer solchen inneren, paradoxalen Logik völlig fehlt, wo man solche Formulierungen mißbräuchlich aus dem Zusammenhang reißt und zur Aufrechterhaltung oder Schaffung bestimmter Verhaltensweisen oder Strukturen benutzt, wo sie also der Beherrschung und nicht der Freiheit dienen, da werden sie gegen ihre innere Intention gebraucht.[187] „Das tiefere Verständnis kommt nicht durch bessere Interpretation, sondern ist nach einem Vorgang der ‚Angleichung' nach Art einer ‚Schau' plötzlich da."[188]

[181] A. Louf, a.a.O., S. 31.

[182] In dem genannten Brief v. 21.7.1944. In: DBW 8 (WE[15], S. 195).

[183] In einer (undatierten) Predigt zu 2 Kor 12,9 aus dem Jahre 1934 in London. In: DBW 13, S. 412 (englisch); S. 517 (dt. Übersetzung).

[184] DBW 13, S. 412 (englisch); S. 517 (dt. Übersetzung).

[185] Aus dem Brief an Ruth Roberta Stahlberg v. 1940. In: DBW 16, S. 20. Hervorhebung von mir.

[186] Vgl. oben in der Hinführung, S. 11–13.

[187] Denn auch mit diesen Sätzen, die eine solche Wahrheit ins Wort zu bringen versuchen, darf „nichts gemacht" werden!

[188] So – von Simone Weil her kommend – G. Stachel: Meister Eckhart: alles lassen – einswerden, S. 29.

Wenn Bonhoeffer von dem Verzicht spricht, „aus sich selbst etwas zu machen“ und davon, sich so Gott ganz „in die Arme“ zu werfen, oder davon, daß im Leiden des Menschen die „Gleichgestalt mit Gott“ liegt, dann geht es um die Freiheit, die in dieser Gott-Näherung liegt: „ ... auch das Leiden ist ein Weg zur Freiheit. Die Befreiung liegt im Leiden darin, daß man seine Sache ganz aus den eigenen Händen geben und in die Hände Gottes legen darf.“[189]

Wie sehr das Freiheitsmoment in diesem Umwandlungsprozeß am Tiefpunkt der Schwachheit und des Leidens für Bonhoeffer bestimmend ist, zeigt ein Gedicht, das er ebenfalls kurz nach der Nachricht vom Scheitern des Putsches am 20. Juli 1944 schreibt[190]:

STATIONEN AUF DEM WEGE ZUR FREIHEIT

Zucht.

Ziehst du aus, die Freiheit zu suchen, so lerne vor allem
Zucht der Sinne und deiner Seele, daß die Begierden
und deine Glieder dich nicht bald hierin, bald dorthin führen.
Keusch sei dein Geist und dein Leib, gänzlich dir selbst unterworfen
und gehorsam, das Ziel zu suchen, das ihm gesetzt ist.
Niemand erfährt das Geheimnis der Freiheit, es sei denn durch Zucht.

Tat.

Nicht das Beliebige, sondern das Rechte tun und wagen,
nicht im Möglichen schweben, das Wirkliche tapfer ergreifen,
nicht in der Flucht der Gedanken, allein in der Tat ist die Freiheit.
Tritt aus ängstlichem Zögern heraus in den Sturm des Geschehens,
nur von Gottes Gebot und deinem Glauben getragen,
und die Freiheit wird deinen Geist jauchzend umfangen.

Leiden.

Wunderbare Verwandlung. Die starken tätigen Hände
sind dir gebunden. Ohnmächtig einsam siehst du das Ende
deiner Tat. Doch atmest du auf und legst das Rechte
still und getrost in stärkere Hand und gibst dich zufrieden.
Nur einen Augenblick berührtest du selig die Freiheit,
dann übergabst du sie Gott, damit er sie herrlich vollende.

[189] Im Brief vom 28.7.1944. In: DBW 8 (WE[15], S. 200).

[190] DBW 8 (WE[15], S. 197f). In ein paar Begleitzeilen dazu an E. Bethge schreibt er über diesen unfertigen Entwurf:„Ich sehe heute früh, daß ich die Verse noch einmal ganz umbauen muß. Trotzdem mögen sie im Rohbau so an Dich abgehen. Ich bin ja kein Dichter!“ DBW 8 (WE[15], S. 198). Vgl. zu den vier Stationen auch J.M. Lochman: Stationen auf dem Wege zur Freiheit: Freiheit bei Jean-Paul Sartre und bei Dietrich Bonhoeffer.

Tod.

Komm nun, höchstes Fest auf dem Wege zur ewigen Freiheit,
Tod, leg nieder beschwerliche Ketten und Mauern
unsres vergänglichen Leibes und unsrer verblendeten Seele,
daß wir endlich erblicken, was hier uns zu sehen mißgönnt ist.
Freiheit, dich suchten wir lange in Zucht und in Tat und in Leiden.
Sterbend erkennen wir nun im Angesicht Gottes dich selbst.

In einem allmählichen und einfordernden Entwicklungsprozeß – über „Zucht", „Tat", „Leiden" und schließlich über den „Tod" – entpuppt sich die Freiheit, die Bonhoeffer sucht, in ihrer wahren Gestalt: „Sterbend erkennen wir nun im Angesicht Gottes dich selbst." Bonhoeffer vermag angesichts des herannahenden Todes das für sich zu vollziehen, was ihm auch in Freiheit und mitten im „Sturm des Geschehens" als maßgeblich galt, nämlich in allem Tun auf die „stärkere Hand" zu vertrauen, die allein das Begonnene vollenden kann: „Niemand hat die Verantwortung, aus der Welt das Reich Gottes zu machen, sondern er soll den – der Wirklichkeit der Menschwerdung Gottes in Christus entsprechenden – nächsten notwendigen Schritt tun. ... Aber auch am gegebenen Ort kann verantwortliches Handeln nicht immer sofort das Letzte tun, sondern es muß Schritt für Schritt gehen und nach dem Möglichen fragen und den letzten Schritt und damit die letzte Verantwortung in eine andere Hand legen."[191]
In dieser vertrauenden Offenheit gilt für Dietrich Bonhoeffer: „Der Verantwortliche lebt von der Gnade Gottes, in dessen Hände er sein Handeln legt."[192] In solcher Gottverwiesenheit, die für das Handeln gilt, lebt Bonhoeffer in der Tegeler Gefängniszelle: als hoffnungsvolles „Werfen in die Arme Gottes", bei dem erst das Leben in seiner ganzen Fülle ist. Weil Bonhoeffer die Wirklichkeit als *eine* und im ganzen von Gott getragen sieht und erfährt, kann schließlich auch der drohende Tod zu einem „Fest" auf dem Weg zur Freiheit werden, „weil der verantwortlich Handelnde aus dem Zwielicht, in dem alle unsere Handlungen sind, in das Licht Gottes treten darf. ... Bonhoeffer weiß darum, daß dieses Leben aufgehoben ist und gerichtet wird von dem, der das Leben gibt. Er sehnt sich nach dem Angesicht Gottes, auf dem die Freiheit in letzter Vollendung aufleuchtet ..."[193]

## 2.2. *Wiedergeboren zu einer lebendigen Hoffnung: Die letzte Predigt*

Mit der Verlegung von Tegel in das Kellergefängnis auf der Prinz-Albrecht-Straße im Oktober 1944 beginnt die letzte Phase im Leben Dietrich Bonhoeffers. Er muß sich neuen Verhören unterziehen. Die (illegalen) Kommunikationswege wie noch in Tegel sind nicht mehr möglich. Seine Lage wird immer

191 DBW 6 (E), S. 224.
192 Ebd., S. 225.
193 A. Schönherr: Die Botschaft eines Lebens: Zu Bonhoeffers Gedicht „Stationen auf dem Wege zur Freiheit". In: Ders.: Abenteuer der Nachfolge, S. 224f.

aussichtsloser. Der letzte Brief an seine Verlobte Maria von Wedemeyer datiert vom 19.12.1944 und enthält das Gedicht „Von guten Mächten". An seine Eltern schreibt Bonhoeffer zum letzten Mal am 17.1.1945. Die letzte briefliche Nachricht, die ihn erreicht – ein Brief seines Vaters –, stammt vom 7.2.1945. An diesem 7. Februar 1945[194] wird Dietrich Bonhoeffer am Nachmittag in Handschellen aus Berlin weggebracht und in das KZ Buchenwald eingeliefert. Der Geschützdonner der herannahenden Amerikaner nährte zu Ostern 1945 noch einmal die Freiheitshoffnungen. Doch am Dienstag nach Ostern, 3. April 1945, erfolgt der Abtransport über Schönberg ins KZ Flossenbürg, wo Dietrich Bonhoeffer am 8. April eintrifft.
Ein nächtliches militärisches Standgericht verurteilt ihn und die Mitangeklagten zum Tode; unter ihnen Admiral Walter-Wilhelm Canaris und Hans Oster, beide aus dem Bereich der Abwehr. Damit wird der Vernichtungsbeschluß vollzogen, der kurz zuvor in der Mittagsbesprechung bei Hitler am 5. April gefaßt worden war.[195] Ankläger in dem nächtlichen „Prozeß"[196] war der Jurist und SS-Sturmbannführer W. Huppenkothen; Vorsitzender Richter war der SS-Richter Dr. O. Thorbeck; als Beisitzer fungierte der Lagerkommandant Kögl.
Kurz zuvor – am Weißen Sonntag in Schönberg (8. April) – hält Dietrich Bonhoeffer auf Bitten von Mitgefangenen seinen letzten Gottesdienst.[197] Unter den Teilnehmern sind Agnostiker und Atheisten, so auch der russische Fliegeroffizier W. Kokorin, ein Neffe Molotows. Bonhoeffer spricht Gebete und legt die Losungen des Tages aus. Es ist der Sonntag „Quasimodogeniti", der von den „gleichwie Neugeborenen" spricht und daher – in Anlehnung an 1 Petr 2,2, wo vom neuen Gottesvolk die Rede ist, – seinen Namen hat. Die dazugehörigen Tageslosungen lauten: „Durch seine Wunden sind wir geheilt" (Jes 53,5). Und: „Gelobt sei Gott, der Vater unseres Herrn Jesus Christus, der uns nach seiner großen Barmherzigkeit wiedergeboren hat zu einer lebendigen Hoffnung durch die Auferstehung Jesu Christi von den Toten" (1 Petr 1,3).
Auf *diesen* Gottesdienst und seine Predigt in einem Zimmer der Schule von Schönberg, die nun Häftlinge beherbergte, konnte Dietrich Bonhoeffer sich nicht mit der ihm eigenen Sorgfalt vorbereiten. „Aber vielleicht war sein gan-

[194] Abweichend von E. Bethge: Dietrich Bonhoeffer, S. 1025, nennt W. Meyer: Unternehmen Sieben, S. 453 den 6. Februar 1945 als Datum des Abtransportes ins KZ Buchenwald. Zutreffend ist nach DBW 16, S. 740 (Zeittafel), der 7. Februar 1945.

[195] Vgl. hierzu E. Bethge: Dietrich Bonhoeffer, S. 1034. Vgl. auch W. Meyer: Unternehmen Sieben, S. 453–457.

[196] Vgl. hierzu ausführlich Ch.U. Schminck-Gustavus: Der ‚Prozeß' gegen Dietrich Bonhoeffer und die Freilassung seiner Mörder. In seinem Urteil v. 15.10.1955 billigt das Landgericht Augsburg Thorbeck und Huppenkothen ausdrücklich eine Reihe strafmildernder Umstände zu. (ebd., S. 92f). Thorbeck wird schließlich in einem Revisionsurteil des Bundesgerichtshofes v. 19.6.1956 vom Vorwurf der Mordbeihilfe ganz freigesprochen (ebd., S. 94f.). Von 1950–1975 war er in Stein bei Nürnberg weiterhin als Rechtsanwalt tätig. (Vgl. ebd., S. 121, Anm. 140).

[197] Vgl. hierzu E. Bethge: Dietrich Bonhoeffer, S. 1036f; O. Dudzus: PAM I, S. 92f; A. Goerdeler in: W.-D. Zimmermann (Hg.): Begegnungen mit Dietrich Bonhoeffer, S. 206.

zes Leben eine einzige Vorbereitung gerade auf diese Predigt. Wann und wo sonst sind Verkündigen und Leben eine solche Einheit eingegangen?"[198] Der Tod gewichtet Bonhoeffers Worte auch über sein Lebensende hinaus: „Seine Worte sind versiegelt und sind teurer als die anderer, auch wenn sie wortgleich formuliert werden."[199]

Als andere Mitgefangene Bonhoeffer in einen zweiten Raum schmuggeln wollen, damit er dort die Andacht wiederhole, erscheint ein Kommando, um ihn ins KZ Flossenbürg abzutransportieren. Der gewaltsame Tod rückt immer näher.[200] Wenige Monate zuvor nimmt Bonhoeffer das erahnte Ende vorweg. In der biblischen Gestalt des Mose, der Abschied nimmt, ohne das verheißene Land selbst zu betreten, bedenkt Bonhoeffer noch einmal seinen eigenen Weg und das Ende dieses Weges. Das so entstandene Gedicht „Der Tod des Mose"[201] stellt die Lebens- und Glaubensgeschichte des Mose neben Bonhoeffers eigenes Leben und Kämpfen, ebenso gewagt wie zutreffend: „In beider Leben ist die Verheißung machtvoll eingebrochen und hat sie zu Werkzeugen der Liebe Gottes zu seinem Volk gemacht."[202]

Der Wille zur Stellvertretung, die Übernahme fremder und eigener Schuld werden hier tiefgründig verarbeitet – um den Tod auch von diesen Seiten her annehmen zu können:

„Auf dem Gipfel des Gebirges steht
Mose, der Mann Gottes und Prophet.

Seine Augen schauen unverwandt
in das heilige gelobte Land.

198 O. Dudzus: PAM I, S. 93.

199 E. Bethge: Das Erbe des Getöteten, S. 193.

200 Auf dem Weg von Buchenwald nach Süden war Bonhoeffer durch einen Fehler und das Chaos verschiedener Befehle zunächst davon verschont, ins KZ Flossenbürg zu kommen. Die Ankunft in Schönberg (südlich von Flossenbürg) nährte die Hoffnung, daß nun keine Verfahren aufgrund der allgemeinen Verwirrung in den letzten Kriegswochen mehr zustande kamen. Doch die versehentliche Verschonung Bonhoeffers fällt noch auf; am 8. April wird er ins Vernichtungslager Flossenbürg gebracht. Vgl. dazu E. Bethge: Dietrich Bonhoeffer, S. 1031–1037.

201 Entstanden im September 1944. In: DBW 8 (PAM II, S. 483–490). Daß es als einziges Gedicht nicht in die bisherigen Ausgaben von „Widerstand und Ergebung" übernommen wurde, ist bedauerlich. Als „Auslegung" hat E. Bethge es in GS IV, S. 613–620, veröffentlicht. Erstmals – als Gedicht – findet es sich in der von E. Bethge bereits 1946 herausgegebenen kleinen Sammlung „Auf dem Wege zur Freiheit" mit neun von zehn Bonhoeffer-Gedichten, S. 22–28. Das ganze Gedicht besteht aus 90 Zweizeilern und ist nun in der kritischen Neuausgabe von „Widerstand und Ergebung" (DBW 8) enthalten. J.Ch. Hampe hat in seiner Herausgabe von Bonhoeffers Gedichten und Gebeten „Von guten Mächten" von dem Gedicht „Der Tod des Mose" verkürzend nur die letzten 14 Zweizeiler (das entspricht der letzten von acht Abteilungen) abgedruckt. Zur Gliederung, Ästhetik und Bedeutung dieses Gedichtes vgl. J. Henkys: Dietrich Bonhoeffers Gefängnisgedichte, S. 42–51.

202 O. Dudzus: PAM I, S. 90. Vgl. auch Bonhoeffers frühere Predigt zum Tod des Mose am 21.12.1930 in Havanna. In: DBW 10, S. 582–587.

So erfüllst Du, Herr, was Du versprochen,
niemals hast Du mir Dein Wort gebrochen.

Deine Gnade rettet und erlöst,
und Dein Zürnen züchtigt und verstößt.

Treuer Herr, Dein ungetreuer Knecht
weiß es wohl: Du bist allzeit gerecht.

So vollstrecke heute Deine Strafe,
nimm mich hin zum langen Todesschlafe.

Von des heilgen Landes voller Traube
trinkt allein der unversehrte Glaube.

Reich dem Zweifler drum den bitter'n Trank,
und der Glaube sagt Dir Lob und Dank.

Wunderbar hast Du an mir gehandelt,
Bitterkeit in Süße mir verwandelt,

läßt mich durch den Todesschleier sehn,
dies mein Volk zu höchster Feier gehn.

Sinkend, Gott, in Deine Ewigkeiten
seh mein Volk ich in die Freiheit schreiten.

Der die Sünde straft und gern vergibt,
Gott, ich habe dieses Volk geliebt.

Daß ich seine Schmach und Lasten trug
und sein Heil geschaut – das ist genug.

Halte, fasse mich! mir sinkt der Stab,
treuer Gott, bereite mir ein Grab.' "[203]

Mose und Dietrich Bonhoeffer sehen dem Ende – dem Tod – entgegen. Für beide stellt sich darin die Frage nach dem Scheitern oder der Erfüllung aller Hoffnung auf Vollendung des eigenen, gegangenen Weges. „In dem zu erwartenden Ende erkennen sie beide den entscheidenden Schritt aus dem Warten zur Erfüllung, aus der Gefangenschaft in die Freiheit. Im Abschied nehmenden Mose erkennt Bonhoeffer seine endgültige Identität."[204]

[203] Achte und letzte Abteilung des Gedichtes „Der Tod des Mose". In: DBW 8 (PAM II, S. 489f). Wenn ich hier ebenfalls nur den Schluß dieses langen Gedichtes zitiere, dann, weil gerade hier noch einmal die vorgenannten Aspekte mit der Figur des Mose *und* mit Bonhoeffer selbst verwoben sind. Zum Aspekt der Schuldübernahme und des Schuldbekenntnisses vgl. Bonhoeffers Gedicht „Jona", das Anfang Oktober 1944 entstanden ist, kurz nachdem Bonhoeffer seinen Plan zur Flucht fallengelassen hat, um nicht dadurch seine Familie zu belasten. In: DBW 8 (WE[15], S. 217).

[204] O. Dudzus: PAM I, S. 91. Der italienische Offizier und Mitgefangene in Tegel, Prof. Gaetano Latmiral, bemerkt dazu in einem Brief v. 1946: „Er [Bonhoeffer] setzte mir die Bedeu-

In der Predigt zu Jer 20,7 aus dem Jahre 1934[205] war besonders in der dortigen „Confessio“ deutlich geworden, wie sehr sich Dietrich Bonhoeffer in seinem Leben und in den geforderten Entscheidungen auch konfrontiert sieht „mit dem Glück, mehr aber noch mit dem Schmerz der Berufung, mit der Abwehr von Gottes Zumutungen.“[206] Die ahnungsvoll-offene Formulierung am Ende dieser „Confessio“ wird im Angesicht des nun bevorstehenden gewaltsamen Todes in einer Weise lebensgeschichtlich eingelöst, die nur noch als Zumutung erscheint: „Du hast mich an dich gebunden auf Gedeih und Verderb. Gott, warum bist du uns so furchtbar nahe?“[207] Und wird dann damit nicht das, was für Bonhoeffer in der Figur des Jeremia begann: „Wie einen Ahnungslosen hast du mich gefaßt – und nun kann ich nicht mehr von dir los“[208] in der Figur des Mose am Ende seines Lebens vollendet:

> „So erfüllst Du, Herr, was Du versprochen,
> niemals hast Du mir Dein Wort gebrochen.“[209] ?

Berühren sich also nicht die Gewißheit des Ergriffen-werdens (Jeremia) und die Gewißheit von der auch vor dem Tod nicht kapitulierenden Treue Gottes (Mose) darin, daß Dietrich Bonhoeffer auf diesen erschreckend nahen Gott alle Hoffnung setzt, ihm allein sich rückhaltlos anvertraut – im Leben *und* im Tod? In einem der letzten Briefe schreibt er an Eberhard Bethge: „Gewiß ist, daß wir immer in der Nähe und unter der Gegenwart Gottes leben dürfen und daß dieses Leben für uns ein ganz neues Leben ist; daß es für uns nichts Unmögliches mehr gibt, weil es für Gott nichts Unmögliches gibt; daß keine irdische Macht uns anrühren kann ohne Gottes Willen, und daß Gefahr und Not uns nur näher zu Gott treibt; …“[210] Um die bestimmende Tragweite der Jer 20,7-Predigt zu ermessen, galt: „Man muß diese Predigt von Bonhoeffers Ende her lesen, mit der vollen Kenntnis der sein Leben bestimmenden Motive und Tendenzen. Dann muß man den Eindruck bekommen, er selbst habe hier vorweggenommen, was einmal im Rückblick auf sein Leben zu sagen sein wird, vorausgesetzt, dieser Rückblick dringt durch alles Vordergründige hindurch zum Wesentlichen.“[211] Umgekehrt gilt aber auch für Bonhoeffers Äußerungen am Ende seines Lebens – wie in dem Mose-Gedicht oder in dem genannten Brief an Eberhard Bethge: Diese muß man auch von Bonhoeffers Anfang her lesen und zu verstehen suchen, dann läßt sich ein roter Faden entdecken, der in sein Le-

tung vieler Stellen des Evangeliums auseinander und erzählte mir, daß er ein Gedicht über den Tod des Mose schreibe, als Mose den Berg Nebo erstieg und Gott ihm das Land zeigte, ehe er starb, welches den Seinen einmal gehören solle, das er selbst aber nie betreten werde. Er liebte dieses Thema …“ (Zitiert nach E. Bethge: Dietrich Bonhoeffer, S. 955).

205 Vgl. oben im ersten Teil unter 3.1. und 3.2., S. 64–75.

206 O. Dudzus: PAM I, S. 43.

207 Abschluß der „Confessio“. In: DBW 13, S. 349.

208 DBW 13, S. 349.

209 So am Ende des Gedichtes „Der Tod des Mose“ (s.o.).

210 Brief v. 21.8.1944. In: DBW 8 (WE[15], S. 210).

211 O. Dudzus: PAM I, S. 44. Vgl. oben im ersten Teil dieser Arbeit unter 3.2., S. 69–75.

ben auffindbar eingewoben ist – die Spur des bleibend gegenwärtigen Gottes: „Gott, du hast es mit mir angefangen."[212] Auch am Ende trägt diese Anfangsgewißheit Dietrich Bonhoeffers und hat im Angesicht des Todes Bestand: „Gottes Hand und Führung ist mir so gewiß, daß ich hoffe, immer in dieser Gewißheit bewahrt zu werden."[213]
Diese Hoffnung Bonhoeffers wird in der letzten Phase seines Lebens auf das Äußerste herausgefordert. Nach dem Gottesdienst am 8. April 1945 (mit dem Hoffnungswort aus 1 Petr 1,3) wird er ins Vernichtungslager Flossenbürg gebracht. Mit tiefer Gewißheit läßt er über den englischen Offizier und Mitgefangenen im KZ Buchenwald, Payne Best, dem Bischof von Chicester, George Bell, einen letzten Gruß ausrichten, der wie ein unerschütterliches „Trotzdem" des Lebens und der Freiheit gegenüber den ihn selbst nun vernichtenden Mächten des Todes wirkt:
„Das ist das Ende – für mich der Beginn des Lebens."[214]
Als letzte schriftliche Spur hinterläßt er in einem Buch von Plutarch[215], das er zu seinem Geburtstag am 4.2.1945 noch von seinem Bruder Karl-Friedrich erhalten hatte, dreimal seinen Namen und seine Berliner Anschrift. Nach dem Todesurteil des Standgerichts in Flossenbürg wird Dietrich Bonhoeffer im Morgengrauen des 9. April 1945 am Galgen erhängt. Er ist 39 Jahre alt. Sein Leichnam wird verbrannt. Der zuständige SS-Lagerarzt berichtet zehn Jahre später: „Am Morgen des betreffenden Tages etwa zwischen 5 und 6 Uhr wurden die Gefangenen ... aus den Zellen geführt und die kriegsgerichtlichen Urteile verlesen. Durch die halbgeöffnete Tür eines Zimmers im Barackenbau sah

[212] Beginn der „Confessio". In: DBW 13, S. 348.

[213] In dem letzten erhaltenen Brief an Eberhard Bethge v. 23.8.1944. In: DBW 8 (WE[15], S. 211). In dieser vorbehaltlosen Übereignung im Blick auf den nahenden Tod ist auch die Frage von F. Schlingensiepen: Im Augenblick der Wahrheit, S. 37, aufzugreifen: „Bonhoeffer ein Mystiker? Nicht nur alles, was über ihn geschrieben worden ist, auch was er selbst geschrieben hat, scheint dem zu widersprechen. Und doch spricht viel dafür, daß er auf dem Wege war, den vor ihm ... andere gegangen sind, die wir Mystiker nennen."

[214] Vgl. E. Bethge: Dietrich Bonhoeffer, S. 1037. Dieses letzte Wort ist in seinem zweiten Teil in zwei Versionen überliefert. Bei P. Best (1950) heißt es: „ ... for me the beginning of life". In den Notizen von G. Bell (1945) heißt es einfach „ ... but also the beginning". Vgl. hierzu E. Bethge, ebd., Anm. 54. In der kürzeren und älteren Version fehlt also sowohl das „for me" (für mich) wie das „of life" (des Lebens). Im Hinblick auf diese Fassung spricht sich deswegen J. Glenthøj für deren „weltliche" Interpretation aus: Nicht das „Leben nach dem Tod" sei hier unbedingt gemeint, sondern das Schicksal Deutschlands, an dessen Ende auch ein neuer Beginn steht, für den Bonhoeffer und andere sich im Widerstand bis zu ihrem eigenen Tod eingesetzt haben. Vgl. hierzu J. Glenthøj: Die letzten Worte Dietrich Bonhoeffers – das Motto von Maria Stuart? In: H.E. Tödt (Hg.): Wie eine Flaschenpost, S. 103–105. Im Zusammenhang von Bonhoeffers persönlicher Gottesbestimmtheit *und* seiner Suche nach einem „religionslos-weltlichen" Christentum scheint es mir angemessen, beide Deutungen, eine streng „theologische" und eine „weltliche", für miteinander vereinbar zu halten. Zum Textbefund der Botschaft von D. Bonhoeffer an Bischof Bell vgl. DBW 16, S. 468; ebd. Anm. 1.

[215] Große Griechen und Römer: Ausgewählte Lebensbilder. Berlin o. J. Vgl. E. Bethge: Dietrich Bonhoeffer, S. 1037.

ich vor der Ablegung der Häftlingskleidung Pastor Bonhoeffer in innigem Gebet mit seinem Herrgott knien. Die hingebungsvolle und erhörungsgewisse Art des Gebetes dieses außerordentlich sympathischen Mannes hat mich auf das Tiefste erschüttert. Auch an der Richtstätte selbst verrichtete er noch ein kurzes Gebet und bestieg dann mutig und gefaßt die Treppe zum Galgen. Der Tod erfolgte nach wenigen Sekunden. Ich habe in meiner fast 50jährigen Tätigkeit kaum je einen Mann so gottergeben sterben sehen."[216]

In der Losung dieses Hinrichtungstages heißt es: „Leben und Wohltat hast du an mir getan, und deine Obhut hat meinen Odem bewahrt" (Hiob 10,12)[217]. Diese „Obhut" war für Bonhoeffer unerschütterlich wahr; sie war für ihn keine Jenseitsspekulation, sondern eine diese Welt und sein eigenes Leben umfangende Wirklichkeit.

Ein „Gebet in besonderer Not", das Dietrich Bonhoeffer auf Bitten des Gefängnispfarrers zu Weihnachten 1943 für Mitgefangene geschrieben hatte, mag am Ende auch über seiner eigenen Gotteszuversicht stehen:

„Herr Gott,
großes Elend ist über mich gekommen.
Meine Sorgen wollen mich ersticken
ich weiß nicht ein noch aus.
Gott sei gnädig und hilf
Gib Kraft zu tragen, was du schickst.
laß die Furcht nicht über mich herrschen.
sorge du väterlich für die Meinen,
besonders für Frau und Kinder,
schütze sie mit deiner starken Hand
vor allem Übel und vor aller Gefahr.
Barmherziger Gott,
vergib mir alles, was [ich] an dir
und an Menschen gesündigt habe.
Ich traue deiner Gnade
und gebe mein Leben ganz in deine Hand
Mach du mit mir,
wie es dir gefällt und wie es gut für mich ist.
Ob ich lebe oder sterbe,

216 So Dr. Fischer-Hüllstrung. In: W.-D. Zimmermann (Hg.): Begegnungen mit Dietrich Bonhoeffer, S. 192. Diese „tiefste Erschütterung" und das damit einhergehende Sprechen vom „gottergebenen Sterben" Dietrich Bonhoeffers ist als persönliche Bezeugung zu trennen von dem objektiven Unrechts- und Vernichtungszusammenhang, an dem Fischer-Hüllstrung in amtlicher Funktion beteiligt war. Vgl. hierzu Ch.U. Schminck-Gustavus: Der ‚Prozeß' gegen Dietrich Bonhoeffer und die Freilassung seiner Mörder, S. 29–34. „Fischer war also kein Zufallszeuge von Dietrich Bonhoeffers letzten Gebeten, sondern er nahm in amtlicher Funktion an seiner standgerichtlichen Ermordung teil." (ebd., S. 30).

217 Vgl. hierzu auch die Ansprache von Eberhard Bethge zum 1. Todestag Dietrich Bonhoeffers in Berlin-Dahlem. In: E. Bethge (Hg.): Bonhoeffer-Gedenkheft, S. 19–24.

ich bin bei dir und du bist bei mir, mein Gott.
Herr, ich warte auf dein Heil und auf dein Reich.
Amen“[218]

Die Familien Bonhoeffer und Schleicher errichten nach dem Krieg auf dem Dorotheenstädtischen Friedhof in Berlin einen Gedenkstein. Er gilt acht Hingerichteten des deutschen Widerstandes aus dem Umfeld dieser beiden Familien. In dieses Gedächtnis ist auch Dietrich Bonhoeffer eingeschlossen, dessen Leichnam in Flossenbürg verbrannt wurde und dessen Name auf diese Weise für immer ausgelöscht werden sollte. Diese zweite Vernichtung ist den Henkern nicht gelungen.
„Es kann einer tot sein und doch lebendiger als alle, die heute essen und trinken und morgen tot sind. Ein Toter kann etwas zu sagen haben, kann Hoffnungen wecken, kann Bekehrungen verursachen; er kann Macht ausüben. Längst nicht alle Toten können das. … Lebendig sind die Toten, die von einem Geheimnis her gelebt haben, an dem sie, auch wenn es immer verborgen bleibt, dem, der das Gespräch mit ihnen aufnimmt, Anteil geben.“[219]

[218] DBW 8 (WE[15], S. 81f). Rechtschreibung und Zeichensetzung ebd.
[219] F. Schlingensiepen: Im Augenblick der Wahrheit: Glaube und Tat im Leben Dietrich Bonhoeffers, S. 9.43.

## GERICHT

die augen
werden uns
aufgehen

himmelsweit

brennen werden die wunden
brennen wird unsere liebe

schatten erhellen
die erinnerung

wir wagen
unser wahres gesicht

in bergende hände
werden wir
fallen

erdtief

ins offene erbarmen

*Werner Kallen*

# AUSBLICK
# In der Gewißheit seiner Gegenwart

## Dietrich Bonhoeffer: Beispiel einer mystischen Biographie in den Brüchen des 20. Jahrhunderts

Nach all dem Entdeckten und zur Spur des vermißten Gottes Gesagten halte ich Dietrich Bonhoeffer für einen zutiefst *geistlichen* Menschen und *geistlichen* Theologen. Das erscheint gewagt, weil gerade mit der Bestimmung „geistlich" höchst ambivalente Assoziationen auf den Plan gerufen werden und weil eine sehr verunglückte Wirkungsgeschichte des Wortes „geistlich" nicht gerade dazu beiträgt, eine solche Charakterisierung unvoreingenommen vornehmen zu können. Geistlich – weltlich, geistlich – fleischlich, geistliche Macht – weltliche Macht, geistlich/eigentlich – irdisch/uneigentlich, die Aufteilung der Christen in eine geistliche und eine laikale Gruppierung, geistlich-klerikale Bevormundung und geistliche Weltflucht u.v.a.m.: solche Wertungen, Gegenüberstellungen und teilweise auch realen Entwicklungen schwingen bei diesem Wort mit. Das ist zu berücksichtigen. Und es geht auch nicht darum, Dietrich Bonhoeffer einzuordnen, schon gar nicht in die so skizzierte Wirkungsgeschichte.

Ich möchte gerade umgekehrt, weil Bonhoeffer nicht in eine solche Wirkungsgeschichte eingebracht werden darf, mit ihm und auch an ihm neu die Mitte dessen gewinnen, was „geistlich" denn im Kern meint. Die geistliche Dimension steht bei Dietrich Bonhoeffer selbst ja gerade nicht im Gegensatz zu seinem kirchenpolitischen und gesellschaftspolitischen Wirken, sondern erweist sich als dessen inneres Moment; ohne dieses Moment verkennt man einen wesentlichen Grund und eine wesentliche Quelle seines Handelns. Einer problematischen Gegenüberstellung von geistlich – irdisch, geistlich – weltlich u.ä. haben nicht zuletzt auch einige neutestamentliche, wie z.B. paulinische Formulierungen Vorschub geleistet (vgl. etwa Röm 7,14; 8,1–17; 1 Kor 10,3f; 15,44). Es ist aber bemerkenswert, daß Dietrich Bonhoeffer klassische Begriffe aus der Tradition des geistlichen Lebens sehr wohl vertraut sind und sie ihn – und sei es in der Kritik – beschäftigen, und zwar gerade nicht in einem abgegrenzten, geistlich zu nennenden Sonderbereich des christlichen Glaubens, sondern sie beschäftigen ihn bei der Suche nach einer verantworteten christlichen Nachfolge-Existenz gerade mitten *in* der Welt und ihren Herausforderungen. Geistliche Begrifflichkeit steht auch da im Hintergrund, wo sie vielleicht am wenigsten vermutet wird, weil es dort vor allem um das in Freiheit verantwortete Handeln geht – in der „Ethik". Die Arbeit daran war vorbereitet und begleitet von vielen Zettelnotizen[1], auf denen u.a. klassische geistliche Stichworte wie Askese/

[1] Jetzt veröffentlicht als DBW 6/Ergänzungsband: Zettelnotizen für eine „Ethik".

Zucht, Demut, Führung Gottes, Gehorsam, Gelassenheit, Kardinaltugenden, Kloster u.a.m. – z.T. mehrfach genannt – zu finden sind[2]. Soweit ein erster, indirekter Hinweis von Dietrich Bonhoeffer selbst.

Betrachtet man daneben den biblischen Befund in seinem Kern, dann wird deutlich, daß es auch um eine „relecture"[3], um eine Wiedergewinnung dessen geht, was mit „geistlich" von seiner Wurzel her und in seiner Gesamtheit gemeint ist. Geht man über das Lateinische (spiritus) und über das Griechische πνεῦμα zurück zum Hebräischen (rúach), dann wird deutlich, daß damit ein umfassendes Gesamtgefüge gemeint ist, das die Bedeutungen „Wind", „Atem", „Geist" alle mit umschließt; die darin zum Ausdruck kommende Bewegung und Lebenskraft des *Menschen* ist dabei ebenso wichtig wie die darin erfahrbare belebende Schöpfermacht *Gottes*. Entsprechend spricht Martin Buber von „ruach" als „Geist, Geistbraus, Windbraus, Braus" und übersetzt Gen 1,2 mit „Braus Gottes schwingend über dem Antlitz der Wasser." Dieses Grundverständnis ist auch noch bei Joh 3,8 anzutreffen: „Der Windhauch weht, wo er will, sein Brausen hörst du – doch du weißt nicht, von wo er kommt und wohin er geht. So ist es mit jedem aus dem Geist Geborenen."[4]

Unfaßlichkeit und Unverfügbarkeit Gottes sind biblisch ebenso wichtig wie die Erfahrbarkeit seines schöpferischen Wirkens. Das Handeln Gottes ist ebenso gemeint wie der dadurch erfaßte und ermächtigte Mensch, der mit einem „neuen Herzen" und einem „neuen Geist" (vgl. Ez 11,19; 36,26f.) wie umgewandelt und wie neugeboren ist. So übersetzt Martin Buber etwa Ez 37,5f. mit: „Da, Geistbraus lasse ich kommen in euch, und ihr lebt. Ich gebe über euch Sehnen, ich lasse Fleisch euch überziehn, ich überspanne euch mit Haut, Geistbraus gebe ich in euch, und ihr lebt und erkennt, daß ICH es bin." Von hier aus erschließt sich die Dynamik dessen, was geistliches Leben in seinem Kern ausmacht: sich erfassen lassen von „ruach", der Lebensmacht Gottes.

Die Vielfalt der biblischen Bedeutungsnuancen und Beziehungen von „ruach" weist darauf hin, „daß es für die Bibel keine von Gott abgeschlossene Welt und keinen gegenüber der Welt verschlossenen Gott gibt. Hier stellt sich der Begriff der ‚Offenheit' ein: ruach/πνεῦμα/Geist ist ‚das Offene' schlechthin und im allerweitesten Sinn. Der ‚Geist des Herrn' meint diese gegenseitige Offenheit ... Solche ‚geisterschlossene Offenheit' prägt aber auch das menschliche Wesen in seinem Verhältnis zu Gott, zur Welt und zum Mitmenschen... "[5]

Wenn es um *solche* Offenheit geht, die selbst schon vom Geist gewirkt ist und gerade nicht in die Abgeschlossenheit einer Sonderwelt führt, sondern in das Zentrum dieser Welt und ihres Beziehungsgefüges zu Gott und den Mitmenschen, dann bekommt auch ein von hier aus entwickeltes geistliches Leben ei-

[2] Andere Stichworte sind etwa: Buße, Einfalt, Exerzitien, Ehrfurcht, Frömmigkeit, Gebet, Gnade, Heiterkeit des Herzens, Kontemplation, Mönch, vita communis u.a. Vgl. hierzu auch das Register in DBW 6/Ergänzungsband, S. 172–241.

[3] Vgl. hierzu und zu den folgenden Ausführungen zum biblischen Befund J. Blank: Art. Geist, Hl./ Pneumatologie (A. Bibeltheologisch).

[4] In der Übersetzung von F. Stier.

[5] J. Blank: Art. Geist, Hl./Pneumatologie, S. 36.

nen ganz anderen Charakter: Es ist dann in seiner Ausrichtung nicht mehr ein Leben in Abkehr von etwas, sondern es ist auf der Suche nach dem „neuen“, Herz und Geist erfassenden und umwandelnden Leben eine Hinwendungsbewegung zu der Quelle, die dies ermöglicht. Darum ging es im Kern auch immer bei den Bemühungen, Übungen und Lebensformen eines ausdrücklich geistlichen Lebens; in solcher Quellen- und Ursprungssuche liegt etwas durchaus Reformatorisches. Denn die Entstehung von geistlichen Bewegungen und Gemeinschaften hat mit der Wieder-Herstellung oder Wieder-Erschließung dieser Quellkraft des Lebens, namentlich des kirchlichen Lebens, zu tun, für welches gilt: „ecclesia semper reformanda“[6].

Zwar hat Dietrich Bonhoeffer mit Bezug auf Martin Luther eine bestimmte Entwicklung der geistlichen Tradition deutlich kritisiert: „Vielmehr entfernte sich das Mönchtum wesentlich darin vom Christlichen, daß es seinen Weg zu einer freien Sonderleistung einiger weniger werden ließ und damit für ihn eine besondere Verdienstlichkeit in Anspruch nahm.“[7] Doch – das ist zu beachten – er kritisiert auch hier konkret das, was er auch sonst als ein bestimmtes „religiöses“ Gehabe ablehnt: das Bewußtsein einer „Sonderleistung“ und der „Verdienstlichkeit“. Und so kommt er zu dem Schluß: „Luther mußte das Kloster verlassen und zurück in die Welt, nicht weil die Welt an sich gut und heilig wäre, sondern weil auch das Kloster nichts war als Welt. ... Nachfolge Jesu mußte nun mitten in der Welt gelebt werden.“[8] Aber trotzdem ist Bonhoeffer der Überzeugung, daß die Erneuerung der Kirche „gewiß aus einer Art neuen Mönchtums“[9] kommt. Am Mönchtum kritisiert er den Versuch, „einen Ort zu finden, der nicht Welt ist“[10], aber nicht die grundsätzliche Erkenntnis, „daß der Ruf Jesu Christi den Menschen in den Kampf gegen die Welt stellt.“[11] Mit „Welt“ meint Bonhoeffer in solchem Zusammenhang mit Bezug auf die Bibel all das, „was mein Herz von Gott abziehen will.“[12] Damit berührt er aber einen Kernpunkt jedes geistlichen Lebens: nämlich das eigene Herz in Beziehung zu Gott zu halten. Bonhoeffer hebt die Aufteilung in zwei Räume auf, konkret am Beispiel der Räume „Kloster“ und „Welt“. Aber damit dispensiert er sich selbst und andere gerade nicht von der Herausforderung, wie „mein Herz“ sich auch dann noch „zu Gott“ hinwenden kann.

Für den Menschen, dem der Anruf Gottes (in Jesus Christus) begegnet, gilt nun: „Dort, wo er gerade ist, soll er den Ruf hören und sich von ihm in Anspruch nehmen lassen. ... Nun wird *in* der Welt gegen die Welt Stellung bezogen...“[13] In diesem „*in* der Welt“ liegt die verschärfte Zumutung, denn nun gibt

[6] „Die Kirche muß immer wieder – auf ihre wesentliche Gestalt hin – erneuert werden.“

[7] DBW 4 (N), S. 33.

[8] Ebd., S. 34.35.

[9] In einem Brief v. 14.1.1935 an seinen Bruder Karl-Friedrich. In: DBW 13, S. 273. Vgl. im ersten Teil dieser Arbeit unter 3.3., S. 76.

[10] DBW 6 (E), S. 292.

[11] Ebd.

[12] So in seinem Konfirmandenunterrichtsplan von 1936. In: DBW 14, S. 798.

[13] DBW 6 (E), S. 291. Hervorhebung von D. B.

es keinen geistlichen Sonderbereich mehr. Daß damit keineswegs die Preisgabe der geistlichen Konkretisierung des Glaubens und der Kirche gemeint ist, betont Dietrich Bonhoeffer an anderer Stelle. Im Blick auf die eigene Kirche beklagt er „die liturgische Armut … unserer heutigen evangelischen Gottesdienste, … die Unfähigkeit weitester evangelischer Kreise, die Bedeutung von Zuchtübungen – also etwa geistlicher Exerzitien, Askese, Meditation, Kontemplation – überhaupt zu verstehen"[14], und hebt demgegenüber hervor: „Unter diesem Mangel mußte die Kraft, die Fülle, der Reichtum der Verkündigung selbst leiden, weil ihr der fruchtbare Boden fehlte."[15]

Eine solche geistliche Ordnung hält in Verbindung mit der Quelle, aus der man lebt. So ist etwa auch der Tagesablauf im Predigerseminar von Finkenwalde durch Bibellektüre und Meditation, durch Gebet und Schweigen geprägt. Doch diese Ordnung hat ihren Platz mitten *in* den politischen und kirchlichen Turbulenzen der Zeit. Der notwendige Schutzraum („Arkandisziplin") für die Quelle ist kein Abschottungsraum gegen die Welt. Aber die Hellsichtigkeit Bonhoeffers, die Klarheit seines Lebens und die Eindeutigkeit seines Redens und Handelns sind umgekehrt ohne eine solche Disziplin, an der er auch in der Tegeler Haftzeit festhält, nicht denkbar.

Dietrich Bonhoeffer hat seinen Glauben in konkreter Nachfolge gewagt. Er hat sich auf diesem Weg vom Geist Gottes, der das Leben ermöglicht, leiten lassen. Davon ist seine Biographie ebenso durchdrungen wie seine Theologie, weswegen beides auch nicht streng voneinander zu trennen ist. Dietrich Bonhoeffer hat von dem Geheimnis her gelebt, das ihm als „Du" nahe war. Damit ist nichts Mysteriöses gemeint, das vor allem auf „religiöse Gefühle"[16] setzt, sondern eine *unverfügbare* Klarheit: „Gottes Hand und Führung ist mir so gewiß, daß ich hoffe, immer in dieser Gewißheit bewahrt zu werden."[17] Und auch das andere gilt für Bonhoeffer: „Gott läßt sich nicht einfach fassen, wo *wir* ihn grade fassen wollen. … Gott lebt im Geheimnis."[18] Diese Spannung von Gewißheit und Geheimnis darf nicht aufgehoben werden, sonst verkommt die Gewißheit zur platten Verfügung und das Geheimnis zum esoterischen Rätsel. So möchte ich das Leben Bonhoeffers verstehen als eine „mystische Biographie"[19], in der unter den Bedingungen des 20. Jahrhunderts und unter den zeit-

[14] Ebd., S. 411.

[15] Ebd., S. 412.

[16] Vgl. Bonhoeffers eigene, scharfe Grenzziehung in „Gemeinsames Leben": „Daß Gott an uns allen gehandelt hat und an uns allen handeln will, das ergreifen wir im Glauben als Gottes größtes Geschenk, das macht uns froh und selig, das macht uns aber auch bereit, auf alle Erfahrungen zu verzichten, wenn Gott sie uns zu Zeiten nicht gewähren will. Im Glauben sind wir verbunden, nicht in der Erfahrung."(DBW 5, S. 34).

[17] In dem letzten erhaltenen Brief an E. Bethge v. 23.8.1944. In: DBW 8 (WE[15], S. 211).

[18] Predigt zu 1 Kor 2,7–10 v. 27.5.1934. In: DBW 13, S. 361. Hervorhebung von mir.

[19] Zum Begriff vgl. J.B. Metz: Karl Rahner – ein theologisches Leben: Theologie als mystische Biographie eines Christenmenschen heute. In einer Ahnenreihe „mystischer Biographien" erwähnt Metz dort auch (S. 308) Dietrich Bonhoeffer. Vgl. auch J.B. Metz: Theologie als Biographie: Eine These und ein Paradigma.

geschichtlichen Zumutungen der NS-Diktatur das eigene, unverwechselbare Leben vor Gott gebracht wird und Gott in diesem Leben bezeugt wird.
In der spannungsvollen Einheit von Gewißheit und Geheimnis, von Leben und Theologie, von Tatzeugnis und Glaube, liegt auch ein Vermächtnis Dietrich Bonhoeffers: „‚Denkt an eure Lehrer, die euch das Wort Gottes gesagt haben; seht auf ihr Ende und nehmt ihren Glauben zum Vorbild' (Hebr. 13,7). Wir können das auf Dietrich Bonhoeffer beziehen. Die Aussagen, die er als theologischer Lehrer gemacht hat, sind mit seinem Tatzeugnis verbunden; sie sind durch seinen Tod in Kraft gesetzt worden... Ich meine, Lehrer sein kann einer nur in seinem Eigentlichsten. ...Bonhoeffer wird zum Lehrer durch die Verbindung von Theologie und politischem Widerstand, durch die Einheit von Zeugnis und Leben. Dieser Lehrer hat seinen Platz in einer Weise freigemacht, die es verbietet, sich lediglich schultheologisch mit seinem Werk ‚auseinanderzusetzen'."[20] Dietrich Bonhoeffer hat auf die Herausforderungen seiner Zeit eine Antwort gesucht, „... eine ganze, mit dem *ganzen* Leben, wie es sich jeweils handelnd realisiert ..."[21] Diese mit dem ganzen Leben gegebene Antwort auf das Wort und den Ruf Gottes (in Jesus Christus) nennt Bonhoeffer *„Verantwortung"*[22]. Darin ist er Vorbild und auch Lehrer insofern, als er dazu ermutigt, auch heute *solche* Antworten in Freiheit zu finden.
Nachfolge ist keine Nachahmung oder Kopie eines erfolgversprechenden Weges, sondern das Wagnis des eigenen Glaubens und Lebens in der jeweiligen Zeit. Davon sind auch „mystische Biographien" geprägt. Das 20. Jahrhundert prägt mit seinen Brüchen und Katastrophen, mit seinen politischen und kirchlichen Entwicklungen ebenfalls eine „mystische Biographie" (z.B. Edith Stein, Madeleine Delbrêl, Dag Hammarskjöld, Dietrich Bonhoeffer). Die jeweilige Andersartigkeit charakterisiert gerade ein wesentliches Moment in der Geschichte der christlichen Mystik: die Hervorhebung der tiefen, unverwechselbaren Eigenheit der gemeinten Person. „Ein so differenziertes Erscheinungsbild der christlichen Mystik ist kein Oberflächenphänomen, sondern gehört wesentlich zu ihr. ... Immer zeigt sich, daß die persönliche Begegnung mit dem einen Gott in Jesus Christus die Individualität nicht mindert, sondern verstärkt."[23] Der Weg ins Kloster und der Weg in den Widerstand können dementsprechend von der gleichen Tiefe, von der gleichen Überwältigung, von der gleichen mystischen Radikalität bestimmt sein, auch wenn ihnen äußerlich kaum mehr eine Ähnlichkeit anzusehen ist.
Entsprechend möchte ich abschließend einige solcher Merkmale nennen, die die „mystische Biographie" Dietrich Bonhoeffers kennzeichnen, aber auch über ihn hinaus Bedeutung haben und auf eine Gestalt des Glaubens verweisen, in der die „volle Diesseitigkeit" des Lebens und die tiefe „Gewißheit SEINER Gegenwart" ineinander verwoben sind.

20 F. Schlingensiepen: Der Tod des Lehrers, S. 223. 235.
21 D. Bonhoeffer. In: DBW 6 (E), S. 253. Hervorhebung von mir.
22 Ebd., S. 254. Hervorhebung von D. B.
23 J. Sudbrack: Christliche Mystik – Vorüberlegungen, S. 14f.

## 1. Der gegebene Ort: Gott ist uns „immer" gerade „heute" Gott

Der Ort der eigenen Glaubensexistenz ist nicht von vornherein klar. Kann er doch nicht völlig situations- und zusammenhanglos als immer gültig durch die Zeiten hindurch erkannt und gerettet werden: „Denn, was ‚immer' wahr ist, ist gerade ‚heute' nicht wahr. Gott ist uns ‚immer' gerade *‚heute' Gott*."[24]

Hier lag auch für Dietrich Bonhoeffer selbst eine der größten Herausforderungen und Zumutungen. Der „gegebene Ort"[25] war auch für ihn nicht einfach da, sondern wurde ihm erst in einem Prozeß zum „gegebenen Ort." Sein Weg in der Nachfolge entschied sich – auch – mit an seinem Verhalten gegenüber den durch das NS-Regime bedrohten Juden und an seinem Entschluß zur direkten Beteiligung am Widerstand gegen Hitler. Im Tagebuch der Amerikareise von 1939 notiert er beunruhigt: „Große Programme führen uns immer nur dorthin, wo wir selbst sind; wir aber sollten uns nur dort finden lassen, wo Er ist. Wir können ja nirgends anders mehr sein, als wo Er ist. … Oder bin ich doch dem Ort ausgewichen, an dem Er ist? an dem Er für mich ist?"[26] Amerika ist offensichtlich nicht der für Bonhoeffer „gegebene Ort".

Das „Heute" Gottes, das zu einer eigenen Antwort heraus-ruft, die nicht von vornherein gegeben ist, setzt einen Prozeß frei, an dessen Ende erst sich der gemeinte Ort „für mich" herauskristallisiert, indem er sich als mir aufgegeben, mir zugedacht, mich meinend identifizieren läßt. Bonhoeffers eigener Lebensweg ist ein eindrucksvolles Beispiel dafür. Das Tagebuch der Amerikareise belegt, daß seine „Gedanken an die Brüder"[27] in Deutschland und die Einsicht „Wir können uns von unserem Schicksal doch nicht trennen"[28] ihn gleichermaßen beschäftigen und hin– und herreißen wie die deutliche Ahnung: „Ich kann mir nicht denken, daß es Gottes Wille ist, daß ich ohne besondere Aufgabe im Kriegsfall hier bleiben soll."[29] Persönliche Bindungen, historisch-politische Verantwortung und die undelegierbare Suche nach dem jetzigen Willen Gottes „für mich" machen – ineinander verwoben – gemeinsam die Frage nach dem „gegebenen Ort" aus.

Die Welt, wie sie *ist*, wird zum Ort, an dem Gott uns gerade „heute" Gott sein will. Durch die Inkarnation ist solche Konkretheit von Gott her verbürgt. Die gesamte Wirklichkeit und damit auch sehr unterschiedliche Kontexte können sprechend werden: von Gott her und auf Gott hin. Sie können zur Frage nach

[24] DBW 11, S. 332. Hervorhebungen von D. B. Vgl. oben im zweiten Teil dieser Arbeit unter 1.1., S. 111–117.

[25] Vgl. DBW 6 (E), S. 224. Hier behandelt Bonhoeffer den „gegebenen Ort" unter dem Gesichtspunkt der Begrenzung ethischer Verantwortung: „Nicht die Welt aus den Angeln zu heben, sondern am gegebenen Ort das sachlich – im Blick auf die Wirklichkeit – Notwendige zu tun und dieses wirklich zu tun, kann die Aufgabe sein." (ebd.).

[26] Eintragung v. 9. Juni 1939. In: DBW 15 (GS I, S. 293f). Vgl. hierzu insgesamt im ersten Teil dieser Arbeit unter 4.1., S. 80–86.

[27] Eintragung v. 15. Juni 1939. In: DBW 15 (GS I, S. 298).

[28] Eintragung v. 22. Juni 1939. In: DBW 15 (GS I, S. 306).

[29] Eintragung v. 28. Juni 1939. In: DBW 15 (GS I, S. 310).

dem Ort werden, „an dem Er ist, an dem Er für mich ist.“[30] Nicht nur die Theologie insgesamt enthält ein unleugbares kontextuelles Moment, auch die persönlich erahnte, zugemutete und prägende Gegenwart Gottes vermittelt sich im jeweiligen konkreten lebensgeschichtlichen Zusammenhang, d.h. ebenfalls kontextuell.[31] In der einmaligen Konkretheit solcher Gegenwart, die den einzelnen Menschen in den Dialog nimmt, geht es – wie es Karl Rahner formuliert – um die „Dichte letzter und doch überall im Alltag gegebener Erfahrung, in dem der Mensch immer, mit den Sandkörnern des Strandes beschäftigt, am Rand des unendlichen Meeres des Geheimnisses wohnt.“[32] Da aber auch jede Epoche ihre unhintergehbare Signatur hat, hat auch eine entsprechende „mystische Biographie“ ihre jeweils eigene Gestalt, welche sich sehr wohl unterscheiden kann von konkreten Ausprägungen in anderen Epochen; trotzdem bleibt sie von der gleichen, „selbstevidenten“ und unentrinnbaren Inanspruchnahme bestimmt. Diese jeweilige Konkretheit Gottes, die sich von seiner eigenen Menschwerdung her ergibt, „hat einen Zug in das Detail hinein … [und] … hat also mehr mit tiefreichender Punktualität als weitreichender Oberflächenbehandlung zu tun.“[33] Hier liegt die Einmaligkeit und Vielfalt der Lebensgeschichten in der Geschichte der christlichen Mystik begründet.

Und es läßt sich für dieses zu Ende gehende Jahrhundert begründet vermuten, daß die Vermittlung der heutigen Gotteserfahrung anders geschieht, daß nämlich – so Karl Rahner – „die *zeit*typische Existenz, die die Vermittlung allmählich leisten wird, nicht so sehr die Existenz der weisen, kontemplativen Heiligen ist, sondern die des unpathetisch und schweigend seine einsame Verantwortung tragenden Menschen, der für die anderen selbstlos da ist.“[34] Mystik läßt sich als die „Innenseite“ und das konkrete Handeln, der Dienst für die Welt, als die „Außenseite“ der *einen* Nachfolge[35] verstehen. Weil Gott „heute“ Gott sein will in den jetzigen, aktuellen Herausforderungen der Geschichte und des persönlichen Lebens, geschieht auch sein Anspruch im Gewand, in der Prägung und auch in der Zumutung der eigenen Gegenwartsgeschichte wie auch der persönlichen Lebensgeschichte. „Dem Heute der Geschichte und des

[30] Siehe oben, Anm. 26.

[31] Zum kontextuellen Moment der Theologie vgl. etwa O. Fuchs: Kontextuelle Theologie: Verwurzelt im Lebens- und Leidenszusammenhang der Kulturen. Bei den jeweiligen Kontexten geht es nicht nur um eine vorfindliche Umgebung, sondern *konstitutiv* um die *Beziehung*, d.h. auch die Prägung, Herausforderung usw. zwischen Umgebung und Individuum: „Gerade die Tatsache, daß die katholische Theologie neben dem Bibelbezug auch den Traditionsbezug als konstitutive Quelle für die Identität der Kirche herausstellt, ist ein eindrucksvoller Beleg für die ebenso bestimmende Kraft der jeweiligen Kontexte, die diesen Traditionen zugrundelagen.“ (ebd., S. 100). Vgl. hierzu: Ders.: Gott hat einen Zug ins Detail: „Inkulturation“ des Evangeliums hierzulande.

[32] K. Rahner: Gotteserfahrung heute, S. 170.

[33] O. Fuchs: Gott hat einen Zug ins Detail: „Inkulturation“ des Evangeliums hierzulande, S. 74.

[34] K. Rahner: Gotteserfahrung heute, S. 173. Hervorhebung von K. R.

[35] R. Körner sieht beide – „Innenseite“ und „Außenseite“ – in der Nachfolge-Spiritualität untrennbar miteinander verbunden. Vgl. R. Körner: Mystik – Quell der Vernunft, S. 9.10.

Evangeliums entspricht eine Gegenwart der geistigen Erfahrung, die nicht einfach beiseite geschoben werden darf. Spiritualität bedeutet Reorientierung der großen Strukturlinien des christlichen Lebens in Funktion dieser Gegenwart. Das Neue besteht in der Synthese, die sie schafft, in der Herausstellung bestimmter, wenig bekannter oder vergessener Aspekte und vor allem in der Art und Weise, wie all dies Leben, Gebet, Engagement und sinntragende Geste wird."[36]

Wie der Anruf im „Heute" Gottes konkret gemeint ist, zeigt sich erst vom Ende her. Erst vom Ende her wird auch lesbar, wie Dietrich Bonhoeffer damit gemeint war. Erst die Auswirkung im eigenen Leben sagt auch noch einmal etwas über die Qualität und die Tiefe der erfahrenen Einwirkung:[37] „Wie einen Ahnungslosen hast *du* mich gefaßt – und nun kann ich nicht mehr von dir los."[38] Bonhoeffers weiteres Leben legt dieses Nicht-mehr-loskommen-Können, von dem er bereits 1934 in der Jer 20,7-Predigt spricht, noch einmal aus; so wird das Leben selbst zur Auslegungsgeschichte dieser angenommenen Zumutung.

Dem beweglichen, sich ändernden „Heute" Gottes entspricht auch eine eigene, lebendige Antwort des Glaubens, die in der persönlichen Biographie ihre Gestalt gewinnt. In dieser beiderseitigen Mobilität liegt eine bleibende Herausforderung. Denn der feste Platz Gottes und der feste Platz des Menschen sind hier aufgegeben. An seine Stelle tritt der Weg, der Prozeß, das Unterwegssein und das Sicheinlassen auf das Neue im „Hier und Jetzt" – mit allen Chancen und Unwägbarkeiten. Und es gilt zu begreifen, „daß sich Gott schon immer als der erwiesen hat, der mitgeht. Nicht erst am Ziel des Weges kommt er den Menschen entgegen. ... Für alle, die die Kraft nicht mehr aufbringen, sich selber auf den Weg zu machen und sich der Heimatlosigkeit auszuliefern, wäre es lohnend, sich von den ‚Durchreisenden' erzählen zu lassen. Und wenn es ihnen dann immer noch nicht gelingt, selber wieder aufzubrechen, beginnen sie

[36] G. Gutiérrez: Aus der eigenen Quelle trinken, S. 100f., Anm. 109. Er bezieht sich hier auf sein früheres Buch „Theologie der Befreiung". Da solche Synthese kreativ ist, führt sie auch zu ganz neuen Entdeckungen und noch ungeahnten Entsprechungen. So hat Gutiérrez beispielsweise keine Scheu, einen Zusammenhang herzustellen zwischen der befreiungstheologischen Grundlinie des „Exodus" und dem mystischen Grundmotiv der „Nacht" bei Johannes vom Kreuz: „Das Paradigma des Exodus und die Nächte des Johannes vom Kreuz verdeutlichen sich gegenseitig. Die Unterschiede im Ton dürfen uns nicht täuschen. Die historischen und persönlichen Dimensionen sind hier wie dort miteinander verwoben und ergänzen sich in einem Prozeß, der in beiden Fällen nach demselben Grundschema verläuft." (Aus der eigenen Quelle trinken, S. 99).

[37] Hier gilt in entsprechender Abwandlung, was W. Simon über den Lebensweg des heiligen Augustinus und die Bedeutung seiner „Confessiones" sagt: „Erst im Rückblick gewinnt die Lebensgeschichte ihren inneren Zusammenhang. Und erst in der ‚Confessio' gewinnt die erzählte Lebensgeschichte einen sie selbst transzendierenden Sinn, wird sie in der bekennenden Freigabe an Gott aussagbar als eine Geschichte von Heil und Unheil." (Biographisch vom Glauben sprechen: Die ‚Confessiones' des Augustinus als Zeugnis eines lebensgeschichtlich ausgelegten Glaubens, S. 439f.).

[38] DBW 13, S. 349. Hervorhebung von mir.

wenigstens, ihre eigene Seßhaftigkeit nicht mehr für den einzigen Ort der Gottesbegegnung zu halten."[39]

## 2. Tiefe Diesseitigkeit: Hineingezogen werden in die Liebe Gottes

Es gibt einen „,Agnostizismus', der zur letzten Erfahrung gehört und der eigentlich brennende Schmerz unserer Existenz ist."[40] Gott ist nicht an den ihm zugedachten Orten. Und das Mündigwerden der Welt und des Menschen schärft das Bewußtsein dafür: Gott ist nicht mehr der Lückenbüßer für die unbewältigten Fragen des Lebens. Diese Art von Gottlosigkeit verweist den Menschen – ohne Fluchtmöglichkeit – noch einmal auf das Diesseits; dem entspricht ein letztes Nichtwissen von Gott. Sein Geheimnis und seine Unbegreiflichkeit rücken verschärft ins Bewußtsein:

„Gott wohnt nicht bei den glocken,
und höher reichen wir nicht."[41]

Weil die Nichterkennbarkeit Gottes aber seine tatsächliche Unbegreiflichkeit berührt, liegt darin ein zutreffendes Moment von Gotteserfahrung. Manches spricht deshalb dafür, daß solche Erfahrung unter den Bedingungen des 20. Jahrhunderts nicht nur eine mögliche unter vielen ist, sondern „die ursprüngliche, alles andere tragende Erfahrung von Gott."[42] Insofern ist womöglich die mündige Welt in ihrem Verzicht auf den Gebrauch und *Miß*brauch Gottes noch einmal näher bei dem *unverfügbaren* Gott als eine „religiöse" Welt, die Gott lediglich für sich selbst benutzt und zur Entmündigung anderer mißbraucht. In diesem Zusammenhang kann Dietrich Bonhoeffer deswegen sehr knapp und pointiert formulieren: „Die mündige Welt ist Gott-loser und darum vielleicht gerade Gott-näher als die unmündige Welt."[43]
Damit wird diese Welt selbst auch zu einem Ort, der die Augen öffnet für Gott; aber erst indem man sich auch ganz auf sie einläßt: „Nur wenn man das Leben

[39] A. Daiker: Kontemplativ mitten in der Welt, S. 210. A. Daiker entwickelt hier von den Kleinen Schwestern Jesu her die Idee einer „Spiritualität der Fremdlingschaft" (R. Zerfaß). Dieser Gedanke läßt sich durchaus in Beziehung setzen zu D. Bonhoeffers Verständnis vom „Fremdsein": „Als Gottes Wort mich zum ersten Mal traf, da hat es mich zum Fremdling auf dieser Erde gemacht."(DBW 15 [PAM II, S. 430]).

[40] K. Rahner: Der brennende Schmerz unserer Existenz: Glaubensbegründung in einer agnostischen Welt, Sp. 3. Vgl. hierzu auch M. Uhle-Wettler: Bleibende Impulse Dietrich Bonhoeffers für das heutige Fragen nach Gott.

[41] Aus dem Gedicht „Kleine Rechenschaft nach Mähren" (für Jan Skácel) von R. Kunze. In: Ders.: auf eigene hoffnung: gedichte, S. 68. Diese letzten beiden Zeilen nehmen Bezug auf den Anfang des Gedichtes „winzige und sorgsam geordnete verrate" von Jan Skácel (wundklee: gedichte, S. 55).

[42] K. Rahner, a.a.O., Sp. 3.

[43] In einem Brief v. 18.7.1944. In: DBW 8 (WE[15], S. 194). Vgl. im zweiten Teil dieser Arbeit unter 2.1., S. 132f.

und die Erde so liebt, daß mit ihr alles verloren und zu Ende zu sein scheint, darf man an die Auferstehung der Toten und eine neue Welt glauben."[44] Eine wirkliche Lebens- und Weltliebe ist hier von Bonhoeffer gemeint, in der erst der Blick frei werden kann für eine „neue Welt". Und er qualifiziert diese so angezielte Diesseitigkeit ausdrücklich als „tief": „Nicht die platte und banale Diesseitigkeit der Aufgeklärten, der Betriebsamen, der Bequemen oder der Laszinen, sondern die tiefe Diesseitigkeit, die voller Zucht ist, und in der die Erkenntnis des Todes und der Auferstehung immer gegenwärtig ist, meine ich."[45] Dietrich Bonhoeffer begreift die gemeinte Tiefe hier noch einmal betont von „Tod und Auferstehung", d.h. von einem für ihn bleibend gültigen Kernpunkt des Glaubens, her. „Tiefe Diesseitigkeit" heißt, in all den Facetten des Lebens – den Erfahrungen, Fragen, Hoffnungen, Ängsten, Aufgaben, Erfolgen und Mißerfolgen – tatsächlich und ganz zu leben; und zwar so, daß man es nicht mehr nötig hat, „aus sich selbst etwas zu machen."[46] Wenn man so lebt, daß man nicht mehr immer und ausschließlich sich selbst zum Zentrum erhebt – sei es religiös, sei es moralisch oder sei es auf eine andere, subtile Weise – , „dann wirft man sich ganz Gott in die Arme."[47]

Beinahe beiläufig erwähnt Bonhoeffer, was geschieht, wenn man sich *so* auf die Diesseitigkeit einläßt: Man wird „ein Mensch, ein Christ."[48] Christsein ist die Art und Weise, *so* Mensch zu sein. Es ist der Weg in jene wachsende Liebe, die mit der Inkarnation ihre diesseitige Gestalt annahm: „Liebe bedeutet das Erleiden der Umwandlung der gesamten Existenz durch Gott, das Hineingezogenwerden in die Welt, wie sie vor Gott und in Gott allein leben kann. Liebe ist also nicht Wahl des Menschen, sondern Erwählung des Menschen durch Gott."[49] Der konkret gegebene Ort für diese „Umwandlung der gesamten Existenz durch Gott" ist nicht beschränkt oder festgelegt auf ein bestimmtes Terrain, auf eine bestimmte Aufgabe oder eine spezielle lebensgeschichtliche Situation. Damit ist auch der Raum der Kirche nicht der alleinige Ort[50] für das Hineingezogenwerden in die Liebe Gottes.

[44] D. Bonhoeffer in einem Brief v. 5.12.1943. In: DBW 8 (WEN, S. 175).

[45] D. Bonhoeffer im Brief v. 21.7.1944. In: DBW 8 (WE[15], S. 194). Vgl. hierzu oben im dritten Teil dieser Arbeit unter 2.1., S. 183–189. Eine Diesseitseuphorie, die diesen Angelpunkt von „Tod und Auferstehung" ausblendet, kann sich nicht auf Bonhoeffer berufen. Genau diesen Abschnitt läßt aber etwa H. Müller aus, obwohl er das betreffende Kapitel mit „Das Leiden Gottes in der Welt und die Diesseitigkeit des Christentums" überschreibt und ansonsten ausführlich Bonhoeffers Brief v. 21.7.1944 zitiert. Vgl. H. Müller: Von der Kirche zur Welt, S. 378.

[46] D. Bonhoeffer. In dem vorgenannten Brief: DBW 8 (WE[15], S. 195).

[47] DBW 8 (WE[15], S. 195).

[48] DBW 8 (WE[15], S. 195).

[49] D. Bonhoeffer. In: DBW 6 (E), S. 339.

[50] K. Rahner etwa nennt als mögliche Orte, an denen das Dasein als offen auf *das* unbegreifliche Geheimnis Gott hin erfahren werden kann, beispielsweise: die Einsamkeit, die Unausweichlichkeit von Freiheit und Verantwortung, die Erfahrung personaler Liebe und Begegnung, die Konfrontation mit der Nichtigkeit des Todes. Vgl. K. Rahner: Gotteserfahrung heute, S. 168f.

Ein eindrucksvolles Beispiel für solche Entgrenzung Gottes findet sich bereits in dem Gespräch Jesu mit der Samariterin am Jakobsbrunnen (Joh 4,1–26): Über die damals geltenden Grenzen von Orthodoxie (Juden) und Häresie (Samariter), von Gläubigen und Ungläubigen, hinweg wird für die Samariterin in Jesus die Gegenwart Gottes konkret: seine liebende, wahres und unvergängliches Leben schenkende Macht – an einem Ort außerhalb der gezogenen Grenzen. Gott ist nicht in Grenzen zu halten; nicht in räumlichen und nicht in begrifflichen. Edith Stein formuliert diese entgrenzte, fundamentale Sicht einmal so: „Es hat mir immer sehr fern gelegen zu denken, daß Gottes Barmherzigkeit sich an die Grenzen der sichtbaren Kirche binde. Gott ist die Wahrheit. Wer die Wahrheit sucht, der sucht Gott, ob es ihm klar ist oder nicht."[51] Dietrich Bonhoeffer selbst verläßt die gesicherten Orte des reflektierten und bekenntnishaften Glaubens und wagt den persönlichen und zuletzt politischen Schritt ins Offene: Der „Theologe" läßt sich zum Christen wandeln, der „Christ" zum Zeitgenossen; und schließlich entdeckt der „Zeitgenosse"[52], daß die Befreiung und Zumutung des Glaubens sich „diesseits der Todeslinie"[53] ereignen. Die Erde mit ihren konkreten Herausforderungen wird der Ort des Hineingezogenwerdens in die Liebe Gottes, die in der Menschwerdung bleibend sichtbar und anschaulich wurde – unwiderruflich.
In der Nachfolge, in der riskierten tiefen Diesseitigkeit bekommt man Anteil an der Liebe Gottes: „Die Liebe, um die es im Evangelium ... geht, ist ... ein Hineingezogenwerden und Hineinziehen in ein Ereignis, nämlich in die in Jesus Christus vollzogene Gemeinschaft Gottes mit der Welt."[54] Dieses Hineingezogenwerden bedeutet auch, sich damit zuletzt allen Mißdeutungen eines weltlichen Lebens auszusetzen und in die bleibende Zweideutigkeit der Existenz einzuwilligen – wie es Bonhoeffer getan hat, als er mit dem Schritt in den Widerstand eine Inkognito-Existenz[55] wählte: „Wie Gottes Liebe in die Welt einging und sich dem Mißverständnis und der Zweideutigkeit alles Weltlichen ergab, so existiert die christliche Liebe auch nicht anders als im Weltlichen, in der unendlichen Fülle konkreten weltlichen Handelns, aller Mißdeutung und Verurteilung unterworfen. ... Weil Gott nicht zu rein war, um in die Welt einzugehen, darum wird auch die Reinheit der Liebe nicht darin bestehen, sich von der Welt fernzuhalten, sondern sie wird sich gerade *in* ihrer Weltgestalt erweisen."[56]
Die Gewißheit von Gottes Gegenwart ist nicht mehr einfachhin gegeben – das trifft gerade für dieses 20. Jahrhundert zu, von dem die Lyrikerin Rose

[51] In einem Brief an Sr. Adelgundis v. 23.3.1938. Zitiert nach: A. Neyer/H.-B. Gerl-Falkovitz: Edith Stein, S. 51.
[52] Mit dieser Dreiheit charakterisiert E. Bethge in seiner großen Bonhoeffer-Biographie die wichtigen Lebensphasen bei D. Bonhoeffer.
[53] So der Titel eines Dokumentarfilms am 4.4.1995 im ZDF aus Anlaß des 50. Todestages von D. Bonhoeffer. Zum Titel vgl. DBW 8 (WE[15], S. 178).
[54] DBW 6 (E), S. 240.
[55] Vgl. hierzu im ersten Teil dieser Arbeit unter 2.2., S. 50–53.
[56] DBW 6 (E), S. 240.241. Hervorhebung von mir.

Ausländer in aller Gebrochenheit sagt:

„Unser Jahrhundert
tanzt
auf Krücken."[57]

Wenn von der Gegenwart Gottes gesprochen werden kann, dann immer auch in der Spannung bleibender Entzogenheit. Simone Weil, eine Mystikerin unseres Jahrhunderts, hält in ihren Notizbüchern fest: „Der Kontakt mit menschlichen Wesen ist uns durch das Gefühl der Gegenwart gegeben. Der Kontakt mit Gott ist uns durch das Gefühl der Abwesenheit gegeben. Verglichen mit dieser Abwesenheit wird Gegenwart abwesender als Abwesenheit."[58]
Diese Spannung ist selbst ein Moment von „tiefer Diesseitigkeit"; es läßt sich nicht einfach über sie hinwegglauben, sondern es gilt, sich ihr in aller Schärfe und Ohnmacht zu stellen. Und wo das In-Berührung-Kommen mit Gott bestimmt ist durch diese Spannung der anwesenden Abwesenheit, dort wird auch die Gestalt einer davon geprägten mystischen Biographie entsprechend aussehen: sie ist unspektakulär, bestimmt von Selbstverständlichkeit und Alltäglichkeit; sie hat Anteil an den Aufgaben, Ratlosigkeiten und Erfolgen des Lebens; sie ist verbal zurückhaltend, aber doch vital erkennbar; und indem sie es nicht mehr nötig hat, „aus sich selbst etwas zu machen", wirft sie sich „Gott ganz in die Arme". [59]

## 3. Widerstand und Ergebung: Das eigene Handeln in die Hände Gottes legen

„Ich kann mir keine andere Zeit aussuchen als die, in der ich lebe. Den Ort kann ich wechseln; aber ich kann damit auch meinem ‚Kairos'* entfliehen. Bonhoeffers amerikanisches Tagebuch aus dem Jahre 1939 kreist um dieses Problem und führt dabei in eine solche Tiefe, daß es heute noch erregend zu lesen ist."[60] Dietrich Bonhoeffer ist der ihm zugemuteten ureigenen Herausforderung zum Widerstand nicht ausgewichen. Er hat diesen „gegebenen Ort" als seinen Auftrag und seine Aufgabe erkannt. Er stellt sich dem eigenen „Kairos" auch in aller Abgründigkeit und wählt schließlich in Freiheit den tödlichen Weg in den Widerstand. Die Schriftstellerin Hilde Domin schreibt in ihrem Gedicht „Salva nos" von solcher Freiheit:

[57] Schlußvers des Gedichtes „Auf Krücken". In: Rose Ausländer: Wir wohnen in Babylon: Gedichte, S. 101. Rose Ausländer lebte von 1901–1988.

[58] Zitiert nach B. McGinn: Die Mystik im Abendland. Bd. 1: Ursprünge, S. 18f.

[59] Zu einer unspektakulären, aber durchaus von Hoffnung erfüllten Gestalt auch der Kirche vgl. M. Kehl: Kirche in der Fremde: Zum Umgang mit der gegenwärtigen Situation der Kirche.

[60] F. Schlingensiepen: Der Tod des Lehrers, S. 240. * Zu „Kairos" vgl. etwa auch Mk 1,15; Mt 26,18; Joh 7,6.

„Dies ist unsere Freiheit
die richtigen Namen nennend
furchtlos
mit der kleinen Stimme

einander rufend
mit der kleinen Stimme
das Verschlingende beim Namen nennen
mit nichts als unserm Atem

*salva nos ex ore leonis*
den Rachen offen halten
in dem zu wohnen
nicht unsere Wahl ist."[61]

Dietrich Bonhoeffer nimmt die erkannte Verantwortung in entschlossenem Handeln wahr: „Mag sein, daß der Jüngste Tag morgen anbricht, dann wollen wir gern die Arbeit für eine bessere Zukunft aus der Hand legen, vorher aber nicht."[62] Er weiß aber bei aller Entschlossenheit um ein bleibendes Angewiesensein: „Der Verantwortliche legt sein Handeln in die Hände Gottes und lebt von Gottes Gnade und Gericht."[63] So ist verantwortliches Handeln – auch in seiner äußersten Radikalität – nicht selbstmächtig und maßlos: „Gerade weil es seiner selbst nicht Herr ist, weil es nicht grenzenlos, übermütig, sondern geschöpflich, demütig ist, kann es von einer letzten Freude und Zuversicht getragen sein, kann es sich in seinem Ursprung, Wesen und Ziel, in Christus, geborgen wissen."[64] Das ist die Klarheit des Glaubens über die letzte Herkunft solchen Tuns. Sie bewegt sich in der bleibenden Spannung von „Widerstand" und „Ergebung", von Handlungsmut und zuversichtlicher Gelassenheit. Eine so in die Gegenwart verwobene und in die Zukunft ausgestreckte Haltung weiß etwas davon, *wer* das Leben des Menschen in all seinen Konkretionen trägt:

„Gottes ist also der Kraftüberschwang – nicht aus uns.
Allseits bedrängt – sind wir doch nicht geängstet;
weglos – doch nicht ausweglos;
gejagt – doch nicht im Stich gelassen;
niedergeworfen – gehen wir doch nicht zugrunde." (2 Kor 4,7b–9)[65]

[61] Zweiter Teil des zweiteiligen Gedichtes „Salva nos" von H. Domin. In: Dies.: Gesammelte Gedichte, S. 240. Hervorhebung von H. D. Diese Verszeile ist die Wiedergabe des lateinischen Ps 22,22, wobei das „me" (mich) durch „nos" (uns) ersetzt ist: „Befreie uns aus dem Rachen des Löwen." M. Buber wie A. Deissler übersetzen „Befreie" statt „Rette" (Einheitsübersetzung). Gänzlich abgeschwächt ist dieser Rettungsschrei in der Lutherübersetzung („Hilf").

[62] „Nach zehn Jahren" v. Ende 1942. In: DBW 8 (WE[15], S. 24).

[63] DBW 6 (E), S. 268. Dieser Manuskriptteil der „Ethik" („Die Geschichte und das Gute") ist 1942 entstanden.

[64] Ebd., S. 269.

[65] In der Übersetzung von F. Stier.

Aus anderer Perspektive – aus der Sicht der Theologie der Befreiung – geht es mit der gleichen Grundintention um die bleibende Initiative Gottes und die daraus sich ergebende Kraft und Fähigkeit zur Liebe. Es geht um „Verdanktheit" der Existenz und „Wirksamkeit" der Liebe.[66] Das Zueinander beider Grundelemente beschreibt P. Ribadeneira am Beispiel des Ignatius von Loyola (1491–1556): „In den Dingen des Dienstes gegenüber unserem Herrn, die er unternahm, griff er zu allen nur möglichen menschlichen Mitteln und setzte sie mit einer Sorgfalt und Wirksamkeit ein, als ob der Erfolg von ihnen abhinge; zugleich vertraute er felsenfest auf Gott und fühlte sich total von seiner göttlichen Vorsehung abhängig, als ob alle menschlichen Mittel, deren er sich bediente, nichts brächten."[67]
Wer so handelt und lebt, hält die Zukunft für größer als die eigenen Möglichkeiten. Und nur, wer die Zukunft für größer hält, kann wie Dietrich Bonhoeffer gemäß der jeweils gegenwärtigen Situation mit „Widerstand" und „Ergebung" antworten, ohne zu verzweifeln. Aber beides kann erforderlich sein – das couragierte, auch entgegentretende Handeln ebenso wie die bereitwillige Unterwerfung: „Ich glaube, wir müssen das Große und Eigene wirklich unternehmen und doch zugleich das Selbstverständlich- und Allgemein-Notwendige tun, wir müssen dem ‚Schicksal' – ich finde das ‚Neutrum' dieses Begriffes wichtig – ebenso entschlossen entgegentreten wie uns ihm zu gegebener Zeit unterwerfen. Von *‚Führung'* kann man erst *jenseits* dieses zwiefachen Vorgangs sprechen … und in meiner Frage geht es also im Grunde darum, wie aus dem ‚Schicksal' wirklich ‚Führung' wird. Die Grenzen zwischen Widerstand und Ergebung sind also prinzipiell nicht zu bestimmen; aber es muß beides da sein und beides mit Entschlossenheit ergriffen werden. Der Glaube fordert dieses bewegliche lebendige Handeln. Nur so können wir uns[ere] jeweilige gegenwärtige Situation durchhalten und fruchtbar machen."[68]
Gott bleibt die Vollendung des eigenen, wenn auch unerläßlichen, Handelns überlassen. Gott bleibt die initiierende und die eschatologische Wirkmacht: Was in *ihm* begonnen wurde, wird von *ihm* vollendet. Das ist die unerschütterliche, sich der Zukunft überlassende Zuversicht Dietrich Bonhoeffers. Um diese Offenheit des eigenen Handelns und Lebens zu wissen – das gehört auch zur Kennzeichnung einer mystischen Biographie. Weder Tatenlosigkeit ist darin angezielt noch eine stoische Gleichgültigkeit gegenüber den Folgen des eigenen Tuns und Unterlassens. Die Verschränkung und jeweilige Wahrheit von „Widerstand" und „Ergebung", von „Verdanktheit" und „Wirksamkeit" gründet in dem Bewußtsein, daß Gott bleibend gegenwärtig ist und das zur Vollendung zu bringen vermag, was wir liebend begonnen haben.

66 Vgl. hierzu G. Gutiérrez: Aus der eigenen Quelle trinken, S. 118–125. Hingewiesen sei auf die unterschiedliche Reihenfolge der beiden (aktiven und passiven) Pole: Bonhoeffer spricht von „Widerstand" und „Ergebung", Gutiérrez von „Verdanktheit" und „Wirksamkeit".

67 Zitiert nach G. Gutiérrez, a.a.O., S. 119. Vgl. ebd., Anm. 40.

68 Brief an E. Bethge v. 21.2.1944. In: DBW 8 (WE[15], S. 119). Hervorhebungen von D. B.

An dem Tag nach dem gescheiterten Attentat auf Hitler, als Dietrich Bonhoeffer so tiefschürfend von der „vollen Diesseitigkeit“ schreibt, erwähnt er auch zu Beginn des Briefes, daß er sich „besonders“[69] über die Losungen dieses Tages freut; die eine Losung lautet: „Der Herr ist mein Hirte, mir wird nichts mangeln.“ (Ps 23,1). Es ist diese Grundgewißheit, die hier zufällig und zeugnishaft zugleich zur Sprache kommt, von der her Bonhoeffer gelebt hat und in der er auch sein Handeln gehalten wußte: „Gerade als der in der Freiheit eigenster Verantwortung Handelnde sieht er sein Handeln einmünden in und fließen aus Gottes Führung. Freie Tat, wie sie Geschichte bestimmt, erkennt sich zuletzt als Gottes Tat, reinste Aktivität als Passivität. … Erst wo die Freiheit sich ursprünglich, wesentlich und zielhaft in Gottes Tat begründet versteht, also dort, wo Gott selbst handelnd (durch freie verantwortliche Tat eines Menschen) auf den Plan tritt, kann vom Guten in der Geschichte gesprochen werden. *Gott* macht die menschliche Tat in der Geschichte gut, nichts sonst. Gott fügt sie ein in seinen verborgenen Plan, auf dem er sein in Christus offenbartes Ziel der Geschichte verfolgt.“[70]

## 4. Fremd-naher Gott: Du hast dir mein Herz gefügig gemacht

Gott, so wie er in Christus begegnet und menschliche Gestalt angenommen hat, ist für Dietrich Bonhoeffer die Quellkraft des eigenen Lebens und des eigenen Tuns. Gottes In-Beziehung-Kommen mit den Menschen (sein „Du“) ist seine Wirkmacht, die sich in der Nachfolge, im riskierten Glauben zu eröffnen vermag. Dieses „Du“ ist nah und fern zugleich, ebenso fremd wie vertraut, ebenso schmerzhaft in seiner Zumutung wie beglückend in seiner Befreiung. Dieser Einbruch der Wirklichkeit Gottes in die eigene Lebenswirklichkeit kann durchaus als gewaltsam erlebt werden, weil dadurch die bisherige, eigene Behausung gleichsam gesprengt wird. Ein solches Moment der Gotteszumutung findet sich verschiedentlich in der Geschichte der Mystik – in unterschiedlichen sprachlichen Vermittlungen:
Bei Teresa von Avila (1515–1582) heißt es in einem Gedicht:

> „Mich hat der holdeste Jäger
> verwundet und eingefangen.
> Er hielt mich, der Liebe Erreger;
> nun kann ich nicht anders verlangen.
> Mein Leben ist übergegangen,
> ich muß des Geliebten nun sein.
>
> …

[69] Brief v. 21.7.1944. In: DBW 8 (WE[15], S. 194).

[70] DBW 6 (E), S. 225. Hervorhebung von mir. Siehe hierzu auch Luthers Gedanken von der „cooperatio hominis cum deo“ (Zusammenwirken des Menschen mit Gott) ebd., Anm. 30.

Er traf mich mit einem Pfeile,
von Liebessäften durchtränkt."[71]

In dieser Sprache der spanischen Liebesmystik äußert sich auch Johannes vom Kreuz (1542–1591). In seinem Prosawerk „Lebendige Liebesflamme" schreibt er: „Die Wunde, die vom Glühbrenner der Liebe verursacht wird, kann durch kein anderes Heilmittel genesen als durch den Glühbrenner selbst. Er hat die Wunde beigebracht, und er heilt sie auch wieder. Und indem er sie heilt, bringt er sie bei."[72]

Mag hier – zumindest in der ungewohnten Sprache – die Rede vom „holdesten Jäger" und vom „Glühbrenner der Liebe" noch befremden, so bezeugen – in nüchternerer Formulierung – zwei Beispiele aus dem 20. Jahrhundert die gleiche schmerzhafte Intensität der gemeinten Erfahrung:

Simone Weil (1909–1943) beschreibt den Prozeß der Öffnung für die uns ergreifende Liebe Gottes so: „Sie [die Liebe Gottes; W. K.] kommt zu ihrer Stunde. Wir haben die Macht, sie willig in uns zu empfangen oder sie abzuweisen. ... Öffnen wir uns ihr in Willigkeit, dann legt Gott ein kleines Samenkorn in uns nieder und geht davon. Von diesem Augenblick an hat Gott nichts weiter zu tun, und auch wir nichts, als zu warten. Nur darf es uns nicht gereuen, daß wir unsere Einwilligung, das bräutliche Jawort, gegeben haben. Das ist nicht so leicht, wie es scheint, denn das Wachstum des Samens in uns ist schmerzhaft. ... Es kommt der Tag, wo die Seele Gott gehört, wo sie nicht mehr nur in die Liebe einwilligt, sondern wo sie wahrhaft und tatsächlich liebt."[73]

Madeleine Delbrêl (1904–1964) schließlich spricht von solchem „blendenden Hineingerissensein unseres ganzen Ich zu Gott" als einem tatsächlich „gewaltsamen Ereignis" und beschreibt es als eine alles verwandelnde Bekehrung: „Bekehrung ist ein entscheidender Augenblick, der uns abkehrt von dem, was wir über unser Leben wissen, damit wir, Aug in Aug mit Gott, von Gott erfahren, was er davon hält und daraus machen will. In diesem Augenblick wird Gott für uns zum Allerwichtigsten; wichtiger als jedes andere Ding, wichtiger als jedes Leben, selbst und vor allem das unsrige. Ohne diesen höchsten, überwältigenden Primat des lebendigen Gottes, der uns einfordert, seinen Willen unserem Herzen vorstellt, damit es in Freiheit Ja oder Nein antworte, gibt es keinen lebendigen Glauben."[74]

Diese bei allen genannten Beispielen anzutreffende völlige Inanspruchnahme, ihre schmerzhafte Intensität und ihre Unentrinnbarkeit, die eine Unausweich-

[71] Zitiert nach: Teresa von Avila: Verweilen bei einem Freund: Gebete, S. 124. Zur Entdekkung, zur Logik und zur Kraft eines solchen gottverbundenen Lebens vgl. insgesamt auch: T. v. Avila: Die innere Burg.

[72] Span. „Llama de amor viva", hier L 2.7. Zitiert nach: J. v. Kreuz: Verschlungen bin ich in deiner Schönheit, S. 75.

[73] In: Das Unglück und die Gottesliebe. Hier zitiert nach: S. Weil: Aufmerksamkeit für das Alltägliche, S. 49.

[74] M. Delbrêl: Wir Nachbarn der Kommunisten, S. 267f; ebd. auch die vorangestellten Teilzitate (S. 268.267).

lichkeit gegenüber der hereinbrechenden Liebe Gottes ist, findet sich auch bei Dietrich Bonhoeffer. In seiner Jer 20,7–Predigt von 1934 formuliert er: „... der Pfeil des allmächtigen Gottes hat das gehetzte Wild erlegt. Jeremias ist sein Prophet. ... Du hast ... dir mein Herz gefügig und willig gemacht. ... Wie einen Ahnungslosen hast du mich gefaßt – und nun kann ich nicht mehr von dir los ... Konnten wir es wissen, daß deine Liebe so weh tut, daß deine Gnade so hart ist? Du bist mir zu stark geworden und hast gewonnen."[75]

Das ist kein unangebrachtes Pathos, sondern innerstes Moment einer tatsächlich gewaltigen Begegnung. Sie ist übermächtig. Sie hat aber auch etwas Schmerzhaftes, weil sie mit den eigenen Lebensplänen zusammenstößt. Sie zielt auf alles, auf das Herz des Menschen. Einer ungeheuren, schmerzhaft-befreienden Liebeserfahrung gleich, kann man sich ihr nicht entziehen. Die sprachliche Vermittlung stößt hier an die Grenze ihrer Möglichkeiten. Solche Widerfahrnis erscheint leicht als befremdlich und sonderbar – als paradox im eigentlichen Wortsinn; entgegen der eigenen Erwartung und entgegen der gängigen Meinung, ja, als widersinnig: „Konnten wir es wissen, daß deine Liebe so weh tut?"[76]

Ist Gott also so – hart? So einfordernd? Tut die Liebe Gottes – weh?

Wie aber läßt es sich anders in Worte fassen, wenn es um die Zumutung einer äußersten Herausforderung an den Menschen geht, bei der nachher nichts mehr wie vorher ist?

Die entsprechende Antwort des Menschen auf eine derartige Zumutung läßt sich am ehesten als ein Prozeß der *Einwilligung* verstehen. Denn darin ist sowohl das Moment einer freien, mündigen Zustimmung berücksichtigt als auch das Moment des Vorgegebenen, des der freien Verfügung entzogenen Überwältigtseins: Einwilligen bedeutet so, aus freien Stücken sein Einverständnis erklären mit dem, was nicht eigene Tat oder eigener Plan ist, aber im gegebenen Einverständnis zum Eigenen wird. So wäre – in einer mündigen Welt – auch der Gehorsam gegenüber dem Willen Gottes zu verstehen: als ein Prozeß solcher Einwilligung. Edith Stein findet für diesen Prozeß der Einwilligung die Worte: „Es ist kein bloßes Annehmen der gehörten Glaubensbotschaft, kein bloßes Sichzuwenden zu Gott, den man nur vom Hörensagen kennt, sondern ein inneres *Berührtwerden* und ein *Erfahren* Gottes, das die Kraft hat, von allen geschaffenen Dingen loszulösen und emporzuheben und zugleich in eine Liebe zu versenken, die ihren Gegenstand nicht kennt. ... Es ist die Hingabe der Seele durch den Willen ... an das liebende Entgegenkommen des immer noch verborgenen Gottes: Liebe, die nicht Gefühl, sondern Tat- und Opferbereitschaft ist, Hineinstellen des eigenen Willens in den göttlichen Willen, um von Ihm allein geleitet zu werden."[77]

[75] In der Predigt v. 21.1.1934. In: DBW 13, S. 347.348f. Zu dem häufigen, z.T. abrupten Subjektwechsel vgl. oben im ersten Teil dieser Arbeit unter 3.2., S. 69–75.

[76] DBW 13, S. 349.

[77] Kreuzeswissenschaft (Edith-Stein-Werke I), S. 107. Zitiert nach: A. Neyer/H.-B. Gerl-Falkovitz: Edith Stein, S. 87.88. Hervorhebungen von E. St. Vgl. hierzu auch R. Körner: Mystik konkret.

Die bleibende Fremdheit Gottes „bricht" einen nur gewohnt-vertrauensseligen Umgang mit Gott. Seine Fremdheit ist kein Widerspruch zu seiner Liebe, sondern ein wesentliches Moment der Unverfügbarkeit dieser Liebe, von der auch für Dietrich Bonhoeffer gilt: „Seine Liebe sucht mein Herz."[78] Welchem Menschen, an welchem Ort und auf welche Weise diese Liebe begegnet – das bleibt der Spontaneität Gottes vorbehalten. Es geht darin um die erahnte und zugemutete Wahrheit, daß das Geheimnis der Grund des Lebens und die *„Wurzel alles Begreiflichen"*[79] ist; und darin ist eingeschlossen, „daß Gott wesentlich der Unbegreifliche ist; daß seine Unbegreiflichkeit wächst und nicht abnimmt, je richtiger Gott verstanden wird, je näher uns seine ihn selbst mitteilende Liebe kommt; daß man ihn nie als bestimmten Posten in das Kalkül unseres Lebens einsetzen kann, ohne zu merken, daß dann die Rechnung erst recht nicht aufgeht."[80]

Hier, in dieser Liebe Gottes, die sich aus freien Stücken mitteilt, liegt der Erfahrungskern christlicher Mystik: durchaus fremd, zuweilen schmerzhaft; durch Wandlungen und Umbrüche das Herz des Menschen suchend: darin nah und nicht loslassend; prägend, aber auch entzogen; gewaltig, ja gewaltsam in der damit verbundenen Zumutung, aber befreiend in der Gewißheit des fremdnahen Gottes. Dieser Erfahrungskern kann im eigenen Leben bezeugt, aber nicht angemessen in Worte gefaßt werden. Für dieses bezeugte DU steht die Mystik glaubend ein: angefochten durch geschichtliche Katastrophen und eigenes Scheitern, aber in der unauslöschlichen Hoffnung, daß in der Gewißheit SEINER Gegenwart erst die *ganze* Wirklichkeit aufleuchtet, jetzt noch verschattet und immer wieder auch entzogen, „dann aber von Angesicht zu Angesicht" (1 Kor 13,12).

In die Biographie Dietrich Bonhoeffers ist die Spur des vermißten Gottes eingeschrieben. Er hat handelnd bezeugt, was über ihn hinaus Gültigkeit besitzt. Dietrich Bonhoeffers bleibende Herausforderung liegt darin, ein ebensolches Leben inmitten der Welt unter dem Angesicht Gottes zu wagen und darauf zu vertrauen, daß, was jetzt nur als Stückwerk und Torso erscheint, seine ganze Gestalt erst noch finden wird:

[78] In der Predigt zu 1 Kor 13,8–12 v. 28.10.1934. In: DBW 13, S. 398. Vgl. auch im ersten Teil dieser Arbeit unter 4., S. 77–79.

[79] D. Bonhoeffer. In: DBW 13, S. 360. Hervorhebung von D. B. Zur Bedeutung dieses Geheimnisses auch am Beispiel der jüdischen Mystik vgl. G. Scholem: Die jüdische Mystik in ihren Hauptströmungen, S. 42: „Aber der Versuch, das hinter aller Wirklichkeit verborgene Leben zu entdecken und jenen Abgrund zu enthüllen, in dem die symbolische Natur alles Seienden sich offenbart – dieser Versuch ist für uns Heutige ebenso wichtig wie für jene alten Mystiker. Denn solange man Natur und Menschheit als *Seine* Schöpfung begreift …, solange wird die Frage nach dem verborgenen Leben des Transzendenten in solcher Schöpfung eines der wichtigsten Probleme menschlichen Denkens bleiben." Hervorhebung von mir.

[80] K. Rahner: Frömmigkeit früher und heute, S. 23. Vgl. hierzu auch: Ders.: Lieber Herr Dr. Fischer [Ein Brief zur Spiritualität und zur Mystik].

„‚Jetzt erkenne ich's stückweise. Dann aber werde ich erkennen,
gleichwie ich erkannt bin' …
Gott und Mensch erkennen sich gegenseitig.
Sie sehen sich von Angesicht zu Angesicht,
sie wissen umeinander, sie wissen um ihre gegenseitige Liebe,
sie wissen, daß sie nicht ohne einander sein können und sollen,
sie sind nun miteinander, beieinander, ineinander,
sind eins im Erkennen, eins in dem seligen Geheimnis ihrer Liebe –
und der Mensch sinkt zu Boden und streckt seine Hände aus
und ist nicht mehr er selbst, – denn nun ist er in Gott.
Das ist Vollendung. Amen."[81]

[81] Dietrich Bonhoeffer im Schlußteil der Predigt zu 1 Kor 13,8–12 v. 28.10.1934 in London. In: DBW 13, S. 398.

BITTE

Wir werden eingetaucht
und mit dem Wasser der Sintflut gewaschen,
wir werden durchnäßt
bis auf die Herzhaut.

Der Wunsch nach der Landschaft
diesseits der Tränengrenze
taugt nicht,
der Wunsch, den Blütenfrühling zu halten,
der Wunsch, verschont zu bleiben,
taugt nicht.

Es taugt die Bitte,
daß bei Sonnenaufgang die Taube
den Zweig vom Ölbaum bringe.
Daß die Frucht so bunt wie die Blüte sei,
daß noch die Blätter der Rose am Boden
eine leuchtende Krone bilden.

Und daß wir aus der Flut,
daß wir aus der Löwengrube und dem feurigen Ofen
immer versehrter und immer heiler
stets von neuem
zu uns selbst
entlassen werden.[82]

*Hilde Domin*

[82] H. Domin: Gesammelte Gedichte, S. 117.

# ANHANG

## Dietrich Bonhoeffer – ausgewählte Lebensstationen: Eine Zeittafel

| | |
|---|---|
| 4.2.1906 | In Breslau geboren als sechstes von acht Geschwistern. |
| 1912 | Der Vater Karl Bonhoeffer übernimmt in Berlin den führenden Lehrstuhl für Psychiatrie und Neurologie an der Universitätsnervenklinik der Charité. Umzug der Familie nach Berlin. |
| 1923–1927 | Theologiestudium in Tübingen, Rom und Berlin. |
| 1927 | Promotion mit „Sanctorum Communio“. |
| 1928 | Vikariat in Barcelona; anschließend Assistent an der theologischen Fakultät in Berlin. |
| 1930 | Habilitation mit „Akt und Sein“; anschließend Studienjahr in New York. |
| Juli 1931 | Erste Begegnung mit Karl Barth in Bonn. |
| 1.8.1931 | Privatdozent an der theologischen Fakultät in Berlin. |
| September 1931 | Ökumenische Konferenz des Weltbundes für Freundschaftsarbeit der Kirchen in Cambridge. Bonhoeffer wird zu einem der drei Jugendsekretäre ernannt. |
| 1.10.1931 | Studentenpfarrer an der Technischen Hochschule in Berlin-Charlottenburg. |
| 15.11.1931 | Ordination in der Matthäuskirche in Berlin; Übernahme einer Konfirmandenklasse im Wedding. |
| 30.1.1933 | Hindenburg ernennt Hitler zum Reichskanzler („Machtergreifung“). |
| 1.2.1933 | Rundfunkvortrag „Der Führer und der einzelne in der jungen Generation“. |
| März 1933 | In Dachau entsteht das erste Konzentrationslager (KZ). |
| 1.4.1933 | Boykott jüdischer Geschäfte („Kauft nicht bei Juden“). |
| 7.4.1933 | Sog. Gesetz zur Wiederherstellung des Berufsbeamtentums („Arierparagraph“). |
| April 1933 | Am 11.4. stirbt der jüdische Vater von Bonhoeffers Schwager Gerhard Leibholz. Bonhoeffer unterläßt die erbetene Beerdigung, weil der zuständige Generalsuperintendent ihm davon abrät, jetzt einen Juden zu beerdigen. In einem späteren Brief gesteht Bonhoeffer seinem Schwager dies als Versagen ein. – Aufsatz: „Die Kirche vor der Judenfrage“. |
| Sommer 1933 | Christologie-Vorlesung („Wer“-Frage). |
| August/ September 1933 | Flugblatt und Proteste gegen eine Übernahme des „Arierparagraphen“ in die evangelische Kirche. |

| | |
|---|---|
| 5./6.9.1933 | Die Generalsynode der Altpreußischen Union führt den „Arierparagraphen“ ein („braune Synode“). Die Opposition schließt sich im Pfarrernotbund zusammen, aus dem dann die Bekennende Kirche hervorgeht. |
| 27.9.1933 | Die Nationalsynode in Wittenberg wählt Ludwig Müller, der der nationalsozialistischen Glaubensbewegung „Deutsche Christen“ nahesteht, zum Reichsbischof. |
| 17.10.1933 | Bonhoeffer wird Pfarrer in London. |
| 21.1.1934 | Predigt zu Jer 20,7 („Confessio“). |
| 25.1.1934 | Empfang der Kirchenführer bei Hitler. |
| 27.5.1934 | Predigt zu 1 Kor 2,7–10 („Geheimnis“). |
| 29.-31.5.1934 | Reichsbekenntnissynode in Barmen („Bekennende Kirche“). |
| August 1934 | Ökumenische Konferenz in Fanö (Friedensandacht). |
| 19./20.10.1934 | Reichsbekenntnissynode in Dahlem. |
| Oktober/ November 1934 | Predigtzyklus zu 1 Kor 13 mit vier Predigten („Seine Liebe sucht mein Herz“). |
| April 1935 | Bonhoeffer wird Leiter des illegalen Predigerseminars der Bekennenden Kirche in Zingst bzw. Finkenwalde. Erste Begegnung mit Eberhard Bethge. |
| 6.9.1935 | Antrag auf Bildung einer Kommunität in Finkenwalde („Bruderhaus“). |
| 15.9.1935 | Sog. Reichsbürgergesetz und Blutschutzgesetz: Entrechtung der Juden und Verbot der Heirat zwischen Nicht-Juden und Juden („Nürnberger Gesetze“). |
| 5.8.1936 | Bonhoeffer wird die Lehrbefugnis für die Universität entzogen. |
| Juli 1937 | Verhaftung von Franz Hildebrandt, einem Freund Bonhoeffers; wegen seiner jüdischen Herkunft emigriert er später nach England. |
| September 1937 | Schließung des Predigerseminars durch die Geheime Staatspolizei (Gestapo); anschließend verdeckte Weiterarbeit in Sammelvikariaten. |
| November 1937 | Veröffentlichung der „Nachfolge“, einer Auslegung der Bergpredigt. |
| 11.1.1938 | Ausweisung Bonhoeffers aus Berlin; später Aufenthaltserlaubnis ausschließlich für persönliche Zwecke. |
| September 1938 | Emigration von Bonhoeffers Schwester Sabine und ihrem Mann Gerhard Leibholz, der jüdischer Herkunft ist. |
| September/ Oktober 1938 | Bonhoeffer schreibt „Gemeinsames Leben“, ein Rückblick auf das Leben in Finkenwalde (erscheint 1939). |
| 9.11.1938 | Reichspogromnacht gegen die Juden: Zerstörung jüdischer Einrichtungen, Niederbrennen von Synagogen, Verhaftungen, Mißhandlungen, Tote. |
| Juni/Juli 1939 | Aufenthalt Bonhoeffers in New York („Tagebuch der Amerikareise“). |

| | |
|---|---|
| 20.6.1939 | Entscheidung zur Rückkehr nach Deutschland. |
| 1.9.1939 | Überfall der deutschen Wehrmacht auf Polen; Beginn des Zweiten Weltkrieges. |
| 1939/40 | „Meditationen über Psalm 119" – ein Fragment, das zur Innenseite der „Ethik" wird. |
| März 1940 | Schließung der Sammelvikariate durch die Gestapo. |
| Mai 1940 | Errichtung des Konzentrations- und Vernichtungslagers Auschwitz. |
| 9.9.1940 | Bonhoeffer erhält Redeverbot; Meldepflicht in Schlawe, seinem offiziellen Wohnsitz. |
| Oktober 1940 | Beginn des Doppellebens: Konspirative Tätigkeit als Kurier der Widerstandsgruppe in der Abwehr. Er wird der Abwehrstelle in München beigeordnet. Chef der (militärischen) Abwehr mit Sitz in Berlin ist Admiral Canaris, der auch zu den Mitverschwörern zählt. Im gleichen Zuständigkeitsbereich arbeitet auch Bonhoeffers Schwager Hans von Dohnanyi, der ebenfalls an der Konspiration beteiligt ist. Gerade zu ihm hält Bonhoeffer engen Kontakt. Reisen in die Schweiz, nach Norwegen, Schweden, Italien („Inkognito-Existenz"). |
| 1940–43 | Manuskripte zur „Ethik", entstanden in fünf Zeiträumen. Diese Fragmente werden 1949 von Eberhard Bethge herausgegeben. |
| 27.3.1941 | Druck- und Veröffentlichungsverbot (datiert v. 19.3.1941). |
| 1.9.1941 | Per Polizeiverordnung werden die Juden im Deutschen Reich gezwungen, einen gelben „Judenstern" zu tragen. |
| Oktober 1941 | Beginn der Massendeportationen von Juden. |
| 20.1.1942 | Wannsee-Konferenz: Beschluß der systematischen Vernichtung der Juden in Europa, der sog. Endlösung. |
| 30.5.–2.6.1942 | Flug nach Stockholm. Treffen mit Bischof George Bell mit dem Ziel, einen Kontakt zwischen der englischen Regierung und dem deutschen Widerstand zu vermitteln. Ablehnung dieser Bitte durch Außenminister Eden. |
| Juni 1942 | Wiederbegegnung mit Maria von Wedemeyer, die Bonhoeffer aus der Zeit des Predigerseminars als Kind kannte. |
| September 1942 | Mitbeteiligung am „Unternehmen 7" (U 7): Rettungsaktion für eine kleine jüdische Gruppe, die nun nach einjähriger Vorbereitung in die Schweiz entkommen kann. |
| Ende 1942 | „Nach zehn Jahren", eine Rechenschaft im Umfeld zehnjähriger nationalsozialistischer Diktatur. |
| 13./17.1.1943 | Briefliche Verlobung mit Maria von Wedemeyer. |
| 5.4.1943 | Bonhoeffer wird verhaftet und in das Gefängnis Berlin-Tegel eingeliefert. Die Briefe der Haftzeit werden von Eberhard Bethge unter dem Titel „Widerstand und Ergebung" erstmals 1951 herausgegeben. |

| | |
|---|---|
| 30.4.1944 | Beginn der im engeren Sinn theologischen Briefe. |
| Mai 1944 | „Gedanken zum Tauftag“ für Dietrich Wilhelm Rüdiger Bethge, dem Sohn von Eberhard Bethge und Renate Bethge, geb. Schleicher, einer Nichte Bonhoeffers. |
| 8.7.1944 | Einem Brief beigefügt zwei Gedichte: „Wer bin ich?“ und „Christen und Heiden“. |
| 20.7.1944 | Gescheitertes Attentat (v. Stauffenberg) auf Hitler. Danach schreibt Bonhoeffer das Gedicht „Stationen auf dem Wege zur Freiheit“. |
| 21.7.1944 | Brief „In der vollen Diesseitigkeit des Lebens glauben lernen“ – eine Art theologisches Vermächtnis. |
| 3.8.1944 | Einem Brief beigefügt der „Entwurf für eine Arbeit“: Bestandsaufnahme des Christentums – Was ist eigentlich christlicher Glaube? – Folgerungen. |
| 23.8.1944 | Letzter erhaltener Brief an Eberhard Bethge. |
| 22.9.1944 | Aktenfund im Abwehrbunker von Zossen; dadurch wird auch Bonhoeffer belastet; im September: Gedicht „Der Tod des Mose“. |
| 5.10.1944 | Um niemanden aus der Familie zu gefährden, gibt Bonhoeffer einen gut vorbereiteten Fluchtplan auf. |
| 8.10.1944 | Verlegung in das Keller-Gefängnis der SS auf der Prinz-Albrecht-Straße in Berlin. |
| 19.12.1944 | Letzter Brief an Maria von Wedemeyer; beigefügt ist das Gedicht „Von guten Mächten“. |
| 17.1.1945 | Letzter Brief an die Eltern. |
| 7.2.1945 | Bonhoeffer wird aus Berlin abtransportiert in das KZ Buchenwald; später wird er über Regensburg und Schönberg ins KZ Flossenbürg gebracht. |
| 5.4.1945 | Bei Hitlers Mittagsbesprechung Vernichtungsbeschluß auch gegen Bonhoeffer. |
| 9.4.1945 | In den frühen Morgenstunden wird Dietrich Bonhoeffer im KZ Flossenbürg durch den Strang hingerichtet. Gemeinsam mit ihm werden Wilhelm Canaris, Ludwig Gehre, Hans Oster, Karl Sack und Theodor Strünck umgebracht; Bonhoeffers Schwager Hans von Dohnanyi wird am selben Tag im KZ Sachsenhausen getötet. Wenig später – am 22./23.4. – werden in Berlin neben anderen der Bruder Klaus Bonhoeffer und der Schwager Rüdiger Schleicher von SS-Männern erschossen. |

## Zu den Überschriften: Nachweise

Die Überschriften habe ich zum größten Teil wörtlich oder umschreibend Schriften von Dietrich Bonhoeffer entnommen; teilweise sind sie auch an Formulierungen anderer Autoren angelehnt. Die jeweiligen Fundstellen sind im folgenden angegeben.

HINFÜHRUNG

Die Rede vom „vermißten Gott" findet sich mit Bezug auf J.B. Metz bei T.R. Peters: Mystik – Mythos – Metaphysik: Die Spur des vermißten Gottes. Dort zwei Beiträge (S. 74–82. 101–118) zu Bonhoeffer.

ERSTER TEIL

Überschrift: Vgl. DBW 12 (GS III, S. 173); DBW 6 (E), S. 224.
1.: Vgl. DBW 11, S. 33.
1.1.: W. K.
1.2.: Vgl. DBW 10, S. 315.
1.3.: Vgl. DBW 11, S. 117; DBW 11, S. 391f.
2.: Vgl. DBW 13, S. 360.
2.1.: Vgl. DBW 15 (PAM II, S. 343f).
2.2.: Vgl. DBW 12 (GS III, S. 236–242); E. Bethge: Dietrich Bonhoeffer, S. 994.
2.3.: Vgl. DBW 14, S. 146.
2.4.: Vgl. DBW 8 (WE[15], S. 143).
3.: Vgl. DBW 13, S. 348f.
3.1.: W. K.
3.2.: W. K.
3.3.: Vgl. DBW 13, S. 272.
4.: Vgl. DBW 13, S. 398.
4.1.: Vgl. DBW 8 (WE[15], S. 100); DBW 15 (GS I, S. 291–315).
4.2.: Vgl. DBW 15 (PAM II, S. 430); DBW 12 (GS III, S. 245).
5.: Vgl. DBW 13, S. 349.

ZWEITER TEIL

Überschrift: Vgl. DBW 8 (WE[15], S. 191); E. Bethge: Dietrich Bonhoeffer, S. 62.
1.: Vgl. DBW 8 (WE[15], S. 91).
1.1.: Vgl. DBW 5 (GL), S. 84.
1.2.: Vgl. F. Schlingensiepen: Im Augenblick der Wahrheit, S. 14.25.
2.: Vgl. DBW 16, S. 325.
2.1.: Vgl. DBW 6 (E), S. 115.
2.2.: Vgl. DBW 8 (WE[15], S. 141).

2.3.: Vgl. DBW 8 (WE[15], S. 95).
2.4.: Vgl. J. Henkys: Dietrich Bonhoeffers Gefängnisgedichte, S. 57–65.

DRITTER TEIL

Überschrift: Vgl. DBW 8 (WE[15], S. 195); O. Dudzus: PAM I, S. 44.
1.: Vgl. DBW 8 (WE[15], S. 157).
1.1.: Vgl. DBW 8 (WE[15], S. 26); W. K.
1.2.: Vgl. J. v. Kreuz: Verschlungen bin ich in deiner Schönheit, S. 56f; DBW 8 (WE[15], S. 192).
1.3.: Vgl. Brautbriefe Zelle 92, S. 32.
1.4.: Vgl. DBW 8 (WE[15], S. 157).
2.: Vgl. DBW 8 (WE[15], S. 211).
2.1.: Vgl. DBW 8 (WE[15], S. 195).
2.2.: W. K.; vgl. O. Dudzus: PAM I, S. 92f.

AUSBLICK

Überschrift: Vgl. DBW 8 (WE[15], S. 210); J.B. Metz: Theologie als Biographie, S. 311.
1.: Vgl. DBW 6 (E), S. 224; DBW 11, S. 332.
2.: Vgl. DBW 8 (WE[15], S. 194); DBW 6 (E), S. 339.
3.: Vgl. DBW 8 (WE[15], S. 119); DBW 6 (E), S. 225.
4.: W. K.; vgl. DBW 13, S. 348f.

## Literaturverzeichnis

Die Werke Dietrich Bonhoeffers erscheinen seit 1986ff. in einer kritischen Gesamtausgabe neu als „Dietrich Bonhoeffer Werke“ (DBW); die Herausgabe war zum Zeitpunkt der Drucklegung meiner Arbeit noch nicht abgeschlossen. Bonhoeffers Schriften sind daneben zugänglich als Einzelausgaben bzw. in den von Eberhard Bethge von 1958–1974 herausgegebenen „Gesammelten Schriften I–VI“, letztere allerdings nur noch über Bibliotheken. In der Neuausgabe der „Dietrich Bonhoeffer Werke“ ist mit Hilfe einer zusätzlichen, inneren Seitenzählung auf die bis dahin gültige Ausgabe verwiesen. In den Fußnoten der Arbeit ist der jeweilige Fundort eines Zitates entsprechend angegeben. Bei den noch nicht veröffentlichten DBW-Bänden (DBW 8; 12; 15) steht der bisherige Fundort in Klammern hinter der Band-Nummer.
Bonhoeffers Schriften sind im folgenden mit den üblich gewordenen Abkürzungen aufgeführt. Daneben ist die Sekundärliteratur genannt; eigens ausgewiesen ist auch die sonstige Literatur, worunter insbesondere Werke und Texte aus der mystisch-theologischen und aus der poetisch-literarischen Tradition fallen.

*Die Schriften Dietrich Bonhoeffers*


AS — Akt und Sein: Transzendentalphilosophie und Ontologie in der systematischen Theologie. Erstveröffentlichung Gütersloh 1931 (Habilitationsschrift). – Jetzt als DBW 2

DBW — Dietrich Bonhoeffer Werke./Herausgegeben von Eberhard BETHGE, Ernst FEIL, Christian GREMMELS u.a.:

- DBW 1: Sanctorum Communio: Eine dogmatische Untersuchung zur Soziologie der Kirche./Herausgegeben von Joachim von SOOSTEN. München 1986 (vgl. SC)
- DBW 2: Akt und Sein: Transzendentalphilosophie und Ontologie in der systematischen Theologie./Herausgegeben von Hans-Richard REUTER. München 1988 (vgl. AS)
- DBW 3: Schöpfung und Fall./Herausgegeben von Martin RÜTER und Ilse TÖDT. München 1989 (vgl. SF)
- DBW 4: Nachfolge./Herausgegeben von Martin KUSKE und Ilse TÖDT. München 1989 (vgl. N)
- DBW 5: Gemeinsames Leben. Das Gebetbuch der Bibel./Herausgegeben von Gerhard L. MÜLLER und Albrecht SCHÖNHERR. München1992 (vgl. GL)
- DBW 6: Ethik./Herausgegeben von Ilse TÖDT, Heinz Eduardt TÖDT, Ernst FEIL und Clifford GREEN. München 1992 (vgl. E bzw. EN)
- Erg.-Bd.: Zettelnotizen für eine „Ethik“./Herausgegeben von Ilse TÖDT. Gütersloh 1993

DBW 7: Fragmente aus Tegel./Herausgegeben von Renate BETHGE und Ilse TÖDT. Gütersloh 1994 (vgl. FT)

DBW 8: Widerstand und Ergebung [noch nicht erschienen]

DBW 9: Jugend und Studium 1918–1927./Herausgegeben von Hans PFEIFER in Zusammenarbeit mit Clifford GREEN und Carl-Jürgen KALTENBORN. München 1986

DBW 10: Barcelona, Berlin, Amerika 1928–1931./Herausgegeben von Reinhart STAATS und Hans Christoph von HASE in Zusammenarbeit mit Holger ROGGELIN und Matthias WÜNSCHE. München 1991

DBW 11: Ökumene, Universität, Pfarramt 1931–1932./Herausgegeben von Eberhard AMELUNG und Christoph STROHM. Gütersloh 1994

DBW 12: Berlin 1933 [noch nicht erschienen]

DBW 13: London 1933–1935./Herausgegeben von Hans GOEDEKING, Martin HEIMBUCHER und Hans-Walter SCHLEICHER. Gütersloh 1994

DBW 14: Illegale Theologenausbildung: Finkenwalde 1935–1937./ Herausgegeben von Otto DUDZUS und Jürgen HENKYS. Gütersloh 1996

DBW 15: Illegale Theologenausbildung: Sammelvikariate 1937–1940 [noch nicht erschienen]

DBW 16: Konspiration und Haft 1940–1945./Herausgegeben von Jørgen GLENTHØJ (†), Ulrich KABITZ und Wolf KRÖTKE. Gütersloh 1996

E/EN Ethik./Zusammengestellt und herausgegeben von Eberhard BETHGE. Erstveröffentlichung München 1949. Seit der 6. Auflage 1962 neu geordnet (EN). – Jetzt als DBW 6

FT Fragmente aus Tegel: Drama und Roman./Herausgegeben von Renate und Eberhard BETHGE. Erstveröffentlichung München 1978. – Jetzt als DBW 7

GL Gemeinsames Leben. Erstveröffentlichung München 1939. – Jetzt in DBW 5

GS Gesammelte Schriften I–VI./Herausgegeben von Eberhard BETHGE; im einzelnen:

GS I: Ökumene: Briefe – Aufsätze – Dokumente 1928 bis 1942. München 1958

GS II: Kirchenkampf und Finkenwalde: Resolutionen – Aufsätze – Rundbriefe 1933 bis 1943. München 1959

GS III: Theologie – Gemeinde: Vorlesungen – Briefe – Gespräche 1927 bis 1944. München 1960

GS IV: Auslegungen – Predigten: 1931 bis 1944. München 1961

GS V: Seminare – Vorlesungen – Predigten: 1924 bis 1941. Erster Ergänzungsband./In Zusammenarbeit mit Otto DUDZUS. München 1972

GS VI: Tagebücher – Briefe – Dokumente: 1923 bis 1945. Zweiter Ergänzungsband. München 1974

N Nachfolge. Erstveröffentlichung München 1937. – Jetzt als DBW 4

NL Nachlaß Dietrich Bonhoeffer: Ein Verzeichnis: Archiv – Sammlung – Bibliothek./Erstellt von Dietrich MEYER in Zusammenarbeit mit Eberhard BETHGE. München 1987 (Eine Art Findbuch zu erhaltenen Schriften Bonhoeffers, Vorlesungsmitschriften von Schülern, Briefen an Bonhoeffer und zu seiner Restbibliothek)

PAM Predigten – Auslegungen – Meditationen 1925–1945.
Bd I: 1925–1935; Bd II: 1935–1945./Herausgegeben von Otto DUDZUS. München 1984 und 1985

SC Sanctorum Communio: Eine dogmatische Untersuchung zur Soziologie der Kirche. Erstveröffentlichung Berlin 1930 (Promotionsschrift). – Jetzt als DBW 1

SF Schöpfung und Fall: Theologische Auslegung von Genesis 1–3. Erstveröffentlichung München 1933 (Vorlesung des Wintersemesters 1932/33). – Jetzt als DBW 3

WE/WEN Widerstand und Ergebung: Briefe und Aufzeichnungen aus der Haft./Herausgegeben von Eberhard BETHGE. Erstveröffentlichung München 1951. Seit 1970 als erweiterte Neuausgabe (WEN). – Geplant als DBW 8

WE[15] Widerstand und Ergebung: Briefe und Aufzeichnungen aus der Haft./Herausgegeben von Eberhard BETHGE. Mit einem Nachwort von Christian GREMMELS. 15., durchgesehene Auflage. Gütersloh 1994 (Taschenbuch, Kurzfassung [zuerst 1951], Textgestalt bereits nach DBW 8 [Widerstand und Ergebung])

Brautbriefe Zelle 92: 1943–1945: Dietrich Bonhoeffer; Maria von Wedemeyer./Herausgegeben von Ruth-Alice von BISMARCK und Ulrich KABITZ. Mit einem Nachwort von Eberhard BETHGE. München 1992

Dietrich Bonhoeffer: Auf dem Wege zur Freiheit: Gedichte aus Tegel./Herausgegeben von Eberhard BETHGE. Berlin 1946

Dietrich Bonhoeffer: Von guten Mächten: Gebete und Gedichte./Interpretiert von Johann Christoph HAMPE. 7. Auflage. München 1990

*Die folgenden Auswahlbände mit ihrer jeweils eigenen Schwerpunktsetzung eignen sich auch gut als Einstieg in die Beschäftigung mit Dietrich Bonhoeffer:*

Bonhoeffer-Auswahl./Eingeleitet und herausgegeben von Richard GRUNOW. München 1964. – Ausgabe der Evangelischen Buchgemeinde Stuttgart

Bonhoeffer-Brevier./Zusammengestellt und herausgegeben von Otto DUDZUS. München 1963 u.ö.

Dietrich-Bonhoeffer-Lesebuch./Herausgegeben von Otto DUDZUS. 3., durchgesehene und korrigierte Auflage. Gütersloh 1994 (Textfassung nach DBW)

*Sekundärliteratur*


ABROMEIT, Hans-Jürgen: Das Geheimnis Christi: Dietrich Bonhoeffers erfahrungsbezogene Christologie. Neukirchen-Vluyn 1991 (Neukirchener Beiträge zur systematischen Theologie, Bd. 8)

ALTENÄHR, Albert: Dietrich Bonhoeffer – Lehrer des Gebets: Grundlagen für eine Theologie des Gebets bei Dietrich Bonhoeffer. Würzburg 1976

BETHGE, Eberhard (Hg.): Bonhoeffer-Gedenkheft. Berlin 1947

DERS.: Am gegebenen Ort: Aufsätze und Reden 1970–1979. München 1979

DERS.: Dietrich Bonhoeffer und die Juden. In: FEIL, Ernst (Hg.)/TÖDT, Ilse (Hg.in): Konsequenzen: Dietrich Bonhoeffers Kirchenverständnis heute. München 1980 (Internationales Bonhoeffer-Forum, Nr. 3), S. 171–214.

DERS.: Bekennen und Widerstehen: Aufsätze – Reden – Gespräche. München 1984

DERS.: Dietrich Bonhoeffer: Theologe – Christ – Zeitgenosse. 6. Auflage. München 1986

DERS.: Das Erbe des Getöteten. In: GREMMELS, Christian (Hg.)/TÖDT, Ilse (Hg.in): Die Präsenz des verdrängten Gottes: Religionslosigkeit und Weltverantwortung nach Dietrich Bonhoeffer. München 1987 (Internationales Bonhoeffer-Forum, Nr. 7), S. 185–202.

DERS.: Dietrich Bonhoeffer – mit Selbstzeugnissen und Bilddokumenten. 55.–58. Tausend. Reinbek 1989

DERS.: Erstes Gebot und Zeitgeschichte: Aufsätze und Reden 1980–1990. München 1991

BETHGE, Renate: Bonhoeffers Familie und ihre Bedeutung für seine Theologie. Berlin 1987 (Gedenkstätte Deutscher Widerstand: Beiträge zum Widerstand 1933–1945, H. 30)

DÖRING, Heinrich: Abwesenheit Gottes: Fragen und Antworten heutiger Theologie. Paderborn 1977

DUDZUS, Otto: Weltfrömmigkeit Dietrich Bonhoeffers. In: ZOTTL, Anton (Hg.): Weltfrömmigkeit: Grundlagen – Traditionen – Zeugnisse. Eichstätt–Wien 1985, S.197–222.

DERS.: „Welt" als Thema in der Theologie Dietrich Bonhoeffers. In: SCHULTZE, Harald (Hg.)/STÜTZEL, Sabine (Hg.) u.a.: ... das tiefe Wort erneun./Festgabe für Jürgen HENKYS zum 60. Geburtstag. Berlin 1989, S. 287–299.

EBELING, Gerhard: Die „nicht-religiöse Interpretation biblischer Begriffe". In: Die Mündige Welt. Band II: Weißensee – Verschiedenes./Herausgegeben von Eberhard BETHGE. München 1956, S.12–73.

FEIL, Ernst: Widerstand und Ergebung: Zum politischen Engagement aus christlichem Glauben nach Dietrich Bonhoeffer. In: FUCHS, Gotthard (Hg.): Edith Stein – Alfred Delp – Dietrich Bonhoeffer. Frankfurt am Main 1986, S. 169–193.

DERS.: Die Theologie Dietrich Bonhoeffers: Hermeneutik – Christologie – Weltverständnis. 4., durchgesehene und durch ein 2. Nachwort ergänzte Auflage. München 1991

DERS.: Aspekte der Bonhoefferinterpretation: Ein Rückblick auf das vergangene Jahrzehnt. Teil I und II. In: Theologische Literaturzeitung (1992), H. 1, Sp. 1–16 (Teil I); H. 2, Sp. 81–100 (Teil II).

GLAZENER, Mary: Der Kelch des Zorns: Ein Roman über Dietrich Bonhoeffer./ Aus dem Amerikanischen von Christian RENDEL. Gießen 1995

GLENTHØJ, Jørgen: Die letzten Worte Dietrich Bonhoeffers – das Motto von Maria Stuart? In: TÖDT, Heinz Eduard (Hg.): Wie eine Flaschenpost: Ökumenische Briefe und Beiträge für Eberhard Bethge./In Zusammenarbeit mit Hans PFEIFER, Ferdinand SCHLINGENSIEPEN, Ilse TÖDT. München 1979, S. 103–105.

GREMMELS, Christian: Dem Rad in die Speichen fallen: In Prag wurde die Anklageschrift des Reichskriegsgerichts gegen Dietrich Bonhoeffer entdeckt. Sie beschuldigt ihn der Wehrkraftzersetzung. In: Deutsches Allgemeines Sonntagsblatt, Nr. 25 v. 21.6.1991, S. 21.

DERS./GROSSE, Heinrich W.: Dietrich Bonhoeffer: Der Weg in den Widerstand./ Mit Beiträgen von Renate BETHGE, Eberhard BETHGE, Gaetano LATMIRAL und Albrecht SCHÖNHERR. Gütersloh 1996

DERS. (Hg.)/HUBER, Wolfgang (Hg.): Theologie und Freundschaft: Wechselwirkungen: Eberhard Bethge und Dietrich Bonhoeffer./Für Eberhard BETHGE zum 85. Geburtstag. Gütersloh 1994

DERS./PFEIFER, Hans: Theologie und Biographie: Zum Beispiel Dietrich Bonhoeffer. München 1983

DERS. (Hg.)/TÖDT, Ilse (Hg.in): Die Präsenz des verdrängten Gottes: Glaube, Religionslosigkeit und Weltverantwortung nach Dietrich Bonhoeffer. München 1987 (Internationales Bonhoeffer-Forum, Nr. 7)

GRÜNBERG, Wolfgang: Wider die Art, „gemütlich von Gott zu reden und zu denken"! Zur Neuausgabe von Dietrich Bonhoeffer: Predigten – Auslegungen – Meditationen 1925–1945. In: Evangelische Theologie 45 (1985), S. 463–467.

HAMPE, Johann Christoph: Eine Interpretation. In: Dietrich BONHOEFFER: Von guten Mächten: Gebete und Gedichte. 7. Auflage. München 1990, S. 34–78.

HENKYS, Jürgen: Dietrich Bonhoeffers Gefängnisgedichte: Beiträge zu ihrer Interpretation. München 1986

HUBER, Wolfgang (Hg.)/TÖDT, Ilse (Hg.in): Ethik im Ernstfall: Dietrich Bonhoeffers Stellung zu den Juden und ihre Aktualität. München 1982 (Internationales Bonhoeffer-Forum, Nr. 4)

HUNTEMANN, Georg: Der andere Bonhoeffer: Die Herausforderung des Modernismus. Wuppertal 1989

JÖRNS, Klaus-Peter: Der Gang in die Wüste als Weg zur Predigt: Über die Schwierigkeit, zur „tiefen Kenntnis der Welt" (Bonhoeffer) und unserer selbst zu kommen. In: Evangelische Theologie 42 (1982), S. 389–403.

JÜNGEL, Eberhard: Bonhoeffers Beitrag zur Heimkehr der Rede vom Tode Gottes in die Theologie. In: DERS: Gott als Geheimnis der Welt: Zur Begründung der Theologie des Gekreuzigten im Streit zwischen Theismus und

Atheismus. 2., durchgesehene Auflage. Tübingen 1977, S. 74–83.

KIRCHNER, Ludwig: Die „Ohnmacht Gottes" in der modernen Welt: Zur Möglichkeit soteriologischer Rede im Blick auf strukturelle Ungerechtigkeit. In: Religionspädagogische Beiträge 27 (1991), S. 97–110.

KOCH, Kurt: Zur bleibenden Aktualität Dietrich Bonhoeffers: Wider die Arbeitsteilung von Theologie, Spiritualität und Nachfolge. In: Theologie der Gegenwart 28 (1985), S. 148–156.

KODALLE, Klaus-M.: Dietrich Bonhoeffer: Zur Kritik seiner Theologie. Gütersloh 1991

KRAUS, Hans-Joachim: Theologische Religionskritik. Neukirchen-Vluyn 1982 (Neukirchener Beiträge zur systematischen Theologie, Bd. 2)

KRÖTKE, Wolf: Die Bedeutung von „Gottes Geheimnis" für Dietrich Bonhoeffers Verständnis der Religionen und der Religionslosigkeit. In: DERS.: Gottes Kommen und menschliches Verhalten. Stuttgart 1984 (Arbeiten zur Theologie, H. 69), S. 9–23.

DERS.: Teilnehmen am Leiden Gottes: Zu Dietrich Bonhoeffers Verständnis eines „religionslosen Christentums". In: BESIER, Gerhard (Hg.)/GESTRICH, Christof (Hg.): 450 Jahre Evangelische Theologie in Berlin. Göttingen 1989, S. 439–457.

KUSKE, Martin: Weltliches Christsein: Dietrich Bonhoeffers Vision nimmt Gestalt an. München 1984

LAPIDE, Pinchas E.: Bonhoeffer und das Judentum. In: FEIL, Ernst (Hg.): Verspieltes Erbe? Dietrich Bonhoeffer und der deutsche Nachkriegsprotestantismus. München 1979 (Internationales Bonhoeffer-Forum, Nr. 2), S. 116–130.

LOCHMAN, Jan Milic: Stationen auf dem Wege zur Freiheit: Freiheit bei Jean-Paul Sartre und bei Dietrich Bonhoeffer. In: Die Zeichen der Zeit 16 (1962), S. 130–138.

MAYER, Rainer: Christuswirklichkeit: Grundlagen, Entwicklungen und Konsequenzen der Theologie Dietrich Bonhoeffers. Stuttgart 1969

DERS.: Zur Rezeption und Interpretation des Werkes von Dietrich Bonhoeffer: Literaturüberblick und Forschungsbericht. In: Theologische Beiträge 20 (1989), S. 29–42.

MAZOWIECKI, Tadeusz: „Er hat glauben gelernt unter derben Schlägen": Über Dietrich Bonhoeffer. In: DERS.: Partei nehmen für die Hoffnung: Über die Moral in der Politik. Freiburg 1990, S. 37–65.

MEUSS, Gisela: Arkandisziplin und Weltlichkeit bei Dietrich Bonhoeffer. In: Die Mündige Welt, Bd. III: Weißensee 1959./Herausgegeben von Eberhard BETHGE. München 1960, S. 68–115.

MEYER, Dietrich: Nachlaß Dietrich Bonhoeffer. Ein Verzeichnis: Archiv – Sammlung – Bibliothek./Erstellt von Dietrich MEYER in Zusammenarbeit mit Eberhard BETHGE. München 1987 (siehe NL)

MEYER, Winfried: Unternehmen Sieben: Eine Rettungsaktion für vom Holocaust Bedrohte aus dem Amt Ausland/Abwehr im Oberkommando der Wehrmacht. Frankfurt am Main 1993

MÖDLHAMMER, Johann Werner: Anbetung und Freiheit: Theologisch-anthropologische Reflexionen zur Theologie Dietrich Bonhoeffers. Salzburg 1976

MÜLLER, Christine-Ruth: Dietrich Bonhoeffers Kampf gegen die nationalsozialistische Verfolgung und Vernichtung der Juden: Bonhoeffers Haltung zur Judenfrage im Vergleich mit Stellungnahmen aus der evangelischen Kirche und Kreisen des deutschen Widerstandes. München 1990

MÜLLER, Gerhard Ludwig: Für andere da: Christus – Kirche – Gott in Bonhoeffers Sicht der mündig gewordenen Welt. Paderborn 1980

MÜLLER, Hanfried: Von der Kirche zur Welt: Ein Beitrag zu der Beziehung des Wortes Gottes auf die societas in Dietrich Bonhoeffers theologischer Entwicklung. Leipzig 1961

MÜLLER, Hans Martin: Bonhoeffer-Interpretationen. In: Theologische Rundschau 54 (1989), S. 307–314.

ÖKUMENISCHER RAT DER KIRCHEN (Hg.): Das Zeugnis eines Boten: Zum Gedächtnis von Dietrich Bonhoeffer. Genf/Schweiz 1945

PANGRITZ, Andreas: Dietrich Bonhoeffers Forderung einer Arkandisziplin – eine unerledigte Anfrage an Kirche und Theologie. Köln 1988

PETERS, Tiemo Rainer: Die Präsenz des Politischen in der Theologie Dietrich Bonhoeffers: Eine historische Untersuchung in systematischer Absicht. München–Mainz 1976

DERS.: Der andere ist unendlich wichtig: Impulse aus Bonhoeffers Ekklesiologie für die Gegenwart. In: GREMMELS, Christian (Hg.)/TÖDT, Ilse (Hg.in): Die Präsenz des verdrängten Gottes: Glaube, Religionslosigkeit und Weltverantwortung nach Dietrich Bonhoeffer. München 1987 (Internationales Bonhoeffer–Forum, Nr. 7), S. 166–184.

DERS.: Was „immer" wahr ist, ist gerade „heute" nicht wahr. In: Orientierung (1995), H. 8, S. 89–92 (Teil 1); H. 9, S. 106–108 (Teil 2/Schluß).– Referat anläßlich des 50. Todestages von Dietrich Bonhoeffer.

PFARRAMT UND THEOLOGIE: Arbeitsgemeinschaft der Zeitschriften „Deutsches Pfarrerblatt", „Pastoralblätter", „Christentum und Leben", „Homiletische Monatshefte" und „Pfarramtspraxis". Nr. 7/8 (Juli/August) v. 1944, S. 35: „Der furchtbare Tag" [Beitrag zum gescheiterten Attentat auf Hitler].

RUPPERT, Godehard: Kaum beachtet: Zur katholischen Rezeption Dietrich Bonhoeffers. In: BECKER, Ulrich (Hg.): Dietrich Bonhoeffer als Provokation für heute. [Mit Beiträgen von Religionspädagogen der Universität Hannover.] Hannover 1986, S. 48–60.

SCHINDLER, Regine: Verhaftet und verlobt: Zum Briefwechsel zwischen Dietrich Bonhoeffer und Maria von Wedemeyer, 1943–1945. In: GREMMELS, Christian (Hg.)/HUBER, Wolfgang (Hg.): Theologie und Freundschaft: Wechselwirkungen: Eberhard Bethge und Dietrich Bonhoeffer./Für Eberhard BETHGE zum 85. Geburtstag. Gütersloh 1994, S. 154–169.

SCHLINGENSIEPEN, Ferdinand: Der Tod des Lehrers. In: FEIL, Ernst (Hg.)/TÖDT, Ilse (Hg.in): Konsequenzen: Dietrich Bonhoeffers Kirchenverständnis heute. München 1980 (Internationales Bonhoeffer-Forum, Nr. 3), S. 223–242.

DERS.: Im Augenblick der Wahrheit: Glaube und Tat im Leben Dietrich Bon-

hoeffers. München 1985
DERS.: Mystiker in den Umbrüchen unseres Jahrhunderts: Dietrich Bonhoeffer. In: Dietrich Bonhoeffer 1986. Erinnerungen, Begegnungen, Vergegenwärtigungen: Texte zum 80. Geburtstag./Herausgegeben vom EVANGELISCHEN BILDUNGSWERK BERLIN. Berlin 1986 (Dokumentation 52/86), S. 14–33.
SCHMINCK-GUSTAVUS, Christoph U.: Der „Prozeß" gegen Dietrich Bonhoeffer und die Freilassung seiner Mörder. Bonn 1995
SCHOENBORN, Paul Gerhard: Bonhoeffer in Lateinamerika: Beziehungen zwischen Dietrich Bonhoeffer und Christen und Theologie in Lateinamerika – ein Werkstattbericht. In: TRANSPARENT. Zeitschrift für die kritische Masse in der Rheinischen Kirche. 7. Jg. (1993); Nr. 32 v. Dezember 1993.– Ebd. als „Transparent-extra" 32 S.
SCHÖNHERR, Albrecht: Bonhoeffers Gedanken über die Kirche und ihre Predigt in der „mündig" gewordenen Welt. In: Die Mündige Welt, Bd. I: Dem Andenken Dietrich Bonhoeffers./Herausgegeben von Eberhard BETHGE. 3. Auflage. München 1959, S. 76–89.
DERS.: Horizont und Mitte: Aufsätze, Vorträge, Reden 1953–1977. München 1979
DERS.: Dietrich Bonhoeffer. In: SCHOLDER, Klaus (Hg.)/KLEINMANN, Dieter (Hg.): Protestantische Profile: Lebensbilder aus fünf Jahrzehnten. Königstein 1983, S. 397–411.
DERS.: Abenteuer der Nachfolge: Reden und Aufsätze 1978–1988. Berlin 1988
DERS.: Die Bedeutung Dietrich Bonhoeffers für das Christentum in der DDR. In: FEIL, Ernst (Hg.): Glauben lernen in einer Kirche für andere: Der Beitrag Dietrich Bonhoeffers zum Christsein in der Deutschen Demokratischen Republik. Gütersloh 1993 (Internationales Bonhoeffer-Forum, Nr. 9), S. 40–55.
SCHULTE, Hannelies: In den Tatsachen selbst ist Gott: Die Bedeutung des Alten Testaments für die christliche Verkündigung nach D. Bonhoeffers letzten Briefen. In: Evangelische Theologie 22 (1962), S. 441–448.
SEIM, Jürgen: Über die Sehnsucht: Ein Kapitel Seelsorge nach D. Bonhoeffers Widerstand und Ergebung. In: Pastoraltheologie 58 (1969), S. 433–441.
TÖDT, Heinz Eduard (Hg.): Wie eine Flaschenpost: Ökumenische Briefe für Eberhard Bethge./In Zusammenarbeit mit Hans PFEIFER, Ferdinand SCHLINGENSIEPEN, Ilse TÖDT. München 1979
UHLE-WETTLER, Martin: Bleibende Impulse Dietrich Bonhoeffers für das heutige Fragen nach Gott. In: SCHÖNHERR, Albrecht (Hg.)/KRÖTKE, Wolf (Hg.): Bonhoeffer–Studien: Beiträge zur Theologie und Wirkungsgeschichte Dietrich Bonhoeffers. München 1985.– Lizenzausgabe der Evangelischen Verlagsanstalt Berlin 1985, S. 61–72.
WENDEL, Ernst Georg: Studien zur Homiletik Dietrich Bonhoeffers: Predigt – Hermeneutik – Sprache. Tübingen 1985 (Hermeneutische Untersuchungen zur Theologie, Bd. 21)
WIND, Renate: Dem Rad in die Speichen fallen: Die Lebensgeschichte des Dietrich Bonhoeffer. 2. Auflage. Weinheim–Basel 1991

ZIMMERMANN, Wolf-Dieter (Hg.): Begegnungen mit Dietrich Bonhoeffer. 4., erweiterte Auflage. München 1969

DERS.: Gehorsam des Glaubens: Erinnerungen an Dietrich Bonhoeffer (4.2.1906–9.4.1945). In: Junge Kirche 47 (1986), S. 77–84.

DERS.: Wir nannten ihn Bruder Bonhoeffer: Einblicke in ein hoffnungsvolles Leben. Berlin 1995

ZIMMERMANN-WOLF, Christoph: Einander beistehen: Dietrich Bonhoeffers lebensbezogene Theologie für gegenwärtige Klinikseelsorge. Würzburg 1991

DERS.: Dietrich Bonhoeffer und Ignatius von Loyola: In: Geist und Leben. 64 (1991), S. 286–305.

## *Sonstige Literatur (insbesondere aus dem Bereich der Mystik und Lyrik)*

AUGUSTINUS, Aurelius: Bekenntnisse./Mit einer Einleitung von Kurt FLASCH. Übersetzt, mit Anmerkungen versehen und herausgegeben von Kurt FLASCH und Burkhard MOJSISCH. Stuttgart 1989.– Lateinischer Originaltitel: Confessiones.

AUSLÄNDER, Rose: Wir wohnen in Babylon: Gedichte. Frankfurt am Main 1992

BACHMANN, Ingeborg: Sämtliche Gedichte. 3. Auflage. München 1990

BALTHASAR, Hans Urs von: Zur Ortsbestimmung christlicher Mystik. In: BEIERWALTES, Werner/BALTHASAR, Hans Urs von/HAAS, Alois M.: Grundfragen der Mystik. Einsiedeln 1974, S. 37–71.

BATAILLE, Georges: Die Tränen des Eros./Mit einer Einführung von Lo DUCA und unveröffentlichten Briefen Batailles. Aus dem Französischen von Gerd BERGFLETH. München 1993

BECK, Eleonore (Hg.in)/MILLER, Gabriele (Hg.in): Wenn aber Gott ist ...: Ein Fridolin-Stier-Lesebuch. Hildesheim 1991

BERNHARD von Clairvaux: Gotteserfahrung und Weg in die Welt./Herausgegeben, eingeleitet und übersetzt von Bernardin SCHELLENBERGER. 2. Auflage. Olten–Freiburg 1990

BLANK, Josef: Art. Geist, Hl./Pneumatologie (A. Bibeltheologisch). In: Neues Handbuch theologischer Grundbegriffe, Bd. 2. München 1984, S. 34–44.

BOFF, Leonardo/Frei Betto: Mystik der Straße./Aus dem Portugiesischen von Horst GOLDSTEIN. Düsseldorf 1995

BRACKMANN, Karl-Heinz/BIRKENHAUER, Renate: NS-Deutsch: „Selbstverständliche“ Begriffe und Schlagwörter aus der Zeit des Nationalsozialismus. Straelen/Niederrhein 1988

BRUNERS, Wilhelm: Wie Jesus glauben lernte. Freiburg 1988

BUBER, Martin: Ich und Du. 11., durchgesehene Auflage. Heidelberg 1983

CELAN, Paul: Die Niemandsrose. Sprachgitter: Gedichte. Frankfurt am Main 1986

DAIKER, Angelika: Kontemplativ mitten in der Welt: Die Kleinen Schwestern Jesu. Frauen im Spannungsfeld von Mystik und Politik. 2. Auflage. Freiburg 1993

DELP, Alfred: Im Angesicht des Todes: Geschrieben zwischen Verhaftung und Hinrichtung 1944–1945. 2. Auflage. Frankfurt am Main 1948

DERS.: Kassiber: Aus der Haftanstalt Berlin-Tegel./Herausgegeben von Roman BLEISTEIN. Frankfurt am Main 1987

DELBRÊL, Madeleine: Wir Nachbarn der Kommunisten: Diagnosen./Einführung von Jacques LOEW. Einsiedeln 1975

DENZLER, Georg (Hg.)/FABRICIUS, Volker (Hg.): Die Kirchen im Dritten Reich: Christen und Nazis Hand in Hand? Band 2: Dokumente. 8.–10. Tausend. Frankfurt am Main 1986

DOMIN, Hilde: Gesammelte Gedichte. Frankfurt am Main 1987

ECKHART, Meister: alles lassen – einswerden: Mystische Texte – Reden der Unterscheidung und Predigten./Herausgegeben, übersetzt und kommentiert von Günter STACHEL. München 1992

EGAN, Harvey D.: „Der Fromme von morgen wird ein ‚Mystiker' sein": Mystik und Theologie Karl Rahners. In: VORGRIMLER, Herbert (Hg.): Wagnis Theologie: Erfahrungen mit der Theologie Karl Rahners. Freiburg 1979, S. 99–112.

EXELER, Adolf: Vom sprachmächtigen Glauben zur „Theologie des Volkes". In: DERS. (Hg.)/METTE, Norbert (Hg.): Theologie des Volkes. Mainz 1978, S. 13–40.

FIETZEK, Petra (Hg.in): Dich kennen, Unbekannter? Religiöse deutschsprachige Lyrik von den Anfängen bis zur Gegenwart./Mit einer Einführung von Elisabeth BETHGE. Mainz 1992

FISCHER, Klaus P.: Der Mensch als Geheimnis: Die Anthropologie Karl Rahners. Freiburg 1974

DERS.: Gotteserfahrung: Mystagogie in der Theologie Karl Rahners und in der Theologie der Befreiung. Mainz 1986

FRALING, Bernhard: Art. Gelassenheit. In: Wörterbuch der Mystik. Stuttgart 1989, S. 184f.

FUCHS, Ottmar: Die lebendige Predigt. München 1978

DERS.: Heilen und befreien: Der Dienst am Nächsten als Ernstfall von Kirche und Pastoral. Düsseldorf 1990

DERS.: Im Brennpunkt: Stigma. Gezeichnete brauchen Beistand. Frankfurt am Main 1993

DERS.: Stigmatisierung: Kennzeichen Christi und christlichen Lebens. In der Nachfolge des mitbetroffenen Hohenpriesters. In: Bibel und Kirche (1993), H. 4, S. 197–205.

DERS.: Ursprungscharisma im Kontext der Zeit: Hl. Johannes von Gott und die Identität seines Ordens. In: Orientierung (1994), Nr. 23/24, S. 255–261.

DERS.: In der Sünde auf dem Weg der Gnade. In: Jahrbuch für Biblische Theologie 9 (1994): Sünde und Gericht. Neukirchen-Vluyn 1995, S. 235–259.

DERS.: Kontextuelle Theologie: Verwurzelt im Lebens- und Leidenszusammenhang der Kulturen. In: BECHMANN, Ulrike (Hg.in)/RAHEB, Mitri (Hg.): Verwurzelt im Heiligen Land: Einführung in das palästinensische Christentum. Frankfurt am Main 1995, S. 87–118.

DERS.: Gott hat einen Zug ins Detail: „Inkulturation“ des Evangeliums hierzulande. In: DERS./GREINACHER, Norbert u.a.: Das Neue wächst: Radikale Veränderungen in der Kirche. München 1995, S. 55–95.

GÄDE, Gerhard: Von der Unbrauchbarkeit Gottes: Gedanken zum Selbstverständnis des Priesters in gottloser Zeit. In: Pastoralblatt für die Diözesen Aachen, Berlin, Essen, Hildesheim, Köln, Osnabrück (1995), H. 1, S. 9–19.

GERL, Hanna-Barbara: Unerbittliches Licht: Edith Stein – Philosophie, Mystik, Leben. Mainz 1991

GRESHAKE, Gisbert (Hg.)/WEISMAYER, Josef (Hg.): Quellen geistlichen Lebens. Bd. 4: Die Gegenwart. Mainz 1993

GRÖBLI, Roland: Die Sehnsucht nach dem „einig Wesen“: Leben und Lehre des Bruder Klaus von Flüe./Mit einem Vorwort von Alois M. HAAS und mit 20 Federzeichnungen von Alfred BRUGGMANN. 2. Auflage. Zürich 1991

GROSS, Walter/KUSCHEL, Karl-Josef: „Ich schaffe Finsternis und Unheil!“ Ist Gott verantwortlich für das Übel? Mainz 1992

GUTIÉRREZ, Gustavo: Aus der eigenen Quelle trinken: Spiritualität der Befreiung./Aus dem Spanischen von Horst GOLDSTEIN. München–Mainz 1986

DERS.: Theologie der Befreiung./Mit der neuen Einleitung des Autors und einem neuen Vorwort von Johann Baptist METZ. 10., erweiterte und neubearbeitete Auflage. Mainz 1992

HAAS, Alois M.: Mystik als Aussage: Erfahrungs-, Denk- und Redeformen christlicher Mystik. Frankfurt am Main 1996.

HAMMARSKJÖLD, Dag: Zeichen am Weg./Übertragen und eingeleitet von Anton Graf KNYPHAUSEN. München 1965

HEMMERLE, Klaus: Dein Herz an Gottes Ohr: Einübung ins Gebet. 2. Auflage. Freiburg 1987

HERBSTRITH, Waltraud: Teresa von Avila: Lebensweg und Botschaft. München 1993

HILLESUM, Etty: Das denkende Herz: Die Tagebücher von Etty Hillesum 1941–1943./Herausgegeben und eingeleitet von J. G. GAARLANDT. Aus dem Niederländischen von Maria CSOLLÁNY. 26.–30. Tausend. Reinbek 1989

HÖLDERLIN, Friedrich: Gedichte./Herausgegeben und mit Erläuterungen versehen von Jochen SCHMIDT. 3. Auflage. Frankfurt am Main 1987

IGNATIUS von Loyola: Geistliche Übungen und erläuternde Texte./Übersetzt und erklärt von Peter KNAUER. Leipzig 1978

JOHANNES vom Kreuz: Verschlungen bin ich in deiner Schönheit./Vorgestellt von Elisabeth PEETERS. Freiburg/Schweiz–Würzburg 1991

JOHNSON, Elizabeth A.: Ich bin, die ich bin: Wenn Frauen Gott sagen./Aus dem amerikanischen Englisch übersetzt von Martha MATESICH. Düsseldorf 1994

KEHL, Medard: Kirche in der Fremde: Zum Umgang mit der gegenwärtigen Situation der Kirche. In: Stimmen der Zeit 211 (1993), S. 507–520.

KEMMER, Alfons: Die Mystik in Karl Barths „Kirchlicher Dogmatik“. In: Freiburger Zeitschrift für Philosophie und Theologie 7 (1960), S. 3–25.

KLINGER, Elmar: Das absolute Geheimnis im Alltag entdecken: Zur spirituellen Theologie Karl Rahners. Würzburg 1994

KÖPF, Ulrich: Hoheliedauslegung als Quelle einer Theologie der Mystik. In: Grundfragen christlicher Mystik: Wissenschaftliche Studientagung Theologia Mystica in Weingarten vom 7.–10. November 1985./Herausgegeben von Margot SCHMIDT in Zusammenarbeit mit Dieter R. BAUER. Stuttgart-Bad Cannstadt 1987, S. 50–72.

KÖRNER, Reinhard: Mein sind die Himmel und mein ist die Erde: Geistliches Leben nach Johannes vom Kreuz. Würzburg 1989

DERS.: Mystik – Quell der Vernunft: Die Ratio auf dem Weg der Vereinigung mit Gott bei Johannes vom Kreuz. Leipzig 1990 (Erfurter Theologische Studien, Bd. 60)

DERS.: Johannes vom Kreuz: Gestalt – Begegnung – Gebet. Freiburg 1993

DERS.: Ehrlich fromm sein: Geistliches Leben aus den Quellen des Karmel. Leipzig 1993

DERS.: Mystik konkret. In: KARMEL-impulse – Quartalsschrift zur Vertiefung des geistlichen Lebens, III/1995, S. 16–21.– Bezugsadresse: Karmelitenkloster St. Teresa, Schützenstr. 12, 16547 Birkenwerder.

KOGON, Eugen (Hg.)/METZ, Johann Baptist (Hg.): Gott nach Auschwitz: Dimensionen des Massenmords am jüdischen Volk. 4. Auflage. Freiburg 1986

KOLMAR, Gertrud: Weibliches Bildnis: Sämtliche Gedichte. München 1987

KUNZE, Reiner: gespräch mit der amsel: frühe gedichte. sensible wege. zimmerlautstärke. Frankfurt am Main 1984

DERS.: auf eigene hoffnung: gedichte. Frankfurt am Main 1987

KUSCHEL, Karl-Josef: Weil wir uns auf dieser Erde nicht ganz zu Hause fühlen: 12 Schriftsteller über Religion und Literatur. 4. Auflage. München 1987

DERS.: „Vielleicht hält Gott sich einige Dichter…“: Literarisch-theologische Portraits. Mainz 1991

LINK, Franz: Der Essay als Denkversuch von Montaigne bis zur Postmoderne: In memoriam Max Müller. In: Jahres- und Tagungsbericht der Görresgesellschaft 1994, S. 59–76.– Bezugsadresse: Görresgesellschaft, Postfach 10 16 18, 50456 Köln

LORENZ, Erika: Teresa von Avila: Licht und Schatten. Schaffhausen/Schweiz 1982

LOUF, André: Demut und Gehorsam – bei der Einführung ins Mönchsleben. Münsterschwarzach 1979

MANSHAUSEN, Udo Theodor: Die Biographie der Edith Stein: Beispiel einer Mystagogie. Frankfurt am Main 1985

MARCUSE, Herbert: Der eindimensionale Mensch: Studien zur Ideologie der fortgeschrittenen Industriegesellschaft./Aus dem Amerikanischen übersetzt von Alfred SCHMIDT. Neuwied–Berlin 1967

MARTI, Kurt: Zärtlichkeit und Schmerz: Notizen. Darmstadt – Neuwied 1979

DERS.: abendland: gedichte. 5. Auflage. Darmstadt – Neuwied 1984

MCGINN, Bernard: Die Mystik im Abendland. Bd. 1: Ursprünge./Aus dem Englischen übersetzt von Clemens MAASS. Freiburg 1994

MERTON, Thomas: Lieben und Leben./Aus dem Amerikanischen übersetzt von Christa BROERMANN. Zürich 1988

DERS.: Zeiten der Stille./Ausgewählt, herausgegeben und erläutert von Bernardin SCHELLENBERGER. Freiburg 1992

METZ, Johann Baptist: Karl Rahner – ein theologisches Leben: Theologie als mystische Biographie eines Christenmenschen heute. In: Stimmen der Zeit 192 (1974), S. 305–316.

DERS.: Theologie als Biographie: Eine These und ein Paradigma. In: Concilium. 12 (1976), H. 5, S. 311–315.

DERS.: Zeit der Orden? Zur Mystik und Politik der Nachfolge. 4. Auflage. Freiburg 1979

DERS.: Theologie als Theodizee? In: OELMÜLLER, Willi (Hg.): Theodizee – Gott vor Gericht? München 1990, S. 103–118.

DERS.: Gotteskrise: Versuch zur „geistigen Situation der Zeit". In: Diagnosen zur Zeit./Mit Beiträgen von Johann Baptist METZ u.a. Düsseldorf 1994, S. 76–92.

DERS.: Theodizee-empfindliche Gottesrede. In: DERS. (Hg.): „Landschaft aus Schreien": Zur Dramatik der Theodizeefrage. Mainz 1995, S. 81–102.

DERS./PETERS, Tiemo Rainer: Gottespassion: Zur Ordensexistenz heute. Freiburg 1991

MOMMAERS, Paul: Was ist Mystik?./Übersetzt von Franz THEUNIS. Frankfurt am Main 1979

MOSER, Tilmann: Gottesvergiftung. 4. Auflage. Frankfurt am Main 1985

NEYER, Amata/GERL-FALKOVITZ, Hanna-Barbara: Edith Stein: Gestalt – Begegnung – Gebet. Freiburg 1994

PASCAL, Blaise: Über die Religion und über einige andere Gegenstände./Aus dem Französischen übertragen und mit einem Nachwort herausgegeben von Ewald WASMUTH. Frankfurt am Main 1987

PERRIN, Henri: Tagebuch eines Arbeiterpriesters: Aufzeichnungen 1943/44./Bearbeitet und übersetzt von René MICHEL und Irmgard WILD. München 1955

PETERS, Tiemo Rainer: Mystik – Mythos – Metaphysik: Die Spur des vermißten Gottes. Mainz–München 1992

PROKOP, Dieter: Kriterien der Kritik und der Analyse von Medienprodukten: Die Ansätze, deren Verselbständigungen und der Versuch einer Antwort auf die Frage, was Kritik ist. In: DERS. (Hg.): Medienforschung. Bd. 3: Analysen, Kritiken, Ästhetik. Frankfurt am Main 1985, S. 136–179.

RAHNER, Karl: Art. Mystik: VI. Theologisch. In: Lexikon für Theologie und Kirche, Bd. 7. Freiburg 1962.– Sonderausgabe 1986, Sp. 743–745.

DERS.: Frömmigkeit früher und heute. In: DERS.: Schriften zur Theologie, Bd. VII. Einsiedeln – Zürich 1966, S. 11–31.

DERS.: Glaube, der die Erde liebt: Christliche Besinnung im Alltag der Welt. 3. Auflage. Freiburg 1967

DERS.: Gotteserfahrung heute. In: DERS.: Schriften zur Theologie, Bd. IX. Einsiedeln – Zürich 1970, S. 161–176.

DERS.: Lieber Herr Dr. Fischer [Ein Brief zur Spiritualität und zur Mystik]. In: FISCHER, Klaus P.: Der Mensch als Geheimnis: Die Anthropologie Karl Rahners. Freiburg 1974, S. 400–410.

DERS.: Der brennende Schmerz unserer Existenz: Glaubensbegründung in einer agnostischen Welt. In: Frankfurter Allgemeine Zeitung, Nr. 84 v. 10.4.1982.– 6 Sp.

DERS.: Erfahrungen eines katholischen Theologen. In: LEHMANN, Karl (Hg.): Vor dem Geheimnis Gottes den Menschen verstehen: Karl Rahner zum 80. Geburtstag. München–Zürich 1984, S. 105–119.

DERS.: Visionen und Prophezeiungen: Zur Mystik und Transzendenzerfahrung./ Um einen Anhang erweiterte, unveränderte Neuausgabe der 2., unter Mitarbeit von Theodor BAUMANN ergänzten Auflage./Herausgegeben von Josef SUDBRACK. Freiburg 1989

DERS./VORGRIMLER, Herbert: Kleines Konzilskompendium: Sämtliche Texte des Zweiten Vatikanums. 10. Auflage. Freiburg 1975

RIBBAT, Ernst: Aussagen des Unsagbaren in der Literatur. In: GORDAN, Paulus (Hg.): Der Christ der Zukunft – ein Mystiker: Die Vorlesungen der Salzburger Hochschulwochen 1991. Graz 1992, S. 201–219.

RICHTER, Horst-Eberhard: Der Gotteskomplex: Die Geburt und die Krise des Glaubens an die Allmacht des Menschen. 28.–30. Tausend. Reinbek 1992

ROTZETTER, Anton: Aus Liebe zum Leben: Die Evangelischen Räte neu entdekken. Freiburg–Basel–Wien 1996.

RUHBACH, Gerhard (Hg.)/SUDBRACK, Josef (Hg.): Christliche Mystik: Texte aus zwei Jahrtausenden. München 1989

SCHLEINZER, Annette: Die Liebe ist unsere einzige Aufgabe: Das Lebenszeugnis von Madeleine Delbrêl. Ostfildern 1994

SCHOLEM, Gershom: Die jüdische Mystik in ihren Hauptströmungen. 5. Auflage. Frankfurt am Main 1993

SCHULTZ, Hans Jürgen (Hg.): Wer ist das eigentlich – Gott? München 1977.– Einmalige Sonderausgabe

SCHWANDT, Hans-Gerd: „... nur lallen und lallen ...“: Kriterien theologischen Sprechens anhand Paul Celans Suche nach dem ‚erschwiegenen Wort‘. In: Geist und Leben 60 (1987), S. 40–50.

SCHWIKART, Georg (Hg.): Zweifle dich durch! Lust auf Religion: Ein Lesebuch. München 1994

SIMON, Werner: Biographisch vom Glauben sprechen: Die „Confessiones“ des Augustinus als Zeugnis eines lebensgeschichtlich ausgelegten Glaubens. In: Geist und Leben 66 (1993), S. 429–442.

SKÁCEL, Jan: wundklee: gedichte./Ins deutsche übertragen und mit einem nachwort versehen von Reiner KUNZE. Frankfurt am Main 1989.

SÖLLE, Dorothee: Realisation: Studien zum Verhältnis von Theologie und Dichtung nach der Aufklärung. Darmstadt–Neuwied 1973

DIES.: Die Hinreise: Zur religiösen Erfahrung – Texte und Überlegungen. 2. Auflage. Stuttgart 1976

DIES.: Das Eis der Seele spalten: Theologie und Literatur auf der Suche nach einer neuen Sprache. In: DIES.: Mutanfälle: Texte zum Nachdenken. 3. Auflage. Hamburg 1994, S. 187–201.

STEIN, Edith: Zum Problem der Einfühlung. München 1980.– Reprint der Originalausgabe von 1917.

SUDBRACK, Josef: Christliche Mystik – Vorüberlegungen. In: Große Mystiker: Leben und Wirken./Herausgegeben von Gerhard RUHBACH und Josef SUDBRACK. München 1984, S. 7–16.

DERS.: Mystik – was ist das? In: GORDAN, Paulus (Hg.): Der Christ der Zukunft – ein Mystiker: Die Vorlesungen der Salzburger Hochschulwochen 1991.. Graz 1992, S. 23–46.

DERS.: Mystik: Selbsterfahrung – Kosmische Erfahrung – Gotteserfahrung. 3. Auflage. Mainz–Stuttgart 1992

DERS.: Was ist Mystik? In: Geist und Leben 68 (1995), S. 145–155.– Ein Literaturbericht.

TEILHARD DE CHARDIN, Pierre: Das Herz der Materie. Im Anhang: Christus in der Materie; Die geistige Potenz der Materie; Die Messe über die Welt./Ins Deutsche übertragen von Richard BRÜCHSEL, Berta Augusta GÜNTENSBERGER, Günter SCHIWY und Karl SCHMITZ-MOORMANN (Anhang). Olten–Freiburg 1990

TERESA von Avila: Die innere Burg./Herausgegeben und übersetzt von Fritz VOGELGSANG. Zürich 1979

DIES.: Verweilen bei einem Freund: Gebete./Herausgegeben von Ulrich DOBHAN. München 1989

DIES.: Gott zwischen den Kochtöpfen./Herausgegeben von Anneliese SCHWARZER. Wuppertal 1992

VORGRIMLER, Herbert: Solidarische dogmatische Wünsche an die Politische Theologie. In: SCHILLEBEECKX, Edward (Hg.): Mystik und Politik: Theologie im Ringen um Geschichte und Gesellschaft./Johann Baptist METZ zu Ehren. Mainz 1988, S. 185–196.

WALSER, Martin: Der Schmerz, nicht ewig sein zu können./Im Gespräch mit Ilka SCHEIDGEN. In: Publik–Forum Nr. 6/1996 v. 29.3.1996, S. 56–59.

WEBER, Ilse: In deinen Mauern wohnt das Leid: Gedichte aus dem KZ Theresienstadt. Gerlingen 1991

WEIL, Simone: Aufmerksamkeit für das Alltägliche: Ausgewählte Texte zu Fragen der Zeit./Herausgegeben und erläutert von Otto BETZ. München 1987

DIES.: Entscheidung zur Distanz: Fragen an die Kirche./Übersetzung und Nachwort von Friedhelm KEMP. München 1988

WELLMER, Albrecht: Zur Dialektik von Moderne und Postmoderne: Vernunftkritik nach Adorno. Frankfurt am Main 1985

Wörterbuch der Mystik/Unter Mitarbeit zahlreicher Fachwissenschaftler herausgegeben von Peter DINZELBACHER. Stuttgart 1989

ZENGER, Erich: Das Erste Testament: Die jüdische Bibel und die Christen. Düsseldorf 1991

## Quellennachweis

S. 16: Kurt Marti, Werkauswahl in fünf Bänden,
Aus: Namenszug mit Mond, Gedichte
© 1996 Verlag Nagel & Kimche AG, Zürich/Frauenfeld

S. 31: Gertrud Kolmar, Gott.
Aus: dies., Weibliches Bildnis. Sämtliche Gedichte.
Suhrkamp Verlag, Frankfurt am Main.

S. 47: Paul Celan, Zürich, zum Storchen.
Aus: ders., Die Niemandsrose. Sprachgitter.
Fischer Taschenbücher, Frankfurt am Main 1986.

S. 58: Marie Luise Kaschnitz, Die Sprache, die einmal aufschwang, Dich zu loben.
Aus: Tutzinger Gedichtkreis. Aus: dies., Neue Gedichte.
Claassen Verlag 1957 in Hamburg.

S. 115: Madeleine Delbrêl, Der Ball des Gehorsams.
Aus: dies., Wir Nachbarn der Kommunisten. Diagnosen.
Übersetzt von Annette Schleinzer, in: Annette Schleinzer, Die Liebe ist unsere einzige Aufgabe. Das Lebenszeugnis von Madeleine Delbrêl,
© Schwabenverlag Ostfildern 1994.

S. 155f.: Ilse Weber, Das ist der Weg nach Theresienstadt.
Aus: dies., In deinen Mauern wohnt das Leid. Gedichte aus dem KZ Theresienstadt.
Bleicher Verlag, Gerlingen 1991.

S. 210: Rose Ausländer, Auf Krücken.
Aus: dies., Wir wohnen in Babylon. Gedichte.
S. Fischer Verlag, Frankfurt am Main.

S. 211: 2 Kor 4,7b–9. Die Bibel. Das Neue Testament.
Übersetzt von Fridolin Stier. Kösel/Patmos 1989.

S. 218: Hilde Domin, Bitte.
Aus: dies., Gesammelte Gedichte.
S. Fischer Verlag, Frankfurt am Main 1987.

S. 247: Hilde Domin, Salva nos.
Aus: dies., Gesammelte Gedichte.
S. Fischer Verlag, Frankfurt am Main 1987.